Horst E. Richter

Flüchten oder Standhalten

Der Mensch kann in sich nur die Ganzheit abbilden,
die er in seinen äußeren Bezügen verwirklicht.

Rowohlt

Umschlagentwurf Werner Rebhuhn

1. Auflage Februar 1976
© Rowohlt Verlag GmbH, Reinbek bei Hamburg, 1976
Gesamtherstellung Clausen & Bosse, Leck/Schleswig
Alle Rechte vorbehalten
Printed in Germany
ISBN 3 498 05679 4

Inhalt

1. Kapitel 7
Wir sind in Gefahr, uns unbewußt in ein Spiegelbild der uns manipulierenden Umwelt zu verwandeln

2. Kapitel 34
Wir sind verletzlicher durch Isolation, als wir glauben

3. Kapitel 49
Trennungsdrohungen verschärfen Isolationsangst. Diese Angst wird in der Gesellschaft kreisförmig weitergegeben

4. Kapitel 78
Unbewußte Hörigkeit ist kein Sonderfall, sondern ein Merkmal des durchschnittlichen Menschen

5. Kapitel 100
Anonyme Mächte verleiten uns zur moralischen Selbst-Entmündigung. Wir müssen unsere Verführbarkeit und die verführenden Autoritäten zu kontrollieren lernen

6. Kapitel 117
Aus eigener Isolationsangst verschulden wir unbewußt die Isolationsschäden anderer.
1. Beispiel: Menschen in der Internierung

7. Kapitel 131
2. Beispiel: Menschen vor dem Sterben

8. Kapitel 140
Wer eine soziale Tätigkeit wählt, sucht Kommunikation und eine Vervollständigung seiner selbst

9. Kapitel 166
Aber die Institution drängt die Betreuer, sich von den Betreuten und von sich selbst zu entfremden

10. Kapitel   189
Die Karriere vollendet oft die psychische Selbstaufgabe in Raten

11. Kapitel   208
Spontangruppen entwickeln Prinzipien für eine soziale Arbeit, die den Bedürfnissen der Menschen eher dienen kann

12. Kapitel   224
Spontangruppen-Arbeit ist wichtig als Ergänzungsprogramm, noch wichtiger als Muster für Veränderungen in den Institutionen

13. Kapitel   231
Wir brauchen mehr gemeinschaftliche, ganzheitlichere und spontanere Arbeit. Initiativen von unten sind notwendig, unterstützende strukturelle Reformen unumgänglich

14. Kapitel   257
Soziale Praxis an der Basis kann sich regional selbst organisieren. Im Bericht der Psychiatrie, Psychotherapie/Psychosomatik-Enquete wird ein Modell empfohlen

Anhang   271
Die Geschichte der Frau M. als Resümee. So wird Isolation von oben nach unten weitergegeben. So wird der Betreute zum Opfer. So aber kann auch noch durchhalten, wen alle im Stich lassen.

1. Kapitel
Wir sind in Gefahr, uns unbewußt in ein Spiegelbild der uns manipulierenden Umwelt zu verwandeln

Wer sich aufmacht, seine inneren Konflikte näher anzuschauen und zu untersuchen, der wird sich bald von der Richtigkeit einer fundamentalen Erkenntnis der Psychoanalyse überzeugen, daß er nämlich noch in hohem Maße abhängig ist von mangelhaft bewältigten Problemen seiner Kindheit. Fragt er einen Psychoanalytiker, so wird dieser ihm klarmachen, daß er viele seiner gegenwärtigen sozialen Aufgaben deshalb nicht realitätsgerecht verstehen und lösen kann, weil er diese Aufgaben immer noch unbewußt mit jenen alten vermischt bzw. verwechselt, die er als Kind oder allenfalls als Jugendlicher unvollkommen erledigt hat. Vielleicht läßt er sich darauf ein, sich an der Hand des analytischen Therapeuten in die eigene psychische Vergangenheit zurückzubegeben und zu probieren, die wichtigsten inneren Probleme neu zu betrachten, deren unaufgearbeitete Reste ihn immer noch beschweren und an der weiteren Entfaltung hindern.

Dieser Weg in die eigene innere Vergangenheit bedeutet natürlich zugleich eine zeitweilige Lockerung der Beziehung zur gegenwärtigen sozialen Wirklichkeit. Lange Zeit wurde dieser Rückzug aus der äußeren Realität demjenigen sogar nahegelegt, der sich einer Psychoanalyse unterziehen wollte. Der Psychoanalytiker bestärkte seinen Analysanden darin, sich während der Analyse möglichst wenig mit äußeren Problemen zu verwickeln, um die Arbeit an den inneren Konflikten nicht zu behindern. FREUD beschrieb die Haltung des Therapeuten zu dieser Frage so: «Er richtet sich auf einen beständigen Kampf mit dem Patienten ein, um alle Impulse auf psychischem Gebiet zurückzuhalten, welche dieser aufs Motorische lenken möchte, und feiert es als einen Triumph der Kur, wenn es gelingt, etwas durch Erinnerungsarbeit zu erledigen, was der Patient durch eine Aktion abführen möchte.»[30]

Die Erfahrung zeigt nun, daß die Versenkung in die inneren

Konflikte um so mehr Energien zu binden pflegt, je weiter sie in die Tiefe führt. Die soziale Gegenwart – außer der Person des Analytikers – blaßt in ihrer Bedeutung ab. Die psychoanalytische Besinnung führt denjenigen, der sich ihr unterzieht, zu dem Schluß, daß er bislang für soziale Wirklichkeit hielt, was eigentlich weitgehend eine Projektion seiner inneren Situation war. Ohne daß er es gemerkt hatte, hatte er die Szenerie der jeweiligen Gegenwart automatisch unter dem Einfluß seiner inneren Konflikte fehlgedeutet. Wie die momentane Wirklichkeit eigentlich beschaffen ist, das kann anscheinend überhaupt nicht verläßlich erkennen, wer nicht eine gründliche Aufräumungsarbeit an seinem tief in der kindlichen Vorgeschichte verankerten inneren Konfliktmaterial geleistet hat.

Tatsächlich verschwenden viele Menschen unnötige Energien in einem Kampf mit äußeren Problemen, die in Wirklichkeit nur Abspiegelungen ihrer inneren Schwierigkeiten darstellen. Sie stellen unbewußt um sich herum immer wieder Umstände her, die ihnen dazu dienen, ihre alten inneren Konfliktthemen mit den dazugehörigen Phantasien und Gefühlen wiederzubeleben. Das Verfahren der Psychoanalyse kann eine entscheidende Hilfe sein, diese psychischen Hindernisse allmählich abzubauen, die immer wieder eine Verwechslung der echten sozialen Realität mit projizierten Abbildungen der unbewußten kindlichen Vergangenheit bewirken.

Andererseits kann die psychoanalytische Innenschau manch einen so faszinieren, daß er den Blick von den Bildern seiner Innenwelt gar nicht mehr abwenden möchte. Wer sich einem psychoanalytischen Prozeß unterzieht, wird es nicht eben einfach finden, die vornehmlich introspektive Weise des Erlebens wieder einzuschränken. Eine Analyse verläuft nicht wie eine Reise durch einen Tunnel, der irgendwann ein natürliches Ende hat. Der Entschluß, sich eines Tages wieder mit ganzer Kraft auf die soziale Wirklichkeit einzustellen, ist obendrein deshalb gar nicht einfach, weil der Kontakt zu dieser dünner und unsicherer geworden ist – bis auf eine Ausnahme: Das ist die Beziehung zur Person des Therapeuten. Und hier liegt zugleich ein Schlüsselproblem, über dessen Bedeutung man sich leicht täuscht:

Die Versenkung in die innere Vergangenheit geschieht in einer engen Anlehnung an die Person des Analytikers, der um so mehr Macht über den Analysanden gewinnt, je weiter dieser sich in seine Kindheit zurückversetzt und je mehr dieser seinen Kontakt zu der übrigen aktuellen Umwelt lockert. Der Analysand kann sich ja nur deshalb innerlich teilweise aus den Verstrickungen mit seinem momentanen Milieu lösen, weil ihm der Therapeut diese geschwächten oder aufgegebenen Bindungen ersetzt. Der Analytiker wird zur eigentlichen wesentlichen Außenwelt des Analysanden. Allerdings täuschen sich Analysanden – und bisweilen auch Analytiker – leicht über die Tragweite ihrer Beziehung zueinander. Die Erkenntnis über die außerordentlich weitreichenden Einflüsse der unbewältigten inneren Vergangenheit kann vergessen lassen, wie abhängig der Analysand von demjenigen ist, mit dem er jetzt und hier diese alten Probleme anschaut. Auch diese Abhängigkeit hängt in ihrer Intensität und ihrer Qualität natürlich wiederum von kindlichen Früherfahrungen ab. In welchem Maße ein Analysand empfindlich für Isolation bzw. angewiesen auf schützendes Gehalten-Werden ist, das resultiert aus der Art und Weise, wie ihm in seiner Vorgeschichte Vertrauen, Selbstsicherheit bzw. Unsicherheit und Trennungsangst vermittelt worden sind. Dennoch bleibt der Therapeut neben seiner Rolle als Objekt kindlicher Übertragungsmuster ein Repräsentant dieser augenblicklichen Wirklichkeit. Der Analysand kann sich so lange seinen inneren Phantasien, Träumen und Erinnerungen hingeben, solange er sicher ist, daß der Analytiker wirklich da ist und ihn schützend festhält. Der Schock, den vielfach selbst eine nur kurze Trennung vom Analytiker durch eine Reise oder eine Krankheit auslöst, beweist die Intensität der Abhängigkeit.

Sehr häufig wird nun diese Abhängigkeit als ein Phänomen bagatellisiert, das nur ganz vorübergehend im Verlauf der rückschauenden (und regressiven) Arbeit der Psychoanalyse auftrete. Man ist zwar einig darüber, daß die Auflösung der Übertragung vom Analysanden zum Analytiker schwierig und eine sorgfältig zu erlernende Kunst sei. Aber nach der Schulmeinung reduziert sich die Schwierigkeit zu einem technischen Problem: Wenn der Analytiker seine Sache richtig mache, dann werde es sein Analysand auch fertigbringen, von ihm wieder unabhängig zu werden. Und wenn die Analyse gut gelaufen sei, dann werde der Analysand überhaupt ein Maß an Selbständigkeit gewonnen haben, das ihn künftig davor bewahren werde, je wieder in kindlicher Weise von Personen und Umständen seiner Umgebung innerlich bestimmt zu werden. Die quasi experimentelle innere Auslieferung an den Analytiker wäre somit die letzte von psychischen Zwängen bestimmte Anklammerung an einen Repräsentanten der sozialen Realität gewesen. Fortan sei zu erwarten – so lautet die Hypothese – daß das Individuum über eine gefestigte persönliche Identität verfüge, die ihm eine weitgehende Eigensteuerung seines weiteren Lebens ermögliche.

Diese illusionäre Phantasie von einem souveränen Verhältnis des «reifen» Individuums zur sozialen Wirklichkeit wird u. a. auch daran erkennbar, daß die psychoanalytische Theorie lange Zeit überhaupt nur *die Umweltkonstellationen des Kindes und des Jugendlichen* als wirksame Konfliktfaktoren betrachtet hat. Das machte deutlich, daß man der Umwelt des Erwachsenen gar keine neuartigen und spezifischen Einflußmöglichkeiten auf das seelische Leben zutraute. Vom Ende des Jugendalters an schien die Außenwelt keine originellen Problemstellungen für eine weitere Entwicklung mehr zu bieten. Die äußere Szenerie des Lebens schien zu dieser Zeit endgültig hergerichtet. Sofern man fortan noch von einer weiteren psychischen Entwicklung sprechen wollte, so könnte diese anscheinend nur darin bestehen, daß der erwachsene Mensch seine Vergangenheit integrieren und lernen würde, sich mit der Einmaligkeit und Endgültigkeit seines Lebens abzufinden. Im Grunde besagen die von ERIKSON[26] beschriebenen «drei Stadien des Erwachsenenlebens» auch nicht mehr als dies. Das letzte Stadium der «Integration gegen Verzweiflung und Ekel» trägt deutlich heroisch resignative und geradezu defensive Züge. Seine Beschreibung erinnert an einen Appell. Der integrierte Mensch sei bereit, die Würde seiner eigenen Lebensform gegen alle physischen und wirtschaftlichen Bedrohungen zu verteidigen. Das Akzeptieren des einen und einzigen Lebenszyklus schütze gegen eine Verzweiflung, die «sich oft hinter einer Kulisse von Ekel, Lebensüberdruß oder einer chronischen Verächtlichmachung bestimmter Institutionen oder bestimmter Leute» verstecke.[26]

Es läßt sich indessen nicht ernsthaft bestreiten, daß die soziale Umwelt sich für das Individuum auch nach Eintritt ins Erwachsenenalter laufend verändert und daß sie ihm – über die mit den biologischen Vorgängen der Fortpflanzung, des Alterns und Sterbens unmittelbar verknüpften Konstellationen hinaus – viele originelle Aufgaben präsentiert, die also keineswegs nur eine modifizierte Wiederholung von Kindheitsproblemen darstellen. Es gibt demnach die *eine* Selbsttäuschung des naiven Individuums, das an Stelle der gegenwärtigen sozialen Realität immer wieder nur seine projizierten Kindheitsprobleme vor sich sieht. Und es gibt die *andere* Selbsttäuschung, u. a. mancher Analytiker, welche umgekehrt daran glauben, die soziale Welt des Erwachsenen wiederhole nur in zahlreichen Variationen die Konfliktkonstellationen der Kindheitsphase. Allenfalls lassen solche Analytiker noch die von TH. BENEDEK[9] beschriebene Elternphase als eine biologisch bedingte Situation mit neuen Entwicklungsaufgaben gelten.

Demgegenüber ist festzustellen, daß der Erwachsene mit einer Fülle von neuartigen sozialen Bedingungen konfrontiert wird, die er rein auf Grund seiner kindlichen Erfahrungsmuster weder voll verstehen noch praktisch bewältigen kann. Er muß neue Antworten auf Fragestellungen finden, die z. B. seine privaten Partnerbeziehungen, seine Eingliederung in die Arbeitswelt und seine Teilnahme an politischen Vorgängen betreffen. Gelingen ihm solche neuen Antworten, wird er sich an diesen und durch diese im ganzen verändern. Und solche Veränderungen setzen den Entwicklungsprozeß der Kindheits- und Jugendphase fort.

Wenn es der großen Mehrzahl der Psychoanalytiker schwerfiel, die Aufgaben progressiver Wandlungen des Erwachsenen an die Theorie der kindlichen Entwicklung anzuhängen, so liegt ein entscheidender Grund dafür natürlich in dem Biologismus der klassischen Theorie. «Man kann sagen», so heißt es noch bei ERIKSON, «daß die Persönlichkeit in Abschnitten wächst, die durch die Bereitschaft des menschlichen Organismus vorherbestimmt sind, einen sich ausweitenden sozialen Horizont bewußt wahrzunehmen und handelnd zu erleben . . .»[26] Nun kann man aber schwerlich behaupten, daß das Erlernen der Kindererziehung, der Orientierung in der Arbeitswelt und der verantwortlichen Teilnahme an politischen Entscheidungen durch irgendwelche Reifungsschritte des Organismus vorherbestimmt sei. So ist es bezeichnend, daß z. B. die Arbeitswelt und die politische Wirklichkeit für den Hauptteil der psychoanalytischen Autoren Randthemen geblieben sind. Auf ein bezeichnendes Beispiel hat FÜRSTENAU[36] hingewiesen: Mitten in der Zeit der Kriegsvorbereitungen Hitlers und der Verfolgung der Psychoanalytiker in seinem Herrschaftsbereich behandelten die seinerzeit für die Entwicklung der Ich-Psychologie maßgeblichen jüngeren Analytiker um HEINZ HARTMANN und ANNA FREUD soziale und politische Probleme fast ausschließlich formal und abstrakt «ohne psychoanalytische Verarbeitung der konkreten zeitgenössischen politischen und sozialen Situation in Mitteleuropa». Die auf lange Zeit für die Theorie der Psychoanalyse wegweisende Arbeit H. HARTMANNS über «Ich-Psychologie und Anpassungsproblem», die

1939 als Aufsatz erschien[41], diskutierte Anpassung im Zusammenhang mit einem völlig unkonkreten und unhistorischen Begriff von Realität in einer kaum begreiflichen Distanz zu dem aktuellen Problem des nationalsozialistischen Terrors.

Lange Zeit vertraten maßgebliche Kreise der Psychoanalyse die Hypothese, daß der Erwachsene grundsätzlich nicht mehr nennenswert durch seine soziale Umwelt direkt beeinflußbar sei: Nur in der Kindheits- und Jugendphase, solange die psychische Organisation und insbesondere die Ich-Struktur noch nicht ausdifferenziert und verfestigt seien, wirke sich der Austausch mit der äußeren Wirklichkeit mehr oder minder erheblich auf die Verfassung des Individuums aus. In diesen Jahren verlagere sich die ursprüngliche äußere Abhängigkeit des Kindes von seiner Umwelt mehr und mehr und schließlich nahezu ausschließlich in eine innere Abhängigkeit von den psychischen Niederschlägen der früheren Außenerfahrungen. Die Annahme von der weitgehenden seelischen Umwelt-Unabhängigkeit des durchschnittlichen Erwachsenen gehört zu den Leitsätzen des Großteils der älteren Analytiker. Nun aber zwingen die Erfahrungen der modernen psychoanalytischen Sozialpsychologie, der psychoanalytischen Familientherapie, der Gruppendynamik, der Institutionsberatung und der Supervision in verschiedenen sozialen Berufsbereichen, diesen klassischen Leitsatz zu revidieren. *So unbestreitbar der eine Tatbestand ist, nämlich die strukturelle Verankerung der sozialen Kindheitserfahrungen und die Verfestigung vieler Reaktionsmuster innerhalb der Kindheits- und Jugendphase, so eindeutig belegbar erscheint auf der anderen Seite das Faktum, daß wir bislang das Ausmaß der psychischen Selbstregulation des Erwachsenen erheblich zu überschätzen bzw. das Maß der sozialen Abhängigkeit seines psychischen Lebens zu unterschätzen gewohnt waren.*

Vielleicht hatten und haben es viele Psychoanalytiker deshalb so schwer, das volle Maß der sozialen Beeinflußbarkeit des Psychischen anzuerkennen, weil die Situation der klassischen analytischen Behandlung zu dem Eindruck verführen kann, die augenblickliche soziale Wirklichkeit sei – neben der Person des Analytikers – ganz unwichtig. Wenn der Patient auf der Couch von seiner Arbeitsstelle oder von Problemen in seiner Familie redet, so wird er nicht selten die Deutung zu hören bekommen: «Sie reden zwar jetzt von Problemen draußen an Ihrer Arbeitsstelle und in Ihrer Familie, aber wir sollten uns anschauen, ob Sie nicht vielleicht im Moment auf solche

Außenkonflikte ausweichen, weil Sie sich davor fürchten, über Schwierigkeiten zu sprechen, die Sie hier in dieser Arbeit mit mir haben!» – Der Psychoanalytiker bemüht sich also, das von dem Analysanden angebotene Material nach Möglichkeit in die Behandlungssituation selbst hineinzuziehen. Der Analysand lernt, einen erheblichen Teil seiner auf die Umwelt gerichteten emotionellen Probleme an der Person des Therapeuten abzuhandeln. Und dieses forcierte, sehr intensive emotionelle Verhältnis zum Analytiker wird dann ein Hauptgegenstand der analytischen Bearbeitung. Es liefert die Hinweise für die Auswirkung derjenigen kindlichen Fixierungen und Verdrängungen, die in der Therapie weiter geklärt werden sollen. Die sich typischerweise entwickelnde enorme innere Abhängigkeit des Analysanden vom Analytiker bzw. dessen außergewöhnliche Macht über die Psyche des Patienten sind an sich ein eindrucksvoller Beleg für den großen Einfluß sozialer Faktoren auf die seelischen Prozesse. Indessen findet sich nun ein geläufiges Argument, das dieses Phänomen zu relativieren versucht. Man sagt, einen so tiefen Einfluß bis in das Unbewußte eines Menschen hinein könne zwar der *Psychoanalytiker* mit seinen besonderen Deutungskünsten ausüben. Dies sei aber keineswegs repräsentativ für menschliche Beziehungen überhaupt. Solche tiefen psychischen Berührungen zwischen Menschen seien also außerhalb der analytischen Situation kaum zu erwarten, von Zuständen wie Verliebtheit, Suggestion oder gewissen massenpsychologischen Regressionsphänomenen abgesehen. Die verdichtete emotionelle Zuwendung des Analysanden zum Analytiker sei gebunden an das spezifische äußere Arrangement der Psychoanalyse und an die besondere Behandlungstechnik, die eine gezielte Wiederbelebung kindlicher Erlebniseinstellungen beim Analysanden bewirke. Noch anders, nämlich in der Fachsprache ausgedrückt, heißt das: Diese hochgradige psychische Abhängigkeit des Patienten sei ausschließlich ein Phänomen der «Übertragung». Und da dieser Begriff lediglich für die therapeutisch kontrollierte Beziehung zwischen Analysand und Analytiker gilt, ist die Relativierung des Sachverhalts bereits durch die Definition vorweggenommen.

Aber so gewiß es ist, daß die emotionelle Bindung des Analysanden an seinen Therapeuten eine besondere ist, die durch die äußeren Umstände der Situation und durch die Interventionstechniken des Analytikers in spezifischer Weise gelenkt wird, so voreilig und falsch ist die Hypothese, daß die Menschen im Alltagsleben einander nicht auch laufend bis ins Unbewußte hinein beeinflußten. Längst weiß man inzwischen, daß Eltern durch Erziehungstechniken beständig das Unbewußte ihrer Kinder manipulieren. Aber auch der Erwachsene erfährt durch die Konstellationen seines Familienlebens und durch die Strukturen und Prozesse in anderen Gruppen laufend Einwirkungen, die sich über die Vermittlung seines Unbewußten in seinen Einstellungen und Reaktionsweisen niederschlagen. Jeder einzelne kann fortlaufend bei sich erfahren, daß sich seine emotionelle Verfassung und seine Verhaltensweisen – aus zunächst unbewußten Gründen – ganz erheblich wandeln, sofern er seine soziale Umwelt oder seine Rolle innerhalb dieser wesentlich verändert. Die Anwendung der Lehre vom Unbewußten auf die Prozesse in Gruppen hat für die Psychoanalyse neue Felder erschlossen. Wir können jetzt besser sehen, daß Phänomene, die ursprünglich lediglich als «Übertragung» zwischen Analysand und Analytiker beschrieben wurden, ständig und überall wirksam sind, wo Menschen in engen Partnerbeziehungen oder in intensiveren Gruppenverbindungen leben. Weit über den Privatbereich von Partnerschaft, Familie und Freundschaft hinaus, auf den die psychoanalytische Sozialpsychologie zunächst stieß, findet man diese unbewußt vermittelten Einwirkungen auch weithin in der Arbeitswelt.

Eine besondere Rolle spielt unsere seelische Abhängigkeit von Über-Ich-Surrogaten in der äußeren Welt. Wenn auch modifiziert durch unsere inneren Dispositionen, manipulieren äußere Vorschriften und Ideologien in mannigfacher Weise unser Befinden und Verhalten. Die Ideologie einer Gruppe, in der wir leben, die Tabus der Ethik eines Berufs, dem wir angehören, steuern uns über weithin undurchschaute Ängste in entsprechend konforme Verhaltensmuster hinein. Nicht nur von anderen Menschen her wird unsere psychische Verfassung unbewußt modifiziert. Auch rein materielle Bedingungen wie Geld, Wohnung usw. haben ihre psychologischen Rückwirkungen.

Mit anderen Worten: Der Psychoanalytiker erläge einem Allmachtswahn, würde er der Illusion nachhängen, er allein verfüge gewissermaßen über den Schlüssel, unmittelbar in das Unbewußte erwachsener Menschen hineinzuwirken. Wenn er den ganzen Tag nur hinter der Couch sitzt, findet er zwar eine Situation vor, welche ihn vorübergehend zum bedeutendsten Repräsentanten der sozialen Wirklichkeit seiner Analysanden macht. Aber dieser Eindruck in einer solchen künstlichen Situation darf den Analytiker natürlich nicht dazu verführen, mit den vielen sonstigen wichtigen Faktoren in der Umwelt seines Patienten insgeheim zu rivalisieren und etwa die introspektive Arbeit an den Erinnerungen dazu zu mißbrauchen, den Analysanden von seiner aktuellen sozialen Realität zu entfremden. Der Analytiker darf sich nicht zu der Phantasie hinreißen lassen, daß ihm, auch nur während der Behandlung, die alleinige Macht zur Beeinflussung des Unbewußten des Patienten zustehe.

Wenn man die kontinuierliche Verflochtenheit unseres unbewußt verankerten emotionellen Erlebens und Verhaltens mit der aktuellen sozialen Wirklichkeit anerkennt, dann ergibt sich daraus für die Psychoanalyse eine sehr wichtige Erweiterung ihres Gesichtsfeldes. Sie kommt dann nicht mehr mit einem Selbstverständnis aus, wie es MITSCHERLICH kürzlich in folgende Definition gekleidet hat [59]:

«Wir verstehen unter Psychoanalyse

1. eine systematische Methode der Introspektion, das heißt der Wahrnehmung der inneren Realität;
2. eine Methode der Herstellung einer besonderen Kommunikationsform, nämlich der therapeutischen Situation zwischen Behandler und Behandeltem; und schließlich
3. den Versuch, durch Rekonstruktion und mit Hilfe der Übertragung kindlicher Ängste, Konflikte, Erwartungshaltungen, die anamnestischen Lücken – Lücken des Vergessens – auszufüllen, das heißt unzugänglich gewordene Erinnerungen an die eigene Lebensgeschichte wieder erfahrbar zu machen.»

Diese Definition ist so gehalten, daß sie die klassische Beschränkung des Feldes der Psychoanalyse auf die psychische Innenwelt des Individuums bzw. auf die Vorgänge innerhalb der therapeutischen Beziehung zwischen Therapeut und Patient betont. Sie befriedigt, sofern man hinzusetzen würde, daß damit nur das Kernstück der Arbeit innerhalb der klassischen Behandlungssituation beschrieben werden solle. Die modernen theoretischen und praktischen Anwendungen der Psychoanalyse können indessen nur durch eine erweiterte Definition gedeckt werden, die etwa so lauten könnte:

«Wir verstehen unter Psychoanalyse im weiteren Sinne eine Methode der Wahrnehmung der inneren Realität des einzelnen Menschen, zugleich aber auch der Wahrnehmung der unbewußt vermittelten Beziehungen zwischen verschiedenen Menschen wie zwischen dem Individuum und seinen sozialen Bedingungen überhaupt. Als Wissenschaft vom Unbewußten beschäftigt sich die Psychoanalyse

nicht nur mit den unbewußten Niederschlägen früherer Erfahrungen, sondern ebenso mit den unbewußten Auswirkungen der augenblicklichen sozialen Realität. Die Psychoanalyse versucht, die unzugänglich gewordenen Erinnerungen an die eigene Lebensgeschichte wieder erfahrbar zu machen, sie versucht aber auch, alle sich im Unbewußten auswirkenden Einflüsse der momentanen realen Situation bewußt zu machen.»

In dieser Perspektive ist Psychoanalyse nach wie vor und zu einem großen Teil Kampf des Menschen um seine Erinnerung, sie ist aber zu einem anderen sehr entscheidenden Teil auch ein Kampf des Menschen um die eigene Zukunft, eine Auseinandersetzung mit den psychisch entfremdenden Mächten der augenblicklichen sozialen Wirklichkeit.

Die Psychoanalyse hat sich also gegen zwei Gefahren zugleich zu wenden. Einmal gegen die Gefahr, daß Menschen anstatt mit sozialer Wirklichkeit immer nur mit Abspiegelungen ihrer unbewältigten, aus der kindlichen Vergangenheit herrührenden inneren Schwierigkeiten umgehen. Im anderen Falle gegen die Gefahr, daß Menschen umgekehrt selbst unbewußt zu psychischen Spiegelbildern der sozialen Mächte werden, die von außen auf sie wirken.

Beide Perspektiven stehen nicht in einem Gegensatz, sondern in einem wechselseitigen Ergänzungsverhältnis zueinander: Ich kann die soziale Realität erst vollkommen erkennen, wenn ich in sie nicht mehr meine unerledigte psychische Vergangenheit hineinprojizieren muß. Ich kann aber wiederum auch nur meine eigene Innenwelt voll erfassen, wenn ich auseinanderhalten kann, was zu mir selbst gehört und was lediglich ein psychisches Resultat momentaner Außeneinflüsse ist.

Wenn man – in klassischer Weise – die erste Perspektive allein verfolgt, so bietet das den Vorteil, daß man sich die psychische Welt des erwachsenen Individuums als ein in sich abgeschlossenes System vorstellen kann. Die sozialen Erfahrungen aus der Kindheit sind in dieses System eingegangen und können innerhalb dessen therapeutisch bearbeitet werden. Der Analytiker – als Teil der sozialen Wirklichkeit – kann und muß sich geradezu gefallen lassen, daß der Patient ihn wie einen wieder auferstandenen Partner seiner kindlichen Konfliktsituationen behandelt. Das Durchschauen dieser «Verwechslung» soll, um mit MITSCHERLICH zu sprechen, «Lücken des Vergessens» ausfüllen. Kommt indessen nun die andere Perspektive hinzu, erfährt das Beobachtungsfeld eine zunächst beängstigend erscheinende Erweiterung. Wenn hierbei nämlich unterstellt wird, daß die psychischen Prozesse bis ins Unbewußte hinein fortlaufend von der momentanen sozialen Wirklichkeit her mitgesteuert werden, dann muß derjenige, der seiner selbst inne werden will, seine psychische Entfremdung nach zwei Seiten hin ursächlich verfolgen. Er muß einmal in sich selbst rückschauend die «Erinnerungen an die eigene Lebensgeschichte» wieder erfahrbar machen, er muß aber auch und genauso sorgfältig die Spuren aufnehmen, die von seiner inneren Verfassung auf aktuelle soziale Bedingungen zurückverweisen. Damit kompliziert sich automatisch auch die Position des Analytikers. Unter dem Aspekt, daß die soziale Gegenwart fortlaufend tiefgreifende seelische Einflüsse ausübt, muß er sich fragen: Welche sozialen Umstände und Prozesse schlagen sich denn in mir selbst psychisch nieder? Welchen u. U. unbewußten Effekt haben sie auf mein Denken, auf mein therapeutisches Verhalten? Es genügt nicht mehr, daß ich in einer oder sogar mehreren Eigenanalysen meine Kindheitsprobleme aufarbeite, um meine Einstellungen und Handlungen weitgehend von irrationalen unbewußten Momenten freizuhalten. Ich muß vielmehr fortgesetzt selbstkritisch überprüfen, wie die sozialen Zusammenhänge, in denen ich lebe, mich unbewußt psychisch verändern – oder auch gerade von den Veränderungen abhalten, die zu vollziehen ich aus mir selbst heraus für notwendig halte.

Es handelt sich hierbei also nicht nur um eine beunruhigende Erweiterung des wissenschaftlichen Gesichtsfeldes, sondern zugleich um eine wesentliche Veränderung der Position und des Selbstverständnisses desjenigen, der Psychoanalyse in diesem umfassenden Sinne zu verwirklichen versucht. Man kann sich noch relativ groß fühlen, wenn man sich nur von der Last der unerledigten Vergangenheit in seiner seelischen Freiheit und Autonomie eingeschränkt sieht. Man kann dann glauben, daß eine tapfere innere Auseinandersetzung mit den verdrängten Ängsten und Kränkungen aus der Vorgeschichte den Weg zu einer vollen Selbstverwirklichung endgültig freilegen könnte. Nunmehr muß man sich eingestehen, daß man damit eigentlich nur die *eine* Hälfte der psychischen Abhängigkeit bearbeitet hat und daß die *andere* Hälfte überhaupt nicht durch eine abschließende Unternehmung erledigt werden kann, sondern eine konstante lebenslängliche Anstrengung erfordert.

Offensichtlich neigen wir dazu, die kränkenden psychoanalytischen Beweise für unsere innere Abhängigkeit von unserer nur man-

gelhaft bewältigten kindlichen Vergangenheit dadurch zu kompen-
sieren, daß wir uns wenigstens gegenüber der Außenwelt freier
einzuschätzen versuchen, als wir es tatsächlich sind. Wenn wir schon
von unserer Vorgeschichte her fortwährend unbewußt gesteuert
werden, dann würden wir uns gar zu gern wenigstens gegenüber der
aktuellen Außenwirklichkeit weitgehend psychisch souverän fühlen
können.

Es ist offenbar schon schlimm genug, daß wir *materiell* von der
äußeren Realität in unseren Lebensmöglichkeiten allenthalben eingeengt werden. Deshalb ist es unser dringendes Bedürfnis, uns
wenigstens *seelisch* autonom und hinreichend widerstandsfähig gegen äußeren Druck zu wissen. Die Vorstellung, auch noch in unserem Denken, Fühlen und in unserem moralisch relevanten Verhalten von außen hochgradig unbewußt manipulierbar zu sein, mutet
unerträglich an. Hier wollen wir auf unsere persönliche Identität
bauen können. Unentbehrlich erscheint uns das von ERIKSON defi-
nierte Gefühl des Vertrauens darauf, «daß der Einheitlichkeit und
Kontinuität, die man in den Augen anderer hat, eine Fähigkeit
entspricht, eine innere Einheitlichkeit und Kontinuität aufrechtzuerhalten».[26] Es scheint, daß dieser noch gar nicht lange eingeführte
und zunächst in der Analyse umstrittene Begriff der Ich-Identität
von ERIKSON deshalb neuerdings in aller Munde ist, weil wir insgeheim gerade darum bangen, was mit diesem Begriff beschworen
werden soll. Wir ahnen, daß es mit dieser Ich-Identität nicht weit
her ist bzw. daß sie beileibe nicht den weiten Bereich von Verhaltensmustern und Wertbildern umfaßt, den wir gern in sie integriert
sehen würden. Die Erfahrungen der hochgradigen Wandelbarkeit
von Reaktionsweisen, emotionellen Einstellungen und Idealen unter dem Einfluß sozialer Faktoren beweisen, daß wir – abgesehen
von bestimmten formalen Dispositionen – nur über einen sehr
beschränkten Bestand von psychischen Qualitäten verfügen, die wir
unserer persönlichen Identität zurechnen dürfen. Vieles, was wir in
uns an psychischem Besitz für umweltstabil halten, wandelt sich,
wenn sich unser ökonomischer Status grundlegend ändert, wenn
wir unsere Partnerbeziehungen wechseln, eine neue Tätigkeit beginnen, einen höheren Rang in einer Hierarchie beziehen, einer neuen
Gruppen-Ideologie ausgesetzt werden, aus einer Mehrheits- in eine
Minderheitsposition geraten oder umgekehrt. Man glaubt oft, bestimmte Anschauungen und Prinzipien endgültig assimiliert zu haben – und verkennt vielleicht, daß man ihrer nur so lange sicher sein

kann, als man damit zugleich die Normen der augenblicklichen Umwelt trifft, auf deren schützende Anerkennung man angewiesen ist. Wenn ERIKSON davon redet, daß nur manche Jugendliche niemals bereit seien, «sich bleibende Idole und Ideale als Hüter ihrer schließlichen Identität aufzurichten»[26], so trifft diese Feststellung vielmehr für die große Mehrheit der Menschen zu. Denn gerade dies wird im folgenden noch eingehend belegt und diskutiert werden, daß das allgemeine Identitätsgefühl gerade im Bereich des moralischen Verhaltens recht trügerisch zu sein pflegt.

Die Wunschphantasie, unsere Kontinuität, Einheitlichkeit und Sicherheit mögen allenfalls von unserer unbewältigten psychischen Vergangenheit, aber kaum von irgendwelchen neuartigen Gefahren der sozialen Realität bedroht sein, ist zweifellos die Folge einer angstbedingten Verleugnung. Je unsicherer sich der Mensch in einer Welt fühlt, in der er sich voller expansionistischer Größenideen zu einem Halbgott – mit Hilfe der Prothesen einer Super-Technik – aufgebläht hatte, um so mehr kann eine Theorie zu einer schützenden Zuflucht werden, in der z. B. die modernen Sorgen vor weltweiten Katastrophen mit Massenarbeitslosigkeit und materiellem Elend lediglich als gigantische Projektionen unbewältigter Kindheitsängste vor mütterlichen Versagungen bagatellisiert werden. Und die sich schleichend verstärkenden Todesbefürchtungen vieler erscheinen immer noch halbwegs erträglich, wenn sie sich als bloße Abkömmlinge alter Kastrationsängste entlarven lassen. Die unheimliche Zukunft verliert alle Schrecken, sofern man sich sagen kann, daß es eigentlich keine echte Zukunft, vielmehr nur eine ewige kreisförmige Wiederkehr der Kindheitsgeschichte gibt. Dann befände man sich in der Situation eines Menschen, der bei einer mehrfach wiederholten Reise mit ein und derselben Geisterbahn auf dem Jahrmarkt immer wieder vor den gleichen Gespenstern erschrickt. Die letztlich nicht auszulöschende Ahnung, daß die Reise eben doch in völlig unvertrautes und real bedrohliches Gelände führt und nicht nur irgendwelchen illusionären Pseudo-Kastrationen, sondern dem wirklichen Tod entgegengeht, vermittelt ein unerträgliches latentes Gefühl von Einsamkeit, Hilflosigkeit und Vernichtungsangst. Diese Angst ist so ungeheuerlich, daß sie außer der Zuflucht zu rein retrospektiven Umdeutungen der Aktualgefahren eine vielfältige Anklammerung an äußere Stabilisatoren bedingt.

Der einzelne kann seine Angst dadurch leidlich in Schach halten, daß er sich durch eine konformistische Anklammerung an schützen-

*de Partner, Gruppen, Institutionen, Ideologien einen Zustand von
unzerstörbarer Geborgenheit suggeriert. Unsere Neigung, die Bedeutung dieser Anklammerung für unsere Selbstsicherheit zu bagatellisieren, erklärt sich sehr einfach aus dem Grund, daß wir das
Ausmaß unserer realen Gefährdung nicht ertragen können.* Abgesehen von regelrechten «Angstneurotikern», die von ihrer Isolations-
und Todesangst hilflos überflutet werden, halten sich die meisten
Menschen leidlich in emotionellem Gleichgewicht, wobei sie sich
ähnlich verhalten wie die Träger eines Herzschrittmachers, die ihre
vitale Abhängigkeit von dem Schrittmacher ebenfalls mit der Zeit
verleugnen, um an ihre Stabilität glauben zu können. Wir wagen
nicht, uns einzugestehen, wie isoliert und gefährdet wir wirklich
sind, weil wir uns den damit verbundenen Befürchtungen nicht
gewachsen fühlen. Somit verteidigen wir die Illusion unserer relativen Stärke und Selbständigkeit und erklären alle unsere Bemühungen um konformistische Anpassung, um Versöhnung gefährlicher
Autoritäten usw. als souveräne, aus der eigenen Identität heraus
getroffene Entscheidungen. Die Selbstentfremdung wird verleugnet, obwohl genau dies stattfindet, was HEIDEGGER[42] meint, wenn
er von dem Ich-selbst spricht, das nichts weiter mehr sei als das
Man-selbst, als das in das Man zerstreute Dasein.

Eben aber deshalb, weil Isolation so unerträglich geworden ist,
daß zu ihrer Unsichtbarmachung gemeinhin permanent vielfältige
Anklammerungen und Anpassungen an äußere Stabilisatoren notwendig sind, gibt es keine ähnlich verwundbare Stelle wie diese, die
jederzeit für die Manipulation von Menschen durch Menschen und
von Menschen durch Institutionen ausgenützt werden kann. *Die
Bedrohung mit Isolation – und damit mit vermeintlicher Vernichtung – ist das wirksamste Instrument, jederzeit Gefügigkeit zu erzwingen. Ein teuflischer Kreisprozeß bewirkt, daß die Trennungsdrohung als geläufiges Mittel der Kindererziehung in unserem Kul-
turkreis jede neue Generation wiederum im Übermaß für diese
Angstform sensibilisiert und es ihr enorm erschwert, so viel Isolation
zu erleiden und zu tragen, wie im Grunde für den Menschen notwendig ist, um wirklich zu einer eigentlichen Identität zu gelangen
und der Vielfalt der alltäglichen korrumpierenden Manipulationen
leidlich standhalten zu können.*

Dies ist jedenfalls eine wesentliche Ausgangshypothese, die den
nachfolgenden Betrachtungen zugrunde liegt: Unsere durch Erziehung gemeinhin hochgradig verstärkte Selbstunsicherheit und Iso-

lationsangst als Strukturmerkmal verleitet uns zu einer fortgesetzten und üblicherweise verleugneten übermäßigen Anlehnung an stabilisierende Angebote unserer Umwelt. Gehen wir dieses Halts verlustig, reagieren wir infolge unserer Labilität ganz überwiegend mit ernsthaften Dekompensationserscheinungen. Viele im einzelnen näher zu charakterisierende Zwänge und Frustrationen in unserem sozialen Zusammenleben beruhen allein darauf, daß wir uns wechselseitig unserer Isolationsängste als Mittel zur Eigenstabilisierung bedienen. Es wird näher auszuführen sein, daß unsere konventionellen sozialen Beziehungen im familiären Bereich wie in der Arbeitswelt in einem erheblichen Maße durch das Prinzip gestört sind, daß jeweils die Stärkeren und Mächtigeren ihre eigene Isolationsangst durch Verschärfung der Abhängigkeit ihrer schwächeren Partner in Schach zu halten versuchen.

Eine unserer gefährlichsten Selbsttäuschungen besteht darin, daß wir uns als Erwachsene für gefeit gegen inhumane Handlungsweisen halten, nur weil wir unter durchschnittlichen sozialen Bedingungen z. B. zu keinen massiven destruktiven Aktivitäten verleitet werden. In sozialen Ausnahmezuständen und selbst in Laboratoriumsexperimenten erweist sich, daß eine Mehrzahl von Menschen aller sozialen Schichten von der Befolgung wesentlicher moralischer Grundsätze abgelenkt werden kann, mit denen die Betreffenden sich vorher identifiziert geglaubt hatten. Das Ausmaß der Beeinflußbarkeit menschlichen Verhaltens im moralischen Bereich ist so hochgradig, daß es offenbar mit unserem allgemeinen Selbstwertgefühl nicht mehr vereinbar ist und deshalb gemeinhin glattweg verleugnet wird. Diese Manipulierbarkeit widerspricht nicht, sondern bestätigt in gewisser Weise nur die gültigen Erkenntnisse über die mächtige Rolle der Über-Ich-Instanz innerhalb der Ich-Organisation. Gerade die Strenge der Über-Ich-Dressate verführt im Bunde mit der mächtigen Isolationsangst leicht zu dem Versuch, die innere Gewissensabhängigkeit durch eine äußere Abhängigkeit von Personen oder Institutionen zu ersetzen, deren Anweisungen man hörig befolgt. Es handelt sich dabei um den von FREUD in «Massenpsychologie und Ich-Analyse» beschriebenen Mechanismus, daß das Ich-Ideal (oder das Über-Ich) durch ein Objekt ersetzt wird. Offensichtlich spielt dieser Vorgang, den FREUD bei den Phänomenen der Hypnose und der Verliebtheit untersucht hat, eine weit unterschätzte soziale Rolle und ist noch viel zu wenig als psychologischer Hintergrund für das Massenverhalten etwa unter totalitärer Herrschaft gewürdigt worden[33].

Psychoanalytiker pflegen sich etwas darauf zugute zu halten, daß sie auf dem Weg eines schmerzlichen Abbaus liebgewordener Selbsttäuschungen voranzugehen versuchen. FREUD hat Wesentliches über seine Eigenanalyse notiert und publiziert. Andere wie neuerdings MOSER[62] sind ihm darin mutig gefolgt. Jeder junge Analytiker beginnt seinen Ausbildungsweg mit einer Analyse seiner eigenen Probleme in der sogenannten Lehranalyse. Diese Eigenanalyse dient eigentlich dazu, dem Psychoanalytiker für sein ganzes ferneres Leben die Notwendigkeit deutlich zu machen, sich und seine eigenen Schwierigkeiten in der Arbeit mit anderen Menschen kritisch im Auge zu behalten. Dennoch zeigt sich gerade auch in dem Zögern der Analytiker, das volle Ausmaß der Abhängigkeit unseres Unbewußten von der sozialen Realität noch im Erwachsenenalter anzuerkennen, daß gewisse beschwichtigende Selbsttäuschungen nur unter größten Schwierigkeiten abzubauen sind. Daß wir Psychoanalytiker jedoch genügend Anlaß haben, den aktuellen sozialen Einflüssen außer den verinnerlichten Spuren kindlicher Konflikte wesentlich intensiver als bisher nachzugehen, dafür sprechen manche nicht eben besonders erbauliche Phänomene unseres Zusammenlebens in unseren eigenen Fachorganisationen und in unseren Instituten. Auch in unserem Kreis gibt es genügend Beispiele für irrationalen Konformismus und Hörigkeiten aus Ängsten, sich voneinander zu isolieren oder sich schützender traditionalistischer Leitbilder zu begeben. Manche Verhaltensweisen zwischen Fraktionen mit unterschiedlichen theoretischen Akzentsetzungen verraten ebenso wie bestimmte Schwächen im Ausbildungswesen, daß wir Psychoanalytiker eben sehr viel mehr Erfahrungen mit der Bearbeitung unbewußter Infantilkonflikte als im Umgang mit den unbewußten Auswirkungen aktueller sozialer Konfliktpotentiale haben. ANNA FREUD hat unlängst ihre Besorgnis darüber kundgetan, daß in der Psychoanalyse zur Zeit ein Auseinanderweichen von Meinungen und Techniken zu stärkerem Konservatismus und mehr Rigidität in den äußeren Reglementierungen führe[29]: «Je mehr sich die wissenschaftlichen Bindungen zwischen Mitgliedern und Gesellschaften dadurch lockern, daß gemeinsame Überzeugungen und wechselseitiges Verstehen schwinden, um so mehr strengt man sich lokal und international an, die Mitgliederschaft durch Vermehrung von Regelungen und Satzungsstatuten zusammenzuhalten. Das ist eine unglückliche Lage, die eine Atmosphäre schafft, welche dem

Klima der ursprünglichen Psychoanalyse zuwiderläuft.» Man kann sagen, daß A. FREUD mit einer solchen selbstkritischen Deutung der defensiven Reaktionen der Analytiker auf ihre gestörte Gruppenverfassung bereits einen wesentlichen Schritt auf dem Wege vorangegangen ist, die Bedeutung der aktuellen sozialen Situation für unbewußt vermittelte psychische Prozesse darzustellen.

Natürlich ist die Schwierigkeit deutlich, die darin liegt, daß die Repräsentanten einer Wissenschaft genau von demjenigen Problem betroffen sind, das sie erforschen wollen. Es scheint ein Widerspruch in sich zu sein, daß z. B. Psychoanalytiker, deren eigenes Gruppenverhalten unbewußte Abwehrreaktionen auf angsterregende Veränderungen in der Struktur ihrer Organisationen verrät, eben dieses Problem der emotionellen Fernwirkung aktueller Sozialfaktoren zu fassen bekommen wollen. Andererseits ist unverkennbar, daß viele wertvolle Entdeckungen gerade in der Analyse dadurch zustande gekommen sind, daß die jeweiligen Forscher sich selbstkritisch mit ihren eigenen Problemen beschäftigt haben. Einige der fundamentalen und für die gesamte weitere Entwicklung der Psychoanalyse wegweisenden Funde FREUDS ergaben sich aus bzw. in deutlichem Zusammenhang mit den Anstrengungen seiner Eigenanalyse.

Wenn die Ausgangshypothese richtig ist, daß die aktuelle Umwelt auch noch den Erwachsenen – allein wie in der Gruppe – fortgesetzt tiefgreifend psychisch beeinflußt, dann ergibt sich für die Psychoanalyse allerdings die Aufgabe, künftig ihre Kooperation mit der Soziologie zu erweitern. Trotz zahlreicher entsprechender Forderungen gehen die beiden Disziplinen bislang nur sehr zögernd an die Aufgabe heran, praktisch klinische Probleme gemeinsam zu studieren. «Ihre wechselseitige Durchdringung», seit H. HARTMANN immer wieder gefordert, «hat bis heute nur wenige Fortschritte gemacht!» – so hat kürzlich gerade wieder der Analytiker M. FRIEND auf dem Internationalen Psychoanalytischen Kongreß 1975 in London geklagt[27]. Der Kinderpsychoanalytiker J. BOWLBY gab an gleicher Stelle dafür eine Begründung an: bislang habe man sich, wenn man sich als Psychoanalytiker außer um die inneren Prozesse auch um die Umwelt des Individuums intensiver gekümmert habe, den Vorwurf gefallen lassen müssen, daß man damit aufhöre, ein guter Analytiker zu sein.

In der Tat kann man erkennen und auch für die Zukunft voraussehen, daß es sowohl den Psychoanalytikern wie auch den Soziologen

Schwierigkeiten bereitet und weiter bereiten wird, den Schritt über die eigenen Fachgrenzen hinaus zu engerer Kooperation mit der Nachbardisziplin zu tun, obwohl die Einsicht zur Notwendigkeit dieser wechselseitigen Annäherung immer weniger theoretisch bestritten wird. Auch hier sind wiederum offensichtlich manche irrationalen Ängste im Spiel, die eine Berufsgruppe mehr oder minder unbewußt daran hindern können, eine an sich sachlich begründete Erweiterung ihres Blickfeldes vorzunehmen. Nach der Diagnose von A. FREUD befindet sich die Organisation der Psychoanalytiker ja gerade zur Zeit nicht in einem Zustand, der einer unbefangenen Annäherung an die sozialwissenschaftliche Nachbardisziplin besonders förderlich wäre. Auch hier zeigt sich wiederum die Bedeutung des Phänomens der Isolationsangst. In der Furcht, auseinanderzufallen, neigt man eher dazu, diejenigen zu bedrohen, die zu sehr über die behüteten Grenzen des eigenen Faches hinauszudenken versuchen. Jedoch belegt bereits die zitierte Deutung von A. FREUD, daß die Psychoanalyse durchaus innerhalb ihres eigenen Erfahrungsbereichs einen Zugang zu psychisch vermittelten sozialen Phänomenen hat. In der Theorie vom «Introspektiven Konzept», erläutert in «Lernziel Solidarität», habe ich selbst darzustellen versucht, wie sich mit den Mitteln der analytischen Interpretation emotionelle Phänomene bis ins Unbewußte hinein im Zusammenhang mit sozialen Determinanten verstehen lassen. Die verschiedenen Varianten der psychoanalytischen Familientherapie, Gruppentherapie und Sozialtherapie sind längst dabei, praktisch therapeutisch in ein Territorium vorzudringen, in welchem die psychische und die soziale Dimension ständig in ihrer Verflechtung miteinander berücksichtigt werden müssen.

Im Zentrum der Betrachtungen der folgenden Abschnitte wird zunächst die *psychologische Bedeutung der Isolation* stehen. Der Mensch sollte so viel an Isolation ertragen und erleiden können, daß er sich mit der Endlichkeit seiner Existenz auseinanderzusetzen vermag und daß er genügend innere Freiheit gewinnt, in seinen sozialen Beziehungen mehr als eine bloße Zuflucht vor dem Alleinsein zu suchen. Eine Erziehung, die dem Kind und dem Jugendlichen ein möglichst hohes Maß an Selbstvertrauen und Selbstsicherheit zu vermitteln hätte, könnte dem Individuum helfen, seine Vereinzelung auf sich zu nehmen und mit den daraus folgenden Ängsten umzugehen und darüber hinaus die Rolle dieser Ängste in unserem sozialen Zusammenleben zutreffend einzuschätzen.

Die durchschnittliche Erziehung pflegt indessen durch später näher zu erläuternde Praktiken unsere Verletzbarkeit durch Isolation eher noch zu erhöhen. Akute und chronische Beschädigungen durch Isolation im Experiment, im privaten und im Arbeits-Alltag, im klinischen Fall und in der Internierung werden betrachtet werden. Es wird sich zeigen, daß gewisse durch Vereinsamung besonders bedrohte Minderheiten von der gesellschaftlichen Mehrheit obendrein noch künstlich isoliert werden: Man flieht die Nähe und den Anblick dieser Minderheiten, als ob man sich dadurch vor dem Elend bewahren könnte, dem jene erliegen. Der Abwehr von Isolationsangst dienen sowohl unbewußte passive Anpassungszwänge – bis hin zu einer allgemein verbreiteten Hörigkeitsbereitschaft – als auch aktive Techniken, vor allem die Fesselung von Abhängigen mit Hilfe von Trennungsdrohungen. Darstellen läßt sich in diversen sozialen Bereichen, in der Familie wie in der Arbeitswelt, die kettenförmige Fortpflanzung dieser aktiven Isolationsprävention:

Der Mann treibt die Frau, die Elterngeneration die Kinder, generell der Stärkere den Schwächeren durch manipulierte Trennungsangst jeweils in Anklammerungs- und Unterwerfungszwänge hinein, welche jeweils die eigene Vereinsamung kompensieren sollen.

Ein dialektisches Problem besteht darin, daß Individuen nur dann ein kreatives Gemeinschaftsleben entfalten können, wenn sie darum wissen, daß sie auch im Verband einzelne Menschen bleiben, welche die Distanz voneinander aushalten müssen. Sie dürfen sich nicht darauf einstellen, vom Kollektiv passiv getragen zu werden, sondern sie selbst müssen mit ihrer persönlichen Verantwortung die Gemeinschaft jederzeit mittragen. Es kommt in Gruppen darauf an, daß alle sich wechselseitig darin ermutigen, mehr von der eigenen Isolation und der eigenen Isolationsangst zu erkennen und zu bearbeiten. Nur unter dieser Bedingung können die Mitglieder der Gefahr wirklich begegnen, daß eine Gruppe sich mit einem übergroßen Potential an verleugneten und deshalb nicht mehr steuerbaren Geborgenheitserwartungen auflädt, die dann wiederum zwangsläufig irrationalen und neurotischen Techniken der aktiven und passiven Isolationsvermeidung Vorschub leisten würden. Erst wenn die Mitglieder von Gruppen mutig genug sind, sich gegenseitig ihr gleichartiges Betroffensein von Vereinsamungsängsten zuzugestehen und wenn sie die Kraft aufbringen, diese Ängste miteinander zu tragen, werden sie sich davor bewahren können, miteinander einen nivellierenden symbiotischen Haufen zu bilden. Und sie werden auf der anderen Seite eher vermeiden können, miteinander in Fraktionen zu fallen, die sich einseitig oder wechselseitig durch irrationale Trennungs- und Ausschließungsdrohungen manipulieren. In einer Gruppe, in der man die Brisanz des Isolationsproblems hinreichend erkennt und berücksichtigt, ist es am ehesten möglich, daß die einzelnen immer wieder auch solche neuen Ideen und Impulse einbringen können, die sich in Widerspruch zu bisherigen Konzepten und Prinzipien der Gruppe setzen. Sie können damit rechnen, daß sie durch die Distanzierung von hergebrachten Gruppenmeinungen nicht gleich durch massive Trennungsdrohungen der übrigen eingeschüchtert werden. Je mehr alle um die gemeinsame Verletzlichkeit durch Isolation wissen, um so sorgfältiger können sie diese Sensibilität wechselseitig respektieren. Das heißt nicht, daß man harte Auseinandersetzungen scheuen müßte. Im Gegenteil: man kann kritischer diskutieren, wenn man miteinander stets den Grundsatz beachtet, daß man Andersdenkende nicht mit Ausschluß bzw. mit einer moralischen Ächtung innerhalb der Gruppe bedroht, sofern die Betreffenden nicht direkte Destruktion betreiben.

Eine solche Gruppe hat somit zugleich als Ganzes eine relativ gute Chance, sich auf Grund ihrer Erfahrungen in ihren Zielvorstellungen und Methoden laufend kritisch zu überprüfen und zu erneuern. Je offener sie mit dem Problem der Isolation umgehen kann, um so weniger wird sie gezwungen sein, sich krampfhaft formalistisch an bestimmten Leitsätzen und Riten festzuhalten. Sie wird es ertragen, sich von solchen Merkmalen des Gruppen-Überich zu lösen, die nicht mehr passend erscheinen, ohne in übertriebene Furcht zu geraten, in isolierende Anarchie zu zerfallen. Auch dies ist ja eine Folge unbewußter Vereinsamungsängste in Gruppen, daß sie sich u. U. selbst Autoritäten in Form von Normen und Reglementierungen schaffen, in denen sie einen fiktiven Halt zu finden trachten. Eines Tages haben diese Normen ihren funktionellen Sinn verloren, und dann kommt es darauf an, daß die Gruppe diese ohne panische Verunsicherung revidieren kann. Gruppen mit hochgradiger verdrängter Isolationsangst kleben oft an längst sinnentleerten Normen wie manche Heranwachsende an überholten elterlichen Erziehungsvorschriften, eben weil die Vorschriften mit einer irrationalen Beschwichtigungsfunktion aufgeladen worden sind.

Auch für ihr Verhältnis zu ihrem sozialen Umfeld können Gruppen sehr wesentlich davon profitieren, wenn sie die Probleme offen anvisieren und zu bearbeiten versuchen, die sich für den einzelnen wie für die Gruppe im ganzen aus der Abhängigkeit von äußeren Stabilisatoren ergeben. Die letzten Jahre haben eine Fülle von Beispielen dafür geliefert, daß zahlreiche spontane Gruppen ihren kritischen Elan sehr schnell verloren, als sie sich nicht mehr von größeren Organisationen oder zumindest von einer weitverbreiteten Zeitströmung getragen fühlten. Die Mitglieder glaubten ursprünglich, sich fest darauf verlassen zu können, daß sie miteinander längerfristig zusammenarbeiten wollten, z. B. um Reformen in Ausbildungsinstitutionen oder am Arbeitsplatz durchzusetzen, um neue Formen von Partnerschaft zu verwirklichen oder um von gewissen kommunalen Problemfeldern aus einen Einfluß auf gesellschaftliche Mißstände auszuüben. Als sich dann aber die Zeitströmung änderte und der Gegendruck der Institutionen wuchs, die sich von den progressiven Experimenten herausgefordert fühlten, empfand sich manche Gruppe plötzlich wie ein versprengter Haufen auf schwankendem Boden. Der Fortfall der positiven äußeren Resonanz verscheuchte die Selbstsicherheit, die man bisher als Frucht gemeinsam erarbeiteter sozialer und politischer Erkenntnisse angesehen hatte. Nicht wenige solcher Gruppen brachen zusammen oder ließen sich von irgendwelchen Organisationen oder Institutionen aufsaugen, die von ihnen eine weitgehende Preisgabe ihrer bisherigen Konzepte verlangten. Die übliche Begründung der taktischen Zweckmäßigkeit solcher Kapitulation war oft nur eine Rationalisierung der Unfähigkeit, einen als richtig erkannten Ansatz auch in einer partiellen Isolation standfest durchzuhalten. Dagegen findet man andere Gruppen, die einen relativ außenseiterischen Status ertragen können und sich sogar erheblich durch den Beweis gestärkt fühlen, daß sie ihre als sinnvoll erfahrene Arbeit auch ohne breite Außenbestätigung beharrlich fortzusetzen vermögen.

Jedenfalls erscheint es dringend angebracht, aus den Erfahrungen der Gruppenbewegung der letzten Jahre eines kritisch abzuleiten: Die antipsychologische Haltung vieler, zumal politisch engagierter Gruppen, entsprang nicht so sehr der realistischen Sorge, der psychologische Aspekt könnte die soziale Handlungsfähigkeit der Gruppen schwächen, als vielmehr dem Bedürfnis, die Verleugnung der Ängste und infantilen Abhängigkeiten aufrechtzuerhalten, die sich in vielen dieser Gruppen angehäuft hatten. Man fürchtete, sich mit der Selbstentmündigung konfrontieren zu müssen, die als Element der ideologischen Gleichschaltung eine sehr verbreitete Rolle spielte. Die angestauten Ängste bewirkten, daß die kritische Besinnung oft kurzschlußartig in gegenaufklärerische Orthodoxie und fanatischen Dogmatismus umschlug. Nur extreme Gegenperspektiven schienen einen Halt bieten zu können gegen die Versuchung, sich wieder in einen resignativen Konformismus zurückzuflüchten. Und der Terror, den manche Gruppen gegen solche Mitglieder ausübten, die sich nicht vorbehaltlos integrierten oder abzuspringen drohten, spiegelte die panische Furcht aller wider, daß ihre Gemeinschaften sofort kaputtgehen müßten, wenn nicht jeder bei der Stange bliebe. Abgesehen von den amokläuferischen Extremgruppen, in denen ein echter destruktiver Sadismus durchschlug, bedeutete das provokative Gehabe vieler anderer Gruppen nicht mehr als überkompensierte pubertäre Unsicherheit. So ist es bezeichnend, daß in der neuen konservativen Gegenströmung einerseits solche Gruppen überlebten, die sich selbst in eine konservative Orthodoxie zurückentwickelt hatten, und andererseits solche Kreise, deren progressive Initiativen von einer eigenständigen kritischen Aktivität und persönlichem Verantwortungssinn der Mitglieder getragen waren.

Erhebliche Mißverständnisse haben sich an den Begriff *Solidarität* geknüpft und auch an meine eigenen Ausführungen darüber in «Lernziel Solidarität». Ursprünglich entstammt der Begriff bekanntlich der Arbeiterbewegung als Ausdruck für den festen Zusammenhalt den die sozial Schwächeren für ihren Kampf um soziale Gerechtigkeit als notwendig erkannten. Inzwischen ist eine weiterreichende Interpretation des Begriffs üblich und sinnvoll geworden. Da bedeutet Solidarität einen übergreifenden Gemeinschaftssinn in der Gesellschaft. Dessen Entwicklung ist untrennbar verbunden mit einem Abbau unzeitgemäßer sozialer Privilegien und einem entschlossenen Ausbau der Mitbestimmung. *In dieser Bedeutung ist das Prinzip der Solidarität unteilbar. Ihm widerspricht es, wenn die Funktionäre zahlreicher Zirkel und Verbände «Gruppensolidarität» neuerdings in etwa mit Parteidisziplin gleichsetzen. Der Sinn des Solidaritätsbegriffs wird letztlich genau in sein Gegenteil verkehrt, wenn man ihn in indifferenter Weise lediglich als Synonym für mannschaftliche Geschlossenheit innerhalb eines Rivalitätssystems verwendet. Solidarität eignet sich jedenfalls nicht als deskriptiver Begriff zur Kennzeichnung des Zustands einer Gesellschaft, in der die Spannungen zwischen Starken und Schwachen noch weitgehend institutionalisiert sind. Der Begriff hat seinen Sinn als kritische sozia-*

le und politische Leitidee, sofern man für die in ihm steckenden Forderungen nach einer Veränderung der Gesellschaft aktiv einzutreten bereit ist.

Nur bei großer Wachsamkeit kann der einzelne differenzieren, ob die ihm nahezu alltäglich abgeforderten «Solidarisierungen» mit irgendwelchen Gruppen, Meinungen, Resolutionen und Institutionen für ihn persönlich verantwortbar sind. Wir alle stehen unter dem Druck von anerzogenen Normen, von Ordnungen und Bestimmungen, die besagen, daß niemand im Zweifelsfall das eigene Nest beschmutzen sollte. Das Prinzip der Rivalität aller gegen alle setzt sich automatisch in der Vorstellung fort, daß Familien, Arbeitsgruppen, Institutionen, Berufsstände, Volksgruppen usf. immer nur bestehen könnten, wenn jeder den Interessen des «eigenen Nests» unbesehen einen Vorrang gegenüber den Interessen aller anderen einzuräumen bereit sei. Darin stecken natürlich uralte irrationale Ängste, die davon ausgehen, daß jedes soziale Gebilde automatisch von Außenfeinden bedroht und deshalb von vornherein auf eine defensive Abgrenzung seiner Mitglieder gegen die Umwelt angewiesen sei. Oft zeigt sich aber nun bei kritischem Nachdenken in Konfliktfällen, daß die Argumente aus der Umwelt dem Gemeinwohl viel eher dienlich sind als Gegenargumente innerhalb der Sondergruppe, in deren «Nest» man wohnt, arbeitet, Politik macht oder dergleichen. In Konflikte dieser Art ist jeder fortwährend verstrickt, der sich seiner persönlichen Verantwortung nicht dadurch begibt, daß er diese automatisch jeweils an die Obrigkeiten delegiert, welche die sozialen Gruppen regieren, deren Teil er ist. Hier ist es wiederum das Problem, das Maß an innerer oder auch äußerer Isolation auszuhalten, das nötig ist, um z. B. solche Loyalitätskonflikte zu tragen, anstatt sich jeweils passiv von den Strömungen und Entscheidungen derjenigen mitziehen zu lassen, die eine gefügige Anpassung mit einer schützenden Geborgenheit prämieren.

Für jeden ist es wichtig, die in ihm selbst unbewußt vorhandenen Dispositionen besser zu durchschauen, die ihn für Außenmanipulationen überaus anfällig machen. Jeder hätte ferner davon einen bedeutenden Gewinn, sich ein Bild davon zu machen, welche üblichen psychischen Auswirkungen mit den spezifischen sozialen Verhältnissen verbunden sind, denen er selbst ausgesetzt ist bzw. denen er sich gegebenenfalls auszusetzen vorhat. Dies ist freilich ein weites und erst in den Anfängen erforschtes Feld. Gerade weil die Psychoanalyse lange Zeit auf das Studium der individuellen Innenwelt und deren Entwicklung beschränkt war, ist sie noch nicht weit in diesen Bereich vorgedrungen, der die unbewußt vermittelten emotionellen Auswirkungen sozialer Standardbedingungen auf den Erwachsenen betrifft.

In diesem Buch kann lediglich der Versuch unternommen werden, an einzelnen Phänomenen die unbewußte Umsetzung sozialer Gegebenheiten in psychische Folgen deutlich zu machen. Zunächst wird es darum gehen, die generelle Umweltlabilität unserer psychischen Verfassung als solche mit Hilfe von Belegen differenzierter herauszuarbeiten. Es wird die Rede von den sozial bedingten Ängstigungen sein, die jedem nahelegen, sich unreflektiert und automatisch an Manipulationsmechanismen aktiv und passiv zu beteiligen, die psychische Freiheit einschränken. Aber ein psychoanalytischer Autor, der Diagnostik immer nur im Zusammenhang mit therapeutischen Konsequenzen zu bedenken gewohnt ist, kann sich nicht der anschließenden Frage entziehen: Was können Menschen tun, um diese einengenden, entfremdenden Einflüsse besser zu kontrollieren? Wie können wir zunächst unser eigenes Selbst so weit abzuschirmen lernen, daß wir nicht immer nur automatisch das denken und wollen, was die übermächtige Umwelt gerade von uns verlangt? Wie können wir den Umgang miteinander so verändern, daß wir uns nicht aus unreflektierter Isolationsangst heraus laufend wechselseitig durch Bedrohung mit sozialer oder moralischer Ausschließung immer noch gefügiger und manipulierbarer machen? Wie können einzelne oder Gruppen möglicherweise selbst zur Veränderung von sozialen Umständen beitragen, deren negative psychische Rückwirkungen klar zutage liegen?

Der Weg zu diesen Gedanken begann für den Autor bei der Frage, wie sich Eltern dagegen schützen können, unbewußt ihre Kinder dadurch zu schädigen, daß sie diesen ihre eigenen unbewältigten Probleme aufbürden. Der nächste Schritt führte zu einem systematischen Studium der psychischen Störwirkungen ungünstiger Familienstrukturen. So erleben wir z. Z. die Entfaltung eines neuen Zweiges angewandter Psychoanalyse, nämlich der analytischen Familientherapie, bei der man versucht, seelische Krankheiten über eine therapeutische Beeinflussung des sozialen Systems der Familie im ganzen zu heilen. Die Phase der Gruppenbewegung hat über den Rahmen der Familie hinaus die Modelle der Wohngemeinschaften, der Eltern-Kinder-Gruppen, der Selbsthilfe-Gruppen*, der Selbst-erfahrungs-Gruppen, der Trainings-Gruppen und der Gruppenthe-rapie entstehen lassen. Von dort führte der Weg weiter zu denjeni-gen Spontangruppen, die das soziale Instrument der Gruppe nicht nur für eine Förderung ihrer Mitglieder, sondern für soziale Wir-kungen auf andere Menschen und Gruppen ausnützen. Leser, die mit meinen letzten Schriften vertraut sind, haben darin vor allem Analysen der Arbeit solcher Spontangruppen vorgefunden. Dabei stand die Frage im Vordergrund: Wie können solche Spontangrup-pen mit sich selbst, mit ihren Klienten und mit den übergeordneten sozialen Diensten umgehen, um ihre Arbeit sinnvoll zu gestalten? Dabei ließ sich zeigen, daß Menschen in solchen Spontangruppen tatsächlich außerhalb des unmittelbaren Drucks der Institutionen einen gewissen Spielraum vorfinden, um soziale Arbeit wirksamer als innerhalb der Institutionsroutine zu organisieren und daß sie sich in solchen Gruppenstrukturen auch selbst freier entfalten können, wenn sie reflektiert zu Werke gehen. Aber oft blieb in diesen letzten Publikationen die Frage offen, was sich denn von diesen ermutigen-den Erfahrungen in den Spontangruppen auf die Institutionen selbst übertragen ließe.

Um diese Möglichkeit besser abzuschätzen, ist zunächst zu klä-ren: Worin genau unterscheiden sich die Bedingungen institutiona-lisierter Arbeit von Spontangruppen-Arbeit? Was bewirkt es, daß sich der Sozialarbeiter im Amt, der Lehrer in der Schule, der Erzie-her im Heim, der Arzt im Krankenhaus ganz anders fühlt, als wenn er seine Kenntnisse und Fähigkeiten in einem Initiativkreis anwen-det? Ein solcher Vergleich, der im späteren Verlauf dieser Betrach-tungen anzustellen sein wird, soll zugleich einiges Licht auf die spezifischen psychischen Entfremdungswirkungen gewisser insti-tutioneller Faktoren werfen. Aber am Ende steht dann die heikle Frage: Wo und wie kann der einzelne ansetzen, um von der Institu-tion nicht psychisch erdrückt zu werden, sondern standzuhalten und seine Arbeit als ein sinnvolles soziales Tun aufzubauen? Wie vermag er zu erreichen, daß er in sozialen Tätigkeiten den Klienten als ganzen Menschen in ganzheitlichen sozialen Zusammenhängen im Auge behalten und sich dadurch selbst als vollständiger Mensch

---

* Wesentliche Informationen und eine Literaturübersicht zur Entwicklung der Selbsthilfegruppen liefert M. L. Moeller in dem Aufsatz: «Selbsthilfegrup-pen in der Psychotherapie.» Praxis d. Psychotherapie 1975, 20, S. 181 [61]

in der Arbeit fühlen kann?

Hier bewegt sich die Betrachtung naturgemäß ständig an der Grenze bzw. jenseits der Grenze zwischen psychoanalytischer Sozialpsychologie und Soziologie. Der Psychoanalytiker ist wie jeder Wissenschaftler auf die Norm verpflichtet worden, sich der Grenzen seiner Fachkompetenz bewußt zu bleiben. Aber es ist kaum zu leugnen, daß gerade diese Einigelung der Wissenschaftler innerhalb ihrer jeweiligen spezifischen Fachbereiche nicht nur zu einer Zerstückelung, sondern auch zu einer Verzerrung des Bildes von der Wirklichkeit führt. Das Leitbild der strengen fachlichen Einengung ist ohne Zweifel mit Schuld daran, daß wir heute noch relativ wenig von der Komplexität des Zusammenhanges zwischen sozialen Arbeitsbedingungen und psychischen Prozessen wissen. Der Psychoanalytiker, der nicht auch genau auf die realen Bedingungen der Arbeit hinschaut, wird eben zwangsläufig deren Einfluß auf Kosten der intraindividuellen seelischen Dispositionen unterschätzen. Umgekehrt werden die Sozialwissenschaftler, die sich etwa mit den organisationssoziologischen Eigentümlichkeiten der Arbeit befassen, nie automatisch in den psychologischen Bereich eindringen. Es ist also nicht so wie bei einem Tunnelbau, bei dem man von beiden Seiten aus in die Mitte vorstößt und nach dem Durchbruch einen offenen Wechselverkehr in beiden Richtungen zustande bringt. Bei der Isolierung der Wissenschaften voneinander bleibt es meistens dabei, daß die einzelnen Stollen zwar immer tiefer gegraben werden, aber nie wirklich aufeinander treffen. Üblicherweise denken Sozialwissenschaftler und Psychoanalytiker für sich, reden für sich in eigenen Begriffen und sind darauf eingestellt, ihre Bereiche als in sich abgeschlossene Systeme zu behandeln. Deshalb haben wir ja eben auch bis heute eine Psychoanalyse, welche die Verhältnisse in der Arbeitswelt lediglich unter dem Aspekt ihrer Ähnlichkeit mit infantilen Konfliktbedingungen betrachtet und auf der anderen Seite eine Soziologie, die vielfach meint, daß das Psychische in den sozialen Rollen bereits automatisch mitgegeben sei und diesen gegenüber nicht in einem besonderen Spannungsverhältnis stehe.

Es liegt nun allerdings nicht nur an der begrenzten Sichtweite des Analytikers, daß er nicht sehr viel Rat weiß, wenn es darum geht, was man praktisch machen kann, um die Arbeit in der Institution – wie es dringend nötig erscheint – von vielfältigen entfremdenden Bedingungen zunehmend zu entlasten. Hier wirkt sich ein System von Zwängen aus, die in der Tat ursächlich in gesellschaftliche

Dimensionen zurückverweisen, auf die der einzelne an seinem Arbeitsplatz kaum Einfluß nehmen kann. Immerhin erscheint es wichtig, die Einschnürung des psychischen Lebens unter bestimmten Umständen der institutionellen Arbeit überhaupt besser sichtbar zu machen und gegenüber geläufigen Verharmlosungen entschieden zu verteidigen. So etwa gegen die lapidare Feststellung von BIEDEN-KOPF: «Die in der Formel Humanisierung der Arbeit versteckte Behauptung, die heutigen Arbeitsbedingungen seien inhuman und müßten durch humane Bedingungen ersetzt werden, ist weitgehend unsinnig»[10].

Bei der Suche nach Auswegen für den einzelnen, der sich mehr Raum für «menschengerechte» Arbeit verschaffen will, stützt sich der Psychoanalytiker begreiflicherweise zunächst genau wie in allen anderen Bereichen seiner klinischen Forschung auf die Beobachtung von Menschen, die selbst neue Wege erkunden. Alle Erkenntnisse über die Dynamik psychoanalytischer Heilungsprozesse sind letztlich die Frucht vielfacher Begleitungen von Analysanden auf deren eigenen Wegen durch das Gewirr ihrer Konflikte. So wird auch hier am Beispiel einiger Einzelerfahrungen verfolgt werden, wie es aussehen und was dabei herauskommen kann, wenn Menschen aus eigener Initiative Chancen ausprobieren, sich ihre Arbeit im Rahmen des Möglichen bedürfnisgerechter einzurichten. Dies sind nur einige sehr fragmentarische Erfahrungen, die keine großartigen Aussagen erlauben. Sie beleuchten mehr die Problematik, als daß sie ergiebige Rezepte liefern. Sie zeigen jedenfalls ganz klar, daß die Anstrengungen von einzelnen und Gruppen an der Basis nur dann über einige erste ermutigende Schritte hinausführen können, wenn ihnen schließlich aus den Institutionen eine echte Reformbereitschaft entgegenkommt.

Am Ende dieses Buches mag die Geschichte einer Frau gleichsam die Betrachtungen darüber resümieren, wie sozialer Druck psychisches Leben fesselt, wie ein Mensch dennoch in extrem eingeschnürter sozialer Situation widerstehen kann. Es ist die Geschichte einer Frau, von der die einen sagen, daß sie – wenn auch teilweise entschuldbar – furchtbar versagt habe, von der die anderen urteilen, daß sie über sich selbst hinausgewachsen sei und ein Beispiel von bewunderungswürdiger Standhaftigkeit geboten habe.

2. Kapitel
Wir sind verletzlicher durch Isolation,
als wir glauben

Die früheste Angst des Menschen ist die Angst des Säuglings, wenn er die Mutter vermißt. Der Psychoanalytiker RANK[67] wollte sogar bereits die Trennung des Kindes von der Mutter beim Geburtsvorgang als erste Angstquelle anerkannt wissen. Wenn diese Hypothese auch nicht zu bestätigen war, so läßt sich die spannungsvolle Unruhe von Säuglingen und Kleinkindern ohne weiteres nachweisen, die ihre abwesende Mutter herbeiwünschen. In seinen «Vorlesungen zur Einführung in die Psychoanalyse (Neue Folge)» formulierte FREUD 1933: «Sie verstehen, welche reale Gefahrsituation durch diese Angst angezeigt wird. Wenn die Mutter abwesend ist oder dem Kind ihre Liebe entzogen hat, ist es ja der Befriedigung seiner Bedürfnisse nicht mehr sicher»[34]. Die Gefahr des Objektverlustes bzw. des Liebesverlustes sei die typische Angstform der ersten Kinderjahre, bedingt durch die Unreife und Ohnmacht des kleinkindlichen Ich.

In der ersten Hälfte der dreißiger Jahre begannen auch die ersten Untersuchungen in Kinderheimen, welche schwere Störungen von Säuglingen und Kleinkindern zeigten, die längere Trennungen von ihren Müttern infolge von Heimeinweisung durchgemacht hatten. Berühmt wurden die Studien von DURFEE und WOLF[25], SPITZ[83,84], BENDER und YARNELL[8], LOWREY[53], GOLDFARB[38], BOWLBY[12, 13, 14, 15, 16] und ROBERTSON[72, 73]. Durch sie wurde das Phänomen des *«psychischen Hospitalismus»* erforscht. J. BOWLBY veranstaltete darüber eine Erhebung im Auftrag der Sozialkommission der Weltgesundheitsorganisation.* 1951 faßte er seine Ermittlungen in der Feststellung zusammen, daß kein Zweifel an dem allgemeinen Befund mehr

---

* Eine deutschsprachige Veröffentlichung der Resultate erschien unter dem Titel «Mütterliche Zuwendung und geistige Gesundheit», Kindler, München 1973

bestehen könne, «daß die längere Entbehrung mütterlicher Zuwendung ernste und weitreichende Auswirkungen auf den Charakter des Kindes und damit auf dessen ganzes weiteres Leben» haben könne. – Von Troschke hat kürzlich die bekanntgewordenen Folgen, die sich nach langzeitigen Heim- oder Krankenhausaufenthalten für ein Kleinkind ergeben können, im einzelnen zusammengestellt[87]. Direkte Folgen: Beeinträchtigung der Fähigkeit zu abstraktem Denken, Identifikations- und Introjektionsschwierigkeiten, mangelnde Entwicklung des Ich und Über-Ich, impulsives und unkontrolliertes Verhalten, Schwierigkeiten bei der Nahrungsaufnahme, Entwicklung eines chronischen Hungerzustandes bis zur Dystrophie, daraus folgend eine starke Anfälligkeit gegenüber jeglichen Infekten, Mangel an Aktivität, anhaltend traurige Stimmung, monotones Gehabe, kontaktscheu, schwerste Allgemeinstörungen, Verwirrtheit, Verstörtheit besonders bei Säuglingen, erst Stillstand der Entwicklung, dann Regressionen, Stereotypien, Aggressionen, Fehlen des Lebenswillens, starke Verzögerung in der Entwicklung der statischen Funktionen. Spätschäden: «lieblose Charaktere», keine echten Gefühle, nur oberflächliche Kontakte; Unzugänglichkeit, Interesselosigkeit, Konzentrationsunfähigkeit, ein Gefühl der Unsicherheit und des Mißtrauens, der Typ des «lonely wolf».

Die lange Reihe der beobachteten Schäden läßt die Anfälligkeit des Kleinkindes für länger dauernde relative Isolierungssituationen in ihrem erschreckenden Ausmaß erkennen. Bowlby und Robertson haben diese Langzeitstudien durch Untersuchungen ergänzt, bei denen sie die unmittelbare Reaktion von Kleinkindern prüften, die gerade von ihren Familien getrennt und in ein Krankenhaus eingewiesen wurden. Sie beobachteten, daß diese Kinder stets erhebliche Störungen ihres emotionellen Gleichgewichtes erlitten. Und zwar zeigten die Kinder, die ein halbes bis vier Jahre alt waren, regelmäßig drei aufeinanderfolgende Reaktionsphasen, die unterschiedlich lange ausfielen[72]:

Die *erste Phase* dauert wenige Stunden bis zu mehr als einer Woche und ist die *Phase des Protestes*. Das Kleinkind schreit, ist unruhig und erregt, es wirft sich hin und her und verfolgt gespannt alle Zeichen in der Umgebung, die vielleicht ein Wiedererscheinen der Mutter ankündigen könnten.

Die *zweite Phase* ist durch *Verzweiflung* gekennzeichnet. Das Kind resigniert. Es verliert offenbar die Hoffnung, durch Aufbegehren die Mutter herbeizwingen zu können. Das Kind wird traurig, still und inaktiv. Allmählich pflegt es diesen Zustand depressiver Passivität abzubauen und sich mit der neuen Umgebung zu arrangieren.

Damit tritt es in die *dritte Phase* ein, das ist die *Phase der Ablösung*. Mit «Ablösung» läßt sich das Phänomen erfassen, daß das Kind offensichtlich sein quälendes Verlangen nach der Mutter verdrängt, also sich innerlich zunächst von dieser ablöst. Das ermöglicht ihm nun eine Zuwendung zu den Pflegepersonen des Krankenhauses. Es besetzt überhaupt seine gesamte neue Umgebung mit Interesse, läßt sich füttern und beschäftigt sich mit Spielzeug. Kommt die Mutter zu Besuch, zeigt das Kind im ersten Augenblick unter Umständen eine zwiespältige Reaktion. Es braucht erst eine kleine Anlaufzeit, in der es manchmal eher uninteressiert oder gar ungehalten erscheint, ehe seine volle Freude durchbricht. Das bedeutet, daß die unterdrückten Gefühle erst wieder aus dem Zustand der Verdrängung befreit werden müssen.*

Langjähriger Heimaufenthalt kann sich so auswirken, daß Kinder schließlich große Schwierigkeiten haben, ein Leben außerhalb der Institution zu führen. Die Trennungsangst kehrt sich um. Das Heim wird zum Ersatz für den lange entbehrten mütterlichen Schutz. Die Welt außerhalb des Heims erscheint böse und gefährlich, zumal da das Kind nicht gewöhnt ist, den vergrößerten Spielraum außerhalb der Institution durch Spontaneität und Initiative zu nutzen. Die Erfahrung der totalen Versorgung hat einen Zustand von Passivität und Stumpfheit erzeugt, der dem Kind nunmehr eine aktive Bewältigung einer offeneren sozialen Situation stark erschwert.

Alle diese hier aufgeführten Befunde sind wohlbekannt und größtenteils mehrfach überprüft. Sie finden sich inzwischen in den meisten Lehrbüchern der Kinderpsychologie und der Kinderpsychiatrie. Wir haben uns an die Tatsache gewöhnt, daß kleine Kinder hochgradig empfindlich auf Trennung und Isolation reagieren, und zwar um so intensiver, je stärker sie bereits durch vorausgegangene Trennungen sensibilisiert worden sind. Wir wissen ferner, daß Mütter in Ausnutzung dieser Angst kleine Kinder zu einem willfährigen Verhalten zu nötigen pflegen. Die Drohung, sich vom Kind abzuwenden, ist für das Kind so unerträglich, daß Mütter damit leichter

* Diese Reaktionsphasen sind instruktiv veranschaulicht in dem Film von J. ROBERTSON (1952): A Two-Year-Old Goes to Hospital. London: Tavistock Child Development Research Unit; New York: New York University Film Library.

erzieherische Forderungen durchsetzen können. Und es steht fest, daß dieses das Kind höchst verunsichernde Erziehungsmittel generell angewandt wird, obwohl zumal Psychoanalytiker unermüdlich darauf hinweisen, wie erheblich diese Methode das Heranwachsen von Selbstsicherheit und Selbstvertrauen im Kinde beeinträchtigt.

Während die kindliche Trennungssensibilität inzwischen durch viele populäre Publikationen allgemein bekanntgeworden ist, besteht nach wie vor weitgehende Ahnungslosigkeit über die Befunde, die auch beim durchschnittlichen Erwachsenen eine hochgradige Empfindlichkeit für Isolationserlebnisse nachweisen. Es gehört nun einmal zum geläufigen Begriff von Normalität, daß der Erwachsene im Gegensatz zum kleinen Kinde ohne weiteres einen vorübergehenden Entzug der vertrauten Umweltkontakte ertragen könne, ohne dadurch in seiner Verfassung nennenswert irritiert zu werden. Wir meinen, daß Isolationsangst und schwerwiegende emotionelle Reaktionen auf Isolationserfahrungen zu den klinischen Ausnahmefällen gehören. Aber eben diese Annahme läßt sich nach zahlreichen neueren Studien keineswegs aufrechterhalten. Wir müssen uns mit der vielen befremdlich, möglicherweise schockierend erscheinenden Tatsache abfinden, daß auch der sogenannte normale Erwachsene sich nicht grundsätzlich vom Kind in seiner Gefährdung durch Vereinsamungserfahrungen und in seiner Anfälligkeit für Trennungsangst unterscheidet.

Anfang der fünfziger Jahre wurde an der McGill-Universität in Montreal/Kanada mit Experimenten begonnen, die das Verhalten von Erwachsenen bei vorübergehender vollständiger Isolierung überprüfen sollten. Man baute Laboratorien, die es ermöglichten, Versuchspersonen so hochgradig abzuschirmen, daß sie kaum noch Sinneskontakt mit ihrer Umwelt aufnehmen konnten. Man nannte diese Versuchsmethode «Sensorische Deprivation», das heißt etwa: Entzug von Sinnesreizen. Allerdings beschränkten die kanadischen Forscher nicht nur die Einwirkung von Sinnesreizen, sie hinderten ihre Versuchspersonen auch weitgehend an aktiver Bewegung. Da diese Untersuchungen sensationelle Ergebnisse zutage förderten, wurden sie bald an anderen Forschungsinstituten wiederholt und in ihren Methoden verfeinert und erweitert. Inzwischen sind mehrere hundert wissenschaftliche Arbeiten über Experimente mit sensorischer Deprivation veröffentlicht worden. Daher ist es nunmehr relativ gut möglich, sich ein allgemeines Bild von der Bedeutung der Laboratoriumsisolation für die psychische und die körperliche Verfassung des Menschen zu machen.

Zunächst seien an Hand einer Darstellung von KEMPE, SCHÖN-BERGER und GROSS[46], die sich in der Bundesrepublik an diesen Deprivationsforschungen intensiv beteiligt haben, die äußeren Versuchsbedingungen näher beschrieben:

Entweder läßt man die Versuchsperson in einem licht- und schallisolierten Wasserbecken mit Hilfe einer besonderen Vorrichtung frei schweben, wobei die Wassertemperatur konstant gehalten wird. Oder man legt den Betreffenden, was einfacher ist, in einen dunklen, schalldichten Raum, die sogenannte camera silens.

Schon bei den ersten Erkundungsexperimenten zeigten Versuchspersonen «Störungen der wahrnehmungsmäßigen Orientierung, der intellektuellen Fähigkeiten und schienen empfänglicher für Propaganda zu sein»[46]. Auch regelrechte komplexe Halluzinationen, also abnorme Sinneserlebnisse, wurden beobachtet. Inzwischen rechnet man u. a. folgende Veränderungen zu den relativ gesicherten Wirkungen der Laboratoriums-Isolierung:

Verlangsamungen der Hirnstrom-Aktivität, Veränderungen der elektrischen Hautleitfähigkeit, Auftreten von Halluzinationen und von veränderten Körperwahrnehmungen (verändertes Körperschema), Veränderungen des Zeiterlebens, bestimmte Denkstörungen, die das Lösen komplexer Aufgaben erschweren (vermehrt primärprozeßhaftes Denken), Reizsucheverhalten[46].

Dies sind aufsehenerregende Befunde. Sie beweisen, daß der einfache Tatbestand der Isolation von meistens nur einigen Stunden Dauer bereits tief in das seelisch-körperliche Gleichgewicht eingreift. Halluzinationen, also abnorme Wahrnehmungen, kennt man sonst nur bei schweren Gemütskrankheiten, Vergiftungen oder organischen Hirnschäden. Die Veränderungen des Denkens sind ebenso bemerkenswert wie die meßbaren Veränderungen bestimmter organischer Funktionen. Die meist nur kurzzeitig durchgeführten Versuche hinterlassen zwar nach den bisherigen Erfahrungen keine Restschäden, sonst wären diese Experimente ja auch keineswegs moralisch vertretbar. Immerhin kann man sich vorstellen, daß längerdauernde Experimente dieser Art alles andere als unbedenklich wären. Von außergewöhnlichem Erkenntniswert sind jedoch bereits die geschilderten unmittelbaren Begleitwirkungen der Isolationserfahrung. Sie machen uns klar, in welch hohem Maß wir alle zur Aufrechterhaltung nicht nur unseres Wohlbefindens, sondern bereits unseres elementaren Denk- und Wahrnehmungsvermögens von einem ununterbrochenen Umweltkontakt abhängen. Wenn wir uns nicht mehr mit unserer Umgebung in Beziehung setzen können, ist unser psychisches Gleichgewicht sofort gefährdet, und wir können von Symptomen befallen werden, die über den Grad aller bekannten neurotischen Veränderungen hinausgehen.

Nun treten im alltäglichen Erfahrungsbereich glücklicherweise kaum je so extreme Umstände ein, wie sie in den Deprivationsexperimenten künstlich hergestellt werden. Aber im Medizinbetrieb sind Situationen bekannt, in denen Patienten Bedingungen ausgesetzt werden, die sich in der Richtung dem Deprivationsarrangement annähern. Und in der Tat liegen Erfahrungen darüber vor, daß in diesen Situationen schwere seelische Entgleisungen von psychoseartigem Charakter vorkommen können. SOLOMON zählt in einem neueren Psychiatrie-Lehrbuch u. a. folgende Beispiele auf: Patienten mit körperlichen Nervenleiden, die in einer Eisernen Lunge liegen müssen; Kranke, denen man nach einer Star-Operation beide Augen abgedeckt hat; Patienten, die man nach offenen Hirnoperationen isoliert hat; Kranke, die allein auf einer Intensivstation liegen. Auch die Bewegungslosigkeit von Verletzten, die in einem Gipsbett oder in einem Streckverband aushalten müssen, kann, wenn nicht genügend Kontakt angeboten wird, krankhafte seelische Veränderungen bewirken[82].

Die Erfahrungen mit der künstlichen sensorischen Deprivation werfen insbesondere auch neues Licht auf die Reaktionen relativ isolierter Insassen von Heimen, Heilanstalten und Gefängnissen sowie auf das Verhalten von Arbeitern, die an isolierten Arbeitsplätzen eine besonders monotone Tätigkeit zu verrichten haben.

Ich hatte Gelegenheit, an Mithäftlingen und an mir selbst phasenhaft ablaufende Trennungsreaktionen zu beobachten, die sich nach Einlieferung in ein Gefängnis einstellten. In diesem ausländischen Gefängnis gab es – kurze Zeit nach dem Krieg – bei starkem Personalmangel und chaotischer Desorganisation für die Häftlinge keinerlei Außenkontakte, keine Zeitung, kein Radio. Abgesehen vom Empfang spärlicher Nahrungsportionen steckten wir zu vier Personen in einer engen Zwei-Mann-Zelle, ahnungslos, was je mit uns weiter geschehen würde. In dieser Situation kam es ganz regelmäßig bei jedem neu Eingelieferten zu emotionellen Störungen, die man durchaus mit denen vergleichen kann, die ROBERTSON bei den Krankenhauskindern festgestellt hat. Allerdings machten wir statt der von ROBERTSON beschriebenen drei sogar vier aufeinanderfolgende

Phasen unterschiedlicher emotioneller Störungen durch. Und zwar war bei uns den drei typischen ROBERTSONschen Phasen noch eine Primärphase vorgeschaltet, die man als *Verleugnungsphase* bezeichnen kann:

Jeder versuchte sich anfänglich einzureden, daß die Einsperrung auf einem bloßen Versehen beruhe. Man erklärte den Mithäftlingen, daß sich der Irrtum bestimmt schnell aufklären werde. Selbst diejenigen, die einen durchaus plausiblen Grund für ihre Verhaftung kannten, erklärten ihre Einlieferung als völlig absurd. Man hielt sich möglichst an der Zellentür auf und machte sich vor, sobald Schritte auf dem Flur zu hören waren, daß man jetzt abgeholt und freigelassen werden würde. Manch einer ließ seine mitgebrachten Sachen verpackt. Mehrere lehnten es in den ersten Tagen ab, sich zu rasieren. Begründung: Das werde man alles unter erfreulicheren Umständen nachholen, wenn man wieder draußen sei. Man vermied es, den anderen und sich selbst gegenüber den Anschein zu erwecken, daß man sich auf ein längeres Verweilen einrichte. So als könne man durch Verleugnung die schlimme Tatsache magisch aus der Welt schaffen. Meistens verhielten sich die Mithäftlinge übrigens gegenüber diesem illusionären Wunschdenken sehr vorsichtig und rücksichtsvoll. Man gönnte dem Leidensgenossen seine Selbsttäuschung, wohl wissend, daß dieser schnell die Kontrolle verlieren könnte, würde man seinen krampfhaft verteidigten Optimismus attackieren.

Das böse Erwachen aus den hoffnungsvollen Träumen folgte bei jedem zwangsläufig nach einigen Tagen. Die Verleugnung brach zusammen und wich einer ausgeprägten *Protestphase*. Man verfluchte den Haftzustand und die Leute, denen man die Schuld gab, daß man jetzt hier sitzen mußte. Manche klingelten wütend – und holten sich dafür, sofern überhaupt eine Resonanz erfolgte, grobe Zurechtweisungen vom Wachpersonal. Einen Mithäftling erlebte ich, der immer wieder über Stunden mit den Fäusten gegen die Zellentür hämmerte. Ein anderer stieg zum kleinen Gitterfenster hoch, brüllte Verwünschungen hinaus und rüttelte an den Stäben. Rachepläne gegenüber Denunzianten, Polizisten oder anderen, denen man sein Schicksal zur Last legte, wurden zum Teil stundenlang sadistisch ausgemalt. Hauptsächlich diente diese aggressive Abfuhr offenbar einer notdürftigen projektiven Abwehr der anwachsenden inneren Depression.

Hatten sich die Energien der Protestphase schließlich verbraucht, brach die *Verzweiflung* in jedem Fall als eine offenbar unvermeidliche dritte Phase durch. Manche weinten hemmungslos. Andere verkrochen sich stumm in einer Zellenecke und verfielen in eine Art von resignativem Stupor. Es kam vor, daß einer tagelang kaum ein Wort sprach. Man redete ihn dann möglichst auch nicht an, weil man merkte, daß er diesen Rückzug benötigte, um seine Situation zu verarbeiten. Ein Mithäftling lief in dieser Phase täglich mehrere Stunden wortlos in der Zelle auf und ab, während sich die anderen in Ecken drückten. Die Vernichtungsgefühle in dieser Phase waren schlimm. Wenn man an ein Leben in Freiheit dachte, so erschien das wie eine Existenz in einer anderen Welt. Für die Möglichkeit, ein Stück frei laufen zu können oder wenigstens etwas von draußen zu hören, hätte man gern die größten Opfer gebracht. Einer dekompensierte in dieser Phase total und konnte im letzten Augenblick davor bewahrt werden, sich einen Kopierstift in den Augapfel zu stoßen. Mir ist keiner begegnet, dem die depressive Reaktion in der einen oder anderen Form erspart geblieben wäre. Die absolut unabänderliche und zeitlich unbegrenzt erscheinende Isolation ließ bei jedem die Selbstsicherheit zusammenbrechen. Eine flüchtige Regression bewirkte eine Wiederbelebung kindlicher Gefühle von kompletter Hilflosigkeit und Lebensunfähigkeit. Natürlich waren besonders schwer solche Mithäftlinge betroffen, die von ihrer soziopathischen Struktur her darauf angewiesen waren, ihre inneren Spannungen durch Agieren nach außen zu lindern. Und es versteht sich, daß gerade Charaktere dieser Art am ehesten in solche Institutionen geraten. Aber auch introvertiertere Typen fielen dieser Verzweiflungsphase ausnahmslos anheim, meist allerdings unter weniger chaotischen Erscheinungsbildern. Immerhin ließ sich feststellen, daß niemand unter diesen sozialen Bedingungen über ein hinreichend umweltstabiles emotionelles Gleichgewicht verfügte, das ihn vor einer ausgeprägten affektiven Trennungsreaktion hätte schützen können.

Die vierte Phase könnte man im Sinn von ROBERTSON ebenfalls durch den Begriff *Ablösung* charakterisieren, wenn man darunter versteht, daß die einzelnen nun nicht weiterhin unverwandt der verlorenen vertrauten Umwelt nachhingen, sondern sich weitgehend auf die neue Realität einstellten und sich an deren Möglichkeiten anzupassen versuchten. So wie BOWLBYS und ROBERTSONS Krankenhauskinder in dieser Phase wieder Spielzeug annahmen und sich ihren Pflegepersonen zuwandten, so suchten wir uns Beschäfti-

gungen und begannen, uns ernsthafter füreinander zu interessieren. Allerdings zeigte sich, daß die Art und Weise der Daueranpassung, die in dieser letzten Phase aufgerichtet wurde, erheblich nach den Sozialisationsbedingungen differierte, die jeden von uns geformt hatten. Mithäftlinge aus der Unterschicht oder gar aus der Unterstschicht ließen erkennen, daß sie von Kindheit auf ungeübt waren, ihre innere Welt wichtig zu nehmen und zu entfalten. Sie suchten ihre Zuflucht oft bei oberflächlichen mechanischen Beschäftigungen, «um die Zeit totzuschlagen». An tieferen Kontakten hinderte sie zunächst ein fest verwurzeltes soziales Mißtrauen. Sie ließen weiterhin niemand nahe an sich heran und verbargen sich teilweise hinter einem System von falschen Angaben über ihre Verhältnisse. Es widerstrebte ihnen auch, selbst in dieser anscheinend besondere Solidarität erfordernden Situation bestimmte Regelungen zu akzeptieren, die reihum jedem einen gerechten gleichen Anteil an kleinen Vergünstigungen des Zellenlebens hätten sichern können. Man merkte: Von den Spielregeln der organisierten Mittelschicht-Gesellschaft hatten sie nie richtig profitieren können. Sie fühlten sich sicherer in einer Reproduktion einer eher anarchischen Unordnung, die wiederum den Mittelschichthäftlingen große Angst bereitete.*
Diese hatten es in der Ablösungsphase leichter, den Mangel an ausgedehnten Umweltbeziehungen schließlich durch Belebung introspektiver Interessen zu kompensieren. Sie nutzten die Gelegenheit, sich über innere Probleme auszusprechen, die sie bedrückten. Oder sie fanden im Schreiben oder Zeichnen Gelegenheit zum Ausdruck innerer Vorstellungen. Sie hatten von ihrer günstigeren Erziehung her also mehr Möglichkeit, den Mangel an äußeren Reizen und die motorische Immobilisation dadurch auszugleichen, daß sie sich mit ihrer inneren Welt beschäftigten. So konnten sie jetzt teilweise nach der Überwindung des ersten Isolationsschocks und der damit verbundenen aggressiv-depressiven Labilisierung sogar einen inneren Gewinn aus der Einsamkeitssituation ziehen. Sie konnten die Muße nutzen, um «zu sich selbst» zu kommen und manches Problem in sich ins reine zu bringen, zu dessen Verarbei-

---

* Konkret ging es z. B. darum, daß derjenige, der beim Brotempfang als letzter die Zelle verließ, auf dem Flur als Flügelmann alle Brotscheiben für die Zellenbelegschaft empfing und sich deshalb die größte Brotscheibe für sich selbst heraussuchen konnte. Um sich nicht jedesmal unnötig um die Position des Letzten streiten zu müssen, schlug ich vor, wir sollten diese Position unter uns wechseln lassen – und fand darauf die geschilderte zwiespältige Resonanz.

tung ihnen die üblichen Alltagsablenkungen nicht hinreichend Gelegenheit gelassen hatten. Man sieht: Längere Isolation als Mittel zur Selbstbesinnung, wie es dem Strafrecht vorschwebt, funktioniert allenfalls bei gut sozialisierten Angehörigen der Mittel- oder der Oberschicht, die über eine durch entsprechende Erziehung entfaltete und organisierte Innenwelt verfügen. In den Gefängnissen gesammelt werden indessen bekanntlich überwiegend jene anderen, denen es von ihrer Erziehung und ihrer Struktur her gar nicht möglich ist, in der Isolation irgendwelche fruchtbaren introspektiven Erfahrungen zu machen, sondern die davon eher noch weiter in destruktivem Sinne beeinflußt werden.

An diesem Selbsterfahrungs-Beispiel sollte vor allem verdeutlicht werden, daß der Erwachsene im Augenblick einer akuten radikalen Isolierung zunächst offenbar sehr ähnlich reagiert wie ein kleines Kind. Es laufen Reaktionsphasen ab, die sich nur unerheblich von denen unterscheiden, deren Beschreibung wir den genannten Londoner Forschern verdanken. Werden die Inhaftierungsbedingungen durch Einzelhaft erschwert, erreichen die psychischen Gleichgewichtsstörungen leicht noch erheblich gravierendere Ausmaße. Es können Symptome provoziert werden, die denen bei den Experimenten mit sensorischer Deprivation anscheinend sehr nahe kommen oder diese sogar noch an Intensität übertreffen. Das war bereits der älteren Psychiatrie bekannt. E. KRAEPELIN, der führende deutsche Psychiater zu Beginn unseres Jahrhunderts, schildert entsprechende «psychogene Geistesstörungen der Gefangenen»: «Weiterhin aber erzeugt die strenge Absperrung von der Außenwelt und die ohnmächtige Unterwerfung unter den Zwang der Staatsgewalt auch selbständige Erkrankungen. Sie treten vorzugsweise in der Form des Verfolgungswahns mit durch die Stille der Einzelhaft begünstigten Gehörtäuschungen und nächtlichen deliranten Erlebnissen, oft auch Erinnerungsfälschungen auf»[48]. KRAEPELIN nennt ausdrücklich Halluzinationen als typische Symptome von «psychogenen Gefängnispsychosen», die bei Rückkehr in die Freiheit zum Stillstand kämen. Außerdem beschreibt er «Hafthysterien» mit heftigen Erregungszuständen, Verwirrtheit und Stupor, die sich bei Wegfall der ursächlichen äußeren Belastungen wieder auflösen würden.

Solche Ausnahmesituationen wie der Aufenthalt in der camera silens oder im Gefängnis bieten, wie man sieht, sehr wichtige Einblicke in die psychischen Beschädigungen, die durch Isolation bewirkt werden können. Solchen Beispielen haftet indessen erfahrungsgemäß der Nachteil an, daß man als Leser dazu nicht ohne weiteres die eigenen Alltagserfahrungen assoziieren kann. Und es ist praktisch unmöglich, wie bereits SCHELER in seiner Analyse der Sympathiegefühle nachgewiesen hatte[79], sich Gefühle vorzustellen, die jenseits des eigenen Erfahrungsbereichs liegen. Um so mehr erscheint es sinnvoll, auf einzelne Isolationsphänomene mit ihren psychischen Symptomen hinzuweisen, die jedermann vertraut sind.

Man denke etwa an die Beunruhigung, die viele von uns überfällt, wenn wir in eine neue Umgebung versetzt werden. Da ist das Kind, das erstmals einen Kindergarten betritt. Der Schüler, der in eine neue Klasse kommt bzw. gegenwärtig in einer Gesamtschule laufend in neue, fremde Gruppen gerät. Da ist der Lehrling, der sich in seinem ersten Betrieb meldet oder ein Arbeiter, der in eine ihm fremde Abteilung versetzt wird. Die Vereinsamung in dieser Situation ist natürlich nur eine relative. Dem Betreffenden fehlt es keineswegs an Umweltreizen. Aber es sind ihm die sicheren Kontaktpunkte seiner ihm bislang vertrauten Umgebung genommen. Alles, was er um sich herum wahrnimmt, ist für ihn zunächst rätselhaft, unheimlich, unberechenbar. Sämtliche Menschen in der neuen Umwelt scheinen miteinander zusammenzuhängen und einander zu verstehen. Nur er selbst ist draußen. Er kann zunächst nicht deuten, was vorgeht, was man von ihm erwartet, welche Resonanz er finden wird. Obwohl also die Außenwelt angefüllt ist mit Leben, obwohl er mit seinen Sinnen vieles aufnehmen und sich auch potentiell frei bewegen kann, fühlt er sich zunächst komplett allein und hilflos, da ihm jegliche verläßliche Orientierung mangelt. Er kann die Zeichen noch nicht lesen, die ihm die neue Welt vermittelt. Und er weiß nicht, obwohl er mit den anderen in ein und demselben Raum ist, ob die anderen ihn tatsächlich in den Innenraum ihrer gemeinsamen Gruppenwelt hineinlassen werden. Manch einer mag sich erinnern, daß er in einer solchen Situation zunächst vor Angst und Mißtrauen wie gelähmt war. Daß er unterstellte, daß alle anderen um ihn herum eine geschlossene Gemeinschaft bildeten, ein festgefügtes «Wir», und daß er überhaupt nicht wußte, wie er auf die Mitmenschen zugehen sollte. Vielleicht verführte ihn die Angst sogar zu leicht wahnhaften Mißdeutungen. Etwa in der Art, daß er sich von allen kritisch beobachtet glaubte. Daß er meinte, über ihn werde getuschelt und gelacht, wenn andere in der Nähe ein harmloses Gespräch führten oder Witze austauschten. Vielleicht erschienen ihm manche andere höchst banalen Verhaltensweisen der übrigen verdächtig oder gefährlich. Und all dies nur deshalb, weil seine innere Gespanntheit und seine hochgradig gesteigerte Sensibilität in der fremden Situation wie ein Verstärker wirkten, der alle Eindrücke in ihrer Bedeutung vergrößerte und vor allem automatisch verzerrend auf sein eigenes Ich bezog. In seiner ängstlichen Wachsamkeit glaubte er, mit allem, was um ihn herum passierte, sei er irgendwo gemeint. Damit projizierte er sein ungeheures Bedürfnis, mit seiner Umgebung in Kontakt zu kommen, in diese hinein.

Die Psychiatrie kennt eine Form von Depression, die durch einen banalen Umzug ausgelöst wird und spricht in diesem Fall von einer «Umzugsdepression». Hierbei handelt es sich ebenfalls um eine Verunsicherung durch ein Isolierungserlebnis, die bei manchen Personen eben das extreme Ausmaß einer regelrechten depressiven Verstimmung annimmt: Jemand verzieht in eine ihm bis dahin völlig unbekannte Gegend, in der alles anders ist als in seiner bisherigen Wohnwelt. Die Häuser sind anders, die Menschen sprechen möglicherweise einen fremden Dialekt und benehmen sich in ungewohnter Weise. Man vermißt plötzlich eine Fülle von bekannten Leuten, Gegenständen, Geräuschen, Gerüchen, von denen man bisher umgeben war. Jetzt erst merkt man, wie viele scheinbar unwichtigen und banalen Eigentümlichkeiten des alten Ortes daran beteiligt waren, das Gefühl von Geborgenheit abzustützen, das jäh geschwunden ist. Alle Einzelheiten der ehemaligen Umgebung hatten zusammen so etwas wie eine mütterliche Welt gebildet, in der man sich geschützt gewußt hatte. Das Gefühl der Sicherheit war einer Art von Dialog entsprungen, den man kontinuierlich mit den belebten und unbelebten Objekten der heimatlichen Szenerie geführt hatte. Man verstand alles, was in der Umgebung geschah, und wußte, wie man damit umgehen konnte. Diese Verläßlichkeit und Berechenbarkeit der äußeren Welt hatte geholfen, daß man sich auch selbst stabil und verläßlich fühlen konnte. Dies versteht man in dem Augenblick, da dieses äußere stabilisierende System plötzlich wegfällt. Vielleicht ist die neue Wohnung viel schöner, die äußere Umgebung angenehmer und auch sonst vieles am neuen Ort objektiv besser als an dem alten. Man hat womöglich monatelang davon geträumt, wie man das Leben in der neuen Umwelt genießen würde – und gleitet statt dessen unerwartet in eine längere Periode von Niedergeschlagenheit und Lethargie hinein, ehe man sich am neuen Platz zurechtfinden kann.

Andeutungsweise zeigen nicht wenige Menschen ähnliche scheinbar paradoxe Reaktionen im Verlauf einer einfachen Urlaubsreise in ein ihnen bislang unvertrautes Feriengebiet. Obwohl sie eigentlich mit den örtlichen Umständen durchaus zufrieden sein könnten, fühlen sie sich nach der Ankunft eigentümlich gespannt und nervös. Sie hatten sich gefreut, etwas ganz Neues zu entdecken, und geraten statt dessen eben durch die komplette Neuartigkeit ihrer Umgebung in eine ängstliche Erregung. Die Touristikgesellschaften kennen diese Reaktion aus alter Erfahrung und bauen darauf, daß nur wenige, die erstmalig in ein fremdes Gebiet reisen, sich dort unbefangen und selbständig zurechtfinden können. Sie wissen, daß zwar viele mit der Absicht angereist sind, in der Fremde auf eigene Faust loszuziehen, um Land und Leute kennenzulernen, daß indessen an Ort und Stelle den meisten der Mut dazu vergeht. Deshalb bieten die Reisegesellschaften überall komplette Ausflugs- und Unterhaltungsprogramme an, die den Touristen ersparen, sich selbständig mit der fremden Umgebung auseinandersetzen zu müssen. Der einzelne kann sich wie ein Kind verplanen und organisieren lassen. Die Reiseleiter übernehmen die eigentliche Verantwortung, und die Touristen können sich die Attraktionen des fremden Landes so vorführen lassen, wie Eltern ein kleines Kind etwa durch einen zoologischen Garten geleiten. Trotzdem können ähnlich wie bei einem Umzugserlebnis die Fülle neuartiger Eindrücke und der gleichzeitige Entzug der mütterlichen Heimat-Umwelt eine anfängliche Spannung bewirken, die auf einer Isolations-Panik beruht. Solche angedeuteten Entwurzelungsgefühle treiben manche Touristen nahezu zwangsläufig in irgendwelche Urlaubs-Partnerschaften hinein, die im Grunde nur eine Beschwichtigungsfunktion haben. Die Betreffenden sind aufgewühlt und verwirrt. So fallen sie auf das nächstbeste Kontaktangebot kurzschlüssig herein. Gleich fühlen sie sich sicherer, wenn da jemand ist, dem sie ihre angestaute Erregung mitteilen und an dem sie sich in ihrer Angst festhalten können. Der Psychoanalytiker weiß, daß viele Urlaubsaffären, die nach außen wie souverän gesteuerte Begegnungen aus purer Lebenslust erscheinen, in Wirklichkeit nichts anderes als Fluchtreaktionen infolge von Einsamkeitsangst und zwanghaften Anklammerungsbedürfnissen sind. Aber auch den Betroffenen selbst wird oft hinterher einiges von der Gewaltsamkeit und Künstlichkeit ihres Verhaltens offenbar. Sie mögen erkennen, daß ihre sonstige Fähigkeit zur kritischen Auswahl von Partnern versagt hat und daß sie offenbar aus purer kindlicher Verlassenheitsangst einen ihnen überhaupt nicht gemäßen Menschen überflüssig nahe an sich herangelassen haben.

Zu den genauer erforschten tieferreichenden Isolationserlebnissen des Erwachsenen gehört der Verlust des Lebenspartners. FREUD hat die inneren Prozesse des Trauernden aus der Sicht der Libidotheorie 1916 beschrieben[32]. Er hat als «Trauerarbeit» die aufgezwungene Bemühung des Hinterbliebenen bezeichnet, die innerlich zunächst fortbestehende libidinöse Beziehung zu der Vorstellung des Partners allmählich aufzulösen. Und er hat die engen Beziehungen zwischen dem Vorgang des Trauerns und dem Krankheitsbild der Melancholie untersucht. Inzwischen ist es mit Hilfe des Forschungszweiges der psychiatrischen Epidemiologie möglich geworden, die Wirkungen des Partnertodes auf den zurückbleibenden Eheteil statistisch zu untersuchen. Zwar kann man durch solche statistischen Erhebungen keinen unmittelbaren Einblick in die inneren Erlebnisse der Betroffenen gewinnen. Aber man kann z. B. aus Veränderungen des Gesundheitszustandes und aus der Inanspruchnahme ärztlicher Hilfen Schlüsse auf das Ausmaß der Störungen ziehen, welche die Vereinsamung bewirkt. So war man z. B. in der Lage zu beweisen, daß der Verlust des Ehepartners die Sterblichkeitsrate – besonders bei Menschen mit Herzschäden – erhöht (YOUNG, BENJAMIN und WALLIS[91]; PARKES, BENJAMIN und FITZGERALD[65]. Bei 4486 Witwern in England und Wales lag die Sterblichkeitsrate während der ersten sechs Monate nach dem Partnerverlust um 40 Prozent höher als die zu erwartende Sterblichkeit verheirateter Männer des gleichen Alters. Besonders auffallend war bei diesen Witwern die Häufung von Todesfällen nach Herzerkrankungen. PARKES fand an einer Untersuchungsgruppe von Witwen unter 65 Jahre, daß diese im ersten Halbjahr nach dem Tod ihres Mannes ihre Arztbesuche wegen neurotischer Beschwerden um 200 Prozent steigerten. In ihrer besonders gründlich angelegten sog. Harvard-Studie untersuchten PARKES und BROWN[65] den seelischen und körperlichen Gesundheitszustand von jüngeren Witwen und Witwern (unter 45 Jahre) aus Boston. Sie verglichen diese Verwitweten, deren Partnerverlust 14 Monate zurücklag, mit der Verfassung einer gleich großen und gleichaltrigen Kontrollgruppe von Verheirateten (gleicher Wohngegend, gleicher Familiengröße, gleicher Schichtzugehörigkeit). Aus dem statistischen Vergleich ging einwandfrei hervor, daß die Verwitweten häufiger in Krankenhäuser eingewiesen wurden, häufiger Beratung wegen seelischer Schwierigkeiten in Anspruch nahmen. «Sie gaben mehr Schlaf-, Appetit- und Gewichtsstörungen an und hatten den Verbrauch von Alkohol, Tabak und Beruhigungsmitteln gesteigert. Neurotische Symptome, die bei Verwitweten häufiger auftraten, waren: Depression, Spannung, Verlassenheitsgefühle, nervöse Unruhe, Entscheidungsschwierigkeiten und schlechtes Gedächtnis»[65]. Dies sind nur einige Beispiele aus einer größeren Zahl einschlägiger Untersuchungen, deren Ergebnisse einander weitgehend ähneln.* Sie alle beweisen, daß der Tod des Lebenspartners in vielen Fällen den seelisch-körperlichen Gesundheitszustand des zurückbleibenden Eheteils schwer belastet. Es ergibt sich daraus, daß in einer ehelichen Lebensgemeinschaft der Partner häufig zu einem Umweltfaktor wird, der zur Stabilisierung nicht nur der psychischen Balance, sondern auch der körperlichen Widerstandsfähigkeit, ja letztlich der Lebensfähigkeit überhaupt entscheidend beiträgt.

* Eine ausführliche Darstellung und Literaturübersicht über die traumatischen Wirkungen von Partnerverlust findet sich bei C. M. PARKES, Vereinsamung, Rowohlt, Reinbek 1974.

3. Kapitel
Trennungsdrohungen verschärfen Isolationsangst. Diese Angst wird in der Gesellschaft kreisförmig weitergegeben

Bisher wurde die Gefährdung des Erwachsenen durch Isolationsereignisse als ein allgemeines Phänomen dargestellt und illustriert. Ehe indessen die soziale Bedeutung dieses Phänomens in unserem privaten Zusammenleben und auch im Betrieb der Institutionen betrachtet werden soll, erscheint es nützlich, die Bedingungen näher zu studieren, die bei der Ausbildung unserer Hypersensibilität für Isolation eine besondere Rolle spielen. Einigen Aufschluß über diese Bedingungen kann man sich durch eine nähere Erforschung von solchen Personen versprechen, die nach klinischen Erfahrungen in einem überdurchschnittlichen Maße Isolation befürchten bzw. durch Isolation störbar zu sein scheinen.

M. BALINT ist die Beschreibung eines psychologischen Typs zu verdanken, der diese Gruppe von Menschen gut erfaßt. 1958 hat er in einem Beitrag zur psychologischen Typenlehre den oknophilen Menschen dem philobatischen gegenübergestellt: Der Oknophile ist derjenige, der sich immerfort anklammern muß, der «in der Illusion lebt, daß er, solange er in Berührung mit einem sicheren Objekt steht, auch selbst sicher ist»[3]. «Die oknophile Welt baut sich aus physischer Nähe und Berührung auf, die philobatische Welt aus sicherer Distanz und Fernsicht.» Indessen hat es BALINT vorwiegend bei einer idealtypischen Beschreibung der beiden Erlebnisformen und bei allgemeinen Hinweisen auf deren Vorgeschichte belassen. Mit klinischen Untersuchungen hat er seine Typologie nicht unterlegt. Hinzu kommt, daß er den risikofreudigen Gegentyp des Philobaten sehr viel eingehender studiert hat als den anklammernden und Isolation fürchtenden Oknophilen, um den es hier ja eigentlich geht. Mehr Aufschluß kann man deshalb von einer ziemlich gründlich erforschten Gruppe von neurotischen Personen erhalten, die an Angstanfällen leiden und deren Gedanken im besonderen Maße um Trennungs- und Vereinsamungsbefürchtungen kreisen.

Das ist die Gruppe der Angstneurotiker oder der Herzneurotiker. Der Name Angstneurose ist von FREUD benutzt worden und in modifizierter Form als «Anxiety Reaction» von der Amerikanischen Psychiatrischen Gesellschaft 1952 in ihr offizielles Diagnosenverzeichnis aufgenommen worden. In der organischen Medizin verwendet man für die gleiche Krankheit mitunter andere Namen, am geläufigsten ist hier seit über 100 Jahren die Bezeichnung «Herzneurose».

Die Krankheit, die in Deutschland vor allem in der Heidelberger (BRÄUTIGAM [17]) und in unserer Gießener Psychosomatischen Klinik [37, 71] sorgfältig studiert worden ist, verläuft in Form von Angstanfällen mit nervösen Herz- und Atembeschwerden. Viele Angstneurotiker befürchten einen Herzschlag und können sich auch in den Intervallen zwischen den Angstanfällen von ihren hypochondrischen Ideen nicht lösen. Sie leiden ferner an chronischer innerer Unruhe, niedergedrückter Stimmung, Mattigkeit und an einer quälenden diffusen Ängstlichkeit. Etwa 2 bis 5 Prozent der Gesamtbevölkerung sind in den USA (ROTH und LUTON [75]; COHEN und WHITE [19]) und in der Bundesrepublik (DELIUS [21, 22, 23]) nach Schätzungen von dieser Neurose betroffen, die am häufigsten zwischen dem 21. und dem 45. Jahr auftritt. DELIUS nimmt an, daß der praktische Arzt für Allgemeinmedizin etwa mit einem Anteil von 10 bis 15 Prozent Angstneurotikern bzw. Herzneurotikern in seinem Krankengut zu rechnen hat.

In diesem Zusammenhang ist wichtig, daß diese Angstneurotiker meistens unter dem Eindruck eines für sie als sehr belastend empfundenen *Trennungsproblems* stehen, wenn das Leiden durchbricht. BRÄUTIGAM schreibt: «Betrachtet man die Erkrankungssituationen bei unseren Patienten, so lassen sich praktisch alle unter dem Begriff eines Trennungskonfliktes charakterisieren.» BECKMANN und ich konnten in fünfjährigen Beobachtungen an mehr als 100 Kranken dieser Art bestätigen, «daß der Erkrankungsausbruch sehr oft mit der Bedrohung eines schützenden Abhängigkeitsverhältnisses zusammenfällt, das der Patient bis dahin aufrechterhalten hatte. Die Herzneurose wird in dem Augenblick manifest, in dem sich entweder die wesentliche Bezugsperson von dem Patienten zurückzieht oder der Patient seinerseits die Beziehung löst oder zumindest in Gefahr bringt. Dabei zeigt sich, daß die Kranken – ohne daß es vor der Erkrankung schon immer deutlich geworden sein muß – nur eine äußerst schwache Selbstsicherheit haben und sich fast nicht mehr lebensfähig fühlen, wenn sie glauben, daß sie des Partners verlustig gehen, auf den sie sich in ihrer Phantasie völlig angewiesen glauben»⁷¹. Hinzufügen läßt sich, daß sich diese Isolationsangst nicht immer auf eine bestimmte Person bezieht. Es kann sich auch um ein komplexes System von Beziehungen zu Menschen und Sachen an einem Ort handeln, das insgesamt als diejenige schützende mütterliche Umwelt funktioniert, die den Kranken seinem Empfinden nach am Leben erhält.

In den letzten Jahren ist nun immer deutlicher geworden, daß es sich bei der Angstneurose nicht um eine ganz streng abgrenzbare Krankheitseinheit handelt. Es ist vielmehr anzunehmen, *daß die Angstneurotiker nur eine allgemein verbreitete Weise des Erlebens und Reagierens repräsentieren* – allerdings in einer extremen Ausprägung. Wir alle sind grundsätzlich in unserer Selbstsicherheit in der Art der Angstneurotiker gefährdet und benötigen eine permanente Zufuhr von äußerer Stärkung, um uns leidlich im Gleichgewicht zu halten und den Durchbruch massiver Ängste zu vermeiden. Nur ist unser Ich im Durchschnitt etwas mehr gefestigt und nicht ganz so stark von Desintegration bedroht wie jenes der Angstneurotiker. Deshalb fühlen wir sogenannten Normalen uns bewußt relativ selbständiger. Man kann sogar in gewissem Sinne sagen: zu selbständig, wenn man bedenkt, wieviel Verleugnung an den allgemein verbreiteten illusionären Phantasien von Unverletzlichkeit und Unsterblichkeit beteiligt ist. Bei den Angstneurotikern funktioniert diese Verleugnung und Verdrängung überhaupt nicht. Deshalb fürchten sie Schlimmeres, als ihnen droht: Trotz ihrer Hypochondrie werden sie fast nie psychotisch und sterben auch nicht früher als andere. Die Normalen hingegen phantasieren sich auf Grund ihrer funktionierenden Verdrängung weniger gefährdet, als sie es in Wirklichkeit sind. Auch sie sind ja – wie die zitierten Experimente zeigten – in der Isolation und ohne Stabilisierung von außen nicht mehr lebenstüchtig. Aber sie können meistens mit ihrer Illusion zurechtkommen, weil sie – vielfach ohne den Sinn zu durchschauen – sich ein Gehäuse von äußeren Sicherungen und Beschwichtigungen errichten, die ihr inneres Equilibrium abstützen. Und wo sie dies nicht aktiv zuwege bringen, bieten sich in genügender Zahl äußere manipulierende Mächte an, die freie Abhängigkeitsvalenzen besetzen. Dieses weitgehend undurchschaute Verhältnis von illusionärer Selbstsicherheit einerseits und faktischer Außenabhängigkeit andererseits ist ja eben das fatale Problem des Normalen, dem diese

Betrachtungen zentral gewidmet sind.

Wenn es nun aber so ist, daß der Angstneurotiker uns im Grunde nur unser aller Problem darstellt und daß der Unterschied zum Normalen nur ein gradmäßiger ist, den wir lediglich bei intakter Verleugnungsfähigkeit trügerisch vergrößert sehen, dann erscheint es sehr instruktiv, die Erkrankungsbedingungen und die typischen sozialen Verhaltensmuster der Angstneurotiker genau zu studieren. Man kann sich davon versprechen, an Hand dieses Modellfalls allgemeines darüber zu lernen, woher unsere Hypersensibilisierung für Trennungs- und Vereinsamungserfahrungen rührt und welche Mechanismen auch im Zusammenleben der Normalen als verkappte Arrangements zur Beschwichtigung von Isolationsängsten funktionieren.

Ein *Erbfaktor* ist offenbar mit im Spiel. Angstneurosen kommen in der Regel in Familien gehäuft vor. Untersuchungen an einer Gruppe derartiger Kranker ergaben, daß 20 Jahre nach Diagnosestellung 49 Prozent ihrer Kinder inzwischen an den gleichen Symptomen erkrankt waren (WHEELER, WHITE u. a.[89], COHEN u. WHITE[19]). Bei einer Kontrollgruppe hatten nur 6 Prozent der Kinder Erscheinungen einer Angstneurose entwickelt. COHEN und WHITE errechneten aus ihrem Krankengut folgende Belastungsziffern: Ist von einem Elternpaar ein Teil angstneurotisch, besteht für die Kinder eine Erkrankungswahrscheinlichkeit von 38 Prozent. Diese Zahl erhöht sich auf 68 Prozent, wenn beide Eltern betroffen sind. In unserer Klinik gaben die Angstneurotiker zu 34 Prozent ähnliche Beschwerden bei einem oder beiden Elternteilen an. Allerdings fanden wir einen Umstand heraus, der beweist, daß die Übertragung der Krankheit von einer Generation auf die nächste keineswegs ausschließlich durch Vererbung geschieht: Diejenigen unserer Kranken, die ihren Eltern ebenfalls angstneurotische Beschwerden zuschrieben, nannten dabei die Mutter achteinhalbmal häufiger als den Vater. Unter allen bekannten Erbgängen gibt es aber keinen einzigen, der erklären könnte, warum die Mütter soviel häufiger betroffen sein könnten. Deshalb muß man annehmen, daß *Umwelteinflüsse* wesentlich darüber mitbestimmen, in welchem Ausmaß ein Kind anfällig für angstneurotische Reaktionsweisen wird. Es ist somit in hohem Grade berechtigt, das elterliche Erziehungsverhalten als eine wesentliche Quelle der Sensibilisierung des Kindes für Trennungsangst zu studieren. Diese Fragestellung erscheint besonders bedeutungsvoll, weil man auf diese Weise Bedingungen für die

Entstehung von Angstneurosen und darüber hinaus für die allgemeine Trennungsüberempfindlichkeit zu ermitteln hoffen kann, die potentiell veränderbar sind.

Die Erhebungen in unserer Gießener Psychosomatischen Klinik an über 100 Herz- oder Angstneurotikern führten uns zu folgenden Aussagen:

«Bei Menschen, die im Erwachsenenalter an einer Herzneurose erkranken, findet man in der Regel Anhaltspunkte dafür, daß sie in der Kindheit äußeren Einflüssen ausgesetzt waren, die sie in besonderer Weise in dem Prozeß der Ausbildung von Selbstsicherheit gestört haben.

Einflüsse dieser Art sind offensichtlich von Müttern ausgeübt worden, welche die späteren Patienten als Kinder sehr stark symbiotisch an sich gebunden und in bestimmter Weise eingeschüchtert haben. Dafür spricht eine Reihe von Hinweisen:

1. Berichte vieler Kranker über die Kindheitserlebnisse mit einerseits dominierenden, andererseits sehr ängstlichen Müttern, die als stark verunsichernd erlebt wurden.
2. Berichte oder sogar direkte Beobachtungen über eine Fortsetzung derartig strukturierter Mutterbeziehungen bis in die Gegenwart hinein.
3. Die Neigung zu einer Übertragung einer solcherart konfigurierten Mutterrolle auf den Arzt in einer psychotherapeutischen Behandlung. Man merkt, daß die Kranken dabei ein symbiotisches Rollenspiel wiederholen, das sie offenbar in der Kindheit gelernt und nie überwunden haben.
4. Die zitierte Tatsache, daß die Mütter von Herzneurotikern gehäuft ihrerseits eine Herzneurose hatten oder noch haben»[71].

Wenn man Gelegenheit hat, junge angstneurotische Mütter im Umgang mit ihren Kindern unmittelbar zu beobachten, so findet man, daß sie sich häufig stark an ihre Kinder anklammern und diese wiederum umgekehrt von sich besonders abhängig zu machen versuchen. Dabei entgehen solche Mütter oft nicht der Versuchung, ihre eigenen Beschwerden als Druckmittel auszunutzen, um die Kinder willfährig zu machen: «Wenn du böse bist, machst du meine Krankheit schlimmer!» Dabei lernt das Kind, sich nicht nur wegen irgendwelcher besonderen Unartigkeiten böse zu fühlen. Es provoziert bereits Rügen der Mutter, wenn es sich nur zu weit von dieser entfernen will. Für die Mutter ist es schon gefährlich, wenn das Kind allmählich ein normales Verlangen nach erweiterter Selbständigkeit entwickelt. Sobald das Kind nicht mehr permanent auf ihren Schutz angewiesen ist, kann sie nicht mehr sicher sein, ob es ständig verfügbar ist, um ihre eigene Isolationsangst zu beschwichtigen. Die Psychoanalytikerin E. Buxbaum hat solche überengen symbiotischen Bindungen von Müttern an ihre Kinder genauer studiert und so formliert: «Diese Mütter verlangen, daß das Kind bei ihnen bleibt aus Angst, daß das Kind oder sie selbst oder beide sonst sterben würden»[18].

Was die angstneurotische Mutter in ungewöhnlich und abnorm erscheinendem Maße tut, gehört durchaus, wie gesagt, zum Repertoire alltäglicher mütterlicher Erziehungsmittel. Wenn man erfahren will, wie die Weitergabe von erhöhter Isolationsangst im Normalbereich vonstatten geht, ist es instruktiv, die üblichen und scheinbar denkbar harmlosen Einflußtechniken kritisch zu durchmustern, die ebenfalls zum Teil sehr deutlich verunsichernde Elemente von der soeben beschriebenen Art enthalten. Die leise Drohung, sich dem Kind zu entziehen, ist noch immer die bequemste Methode für eine Mutter, das Verhalten des Kindes in erwünschtem Sinne zu steuern. Vielfach wird mit dieser Drohung nicht nur gespielt, um irgendeine bestimmte Anordnung durchzusetzen, sondern einfach um zu kontrollieren, ob man sich auf die kindliche Abhängigkeit überhaupt noch verlassen kann; ob der Mechanismus der Trennungsangst noch prompt funktioniert. Die Mutter fühlt sich sicher, wenn sie weiß, daß sie das Kind an einer unsichtbaren Leine hat und es bei Bedarf leicht an sich heranziehen kann. Dieses Motiv kann man auch aus der Art herauslesen, wie viele Mütter mit ihrem kleinen Kind das scheinbar absolut unverfängliche und vergnügliche Versteckspiel gestalten:

Die Mutter macht sich kurz unsichtbar, taucht dann unversehens wieder auf, und Mutter und Kind fallen einander erleichtert in die Arme. Indessen – das Spiel ist für beide nicht das gleiche. Die Mutter bestimmt, wann sie verschwindet und wieder zum Vorschein kommt. Sie erlebt keine Angst, wenn sie sich versteckt. Aber das Kind weiß nie genau, wann die Mutter wieder erscheinen wird. Es gerät einen Augenblick in Spannung, und seine Wiedersehensfreude ist eben wegen der kurz zuvor angestauten Spannungsgefühle so heftig. Es ist nun keine Frage, daß dieses Spiel ganz problemlos verlaufen kann und daß es sogar, wenn man die Rollen des Suchenden und des Sich-Versteckenden wechseln läßt, eine nützliche

Funktion haben kann, auf die man verschiedentlich hingewiesen hat. Wenn das Kind aktiv Sich-Verstecken spielt, kann es sich darin trainieren, etwas mehr Abstand von der Mutter ertragen zu lernen. Aber eine ganz andere Komponente kommt hinein, wenn die Mutter bei dem Spiel allein dominiert und es so weit treibt, daß das Kind jedesmal ein wenig zu lange suchen muß und ein paar Sekunden lang von Ängsten überflutet wird. Vielleicht ist das Kind bereits sensibilisiert, weil es von der Mutter daran gewöhnt ist, daß diese sich bei anderen Gelegenheiten auch *strafweise* abwendet. Bekannt ist, daß kleine Kinder, die bereits einen ernsthaften Trennungsschock durch Krankenhaus- oder Heimaufenthalte erlitten haben, unter Umständen in chaotische Ängste verfallen, wenn die Mutter sich wieder einmal «zum Spaß» versteckt.

Eine Mutter, die immer wieder die Trennungsangst ihres Kindes schürt, um dieses an sich zu fixieren, hat stets eine Möglichkeit, solch eine egozentrische Manipulation zu rationalisieren, das heißt als nützliches Erziehungsverhalten umzudeuten. Sie kann jederzeit darauf verweisen, daß sie eigentlich nur bezwecke, das noch unreife und unvernünftige Kind davor zu bewahren, sich unkontrollierten Risiken auszusetzen. Indem das Kind sich fortwährend auf die Mutter angewiesen fühlt und ihren Schutz sucht, ist diese in der Lage, über das Kind fürsorglich zu wachen. Ein Übermaß an Einflußnahme und Kontrolle erscheint nach der allgemeinen Vorstellung und nach den geltenden Gesetzesnormen jederzeit als vertretbar. Strafe wird lediglich für Vernachlässigung, nie für egozentrische Übererfüllung der elterlichen Sorgepflicht angedroht.

Zusammenfassend läßt sich also festhalten, daß das angeborene Maß an Sensibilität des Kindes für Isolation in unserer Erziehungstradition regelmäßig dadurch verstärkt wird, daß seine Isolationsangst als Ansatzpunkt für erzieherische Manipulation ausgenutzt wird. Indem man seine Trennungsfurcht fortgesetzt schürt, erhält man sich die Abhängigkeit des Kindes und kann dadurch die konstante Wirksamkeit von Erziehungseingriffen sichern.

Studiert man nun indessen die Motive der Mütter, die ihre Kinder durch geschürte Ängste an sich fixieren und dadurch an einer rechtzeitigen Verselbständigung hindern, so entdeckt man hier nicht etwa vorwiegend besondere Machtansprüche oder gar sadistische Unterdrückungstendenzen. Vielmehr findet man, daß viele Mütter im Familienverband ihr Kind unabsichtlich und unbewußt dazu benutzen, eine eigene innere Unsicherheit und Vereinsamungsgefahr abzudecken. Es ist ihr eigenes Problem, das eine solche Mutter in der Regel an ihrem Kinde reproduziert. Sie selbst fühlt sich von Vereinsamung bedroht und lebt ihre eigenen Anklammerungswünsche an das Kind in der Form aus, daß sie dieses an sich psychisch fesselt. Tatsächlich ist ein solches Benehmen bei Müttern besonders ausgeprägt, die in der Familienstruktur mit ihren Bedürfnissen nach eigener sozialer Entfaltung zu kurz kommen und an ihren Kindern ihr sonstiges Kontaktdefizit abzusättigen versuchen. Sekundär kommt dann die kulturelle Erziehungstradition hinzu, die das Ausleben der entsprechenden emotionellen Bedürfnisse vollauf legitimiert. Man kann sich jederzeit als eine gute Mutter fühlen, wenn man ein Kind vorweisen kann, das einem aus Verängstigung überallhin nachläuft. Das guterzogene Kind ist ein «folgsames» Kind.

Im weiteren wird sich zeigen, *daß das Prinzip der Weitergabe von erhöhter Vereinsamungsangst als Mittel, um die eigene Isolationsgefahr durch abhängige Partner zu bannen, von immenser sozialer Bedeutung ist. Keine andere Methode wird zur aktiven Beschwichtigung eigener Vereinsamungsangst so häufig angewandt wie die, einen oder mehrere andere Menschen in ein absolutes Hörigkeitsverhältnis hineinzuzwingen, das es erlaubt, sich an diesen jederzeit abzustützen.* Zunächst ist zu überprüfen, ob die Mutter ihr Isolationsproblem, das sie auf das Kind überträgt, nicht ihrerseits von ihrem Manne aufgebürdet bekommen hat. Wäre dies der Fall, hätte man weiter zu überlegen, wer das Problem wiederum dem Mann aufgegeben hat. Zu erwägen wird sein, *ob es nicht überhaupt ein wesentlicher Aspekt unseres Zusammenlebens schlechthin ist, daß die ubiquitäre Isolationsangst Hierarchien von Manipulationsprozessen in der Weise stiftet, daß die jeweils Mächtigeren die Vereinsamungsfurcht der jeweils Schwächeren laufend zur Stabilisierung der eigenen Sicherheit ausnutzen.*

Daß *die Frau* auf Grund des üblichen Rollenverhältnisses der Geschlechter stärker isolationsgefährdet ist als der Mann, das besagt die Flut der inzwischen vorliegenden Emanzipationsliteratur einhellig. Einsamkeit ist zunächst ein besonderes Problem für alleinstehende berufstätige Frauen, wie eine Untersuchung des Allensbacher Instituts für Demoskopie herausgebracht hat[43]. Aber auch die westdeutschen Hausfrauen jüngeren bis mittleren Alters, die H. Pross untersucht hat, äußern zu 42 Prozent, daß sie sich zumindest manchmal mehr Kontakte wünschen, wobei unter kinderreichen Müttern der Anteil derer, die ihre Kontaktwünsche nur ungenügend erfüllt sehen, nicht geringer ist als derjenige von Müttern aus kleineren Familien[66]. Die Institutionen der Kinderpsychiatrie und der Erziehungsberatung sind jedenfalls belagert von Müttern, die nach dem Eindruck der Experten deshalb in Spannungen mit ihren Kindern leben, weil sie diese mit angestauten Gefühlen und Bedürfnissen überlasten, zu deren anderweitiger Entfaltung und Erfüllung sie selbst zuwenig Gelegenheit haben. Die Frauen suchen bei ihren Kindern einen Ausgleich für ihr Defizit an Kommunikationsmöglichkeiten – und rufen dadurch unbewußt bei den Kindern alle möglichen neurotischen oder psychosomatischen Störungen hervor. Aber die Chance der Mütter, ihre drohende Vereinsamung durch kompensatorische Beanspruchung der Kinder abzuwenden, ist zeitlich begrenzt. Im übrigen lassen die sich langsam durchsetzenden Konzepte einer freieren Kindererziehung die Möglichkeiten der Mütter allmählich schrumpfen, ihre Kinder als Partnerersatz zur Entschädigung für anderweitige soziale Bestätigungen auszunutzen. Spätestens nach Heranwachsen der Kinder aber entdecken die Mütter, die sich nicht rechtzeitig genug sonstige Kontaktmöglichkeiten erschlossen haben, ihre trostlose Lage. Und der Anstieg der weiblichen Depressionen in dieser Altersphase, den man früher vornehmlich Hormoneinflüssen oder sonstigen biologischen Alterungsprozessen zur Last legte, stellt sich mehr und mehr als eine Hauptfolge von spezifischen Isolationskonflikten heraus.

Bei älteren Frauen von Isolations*konflikten* statt einfach von Isolation zu sprechen, erscheint auf Grund eines gemeinsam mit BECKMANN erhobenen Untersuchungsbefundes erlaubt[7]. Wir ermittelten mit Hilfe einer repräsentativen Fragebogen-Erhebung, daß ältere Frauen im Durchschnitt eine besondere emotionelle Abhängigkeit von ihrer Umgebung empfinden. Gleichzeitig nehmen sie aber wahr, daß man sich für sie weniger interessiert. Sie bemühen sich nun, ihre intensiven Kontaktbedürfnisse besonders zu kontrollieren und zurückzuhalten, um ihrer Umwelt nicht zur Last zu fallen. Sie meinen, sich nur durch eine gewisse freiwillige Selbstisolierung die soziale Anerkennung erhalten zu können, die ihnen wenigstens ein geringes Quantum an Kommunikationsmöglichkeiten offenhält. Der Hauptkonflikt, eigentlich ein regelrechter Teufelskreis, besteht also darin, daß diese älteren Frauen ihre großen Kontaktbedürfnisse und Abhängigkeitsgefühle weitgehend unterdrücken, um diejenigen nicht zu bedrängen, mit denen in Verbindung zu bleiben für sie an sich lebenswichtig ist. Ihr sich allmählich vergrößerndes Kontaktdefizit verstärkt ihre Depressivität und – daraus folgend – neuen Kontakthunger, der aber wiederum zurückgestaut werden muß usf. usf. Ältere Männer leiden – nach unserer Erhebung – weniger an Verstimmungen und Kontaktverarmung als ältere Frauen.

Zu fragen ist aber jetzt, ob das besondere Rollenverhältnis der Geschlechter schuld daran ist, daß die Frauen stärker unter den Druck von Vereinsamungsproblemen geraten. Anders gesagt: Ob die Männer eventuell die Kontaktbreite der Frauen absichtlich einengen, um deren Abhängigkeit zu fixieren und sich selbst dadurch sicherer fühlen zu können.

Zunächst kann man auf Grund der vorliegenden Befunde davon ausgehen, daß der Mann von seiner Disposition her durch Isolation genauso verletzbar ist wie die Frau. Die zitierten Untersuchungen über Partnerverlust zeigen, daß Männer nach Verlust der Ehefrau zu einem erheblichen Teil psychische und auch somatische Gesundheitsstörungen erleiden. Erinnert sei an das Hochschnellen der Sterblichkeitsrate bei Witwern im ersten halben Jahr nach Partnerinverlust. Auch von Angst- oder Herzneurosen werden Männer zunehmend häufiger betroffen. Während diese Krankheit, bei der Trennungsprobleme meist – wie gesagt – eine auslösende Rolle spielen, früher als typisches weibliches Leiden angesehen wurde, überraschen die jüngeren Statistiken durch einen erheblichen Anstieg des Anteils betroffener Männer. KULENKAMPFF und BAUER[49], MASTER[55], GOLDWATER[39] sowie BECKMANN und ich[71] fanden sogar ein relatives Überwiegen von männlichen Patienten in dem jeweiligen Krankengut.

In einem gewissen Gegensatz zu seiner *objektiven* Gefährdung durch Isolation stellt sich der durchschnittliche Mann bekanntlich wesentlich unabhängiger als die durchschnittliche Frau dar. Er gesteht weniger Vereinsamungsängste zu und gibt sich generell selbstsicherer. Dies ist ein weiteres Resultat der gemeinsam mit BECKMANN vorgenommenen Repräsentativ-Untersuchung der Bevölkerung der Bundesrepublik, deren den Geschlechtsunterschied betreffender Ertrag in «Lernziel Solidarität»[70] bereits ausführlich beschrieben wurde.* Also: Der Mann erträgt an sich Isolation nicht besser als die Frau, aber er scheint sie – wenn man seinem Selbstbild

---

* Eine soeben durchgeführte Kontrollerhebung bestätigt die Befunde der früheren Untersuchung.

im Test folgt – weniger bewußt zu fürchten. Das Selbstporträt bei einer solchen Testuntersuchung gibt nun allerdings nicht unmittelbar wieder, wie sich Menschen empfinden. Die Antworten der Testpersonen werden mitbestimmt durch allgemeine Leitbilder, an denen sich der einzelne unwillkürlich mißt. Deshalb hat man bei den Männern einzukalkulieren, daß sie sich so darzustellen wünschen, wie man als Mann eigentlich sein sollte. Unabhängigkeit, Stärke, Selbstsicherheit gelten als typische Kennzeichen von «Männlichkeit», so daß männliche Testpersonen einem gewissen Verführungsdruck unterliegen, in ihrer Selbstbeschreibung in der Nähe des verbreiteten Männlichkeitsideals zu bleiben und eher weniger von Abhängigkeit, Schwäche und Selbstunsicherheit zuzugestehen, als sie bei sich wahrnehmen. Frauen haben es dagegen leichter, solche Merkmale offen darzulegen, weil es sich hierbei um öffentlich anerkannte Attribute von «Weiblichkeit» handelt.

Selbst wenn man diesen Fehler einrechnet, bleibt aber ohne Zweifel noch ein echter Unterschied in der Art und Weise übrig, wie die beiden Geschlechter mit dem Einsamkeitsproblem umgehen. Es handelt sich beim durchschnittlichen Mann, der sich im Fragebogen als relativ unabhängig beschreibt, sicher nur zum kleineren Teil darum, daß er etwas nicht zugibt, was er von sich weiß. Zu einem erheblichen Teil weiß er gar nicht mehr von sich, was tatsächlich in ihm ist. *Im Prozeß der Erziehung und im Stress der Arbeitswelt hat er gelernt, sich mehr und mehr mit der Fiktion zu identifizieren, daß er sich gut behaupten könne, auch ohne laufend von außen bestätigt, beschützt, versorgt zu werden.* Seine Erfahrungen vermitteln ihm schon früh den Eindruck, daß er verloren wäre, wenn er zum Überleben auf eine fortlaufende Erfüllung solcher passiven Bedürfnisse angewiesen wäre. So unterdrückt er allmählich einen wachsenden Anteil von seinen Wünschen nach Anlehnung und Geborgenheit, um sich an dem scheinbar erlösenden Motto *«Selbst ist der Mann»* zu orientieren. Krampfhaft richtet er sich auf ein Leben ein, das ihm abzufordern scheint, stets mehr von sich zu geben als von außen zu nehmen.

Diese innere Identifizierung mit einem Leitbild von Selbstsicherheit, Aktivität und relativer sozialer Unabhängigkeit führt offenbar zu verschiedenen Konsequenzen: Die durch Überkompensation zugedeckten passiven Anlehnungsbedürfnisse entziehen sich nunmehr zwar weitgehend der Eigenwahrnehmung, sie bleiben aber psychisch wirksam. Es erhöht sich die Wahrscheinlichkeit, daß diese Bedürfnisse sich in irgendwelchen vom Bewußtsein abgespaltenen Bereichen entfalten und infolgedessen auch auf eine unkontrollierbare Weise Erfüllung suchen. Dies zeigt sich in Partnerbeziehungen, in denen sich ein solcher Mann unter Umständen immer nur als gebend und souverän gegenüber der scheinbar einseitig anhänglichen und sich an seiner Zuwendung labenden Frau erlebt – bis er dann unter Umständen nach einer unerwarteten Trennung vollständig zusammenbricht, als Beleg dafür, wie tief er immer schon insgeheim auch seinerseits abhängig gewesen war. Allerdings ist auch dann noch fraglich, ob er dieses Zeichen selbst lesen kann. Denn dieser Zusammenbruch verläuft häufig in der Form körperlicher Symptome. Entsprechend der in «Lernziel Solidarität» vorgetragenen Belege sind es ganz besonders vorzeitige Verschleißprozesse an den Herzkranzadern, die sich als Folge chronisch überkompensierter passiver Bedürfnisse zu ergeben scheinen. Zu dieser Annahme paßt genau der Befund der britischen Autorengruppen (YOUNG, BENJAMIN und WALLIS[91]; PARKES, BENJAMIN und FITZGERALD[65]) von der eindeutig statistisch erwiesenen Steigerung der Todesfälle durch Herzkranzader-Thrombosen bzw. durch arteriosklerotische und degenerative Herzerkrankungen bei Witwern im ersten Halbjahr nach Verlust der Ehefrau. Da diese Ziffern nur etwas über die Todesfälle aussagen, läßt sich mit Sicherheit annehmen, daß noch beträchtlich mehr körperliche Zusammenbrüche mit Herz- und anderen Symptomen nach solchen Trennungserfahrungen vorkommen, die überlebt werden.

Aus einer Ehepaartherapie erinnere ich mich an ein Paar, das in extremer Weise polarisiert war in eine äußerlich hilflose, total abhängige und emotionell labile Kindergärtnerin einerseits und einen dem Anschein und der Selbsteinschätzung nach absolut souveränen, angstfreien und robusten Anwalt andererseits. Während sie ohne Anlehnung an ihn komplett lebensunfähig schien, äußerte er seine Forderungen an sie, etwa bezüglich hochfrequentiger Sexualkontakte, ohne den mindesten Anklang von emotioneller Bedürftigkeit. Es wirkte so, als benötige er sie lediglich als beliebig austauschbares Gerät, um sich vom Überdruck aufgestauter sexueller Energien zu entlasten. Dementsprechend erklärte er sich im Fragebogentest als furchtlos, frei von Stimmungslabilitäten, unabhängig bzw. aktiv dominant gegenüber seiner sozialen Umwelt. Als ihm dann aber während der analytischen Ehepaartherapie in einem bestimmten Augenblick sichtbar wurde, wie brüchig und gefährdet die innere

Beziehung seiner Frau zu ihm tatsächlich war, wurde er plötzlich totenbleich und sagte, gerade jetzt sei ihm so zumute, als würde er einen Herzinfarkt erleiden. Tatsächlich passierte ihm körperlich nichts. Aber er konnte den Schreck über die ihm offenbar gewordene Kluft zwischen seiner Frau und ihm nicht anders ausdrücken als durch seine körperlichen Erlebnisse. Seine außergewöhnlich intensive Gefühlsverdrängung ließ für ihn nur noch die Ebene des Körperlichen offen, um etwas von seiner entsetzlichen Trennungsangst zu vermitteln – so wie er auch sonst seine Kontaktsehnsucht immer nur als Anspruch auf reine Sexualpraxis hatte signalisieren können.

Die durch Überkompensation verdeckten passiven Kontaktbedürfnisse sind also auch in solchen Fällen noch durchaus wirksam. Und sie suchen sich auf irgendwelchen vom Bewußtsein abgespaltenen Kanälen Erfüllung. Indessen bewirkt der Prozeß der Verleugnung, daß die emotionellen Umweltbeziehungen verarmen und einer Entdifferenzierung erliegen. Derartige Männer können ihr Verlangen nach Zuwendung nur noch indirekt und auf einem frühen Entwicklungsniveau artikulieren. In dem Fall des eben beschriebenen Anwalts z. B. ließ sich deutlich erkennen, daß er seine Isolationsempfindungen und seine Kontaktwünsche nur noch als physische Sexualspannung wahrnehmen konnte. Sein Ruf nach dem Körper seiner Frau entsprach der Erlebnisebene des Säuglings bzw. des Kleinkindes, das nach der Mutterbrust schreit.

Also: Die emotionelle Sehnsucht nach Anlehnung, die der Mann durchschnittlicherweise zu einem beträchtlichen Anteil unterdrückt, kann von diesem schließlich nicht mehr in differenzierter, altersgemäßer Weise gestaltet und ausgelebt werden. Je mehr er davon ins Unbewußte verdrängt, um so kleiner werden seine Chancen, sich in seiner Umwelt in der Form reicher und tiefgehender Kommunikationen zu verankern. – Dies erlebt die Frau als Partnerin übrigens vielfach irrtümlich als eine planmäßige Erniedrigung, der sie ein solcher Mann anscheinend aussetzen wolle. Wenn sie bemerkt, daß der Mann sie z. B. im Sexualbereich nicht eigentlich als Person anspricht, sondern ausschließlich an den mechanisch technischen Vorgängen interessiert zu sein scheint, so fühlt sie sich durch ihn zum puren Objekt entwertet und vermutet, er enthalte ihr nur aus Bequemlichkeit, Gleichgültigkeit oder gar auf Grund irgendwelcher Ablehnungstendenzen seine Gefühle vor. Viele Frauen verkennen, daß ihre männlichen Partner im Gegensatz zu ihnen selbst nicht bzw. nicht mehr fähig sind, die sexuelle Körperberührung in eine echte persönliche Kommunikation einzubetten. Die emotionellen Qualitäten, die sie selbst in den Vorgang einzubringen wünschen, vermögen solche Männer gar nicht aufzunehmen, geschweige denn bei sich selbst zu aktivieren. Es ist wahrhaftig so, daß derart entdifferenzierte Männer nicht mehr anders können als eine «Nummer zu schieben», wobei diese männliche Vulgärformel die Entpersönlichung der Begegnung besser als jede umständliche psychologische Charakteristik wiedergibt.

Es ist eine weitere Konsequenz zu betrachten, die sich daraus ergibt, daß der Mann sich innerlich mit dem geschlechtsspezifischen Leitbild von Selbstsicherheit, Aktivität und relativer Unabhängigkeit zu identifizieren versucht. Dieses Leitbild legt dem Mann nahe, dort, wo es irgend möglich ist, sich eine Umwelt auf aktive Weise so einzurichten, daß sie gezwungen ist, ihm die wärmenden Kontakte automatisch zuzuführen, auf die er unbewußt angewiesen bleibt. Er kann die Fiktion seiner Selbstsicherheit natürlich am unkompliziertesten so lange aufrechterhalten, als er über die äußeren Stabilisatoren, von denen er sich unabhängig erklärt, nichtsdestoweniger praktisch verfügt. Er wird also danach trachten, sich soweit als möglich mit Ressourcen zu umgeben, aus denen er jederzeit die stützenden und versorgenden Angebote abrufen kann, die er benötigt. Nun ist es offenkundig, daß er in der Arbeitswelt in aller Regel nur sehr beschränkte Chancen hat, seine Umwelt nach diesen Zwecken zu organisieren. Dafür bleibt ihm der häusliche Privatbereich und hier natürlich in erster Linie die Beziehung zur Frau, die er in der erwünschten Richtung zu strukturieren verleitet wird.

Der Mann, welcher dem herkömmlichen Stereotyp von Männlichkeit am nächsten kommt, entspricht weitgehend der von der Psychoanalyse herausgearbeiteten Struktur eines «phallischen Narzißten». Er lebt mit einem Selbstbild, das durch Stärke, Unabhängigkeit, Dominanz gekennzeichnet ist, und sucht dementsprechend eine Frau, die diese Selbsteinschätzung nicht gefährden soll. Der reine Narzißt versucht sogar, so schreibt WILLI in seiner Arbeit über die Zweierbeziehung, «einen Partner zu finden, der keine eigenen Ansprüche stellt und ihn bedingungslos verehrt und idealisiert. Er identifiziert sich mit den Idealvorstellungen, die sein Partner auf ihn projiziert. Der Partner soll sich total für ihn aufgeben und für ihn leben . . .» – «Das phallisch ödipale Beziehungsthema», formuliert WILLI an anderer Stelle, «handelt von Liebe und Ehe als männlicher Selbstbestätigung und Anlaß zu phallischer Bewunderung. Inwiefern muß ich als Frau auf die Entwicklung ‹männlicher› Eigenschaften zugunsten des Partners verzichten und mich passiv und schwächlich an ihn anlehnen?»[90]

In Paartherapien stellt sich häufig heraus, daß Männer in einer Anfangsphase starker Verliebtheit in einer Beziehung noch sehr viel von Verlustängsten und Isolationsbefürchtungen als Motiv für den Anspruch verraten, sich des Besitzes der Frau hundertprozentig zu versichern. Im Zustand der Verliebtheit erschrecken sie über die vernichtende Bedeutung einer Isolation, die durch Verlust der Geliebten verwirklicht werden würde. Ihre durchbrechenden Gefühle machen ihnen ihre innere Abhängigkeit von der Partnerin klar, deren Nähe und Verläßlichkeit für ihre Selbstsicherheit eine enorme Bedeutung gewonnen hat. Aus diesem unerträglichen passiven Gefühl des Ausgeliefertseins kommt es dann zu einem Umschlag in eine vielfach tyrannisch anmutende Forderung nach absoluter Unterwerfung der Frau. Erst die ihnen vollständig hörige Partnerin vermag ihre Trennungsängste genügend zu dämpfen. Dieser Versuch, die passive Isolationsangst durch einen totalen Beherrschungsanspruch über die Geliebte zu beschwichtigen und zugleich zu verleugnen, ist aus zahlreichen Biographien herauszulesen: Mit despotischer Gebärde, die in Wirklichkeit von panischen Trennungsängsten gespeist wird, fordert der Mann die absolute Gefügigkeit der Frau. Als ein anschauliches Beispiel sei ein Brief zitiert, in dem Ferdinand Lassalle 1860 um die Hand der 19jährigen Sophie Sontzeff anhielt:

«Wenn ein Weib mich nicht mit der ganzen Macht ihres Wesens liebt, wenn sie nicht in allen Tiefen ihres Herzens, durch überwältigende Macht zu mir hingezogen, liebt – werde ich nicht imstande sein, sie durch die Verbindung mit mir glücklich zu machen. Ich würde ihr vielleicht mehr Unglück als Glück bringen. Es gibt Verhältnisse, bei denen eine gemäßigte Liebe für das Glück eines Weibes genügt; in den meisten Fällen ist es sogar so. Es gibt aber auch Lagen – und das ist die meinige –, in welcher die Liebe des Weibes ein alles verzehrendes Feuer, welches durch Hindernisse nur verstärkt wird, ein unbesiegbarer Orkan, der sich fortwährend selbst erneuert, sein muß, um ewig zu währen und dieses Weib auch zugleich zu entschädigen für alle Fährlichkeiten, die es laufen müßte.

Deshalb ist es für mich eine Ehrenpflicht, nur eine zuverlässige gigantische, unbezwingliche Liebe anzunehmen. Sonst kann ich nicht von Ihrem Glücke überzeugt sein, und sicher werde ich lieber tausendmal alle Annehmlichkeiten des Lebens, so süß sie auch sein mögen, selbst entbehren, als Ihnen, glückliches und angebetetes Kind, das ungeheure Unrecht anzutun, das Glück Ihrer Existenz aufs Spiel zu setzen, um das meinige zu verschönern.»

«Wenn Sie mich also nicht mit dieser Liebesglut lieben, die unwiderstehlich und voll, in sich selbst alle Garantien des Glücks trägt, solange Sie mich besitzen – so werde ich aus einem etwas anderen als dem gewöhnlichem Egoismus mich entschließen, Ihre Existenz nicht mit der meinigen zu verbinden, um Sie nicht unglücklich zu machen, da ich dadurch selbst elend und unglücklich werden würde, denn ich würde dadurch das stolze Selbstgefühl, diese innere Einheit, welche die Stütze meines Lebens ausmacht, zertrümmern»[50].

Sehr eindrucksvoll zeigt sich hier das Gefühl maßloser eigener Abhängigkeit, projiziert in der Schilderung derjenigen Abhängigkeit, die er von der Geliebten unbedingt fordert. Seine überwältigende Angst, durch Trennung seiner Selbstsicherheit vollständig verlustig zu gehen, kann nur durch jenes alles verzehrende und ewig währende Feuer der Liebe Sophies beruhigt werden, das er zu beschwören versucht.

In zahlreichen Biographien von durchaus patriarchalisch geltenden Männern lassen sich hinter der Oberfläche ihres dominanten Verhaltens ähnliche passive Wünsche und Ängste verfolgen. Von FREUD berichtet sein befreundeter Schüler und Biograph E. JONES, daß dieser während seines Verlöbnisses mit seiner späteren Frau Martha viel mehr als diese von Unsicherheit geplagt worden sei, ob die eigene Liebe erfüllend erwidert werde: «Er wurde periodisch von Zweifeln an Marthas Liebe heimgesucht und verlangte von ihr immer neue Bestätigungen. Wie es in solchen Fällen meistens geschieht, dachte er sich besondere – nicht selten unpassende oder sogar törichte – Tests aus, um sie auf die Probe zu stellen. Vor allem verlangte er, daß sie sich vollständig mit ihm, seinen Ansichten, seinen Gefühlen und seinen Plänen identifizierte. Sie war nicht wirklich die Seine, solange sie nicht seinen ‹Stempel› trug»[45].

Diese biographischen Beispiele sind repräsentativ für ein weitverbreitetes männliches Verhalten, das in Form aktiver Forderungen eine enorme Trennungsangst zugleich ausdrückt wie zu bewältigen versucht. Die totale Abhängigkeit der Frau soll ein für allemal die Gefahr bannen, daß man von ihr im Stich gelassen werden könnte. Es ist nicht schwer, die prinzipielle Ähnlichkeit dieser Taktik mit der Anstrengung der Mütter wiederzuerkennen, ihre Kinder definitiv an sich zu binden. Häufig spürt die junge Frau hinter dem tyrannischen eifersüchtigen Besitzanspruch ihres Liebhabers die verborgenen kindlichen Trennungsängste. Und so läßt sie sich mitunter dazu verleiten, den gewünschten Preis der totalen Fixierung auf den Partner zu zahlen, um diesen von seinen panischen Vereinsamungsbefürchtungen zu erlösen und ihm Sicherheit zu geben. Die analytische Erfahrung zeigt indessen, daß die Frau für ein solches «therapeutisches» Bemühen in vielen Fällen büßen muß. Es kann ihr leicht passieren, daß sie den Mann ungewollt auf dem Wege seiner Gefühlsverdrängung unterstützt. Es täte ihm besser, ein größeres Maß an Unsicherheit in der Partnerschaft zu ertragen und die damit verbundenen Gefühle erleiden zu lernen, anstatt mit Hilfe der manipulierten Hörigkeit der Frau das übliche illusionäre Selbstbild von Selbstsicherheit und Unabhängigkeit zu restaurieren.

Nun ist es aber allenthalben deutlich, daß die Struktur des Geschlechterverhältnisses sich wandelt. Dadurch, daß die Frau selbst in die Berufswelt eingetreten ist, verliert sie immer mehr von ihrer Bereitschaft, sich dem Mann einseitig als Stütze für dessen emotionelle Stabilität anzudienen. Zudem haben sich die Arbeitsbedingungen mehr und mehr in einer Richtung verändert, die es auch dem Mann unmöglich macht, das herkömmliche Stereotyp von Männlichkeit weiterhin ungebrochen zu verwirklichen. Die Entfremdungsvorgänge, die MARX ursprünglich lediglich dem Industriearbeiter zurechnete, haben längst auch auf die Massen von Angestellten und Beamten übergegriffen, die durch die Monotonisierung und Nivellierung ihrer Tätigkeitsfelder sowie durch die Übermacht gewaltiger bürokratischer Organisationssysteme kaum noch jene Illusion von eigener Großartigkeit und Stärke entwickeln können, welche das traditionelle Geschlechterverhältnis bestimmte. Vermutlich ist der Anstieg der Angst- bzw. Herzneurosen bei den Männern eines der Zeichen dafür, daß die männliche Fähigkeit immer schwächer wird, die eigene Verletzlichkeit durch Isolation zu verleugnen bzw. die eigene emotionelle Abhängigkeit von der Umgebung mit Hilfe der hörig fixierten Frau zu verdecken. Der Abbau der männlichen Übermacht muß jedenfalls dazu führen, daß der Mann künftig an dem Isolationsproblem zusammen mit der Frau mittragen muß. Er kann dieses Leiden und diese Ängste nicht länger projektiv an sie abtreten. Das heißt für ihn aber zugleich, daß er bei sich etwas wahrnehmen soll, für dessen emotionelle Bewältigung er erst wieder die Fähigkeiten neu entwickeln muß, die er lange nicht mehr geübt hat. Da kann er manches von der Frau lernen, wie man mit dem Gefühl von Schwäche und Abhängigkeit zu leben vermag. Vielleicht könnte sich überhaupt aus einer mehr symmetrischen Betroffenheit der Geschlechter eine Chance entwickeln, daß beide sich sowohl innerhalb ihrer Beziehung wie gemeinsam nach außen eine breitere Kommunikation eröffnen und daß sie sich zusammen besser mit derjenigen Einsamkeit auseinanderzusetzen lernen, die ein unentrinnbares Element der menschlichen Existenz ist.

Es erscheint aber sinnvoll, vor einer Verfolgung solcher Zukunftsperspektiven den Blick nicht voreilig von den Reaktionsvarianten abzulenken, die zu einer Fehlverarbeitung des Isolationsproblems führen. Die bisherige Betrachtungslinie verfolgte von der Mutter-Kind-Beziehung her den häufigen Prozeß, daß jeweils der Stärkere seine Trennungsangst niederhält, indem er diejenige seines schwächeren Partners verstärkt und zugleich als Anklammerungszwang auf sich selbst fixiert. So ließ sich die Reaktionskette beschreiben: Der Mann verschärft die soziale Isolierung der Frau, um durch deren symbiotische Abhängigkeit von ihm die eigene Vereinsamungsangst zu vermeiden. Die Frau wiederum reproduziert diesen Vorgang aktiv in ihrer Beziehung zum Kind. Sie benutzt die Androhung von Trennung bzw. von Liebesentzug in überhöhtem Maß, um sich ihrerseits des Kindes als Schutz gegen Isolation zu versichern. Das heranwachsende Kind verinnerlicht dieses Reaktionsmuster. Es wird bald selbst versuchen, das Instrument der Weitergabe von Angst auszuprobieren, indem es kleinere Geschwister oder jüngere schwächere Freunde gelegentlich im Stich zu lassen droht. *Damit schließt sich der Kreis eines Reaktionsmusters in der Familie, bei dem jedes Glied in der Kette im Grunde an seiner Angst scheitert, aber sich jeweils dadurch restabilisiert, daß es das passiv Erlittene aktiv an dem nächsten Schwächeren wiederholt.*

Zum Teil läßt sich diese Verhaltensweise als «Identifikation mit dem Aggressor» interpretieren, also im Sinne eines klassischen Abwehrmechanismus, den A. FREUD beschrieben hat[28]. Diese Konzepte beziehen sich freilich nur jeweils auf die intrapsychischen Vorgänge eines einzelnen. Sie schließen noch nicht die Reaktion des Partners in die Betrachtung ein, mit dem der jeweils «Abwehrende» in Beziehung tritt. Versucht man, diesen Partner in ein Vorstellungsmodell einzubeziehen, so kann man sich hierfür eines psychoanalytischen Ansatzes bedienen, der bipersonale dialogische Prozesse zwischen

Partnern beschreibt. In der eigenen Theorie von psychosozialen Abwehrformen habe ich für den vorliegenden Zusammenhang das Konzept formuliert: Die eine Person fungiert als Substitut des unterdrückten negativen Selbst-Aspekts der anderen Person. Handelt es sich bei dem negativen Selbst-Aspekt wie hier um Schwäche und Abhängigkeit, so nimmt der eine dem anderen diesen Aspekt unter dessen Druck ab. Er lebt die Hilflosigkeit und die Anklammerungsimpulse offen aus, die der andere durch Projektion von sich fernhält. Zugleich ergänzt er sich seinerseits durch die Verfügung über den Partner, mit dessen Stärke und Sicherheit er sich in der Phantasie fest verbunden glaubt. Die wechselseitige Kompensation funktioniert also so, daß der Repräsentant der Schwäche fühlt, daß er ebenso die unterdrückte Unsicherheit des Partners mitträgt, wie er als «stiller Teilhaber» an dessen nach außen gekehrter Selbstsicherheit und Stärke partizipiert. Daß diese Rollenbeziehung im Grunde eine wechselseitige Abhängigkeit auf einem frühen Entwicklungsniveau fixiert und daß ihre fortwährende Selbst-Reproduktion darauf beruht, daß sie in den Zusammenhang eines nach diesem Prinzip organisierten universellen Systems sozialer Interaktionen paßt, wurde bereits angemerkt.

Die bisherige Analyse, die rasch von dem trennungsbedrohten Kind auf die Motive der bedrohenden Mutter und von dort unmittelbar auf die Motive des die Frau einschüchternden Mannes umgeblendet hatte, könnte so mißverstanden werden, als ob jeder die Chance hätte, seine eigene Vereinsamungsangst in einem ewigen sozialen Stafettenspiel bald wieder auf aktive Weise von sich fortzuschieben. In Wirklichkeit bleibt jeder, wie bewußt oder unbewußt auch immer, der permanenten Isolationsdrohung unterworfen. Wer unter sich Schwächere findet, die er zur Minderung seiner Ängste von sich abhängig machen kann, bleibt stets auch gleichzeitig der Schwächere nach oben hin, der seinerseits von Mächtigeren mit Trennungsdrohungen manipuliert wird. Mag der patriarchalische Mann der herkömmlichen Familienstruktur als derjenige erscheinen, der Isolationsgefahr allein aktiv durch die Verfügungsgewalt über seine Angehörigen bannen kann, so ist er zumindest in der Arbeitswelt gleichfalls ein Abhängiger, der täglich von offenen oder maskierten Trennungsdrohungen in vielfältigen Varianten verfolgt wird. Hier steht er unter dem Druck der Kontrolle und der Sanktionen der Institution in Form persönlicher Abhängigkeit von Vorgesetzten, von tausend einzwängenden Vorschriften, von der Ideologie seiner Berufsgruppe. Niemand kann sein Vereinsamungsproblem allein durch eine Technik aktiver Isolationsvermeidung bewältigen, also durch Erzwingung einer permanente Kontaktzufuhr garantierenden Umwelt. Niemand entgeht der Notwendigkeit, sich zumindest auch in passiver Weise um eine Verringerung von Vereinsamungsgefahr zu bemühen, das heißt durch Techniken der Anklammerung und Anpassung. Es ist jedenfalls eine große Illusion zu glauben, daß es auf irgendeiner Ebene der sozialen Hierarchien Mächtige gebe, die das Problem der passiven Anpassung nur nach unten delegieren könnten (s. Kap. 10).

Es er scheint demnach sinnvoll, sich im folgenden noch näher mit den Erscheinungsformen der *passiven* Anpassung zu befassen, deren ubiquitäre Bedeutung leicht verkannt wird. Wiederum bietet sich zunächst das klinische Beispiel der Angstneurose an, weil hier die entsprechenden Verhaltensmuster in besonders instruktiver Deutlichkeit hervortreten.

Der Angstneurotiker, der sich in einer einseitigen Abhängigkeit von Partnern befindet, muß immerfort nachgeben, um sich wenigstens deren schützende Nähe zu erhalten, ohne die er sich verloren glaubt. Kann er seine Umwelt nicht seinerseits einschüchternd auf sich fixieren, etwa, durch den Rücksichtsanspruch als Kranker, muß er seinen Partnern beständig hinterherlaufen und dabei unter Umständen die schlimmsten Demütigungen wehrlos in Kauf nehmen. Seine Angehörigen können alles mit ihm tun, wenn sie ihn nur nicht mit Kontaktentzug bestrafen. Er wird in aller Regel eine Ehe selbst dann zu bewahren versuchen, wenn deren Struktur ihm keinerlei Basis für eine echte konstruktive Kooperation mehr liefert. Die Angst vor dem definitiven Alleinsein schlägt gegen alle Argumente für eine Trennung durch. Als Psychoanalytiker begegnet man nicht selten Angstneurotikern, die in einer Hölle von Ehe leben und für ihren Partner kein gutes Wort mehr finden – aber brav bei diesem bleiben und nicht einmal eine echte Auseinandersetzung mit ihm wagen. Man muß sich als Dritter in solchen Fällen hüten, die gegen den Ehepartner gerichteten Anklagen des Angstneurotikers ernster als dieser selbst zu nehmen. Die Empörung ist nicht etwa als eine Energie zu verstehen, die rasch eingesetzt werden könnte, um auf eine Änderung der belastenden Realsituation zu drängen. Vielfach möchte sich der Angstneurotiker nur Luft machen. Sein Zuhörer soll ihm Gelegenheit geben, daß er sich seines Überschusses an aufgestauter Aggression auf eine ungefährliche Art entledigen kann.

Hier wirkt sich ein Abspaltungsvorgang aus, den es sich im Auge zu behalten lohnt, weil er eine allgemeine Bedeutung weit über den Zusammenhang der angstneurotischen Phänomene hinaus hat. Es geht darum, daß jemand eine Art Doppelrollenspiel erlernt, das ihm erlaubt, aus der eigentlichen sozialen Konfliktsituation die darauf bezogenen gefährlichen Affekte herauszuhalten und diese statt dessen auf einem unverbindlichen Nebenschauplatz auszudrücken. Der Unbeteiligte, dem der angstneurotische Patient z. B. seine echte Wut auf seinen Ehepartner mitteilt, verkennt sehr leicht, daß er nur zum Vehikel einer Entlastungsreaktion wird, die dem Angstneurotiker am nächsten Tag ein spannungsfreies Weiterleben mit dem beschimpften Partner ermöglichen soll. In der eigentlichen Konfliktarena wird eine unechte Harmlosigkeit dargestellt; auf der belanglosen Nebenbühne, im Gerede mit Publikum, werden die echten Gefühle präsentiert und zugleich kathartisch abreagiert. Ich kenne Angstneurotiker, die ihrem Ehepartner beständig bettelnd und beschwichtigend hinterherlaufen und fast täglich anderen ihren Grimm über denselben ausschütten. Passiert es ihnen, daß sie doch einmal unkontrolliert gegen den Partner direkt aufbegehren, bricht ihr Widerstand meist unverzüglich wieder zusammen. Und sie tun alles, um dem Partner ihren Ausbruch als eine Art von Anfall zu deuten, den dieser nicht ernst nehmen möge, so wie sie versuchen, sich selbst ihre durchaus echten und ernsten Protestemotionen als einen ichfernen Lapsus zu erklären. Sie machen sich zum Narren, zum minderverantwortlichen Kind, das für irgendwelche bösen Trotzwallungen nicht voll einstehen muß. Der Partner möge lernen – und lernt oft tatsächlich – ihre mitunter gegen ihn durchbrechenden Widerstandsregungen als unernstes Gejammer, als bloßen Theaterdonner zu interpretieren. Sie können nicht wagen, ihn ernsthaft herauszufordern, weil er sich ihnen dann entziehen könnte. Und das glauben sie, nicht überstehen zu können.

Daß Menschen mit angstneurotischen und phobischen Störungen aus Anklammerungszwang sich aus höchst unerquicklichen Partnerschaften kaum oder nur schwer lösen können, wird übrigens durch statistische Befunde gestützt. COOLIDGE hat bei späteren Nachuntersuchungen von Patienten mit neurotischen Schulängsten unter den Verheirateten nicht einen einzigen Scheidungsfall gefunden[20]. Wir selbst haben an unserer Klinik in einem Krankengut von 125 Angstneurotikern eine unterdurchschnittliche Rate von Geschiedenen bestätigt. Interessant und für die Vermeidung von Isolationssituationen bezeichnend erscheint auch, daß wir bei den von uns untersuchten 125 Angstneurotikern nur halb so viele Ledige fanden wie bei einer gleichaltrigen Kontrollgruppe von 125 unausgelesenen Neurotikern. Und zwar blieb dieser Unterschied über alle Altersstufen gleich.

Die kläglich anmutende Willfährigkeit und Inkonsequenz des Angstneurotikers in einer passiven Rolle gegenüber dominanten Partnern verführt einen Außenstehenden nicht gerade dazu, sich in solchen Verhaltenszügen wiederzuerkennen. Wiederum sei hier indessen entschieden darauf insistiert, daß der Angstneurotiker auch in diesen Zügen nur ein allgemein verbreitetes Verhaltensmuster darstellt, das der Selbstbeobachtung in der Regel nur wegen der großen Peinlichkeit entzogen bleibt. Wir glauben nun einmal, auf die Illusion nicht verzichten zu können, daß wir auch im Umgang mit Mächtigeren im Grunde nicht korrumpierbar seien und unter Anpassungsdruck nicht wirklich wesentliche Prinzipien aufgäben. Man ist geneigt, die sklavische Attitüde eines hörigen Angstneurotikers als würdelos und verächtlich zu entwerten. Dabei bedarf es eigentlich keiner speziellen psychoanalytischen Schulung, um diese Abscheuregung darauf zurückzuführen, daß wir insgeheim doch fürchten, diesem Problem sehr viel näher zu stehen, als wir mit unserer Selbstachtung als verträglich ansehen. Tatsächlich kann man sagen, daß das geschilderte Doppelrollenspiel des Angstneurotikers in schwächerer und verdeckterer Ausprägung ein ubiquitäres Verhaltensmuster darstellt. Jeder steckt in Abhängigkeiten, in denen sein Anpassungsverhalten leicht bis zu einem minderen oder höheren Grad von Selbstverleugnung getrieben werden kann. Und es kommt dann darauf an, wie man mit dem Widerspruch zwischen den aufgenötigten «fremden» Verhaltensweisen und den Leitbildern umgeht, die man mit dem Gefühl der eigenen Identität verbindet. Bedenklich wird es, wenn man diesen Widerspruch dadurch einfach aufheben zu können glaubt, daß man sich insgeheim auf unverfänglichen Nebenschauplätzen der Entrüstung entledigt, die man im Grunde über die Untreue gegen sich selbst empfindet. In der Form des Splittings, das der geschilderte Angstneurotiker vorführt, entzieht sich der Betreffende dem Konflikt seines inneren Zwiespalts. Unfähig, das Leiden an diesem Konflikt zu ertragen, geht es ihm nur um eine pure Ausscheidung des Mißbehagens an unverfänglicher Stelle, um auf der anderen Seite die Zumutungen des Anpassungsdrucks ohne Rest von Widerstreben und Kritik erfüllen zu können.

Typisch für dieses radikale Splitting ist die geläufige Entlastung in der Stammtischrunde, in der häufig diejenigen Männer am lautesten und aggressivsten über die Mißstände ihres Betriebes, über die Tyrannei ihrer Vorgesetzten usw. schimpfen, die anderntags am glattesten und am gefügigsten allen Auflagen nachkommen, die ihnen angeblich so sehr zuwider sind. Die Gefahr einer inneren Korrumpierung im Verlaufe erzwungener äußerer Anpassungen wächst ganz offensichtlich mit dem Grade, in dem die Wut über die empfundene Vergewaltigung bzw. über den aufgezwungenen Verrat eigener Prinzipien glatt kanalisiert wird. Der Betreffende suggeriert sich schließlich ein – um bei dem zitierten Beispiel zu bleiben –, der Abreaktionsplatz der Stammtischrunde sei eine gleichwertige oder gar vorrangige soziale Realität, in der man etwaige am Arbeitsplatz aufgezwungene ichfremde Fehlhandlungen nur verbal widerrufen müsse, um die innere Integrität wiederherzustellen. Diese autosuggestive Illusion pflegt hingegen genau umgekehrt die innere Auslieferung an die manipulativen Mächte zu begünstigen, mit denen man es in der eigentlichen Handlungswirklichkeit zu tun hat. Man verwandelt auf diese Weise unwillkürlich die äußere in eine innere Ohnmacht. Man erntet lediglich – nach dem Vorbild des zitierten Angstneurotikers – eine Milderung der Spannungs- und Angstgefühle, zahlt aber dafür den Preis einer vermehrten Selbstentfremdung und Korrumpierung, ganz abgesehen von der Schwächung des Widerstandspotentials in der sozialen Ineraktion.

Statt dessen bestände die Aufgabe für jeden darin, die innere Spannung durchzuhalten, die sich immer wieder daraus ergeben muß, daß man, äußeren Anpassungszwängen folgend, eigenen Leitbildern in der Praxis partiell untreu werden muß. Hier schließt sich allerdings wiederum der fatale Kreis: Das allgemein antrainierte Übermaß an Isolationssensibilität und Isolationsangst verhindert gerade weithin die Möglichkeit, daß Menschen die Spannung eines solchen inneren Konfliktes allein für sich durchstehen können.

Neben den Manövern der aktiven Isolationsvermeidung durch Manipulation von Abhängigen und der passiven Isolationsvermeidung durch hörige Auslieferung ist nun noch eine dritte Konstellation zu beschreiben, in welcher *eine ganze Gruppe* in relativ homogener Weise von den Ängsten ihrer Mitglieder durchdrungen wird und gleichzeitig durch eine bestimmte gemeinsame Lebensform ihre internen Spannungen zu vermindern sucht.

Als Modellfall einer sozialen Beziehung, in der alle Teilnehmer einer Gruppe in symmetrischer Weise aneinander hängen und sich zur Milderung ihrer Ängste wechselseitig abstützen, habe ich an anderer Stelle die *angstneurotische Familie* beschrieben. Bei voller Ausbildung einer solchen Familienstruktur verwischen sich die Unterschiede zwischen solchen Mitgliedern, die sich passiv anklammern und anderen, die diese Anklammerung hervorrufen und gewissermaßen entgegennehmen. Es kommt zu einer Nivellierung in der Weise, daß alle sich in symbiotischer Weise zusammenschließen und ein phobisches Kollektiv bilden, das wie ein angstneurotisches Individuum in vergrößertem Maßstab funktioniert[69].

Das Studium derartiger Familien, das wir in intensiver Weise im Zuge unserer klinischen Forschungen über Herzneurose betrieben haben, hat uns verdeutlicht, welche Beziehungsformen sich innerhalb einer solchen Gruppe entwickeln, welche Einschränkungen die Betreffenden im Binnenraum ihres Kreises auf sich nehmen und wie sie ihr Bild von der äußeren Realität allmählich in bestimmter Weise modifizieren, um sich das Bewußtsein einer gemeinsamen Geborgenheit in einer freundlichen und schützenden Welt verschaffen und erhalten zu können. Die homogen komponierte Familie, die von angstneurotischen Merkmalen bestimmt ist, läßt sich als repräsentatives Beispiel für viele kleinere und größere Gruppen ansehen, die in ähnlicher Weise durch mehr oder weniger undurchschaute intensive Gruppenängste in ihrer Binnendynamik und in ihrem Verhältnis zur Außenrealität gesteuert werden.

Kennzeichnend für die angstneurotische Familie ist, daß alle Angehörigen miteinander auf einem eigentümlich infantilen Niveau verkehren. Die Eltern bemühen sich nach alter bürgerlicher Tradition, ihre Kinder als engelhafte Unschuldswesen zu phantasieren. Und sie versuchen, sich auch selbst in eine solche fiktive heile Kinderwelt zu integrieren. Sie sind den Kindern dankbar dafür, daß sie an deren magisch verschleiertem Bild der Realität teilnehmen dürfen, wobei sie sich nach Kräften anstrengen, die Kinder auf diesem Erlebnisniveau festzuhalten. Es hilft den Eltern, aus der gefürchteten Wirklichkeit in die Phantasie der Disney-Szene flüchten zu können, wo das Ernsthafte entschärft, das Grausame komisch und das Elend auf eine harmlose Weise rührend wird. Die Eltern übernehmen viel von der Kindersprache, bleiben mit «Mami» und «Papi» identifiziert, und reden am liebsten in den Verkleinerungsformen von «-chen» und «-lein». Man ißt Kartöffelchen und Äpfelchen, trägt Kleidchen und Höschen, hat Brüstchen und Pimmelchen, verrät im Zorn ein Böckchen, hat Kümmerchen oder Wehwehchen. Die Diminutive sind symptomatisch für die durchgehende Bemühung, zugleich mit den Gegenständen auch die Probleme zu verkleinern und ungefährlich zu machen. Das Familienleben verwandelt sich in ein permanentes nostalgisch anmutendes Kindertheater. Verzauberung, Bagatellisierung, Verniedlichung, clowneske Entstellung helfen allen, miteinander ein Rollenspiel von oberflächlicher Eintracht, Sanftheit, wechselseitiger Beschwichtigung und Beglückung aufrechtzuerhalten. Das Gefühl von Unheimlichkeit, das einen äußeren Betrachter beim Anblick dieses disneyhaften Non-Stop-Theaters leicht befällt, repräsentiert die Ängste und die Ambivalenzen, die hinter dem fassadären Familienstil versteckt sind. Zugleich fühlt sich der von außen kommende Zuschauer, der sich mit dieser Angstbewältigungstechnik nicht zu identifizieren vermag, durchaus nicht versucht, die Idylle zu stören. Er steht ratlos davor wie vor einem künstlichen Park, eben einer Art Disneyland, wo eine Gruppe sich eine kleine abgegrenzte Zauber- und Traumszenerie aufgebaut hat. Aber es entgeht ihm natürlich nicht die Labilität dieses Systems und die abgründige Angst, die hinter der Flucht in diese paradiesisch infantile Scheinwelt steckt.

An anderer Stelle habe ich die Lebensform einer solchen Familie durch das Stichwort «Sanatorium» zu kennzeichnen versucht. Auch ein Sanatorium ist eine Stätte, in die man sich aus der eigentlichen sozialen Realität zurückzieht. Eine friedliche Insel zur Erholung und Entspannung, zugleich ein Platz, wo man regredieren kann und wie ein Kind Fürsorge und Pflege genießt. Die angstneurotische Familie praktiziert das Modell «Sanatorium» als eine Art von moderner Selbsthilfegruppe: jeder ist darin zugleich Pflegeempfänger und Pfleger. Letztlich aber regelt sich der Betrieb eines Sanatoriums nach den Bedürfnissen von Krankheit und Gebrechlichkeit. Dies ist ja auch ein entscheidendes Kennzeichen der angstneurotischen Familie, daß sie – teils bewußt, teils unbewußt – ihr inselhaftes Leben in einer Art von Patientenstatus führt.

Bei genauerem Hinsehen erkennt man freilich, daß die Mitglieder der angstneurotischen Familie sich zwar überaus bemühen, ihr Konzept von wechselseitiger Schonung, Pflege und Beschwichtigung beharrlich durchzuhalten, daß sie dabei aber zugleich unter einem erheblichen Druck von Spannungen und Zwängen stehen. Dieser Druck verschärft sich sofort, wenn einer nicht mehr ganz mitspielt und z. B. die symbiotische Tuchfühlung mit den anderen zu lockern und Konflikte innerhalb der Familiengruppe offen auszutragen versucht. Damit bricht er das Tabu der gemeinsamen Konflikverleugnung. Und er muß sich gefallen lassen, von den übrigen sofort massiv bedroht und eingeschüchtert zu werden. Freilich erzeugt das Leben der angstneurotischen Familie auf die Dauer in allen Teilen ein solches Maß an Unselbständigkeit und Angewiesensein auf den Gruppenkonsensus, daß ernsthafte Ausbruchversuche um so seltener werden, je länger diese Gruppenstruktur funktioniert hat. Es genügen deshalb häufig schon kleine Drohsignale, um denjenigen zu unverzüglichem Rückzug zu zwingen, der sich gegen das verbindliche Gruppenkonzept aufzulehnen versucht. Bei diesem permanenten Sanatoriums-Spiel kommt es tatsächlich auf lange Sicht dazu, daß die Teilnehmer sich wechselseitig in einer Art Krankheitszustand erhalten. Wie Patienten, die lange bettlägerig waren oder durch Verbände in der Beweglichkeit ihrer Gliedmaßen eingeschränkt wurden, verfügen sie am Ende gar nicht mehr über die Möglichkeit, den Rahmen des selbstgeschaffenen Sanatoriums in ihrem Gruppenleben zu verlassen. Das sadistische Element dieses Gruppenkonzeptes besteht darin, daß keiner dem anderen die Freiheit läßt, gesünder, kräftiger, autonomer zu werden. Die Familie wird von der Furcht beherrscht, das ganze System des sanften, friedlichen Zusammenlebens müßte wie ein Kartenhaus zusammenstürzen, sobald auch nur einer ausscheren würde. Und deshalb bewacht jeder die Schwäche und Ohnmacht des anderen. Man mag sich an die Atmospäre eines psychiatrischen Krankenzimmers erinnert fühlen, in dem die Erregung gemütskranker Patienten künstlich durch laufende Zufuhr von dämpfenden Psychopharmaka niedergehalten wird. Nur handelt es sich in diesem Falle darum, daß die Gruppe sich – gleichsam als eine pervertierte Selbsthilfegruppe – freiwillig selbst in einer Art von Dämmerschlaf erhält.

Das Vorstellungsmodell des Sanatoriums taugt auch zur Beschreibung der Art von Beziehung, welche die angstneurotische Gruppe *nach außen* pflegt. Ein Sanatorium ist ein von der Gesellschaft respektierter Schonraum. In diesen dürfen sich geschwächte, kranke Menschen um den Preis zurückziehen, daß sie von dort aus nicht aktiv an den Entscheidungen teilzunehmen beanspruchen, die «draußen», nämlich in der eigentlichen sozialen Realität, getroffen werden müssen. Dies entspricht dem kindlichen Niveau des Sanatoriumlebens: die Insassen können der äußeren Versorgung und

Rücksichtnahme sicher sein, so lange sie sich brav verhalten und willfährig die Vormundschaft der übrigen hinnehmen, die inzwischen die gesellschaftlichen Geschicke gestalten. Dementsprechend besteht die Strategie der angstneurotischen Familie darin, daß sie sich auf eine besonders gefügige Weise an die geltenden Normen und Erwartungen anzupassen versucht. Man gleicht sich chamäleonartig den Moden und den jeweils bestehenden politischen Verhältnissen an. Man exponiert sich nicht durch Stellungnahme zu kontroversen öffentlichen Fragen. Man vermeidet jede aktive Einmischung in Entscheidungsprozesse, in denen man für eine Partei und gegen eine andere sichtbar eintreten müßte. Die angstneurotische Familie gehört zur Kerngruppe der typischen Mitläufer. Ihre Ängste zwingen sie, stets mit dem Hergebrachten und Üblichen zu sympathisieren. So apolitisch sich ihre Mitglieder zu verhalten neigen, so eindeutig schlägt ihr Herz für den Konservatismus. Jedes Experimentieren und Reformieren bringt Unruhe, nämlich Preisgabe von Vertrautem gegen Unvertrautes. Wie sie selbst in einem System von alteingefahrenen Ritualen leben und nach Möglichkeit nie improvisieren, sich nie auf Unberechenbares einlassen, so erscheinen ihnen um sie herum alle politischen Ansätze, die etwas verändern oder erneuern wollen, grundsätzlich suspekt. Die «Veränderer» sind gefährlich, auch ohne daß man noch genauer wissen müßte, ob sie nicht tatsächlich einen schlechten Zustand verbessern könnten. Veränderung, Reform, Innovation sind für die Mitglieder einer angstneurotischen Gruppe automatisch beunruhigende, ja anwidernde Reizworte. Die Preisgabe irgendeiner eingefahrenen politischen Regelung oder Konzeption erschreckt sie genauso wie jede fundamentale Veränderung ihrer Umwelt. In der Wandlung schlechthin steckt für sie ein Moment von gefährlicher Trennung. Man kann sich nur geborgen fühlen in einer Umwelt, die morgen noch genauso ist wie heute und gestern. Was anders wird, wird fremd, unheimlich und mobilisiert sofort eine Verstärkung der mühsam beschwichtigten Vereinsamungs- und Vernichtungsängste. Natürlich ist man in dieser Gruppenkonstellation auch immer auf der Seite von *law and order*. Je perfekter die Ordnung, um so geringer erscheinen die Risiken. Man wünscht sich eine starke Führung, weil das eigene kindlich-regressive Erlebnisniveau des Schutzes omnipotenter und unfehlbarer Autoritäts- bzw. Elternfiguren bedarf. Die Unfähigkeit dieser Menschen, irgendwo selbst aktiv politisch mitzuwirken, verlangt natürlich nach der Illusion, daß man das eigene Schicksal getrost in die Hand einer perfekten Obrigkeit zu legen vermag.

Erneut ergibt sich bei der Schilderung dieses angstneurotischen Familienmodells das Problem, daß sich zunächst niemand darin wiedererkennen möchte. Man ist geneigt, darin eine rein psychopathologische Kuriosität zu erblicken, von der man sich selbst klar abgegrenzt glaubt. Nun ist es ja auch tatsächlich so, daß die Erkenntnisse über die Lebensformen der angstneurotischen Familie aus dem klinischen Bereich stammen. Wir selbst haben an unserer Psychosomatischen Klinik unser Untersuchungsmaterial über angstneurotische Familien dadurch gewonnen, daß wir von einzelnen Patienten ausgehend deren Familienstrukturen zunächst nur unter dem Aspekt studiert hatten, um gewisse therapeutisch relevante Daten und Merkmale herauszufinden. Aber dann ging uns mehr und mehr auf, daß wir es hier mit einem weitverbreiteten Strukturprinzip von Gruppen zu tun hatten. Es ist kaum zu bestreiten, daß in unserer Kulturtradition Normen bürgerlichen Familienlebens vermittelt werden, die zumindest von angstneurotischen Momenten stark durchsetzt sind. Es liegt lediglich an der uns gleichzeitig kulturspezifisch anerzogenen illusionären Überschätzung unserer Autonomie und Größe, daß wir den enormen Einfluß angstneurotischer Momente auf das durchschnittliche Familienleben nicht wahrhaben wollen und deshalb auch die krassen Manifestationen derartiger Eigenschaften bei anderen gern als eine kuriose Rarität zu belächeln oder zu verachten neigen.

Aber es geht hier nicht nur um einen Familientyp. Die soziodynamischen Charakteristika der angstneurotischen Familie finden sich in vielen Gruppen und Institutionen unseres gesellschaftlichen Lebens wieder. Diese sozialen Gebilde sind demnach folgendermaßen geprägt: sie halten ihre Mitglieder eng zusammen und unterdrücken nach Möglichkeit die Austragung von gruppeninternen Konflikten. So entsteht äußerlich der Anschein eines Zusammenlebens in enger Solidarität. In Wirklichkeit handelt es sich eher um eine angstbedingte Vermeidung, sich mit vorhandenen Spannungen und Gegensätzen zu konfrontieren. Die einzelnen fürchten in erhöhtem Maße die Isolation von der Gruppe, und diese fürchtet die Abspaltung von einzelnen oder Minderheiten. Ein Mittel, den Zusammenhalt aufrechtzuerhalten und immer wieder zu festigen, besteht darin, daß man sich gemeinsam einem strengen System von Vorschriften und Ritualen unterwirft, das wie eine haltgebende Autorität funktioniert. Kataloge von Verordnungen, Dienstanweisungen, Satzungen,

Geschäftsordnungen schweben über dem Gruppengebilde wie eine Elternautorität, von der man beschützt wird, so lange man sie nicht verletzt. Der gemeinsame Rückzug auf ein infantiles Erlebnisniveau spiegelt sich in dem Gehorsam gegenüber diesen sich allmählich traditionell verfestigenden Reglementierungen und Ritualen, so als steckte in diesen eine höhere Weisheit und irgendeine Garantie für eine positive Entwicklung der Gruppe. Die Angst aller hindert daran, die Inhalte und die Formen des Zusammenlebens laufend kritisch zu überprüfen und flexibel veränderten Bedürfnislagen anzupassen. Ähnlich wie in der angstneurotischen Familie führt auch hier das Element der Angst mehr und mehr zu einer Erstarrung in defensiven und reaktionären Verhaltensweisen. Man beschäftigt sich immer weniger damit, wie man sich miteinander weiterentwikkeln, Neues aufnehmen und unbrauchbar gewordenes verändern kann, sondern man paßt mit einem enormen Aufwand an Energie auf, daß alle beim alten bleiben, daß niemand abweicht und daß die Abgrenzungen nach außen stets strikt beachtet werden. So paralysiert das Element der Angst schließlich alle Möglichkeiten einer spontanen und kreativen Weiterentfaltung der Gruppe.

Es ist leicht zu verstehen, daß insbesondere solche Gruppen von derartigen angstneurotischen Mechanismen bedroht sind, die in einer Minderheitsrolle oder zumindest in einer randständigen Position leben bzw. in eine solche Position hineinzugleiten drohen. Natürlich fördert eine objektive gesellschaftliche Isolierung oder die Bedrohung mit einer solchen diejenigen Angstpotentiale, die hier als strukturierende Determinanten von sozialen Gebilden beschrieben wurden. Es ist demnach überhaupt nicht verwunderlich, daß man gerade am unteren Rand der sozialen Schichtenskala eine besondere Anhäufung von ängstlichem Konservatismus findet. Und es erscheint auf der anderen Seite ebenso verständlich, warum manche mit neuen kühnen politischen Ideen vorpreschende Gruppen vielfach nach einiger Zeit in einen ängstlichen Konformismus zurückfallen. Man denke etwa daran, wie willfährig sich große Teile der deutschen Jugendbewegung schließlich vom Nationalsozialismus gleichschalten ließen. Die besondere Angst, die mit einer kritischen Herausforderung der gesellschaftlichen Mehrheit erzeugt wird, bewirkt vielfach eine selbstzerstörerische Lähmung entsprechender Gruppen, verbunden mit einer Neigung, irgendwann einmal die Geborgenheit im Schoß der gesellschaftlichen Mehrheit wiederzugewinnen.

4. Kapitel
Unbewußte Hörigkeit ist kein Sonderfall, sondern ein Merkmal des durchschnittlichen Menschen

Wir alle sind mehr oder minder dazu erzogen, die Kraft des Einflusses unseres persönlichen Gewissens auf unser Handeln zu überschätzen. Unsere moralischen Fähigkeiten sind im Grunde sehr viel geringer, als wir dies zu glauben angehalten worden sind. Oder genauer: unsere Fähigkeiten, unsere moralischen Grundsätze in der Praxis anzuwenden, sind überaus labil und störbar. Psychoanalytische und sozialpsychologische Erfahrungen zeigen, daß das persönliche Gewissen in vielen sozialen Entscheidungssituationen gar nicht in die Funktion tritt, die von Moraltheoretikern automatisch unterstellt zu werden pflegt. Der von übermächtiger Isolationsangst verfolgte Mensch ist vielmehr in einem ihm selbst regelmäßig verborgenen Maße geneigt, im Konfliktfall äußeren Autoritäten die Kompetenz eines Gewissensersatzes einzuräumen und sich unter Umständen von diesen Handlungen vorschreiben zu lassen, die seinen persönlichen Vorstellungen strikt widersprechen.

Wenn man Phänomene wie die willfährige Teilnahme von einzelnen, von Gruppen, von ganzen Völkern an unmenschlichen Verbrechen in der Geschichte besser verstehen und vor allem, wenn man in der Erziehung solchen Gefahren besser vorbeugen will, muß man künftig zweifellos den sozialpsychologischen Bedingungen moralischen Verhaltens sehr viel mehr Aufmerksamkeit als bisher schenken. Es bedeutet eine schwerwiegende Irreführung der Kinder und Jugendlichen, wenn man ihnen eine moralische Selbstverantwortung als Selbstverständlichkeit predigt, die man ihnen auf Schritt und Tritt wieder abnimmt durch Normen, die man willkürlich von außen setzt. In einer neuen Erziehung müßten die größten Energien darauf verwendet werden, dem jungen Menschen seine gefährliche Bereitschaft deutlicher zu machen, sich hörig äußeren Autoritäten zu unterwerfen, die sich ihm als Substitut für seine Gewissensinstanz allenthalben anbieten. Gerade weil es notwendig ist, die in der

Realität sehr schwache Fähigkeit zu autonomen Gewissensentscheidungen zu erweitern, geht es primär um eine Verbesserung der psychischen Bedingungen, die es dem Menschen überhaupt möglich machen, mehr von seiner moralischen Eigenverantwortung auf sich zu nehmen. Dies führt eben wiederum zu dem Problem, daß dem einzelnen geholfen werden muß, mehr Einsamkeit zu ertragen, statt unablässig durch einen absoluten Anpassungszwang gefesselt zu sein.

Vor einer Anknüpfung an diese allgemeinen Zusammenhänge seien zunächst einige psychoanalytische und experimentalpsychologische Erkenntnisse und Befunde zum Problem der Gewissensbildung und der Manipulierbarkeit moralischen Verhaltens betrachtet.

Die psychoanalytische Entwicklungspsychologie hat die Prozesse verfolgt, in deren Verlauf das Kind ein System von Normen und Wertvorstellungen erwirbt, die sich schließlich in einer Substruktur des Ichs niederschlagen. Es ist untersucht worden, wie sich die zunächst ausschließliche Abhängigkeit von der Außenwelt dadurch reduziert, daß das Kind von einer inneren Instanz abhängig wird, die FREUD als Über-Ich, gelegentlich auch als Ideal-Ich bezeichnet hat.

FREUD hat sich zu diesem Prozeß folgendermaßen geäußert: «Um diese Zeit» (um das Alter von 5 Jahren herum, der Verf.) «hat sich eine wichtige Veränderung vollzogen. Ein Stück der Außenwelt ist als Objekt, wenigstens partiell, aufgegeben und dafür (durch Identifizierung) ins Ich aufgenommen, also ein Bestandteil der Innenwelt geworden. Diese neue psychische Instanz setzt die Funktionen fort, die jene Personen der Außenwelt ausgeübt hatten, sie beobachtet das Ich, gibt ihm Befehle, richtet es und droht ihm mit Strafen, ganz wie die Eltern, deren Stelle es eingenommen hat. Wir heißen diese Instanz das Über-Ich, empfinden sie in ihren richterlichen Funktionen als unser Gewissen»[35].

«Als Niederschlag der langen Kindheitsperiode, während der der werdende Mensch in Abhängigkeit von seinen Eltern lebt, bildet sich in seinem Ich eine besondere Instanz heraus, in der sich dieser elterliche Einfluß fortsetzt. Sie hat den Namen des Über-Ichs erhalten.» Im Über-Ich bildet sich nicht nur das persönliche Wesen der Eltern ab, «sondern auch der durch sie fortgepflanzte Einfluß von Familien-, Rassen- und Volkstradition sowie die von ihnen vertretenen Anforderungen des jeweiligen sozialen Milieus. Ebenso nimmt das Über-Ich im Laufe der individuellen Entwicklung Beiträge von seiten späterer Fortsetzer oder Ersatzpersonen der Eltern auf, wie Erzieher, öffentlicher Vorbilder, in der Gesellschaft verehrter Ideale.»

Resultat der von FREUD beschriebenen Verinnerlichung dieser vielfältigen Einflüsse ist jedenfalls die potentielle Fähigkeit des Individuums zu einer moralischen Eigensteuerung. Die ursprünglich äußeren Vorschriften und Idealfiguren wirken als innere Leitbilder fort. Und man könnte sich vorstellen, daß diese inneren Maßstäbe den Erwachsenen gegenüber dem System äußerer Bestrafungen und Belohnungen weitgehend immunisieren würden. Seine innere Zensurinstanz sollte ihn hinreichend vor Korruption durch äußere Manipulationsversuche schützen können. In der Tat rechnet man in weiten Kreisen diese Widerstandsfähigkeit zur «Normalität», während man es eher für eine klinische Ausnahme hält, wenn bei besonders schwach ausgebildetem Selbstgefühl eine hochgradige Abhängigkeit von Außenbestätigung und deshalb auch von Fremdbeeinflussung des moralischen Verhaltens erhalten bleibt.

Vor allem in jüngerer Zeit hat die psychoanalytische Forschung jedoch wieder stärker darauf hingewiesen, daß die äußere Lenksamkeit durch Autoritäten nicht unterschätzt werden solle. Vor allem können Verletzungen des Selbstwertgefühls ein verstärktes Bedürfnis nach «narzißtischer Nahrung» von außen hervorrufen. «In der sogenannten Über-Ich-Projektion (oder Externalisierung) kann man beobachten, wie das Ich versucht, die ursprünglichen Über-Ich-Objekte in der Außenwelt wiederherzustellen» (SANDLER[77]). Für diese Prozesse, bei denen die innere Gewissensabhängigkeit wieder durch eine Auslieferung an äußere Autoritäten ersetzt wird (durch Regression), hat man die Situation der psychoanalytischen Behandlung, das Verhalten bei moralischem Masochismus, religiöse Bekehrung, Bandenbildung und Heldenverehrung bei Jugendlichen als Beispiele studiert (SANDLER[77]).

Aber gerade die Auswahl solcher relativ extremen bzw. klinischen Beispiele zeigt, daß man sich erst von Randphänomenen her allmählich dem Problem annähert, ob denn nicht auch im Durchschnittsbereich des menschlichen Verhaltens Prozesse der Über-Ich-Externalisierung eine wesentlich größere Rolle spielen könnten, als man dies gemeinhin angenommen hat. Man sieht auch immer wieder, daß eine Schwierigkeit der Erfassung des Autoritätsproblems für viele Psychoanalytiker darin liegt, daß sie diese psychischen Vorgänge lediglich unter der Autorschaft des Ichs betrachten, das sich z. B. narzißtische Nahrung von außen suche oder in der äußeren Realität Objekte als Über-Ich-Ersatz zu finden trachte. Es ist gewiß einfacher, die Entscheidungsschwierigkeiten im Spannungsverhältnis zwischen inneren Über-Ich-Konflikten und dem Außendruck realer Autoritäten zu studieren, wenn man in einer sozialpsychologischen Perspektive die Außenrealität des Individuums voll miterfaßt. Immer wieder läßt sich feststellen, daß S. Freud in manchen Ansätzen bereits viel sozialpsychologischer gedacht hat als manche seiner theoretisch bedeutenden Schüler, die zeitweilig ihre ganze Konzentration auf die Erforschung des Ich gelenkt und sich weniger um die Interaktion zwischen Ich und Umwelt gekümmert haben.

Von neueren einschlägigen experimentellen Untersuchungen zu dem Problem der Manipulierbarkeit des moralischen Verhaltens haben die Studien von St. Milgram Resultate erbracht, denen man wirklich eine revolutionäre Bedeutung zuerkennen muß[58]. Milgram hat deutlich gemacht, daß in den Menschen aller Altersgruppen und aller Sozialschichten eine dem allgemeinen Selbstverständnis kraß zuwiderlaufende Bereitschaft vorhanden ist, äußeren Autoritäten unter Preisgabe der eigenen moralischen Grundsätze gehorsam zu sein. Die Experimente Milgrams sind im wissenschaftlichen Schrifttum und in der Presse bekanntgemacht und kurze Zeit erregt diskutiert worden. Aber es erscheint bezeichnend und zugleich beunruhigend, daß man mit den unerhört wichtigen Befunden dieser Experimente ähnlich umgegangen ist wie mit manchen anderen neueren großen Entdeckungen: einen Augenblick ist man – unterstützt durch die Medien – davon fasziniert, bis man von der nächsten Modesensation, etwa Exorzismus oder Parapsychologie, überschwemmt wird. Dem momentanen hektischen Interesse, folgt schnelles Vergessen, aber eine eigentliche Verarbeitung des wirklich relevanten Erkenntnisgewinnes bleibt aus. Bei Milgrams Experimenten spielt offensichtlich noch besonders der allgemeine Wunsch eine Rolle, die von ihm aufgedeckten peinlichen Wahrheiten schnell wieder zu unterdrücken. In der Tat gibt es kaum andere Forschungsergebnisse aus der letzten Zeit, die geeignet wären, unsere Selbstachtung ähnlich tief zu verletzen. Aber eben weil die Befunde Milgrams so schnell aus der öffentlichen Diskussion wieder verschwunden sind und der Verdrängung anheimzufallen drohen, seien hier noch einmal die wichtigsten Einzelheiten rekapituliert:

Milgram arrangierte seine Untersuchungen 1960 bis 1963 an der

Psychologischen Fakultät der Yale-Universität in den USA. Es ging ihm darum, eine Versuchsanordnung zu konstruieren, bei der die Versuchspersonen geprüft werden können, ob sie bereit sind, einen anderen Menschen auf Geheiß zu quälen. Er besorgte sich zwei Männer, die in den Versuchsplan voll eingeweiht wurden und also praktisch nur als Schauspieler mitwirkten. Der eine spielte einen «Schüler», der angeblich ein Lernexperiment absolvieren sollte. Und zwar sollte er so tun, als ob er zur Prüfung seiner Erinnerungsfähigkeit und Lernfähigkeit bestimmte Wortpaare zu lernen versuchte. Der zweite eingeweihte Teilnehmer spielte den angeblichen «Versuchsleiter». Dieser Mann hatte sich den Anschein zu geben, als wollte er bei dem Experiment ernsthaft die Auswirkung von Strafe auf Lernprozesse überprüfen. Die angebliche Frage war, ob der vermeintliche Schüler besser lernen würde, wenn man ihm nach jedem Fehler eine Strafe wachsender Intensität verpassen würde. Die Rolle, dem Schüler jeweils die Aufgaben vorzusetzen, seine Antworten zu überprüfen und ihn im Falle des Versagens zu bestrafen, erhielt die eigentliche Versuchsperson. Dieser wurde erklärt, sie solle in dem Experiment als «Lehrer» fungieren. Durch einen Trick bei einem Verlosungsverfahren wurden die durch Inserat angeworbenen Versuchspersonen sämtlich in die Rolle des Lehrers versetzt.

Dieser ahnungslose Lehrer konnte nun jeweils beobachten, wie der angebliche Schüler an eine Apparatur gefesselt wurde, die einem elektrischen Stuhl ähnelte. Am Handgelenk des Schülers wurde eine Elektrode befestigt. Elektrodensalbe wurde aufgetragen, um – so lautete die fiktive Begründung – Blasen und Verbrennungen zu vermeiden. Der Lehrer wurde in einen vom angeblichen Schüler abgetrennten Raum vor die Schalttafel eines Schockgenerators gesetzt. Auf der Schalttafel konnte die als Lehrer eingesetzte Versuchsperson 30 Schalter mit Voltangaben bedienen, die von 15 bis 450 Volt reichten. Über Gruppen von je 4 Schaltern, waagerecht angeordnet, las die Versuchsperson die Aufschriften: «leichter Schock», «mäßiger Schock», «mittlerer Schock», «kräftiger Schock», «schwerer Schock», «sehr schwerer Schock», «Gefahr: bedrohlicher Schock»; danach kamen noch 2 Schalter mit der Bezeichnung «XXX».

Die Versuchsperson übermittelte nun dem angeblichen Schüler vorgegebene Fragen. Der Schüler antwortete aus dem Nebenraum durch Drücken von Schaltknöpfen, die ein Feld auf dem Schockgenerator vor der Versuchsperson aufleuchten ließen. Der eingeweihte

Schüler gab im Durchschnitt auf 3 falsche 1 richtige Antwort. Der Versuchsleiter, in den grauen Kittel eines Technikers gekleidet, instruierte die Versuchsperson, die sich also in der Lehrerrolle befand, in bestimmter, aber höflicher Weise, bei jeder falschen Antwort einen Schock zu geben und dabei jedesmal auf dem Schockgenerator eine Stufe höher zu gehen.

In Wirklichkeit erhielt der Schüler durch den Apparat keinerlei Schock. Aber die Versuchsperson mußte glauben, daß der Generator funktionierte, weil ihm der Schüler – zum Teil mit Hilfe von Tonbandaufnahmen – immer stärkere Mißfallens- und Schmerzäußerungen übermittelte, je intensivere Schocks er angeblich durch die Bedienung der Schalter erhielt. MILGRAM berichtet: «Bei 120 Volt rief das Opfer dem Versuchsleiter zu, daß die Schocks jetzt schmerzhaft würden. Schmerzliches Stöhnen wurde bei Anwendung des 135-Volt-Schocks vernehmbar, und bei 150 Volt schrie das Opfer auf: ‹Versuchsleiter, holen Sie mich hier raus! Ich will bei diesem Experiment nicht länger mitmachen! Ich weigere mich, weiterzumachen!› Schreie dieser Art setzten sich mit wachsender Intensität fort, bis z. B. bei 180 Volt das Opfer schrie: ‹Ich kann den Schmerz nicht aushalten!› Bei 270 Volt war die Antwort eindeutig ein qualvolles Brüllen. Kontinuierlich von 150 Volt aufwärts bestand das Opfer darauf, aus dem Experiment entlassen zu werden. Bei 300 Volt brüllte es verzweifelt, daß es keine Antworten auf den Gedächtnistest mehr geben werde»[58].

Wendete sich die Versuchsperson zwischendurch fragend an den Leiter des Experiments, so gab dieser – vorher fixierte – anspornende Antworten, die je nach «Erfolg» in der Eindringlichkeit gesteigert wurden: «Bitte, fahren sie fort!» bis hin zu: «Sie haben keine Wahl, sie müssen weitermachen!» Wenn dieser letzte, intensivste Ansporn nicht mehr wirkte, wurde das Experiment beendet.

Die Ergebnisse des Versuchs waren, wie MILGRAM schreibt, ebenso überraschend wie bestürzend. *62,5 % der Versuchspersonen drückten alle Schocktasten, also auch noch diejenigen mit den Aufschriften «Gefahr!», «bedrohlicher Schock!» und «XXX».* Sie gingen bis 450 Volt, obwohl sie schon seit 180 Volt die Schmerzensschreie des Schüler im Ohr hatten. Erst wenn man die Versuchsanordnung in der Weise änderte, daß Versuchsperson und Schüler in den gleichen Raum gesetzt wurden und die Versuchsperson auch in unmittelbarem optischen Kontakt das angebliche Leiden seines Opfers verfolgen konnte, ging die Zahl der Gehorsamen, die alle Schockschalter bis 450 Volt bedienten, auf 40 % zurück.

MILGRAM resümiert: «Viele gehorchen dem Versuchsleiter, gleichgültig, wie heftig das Opfer unter Schock auch fleht, gleichgültig, wie schmerzhaft die Schocks zu sein scheinen, gleichgültig, wie sehr es darum bittet, erlöst zu werden.» – «Diese Bereitschaft bei Erwachsenen, auf den Befehl einer Autoritätsperson nahezu alles zu tun – wie sie das Hauptergebnis unserer Studie zeigt – ist eine Tatsache, die dringend der Erklärung bedarf»[58].

MILGRAM, der seine Versuchspersonen durch Zeitungsinserate und persönliche Einladungen nach dem Telefonbuch gewonnen und zu 40 % gelernte und ungelernte Arbeiter, zu 40 % Büroangestellte, Verkäufer, Geschäftsleute und zu 20 % Freiberufliche untersucht hat, fand heraus, daß die Frauen nahezu genauso gehorsamsbereit waren wie die Männer. Allerdings bereitete ihnen das Experiment im Durchschnitt mehr Konflikte als den männlichen Versuchspersonen. Menschen mit höherem Bildungsgrad waren häufiger ungehorsam als Menschen mit niedrigerem Bildungsgrad. Je länger Männer im Mannschaftsgrad beim Militär gedient hatten, um so eher waren sie gehorsamsbereit. In den Berufsgruppen Rechtswesen, Medizin und Erziehung fand sich häufiger Gehorsamsverweigerung als bei den Gruppen Ingenieurwesen und Naturwissenschaft.

Wenn man die erschreckenden Ergebnisse MILGRAMS in ihrer vollen Bedeutung einschätzen will, muß man noch einige erschwerende Umstände berücksichtigen. Bei diesen Experimenten verfügte der Versuchsleiter gegenüber den Versuchspersonen über keinerlei besondere Sanktionsmittel, um die Durchsetzung seiner Anordnungen zu erzwingen. Ungehorsam hätte keinerlei Bestrafung, keinen materiellen Nachteil für die Versuchsperson zur Folge gehabt. Diese befanden sich auch gegenüber dem Versuchsleiter bzw. der Institution in keinerlei dienstlicher Abhängigkeitsbeziehung. Man kann ohne weiteres unterstellen, daß der Anteil derer, die alle Schocktasten zu bedienen bereit waren, sonst noch höher gewesen wäre.

Man könnte sich ferner vorstellen, daß eine vorher systematisch aufgebaute Beziehung zum Versuchsleiter die Gefügigkeit noch gesteigert hätte. In dem geschilderten Experiment begegnete die Versuchsperson dem Versuchsleiter indessen nur ein einziges Mal. Und dieser gab sich laut Vorschrift keinerlei Mühe, ein besonders persönlich gefärbtes, suggestives Verhältnis zu der Versuchsperson einzugehen. Man stelle sich demgegenüber die zusätzlichen Einflußmöglichkeiten einer persönlich vertrauten und mit viel Sympathie besetzten Autoritätsfigur vor.

Auf einen dritten Umstand hat MILGRAM selbst hingewiesen. In der sozialen Realität ist eher zu erwarten, daß Menschen gelegentlich der Aufforderung ausgesetzt werden, irgendwelche besonders diskriminierten Personen oder Gruppen zu bestrafen. «Aller Wahrscheinlichkeit nach wäre es unseren Versuchspersonen sehr viel leichter gefallen, dem Opfer die Schocks zuzufügen, wenn dieses Opfer als brutaler Krimineller oder als perverser Mensch dargestellt worden wäre.» Bemerkenswert ist allerdings, daß MILGRAMS Versuchspersonen vielfach die Entwertung ihrer Opfer im Verlauf des Experiments selbst vornahmen. Sie schufen sich damit also gewissermaßen selbst eine moralische Legitimation, dem angeblichen Schüler Schmerzen zuzufügen. Häufig befanden sie, der Schüler sei so dumm und widerspenstig, daß er die Bestrafung wahrhaftig verdiene. Sie redeten sich ein, daß die Sanktionierung eines so minderqualifizierten Schülers erzieherisch durchaus sinnvoll sei. Die diagnostische Beurteilung des Schülers richtete sich am Ende nach der Entscheidung, gehorsam sein zu wollen.

Ehe die sensationellen Befunde noch näher für sich betrachtet werden sollen, erscheint es sinnvoll, sich klarzumachen, daß das Verhalten der Versuchspersonen tatsächlich der allgemeinen Meinung über die durchschnittliche moralische Widerstandskraft vollkommen widerspricht. Bekanntlich galt es in der älteren Medizinischen Psychologie sogar noch als gesicherte Lehrmeinung, daß nicht einmal tiefe Hypnose geeignet sei, einer Person eine Handlung aufzuzwingen, die von deren moralischen Überzeugungen wesentlich abweiche. Tatsächlich wurde dieser Lehrsatz später widerlegt. In einschlägigen Experimenten, die zum Teil sogar gefilmt wurden, ließ sich nachweisen, daß in Hypnose die Bereitschaft zum Mord wie zur Selbsttötung suggestiv hergestellt werden kann (MAYER[*]). Daß indessen bereits im normalen Wachzustand Menschen mehrheitlich auf eine ganz einfache Weise dazu überredet werden können, Mitmenschen unter Elektroschocks zu setzen, von denen sie glauben müssen, daß diese gefährlich, bedrohlich und schmerzhaft sind, paßt weder zu den naiven noch zu den geltenden wissenschaftlichen Theorien vom menschlichen Verhalten.

[*] L. MAYER: «Zur forensischen Bedeutung der Hypnose», Institut für den wissenschaftlichen Film, Göttingen 1936.

In einem öffentlichen Vortrag vor Psychologen, Studenten und gemischtem Mittelschicht-Publikum beschrieb MILGRAM sein Experiment genau, aber ohne die Ergebnisse mitzuteilen, die er erzielt hatte. Er bat dann seine Zuhörer zu notieren, wie sie selbst sich ihrer Meinung nach in dieser Versuchssituation verhalten würden. Jeder der 110 Zuhörer äußerte die Überzeugung, daß er irgendwann während des Experimentes die Befolgung der Anweisungen verweigern würde. 90 % meinten, spätestens nach dem 12. von den 30 Schaltern abzubrechen. Die restlichen 10 % trauten sich immerhin noch zu, bis zu Schalter Nummer 20 mitzumachen. Diese hochgradige Abweichung der Erwartungsvorstellungen von den tatsächlichen Resultaten der Schockstudie veranlaßte MILGRAM, noch eine andere Frage zu stellen. Er sagte sich: Vielleicht neigt der einzelne dazu, nur seine eigene Prinzipientreue und Stabilität gegenüber derartigen Manipulationsversuchen zu überschätzen. Vielleicht würden die Vorhersagen realistischer ausfallen, wenn man nach dem vermutlichen Reagieren anderer Menschen fragen würde. Dementsprechend bat MILGRAM, man möge notieren, wie vermutlich 100 Amerikaner unterschiedlicher Altersgruppen und Berufe auf das Experiment reagieren würden. Genauer: wie etwa die Grenze streuen würde, bis zu der diese 100 Amerikaner gehorsam mitspielen würden. – Psychologen, Dozenten der Verhaltensforschung, Studenten, Abiturienten und sonstige Erwachsene aus der sozialen Mittelschicht beantworteten diese Frage weitgehend gleich. Sie meinten, daß nahezu alle hypothetischen 100 Amerikaner vor Experimentende ausscheren würden. Allenfalls einer krankhaften Randgruppe von 1 bis 2 % traute man zu, daß diese bis ans Ende der Schockskala gehen würde. Die Psychologen glaubten, daß sogar nur 1 von 1000 Versuchspersonen bis zur höchsten Schockstufe von 450 Volt mitspielen würde. Von der Mehrzahl aller Versuchspersonen nahmen die Psychologen an, daß diese spätestens beim zehnten Schalter, also bei 150 Volt, ihre Kooperation einstellen würden.

Es erscheint sehr wichtig, daß sogar die Experten der Psychologie nicht mehr Ahnung als der Durchschnitt davon haben, welche immense Hörigkeitsbereitschaft im normalen Menschen schlummert. Daraus läßt sich indirekt schließen, daß selbst die einschlägige Wissenschaft bis jetzt aus anerzogenen Vorurteilen heraus unfähig war, dieses Problem genauer zu bekunden. Man hielt sich einfach dazu für verpflichtet, dem durchschnittlichen Menschen ein hohes

Maß an Autonomie in moralischen Entscheidungen zuzutrauen, so daß man lange Zeit entsprechende Untersuchungen vermieden hat. Es ist ja überhaupt außerordentlich interessant zu beobachten, daß die Auswahl der Fragestellungen in den Humanwissenschaften zu allen Zeiten deutlich von Tabus mitbestimmt wird. *Es ist nicht schicklich, bestimmte Annahmen über menschliches Verhalten zu kontrollieren, sofern man fürchtet, daß die Resultate allzu weit von den erzieherisch vermittelten Idealnormen abweichen würden.* Man erinnere sich an die große Entrüstungswelle als Resonanz auf KINSEYS erste Fragebogenerhebung zum Sexualverhalten. Im Grunde nahm man es KINSEY übel, daß er z. B. eine Onaniehäufigkeit nachwies, die den Leitbildern der seinerzeit noch wesentlich strengeren Sexualerziehung kraß widersprach. Damals unterstellte man KINSEY, mit seinen Veröffentlichungen zu einer Vermehrung der sexuellen Verwahrlosung beizutragen. Ähnliche Abwehrreaktionen mußte sich übrigens auch MILGRAM gefallen lassen. Nicht wenige Rezensenten lenkten die Aufmerksamkeit von seinen Resultaten ab und attackierten statt dessen seinen Versuchsplan. Es hieß, MILGRAM tue so, als wolle er im Dienste des Humanitätsprinzips den Sinn für bestimmte gefährliche Manipulationsmöglichkeiten schärfen, in Wirklichkeit habe er sich selbst der Inhumanität schuldig gemacht. Der Versuchsleiter in seinen Experimenten habe das Vertrauen der Probanden in einer unzulässigen Weise mißbraucht und einigen von ihnen möglicherweise Schaden zugefügt. Die Bereitschaft zu inhumanen Handlungen, die MILGRAM angeblich habe überprüfen wollen, habe er durch die Inhumanität seiner Versuchsanordnung vorprogrammiert. Man sagte, derartige Simulationen von Foltersituationen verdienten die gleiche Beurteilung wie echte Folterungen. Das eigentliche Böse stecke in MILGRAM selbst bzw. in seinem teuflisch raffinierten Versuchskonzept, das aus den Versuchspersonen eben nur das hervorhole, was von der Anordnung her vordeterminiert sei.

Es ist nicht aus dem Auge zu verlieren, daß diese Bedenken zweifellos wesentlich von der Absicht geleitet wurden, die außerordentlich unbequemen Resultate MILGRAMS in ihrer Bedeutung abzuschwächen. Das darf natürlich nicht daran hindern, die Substanz der Vorwürfe zu überprüfen. Es ist unter psychoanalytischem Aspekt sicher nicht unberechtigt, bei MILGRAM zu vermuten, daß er selbst von vornherein Befunde in der Richtung erwartete, die er später feststellte. Man dürfte in der Annahme nicht fehlgehen, daß er sich bereits vor seinen Experimenten vom naiven Bewußtsein und von der Lehrmeinung seiner Fachgenossen dadurch abhob, daß er die moralische Standfestigkeit bzw. die Verführbarkeit des durchschnittlichen Menschen skeptischer einschätzte. Und von dieser Auffassung aus mag er auch bei der Anordnung des Experimentes alle wissenschaftlich zulässigen Möglichkeiten ausgeschöpft haben, um den Versuchspersonen ein gefügiges Mitspielen nahezulegen. Denkbar ist z. B., daß er mit besonderem Spürsinn in der Person des «Versuchsleiters» einen optimalen Verführer mit dem Habitus des absolut unverdächtig erscheinenden Technokraten ausgewählt hätte und – ebenso passend – einen «Schüler» mit durchschimmernden masochistischen Bedürfnissen, die sich entsprechend stimulierend auf die Versuchspersonen ausgewirkt haben mögen. Das wären aber keine methodisch unzulänglichen Tricks, die geeignet wären, den Erkenntniswert der Resultate zu beeinträchtigen. Die Tatsache, daß ein Forscher abweichend von der Mehrheit seiner Fachkollegen bestimmte Resulate erwartet und nachher auch erzielt, würde nur dann seine Funde relativieren, wenn man ihm irgendwelche echten Unkorrektheiten in der Untersuchungsmethode oder in der Auswertung der Befunde nachweisen könnte. Beides ist bei MILGRAM nicht der Fall.

Übrig bleibt der Vorwurf, die Anlage der Experimente sei an sich inhuman. Sicher war es für MILGRAM nicht unproblematisch, seine Versuchspersonen so raffiniert hinters Licht zu führen, wie er es mit seinen Experimenten getan hat. Es ist schwer denkbar, daß ein Wissenschaftler ohne innere Konflikte und Zweifel ahnungslose Freiwillige indirekt dazu verführt, sich bei einer Verhaltensweise zu erleben, die ALLPORT durch die Bezeichnung «Eichmann-Experiment» in die Nähe von KZ-Brutalitäten gerückt hat [1]. MILGRAM hat diesen Konflikt auf sich genommen. Es ist aber nicht bekannt und auch nicht sehr wahrscheinlich, daß irgendwelche Versuchspersonen durch das Experiment geschädigt worden wären. Man kann eher vermuten, daß manch einer von ihnen dadurch eine heilsame Erfahrung gewonnen hat, die ihm helfen kann, in zukünftigen ähnlichen Manipulationssituationen wachsamer zu reagieren. Im Endeffekt mag MILGRAM bei seinen Versuchspersonen sogar eher einen therapeutischen Nutzen gestiftet haben.

Nichtsdestoweniger bleibt es eine legitime Frage, ob man Versuchspersonen grundsätzlich durch Täuschung zu einer durchaus brutal zu nennenden Verhaltensweise verleiten darf. Und es wäre nur zu begrüßen, wenn die Bedenken gegen das MILGRAM-Experiment Ausdruck einer generellen kritischen Wachsamkeit der Wissenschaft gegenüber moralisch anfechtbaren Experimentier-Anordnungen wären. Gleichwohl zeigt sich, daß derartige Bedenken vorzugsweise gegen solche Experimentatoren laut werden, die mit ihrem Verhalten oder ihren Erkenntnissen in ihrer Zunft besonders aus der Reihe tanzen. Man sollte nicht vergessen, daß alltäglich in aller Welt unter nicht geringem Risiko an Menschen neue bislang nur an Tieren getestete Medikamente ausprobiert werden. Dabei erfahren die allermeisten Patienten nichts von ihrer Rolle als Experimentierobjekt. Dieses Verhalten gilt allgemein im Dienste des Fortschritts als legitim – vor allem deshalb, weil daran große Kreise der Ärzteschaft im Bunde mit der pharmazeutischen Industrie beteiligt sind. Weil diesmal die *Mehrheit* der Zunft mit einem derartigen Experimentieren identifiziert ist, geraten bekanntlich nicht so leicht die Experimentierer als vielmehr deren Kritiker ins moralische Zwielicht – oder gar in die Schußlinie einer massiven Diffamierungs-Kampagne. Als MITSCHERLICH zusammen mit MIELKE[60] vor der deutschen Öffentlichkeit das Material über die Vielzahl der grauenhaften ärztlichen Menschenversuche im Kriege ausbreitete, weil er eine Auseinandersetzung mit diesen schändlichen Handlungen im Rahmen eines moralischen Selbstreinigungsprozesses in der Medizin für nötig hielt, stellten Funktionäre der Standesorganisation ihn selbst an den Pranger. Und es wurde der Eindruck genährt, als hätten die Urheber der unverantwortlichen KZ-Versuche bei weitem nicht so viel Schande über die Medizin gebracht wie derjenige, der diese Frevel nun zur öffentlichen Diskussion stellte. Entscheidend war dabei, daß eine bedeutende Zahl von führenden und sehr prominenten Vertretern des Standes in diese Experimente verstrickt war, so daß es der Zunft eher opportun schien, das Vorgefallene schnell zuzudecken. Es sind also mitunter durchaus keine ursprünglich moralischen Argumente, sondern moralisch maskierte egozentrische Standesinteressen, die den Verlauf von Diskussionen über die Legitimation von anfechtbaren Experimenten in der Wissenschaft bestimmen.

MILGRAM hat jedenfalls mit seinen konfliktbelasteten Untersuchungen entscheidend dazu beigetragen, eine der gefährlichsten Illusionen zu entlarven, die unser übliches Selbstbild belasten. Die nüchterne Exaktheit seiner Resultate macht uns klar, wie wenig wir uns gerade im Bereich der fundamentalen Kategorien von Humanität und Inhumanität in der Hand haben bzw. wie sehr wir gefährdet sind, uns anderen in die Hand zu geben und unsere wichtigsten Wertvorstellungen dem Gehorsamsanspruch jener anderen unterzuordnen.

Man würde die Bedeutung der Experimente MILGRAMS mißverstehen, würde man daraus nur ablesen, was eventuell mit Menschen geschehen *könnte*, die irgendwann einmal zum Objekt einer raffinierten Manipulationstechnik gemacht werden *würden*. Man muß sich vielmehr fragen: *Wo überall reagieren wir bereits täglich so wie* MILGRAMS *Versuchspersonen? Und wer sind die Autoritäten, die uns u. U. schon seit längerem ähnlich suggestiv steuern wie jener Versuchsleiter?*

Tatsächlich lassen sich in der sozialen Realität die Beispiele mit den Händen greifen, die auf eine allgemeine Wirksamkeit von irrationalem Gehorsam hinweisen. Man denke an das übliche Verhalten der meisten im Kriegsfall. Ist das MILGRAM-Projekt nicht etwa nur eine Miniatur-Nachbildung des Vorganges, der zivile Menschen in tötende Krieger verwandelt? Glaubt der durchschnittliche Soldat von vornherein ernstlich, daß er sich einer guten Sache verschreibt, wenn er z. B. als Bomberpilot Tausende von Frauen und Kindern umbringen oder verstümmeln wird? «Ich wundere mich immer wieder», schreibt MILGRAM [58], «wenn ich bei Vortragsreisen im ganzen Land auf junge Männer treffe, die über das Verhalten der Versuchspersonen in unseren Experimenten entsetzt waren und behaupteten, sie würden sich niemals so verhalten, und die wenige Monate später zum Militärdienst eingezogen wurden und ohne Gewissensbisse Handlungen begingen, die die Schockverabreichung an unser Opfer als harmlos erscheinen lassen. In dieser Hinsicht sind sie nicht besser und nicht schlechter als irgendwelche Menschen einer anderen Epoche, die sich den Zielen der Autorität unterwarfen und Werkzeuge für deren destruktive Prozesse wurden.»

Unter diesem Aspekt kann man sagen, daß MILGRAM uns mit seinen Experimenten eigentlich gar nichts gezeigt hat, was nicht längst schon jeder wissen müßte. In Kriegszeiten, so muß man unterstellen, benehmen sich Massen von Männern genauso wie die Versuchspersonen bei diesen Experimenten. Hier wie dort folgt die Bereitschaft, gegenüber anderen Menschen grausam zu handeln, im allgemeinen nicht primär einer eigenen kritischen Abwägung der objektiven Gründe. Ob es moralisch gerechtfertigt ist, die Angehörigen eines anderen Volkes mit Vernichtungswaffen zu bekämpfen oder Versuchspersonen um wissenschaftlicher Erkenntnisse willen unter Elektroschocks zu setzen, ist hier wie dort bei vielen keine für das praktische Verhalten ausschlaggebende Überlegung. MILGRAM hat sehr eindeutig durch seine Erhebungen bewiesen, daß nahezu alle von ihm Befragten die Anwendung der vollen Schockserie theoretisch verwarfen, zu der sich unter den Bedingungen der Praxis mehr als die Hälfte der amerikanischen Versuchspersonen bereit fand. Vor dem Vietnamkrieg hätten sicherlich die meisten jungen Amerikaner die brutalen Mittel des Vernichtungskrieges entschieden moralisch mißbilligt – hätte man sie gefragt –, die sie später in Vietnam in Form der Massenanwendung von Napalm, des Niederbrennens von Dörfern usw. praktizierten. Maßgeblich für den Handlungsentschluß ist also schließlich ganz offenbar in solchen Fällen die Unterwerfung unter die jeweilige Autorität, an die man die Verantwortung delegiert. Man selbst hält sich dadurch für moralisch entlastet, daß man gehorsam und getreu denen folgt, an die man die Kompetenz für die Entscheidung vollständig abgetreten hat.

Die allgemeine Wirksamkeit eines irrationalen Gehorsams, der vielfach selbst bei der Aufforderung zu inhumanen Handlungen nicht durchbrochen wird, ist trotz aller Belege aus der Alltagswirklichkeit und aus wissenschaftlichen Experimenten sehr schwer zu akzeptieren. Die Überschätzung der Fähigkeit zur moralischen Selbststeuerung und der Bereitschaft zum Widerstand gegen inhumane Befehle ist offensichtlich ein wichtiges Fundament unserer Selbstachtung. Wir können uns nur dann wertvoll fühlen, wenn wir überzeugt sind, daß wir uns zuverlässig an unsere Ideale binden und für diese entschlossen einzutreten vermögen. Um so schwerer ist es, mit der Erkenntnis fertig zu werden, daß der moralische Reifezustand der großen Mehrheit diesem schönfärbenden Selbstbild nicht entspricht. Kränkende Einsichten von dieser Tragweite haben es an sich, daß sie nach allen möglichen Argumenten suchen lassen, die eine harmlosere Ausdeutung der peinlichen Befunde ermöglichen. Die Psychologie und die Psychiatrie liefern interessante Beispiele für Versuche, die gesellschaftliche Bedeutung von Hörigkeitphänomenen einzuschränken, indem sie diese je nachdem auf abnorme Dispositionen der anfälligen «Opfer» oder der Manipulatoren zurückzuführen versuchen.

Geläufig ist zunächst die Bemühung, eine stärker ausgeprägte Autoritätsabhängigkeit bzw. Unterwerfungsbereitschaft als *Abnor-*

mität zu erklären. Betroffen davon seien, so lautet eine Theorie, besonders willensschwache, krankhaft labile und extrem suggestible Individuen. Dabei gelangt man dann zur Definition einer Sonderkategorie von Menschen. Psychologie und Psychiatrie folgen in gewissen Perioden, in denen diese Variante der Verleugnungs- und Bagatellisierungstechnik bevorzugt wird, dadurch dem kollektiven Trend, daß sie bereitwillig einen psychopathologischen «Typ» beschreiben, für den diese besondere Gehorsamkeitsbereitschaft gelten soll. In der deutschen Psychiatrie hat KRAEPELIN die Kategorie der «Haltlosen» als eine Sondergruppe der «Krankhaften Persönlichkeiten» beschrieben. Zu diesen angeblichen Psychopathen zählte er «mißratene Persönlichkeiten, deren Ausbildung durch ungünstige Vererbungseinflüsse, Keimschädigungen oder sonstige früh einwirkende Hemmungen gestört worden ist». Zum Spezialfall der Haltlosigkeit gehört nach KRAEPELIN eine «Schwäche und Bestimmbarkeit des Willens, wie sie dem Kind und in gewissem Grade auch dem weiblichen Geschlechte eigentümlich ist . . .»[48] KURT SCHNEIDER, der längere Zeit als führender Theoretiker der deutschen Psychiatrie wirkte, hat in seine Liste der «abnormen Persönlichkeiten» den Typ des «willenlosen Psychopathen» aufgenommen[81]. Unter Bezug auf SCHNEIDER charakterisiert K. JASPERS diesen «willenlosen Psychopathen» wie folgt: «Die Willenlosen oder Haltlosen sind der Widerhall der jeweils auf sie eindringenden Einflüsse. Sie können nicht widerstehen, folgen, wohin sie durch Gelegenheit und durch Menschen geführt werden, zum Guten und zum Bösen. Bei großer augenblicklicher Energie des Dabeiseins bleiben sie doch bei keiner Sache, es sei denn, daß eine gleichbleibende Umgebung sie hält. Sonst folgen sie immer neuen Impulsen aus der sie verwandelnden Welt. Sie verwandeln sich in was sie umgibt»[44]. Vermutlich hätte SCHNEIDER die MILGRAM-Experimente, wenn er deren Ergebnisse nicht zuvor gekannt hätte, als ausgezeichneten Test zur Aufspürung «willensschwacher Psychopathen» beurteilt. Und er hätte sich ja damit übrigens keineswegs von den durch MILGRAM befragten amerikanischen Psychologen unterschieden, die – wie zitiert – lediglich einer kleinen krankhaften Minderheit eine widerstandslose Befolgung der Anordnungen des Experimentes vorhersagten.

Hier handelt es sich also um eine bestimmte kollektive psychosoziale Abwehrform, die darauf beruht, daß man die Extremvariante einer peinlichen Schwäche, von der in minderer Ausprägung die große Mehrheit betroffen ist, als Merkmal einer klinischen Minorität deklariert. Um einer selbstkritischen Auseinandersetzung mit dem unangenehmen Merkmal entgehen zu können, projiziert man dieses auf die Minderheitsgruppe, die aus der Gemeinschaft je nachdem als krank, minderwertig, asozial oder dgl. ausgegrenzt wird. Heutzutage ist es geläufig, die moralische Fragwürdigkeit dieser Ausgrenzung dadurch zu kaschieren, daß man die jeweilige Minderheitsgruppe eben der Kompetenz der Psychiatrie überantwortet. Dadurch gewinnt der Vorgang der Abspaltung und der Diskriminierung sogar noch einen täuschenden Aspekt von Fürsorglichkeit: die Hörigkeitsbereitschaft wird zum «Fall», zum Objekt medizinischer Verantwortlichkeit. Dabei bleibt es freilich noch offen und hängt von der jeweiligen Zeitströmung ab, inwieweit die Mediziner schließlich dazu gedrängt werden, eine solche Minderheit hilfreich zu therapieren oder eher zu disziplinieren und negativen Sanktionen auszusetzen. Man sollte niemals vergessen, daß am Ende zu den unter dem Nationalsozialismus ermordeten psychisch Kranken sogar auch sog. Psychopathen zählten (G. Schmidt[80]).

Dem Versuch, das Phänomen der Hörigkeitsbereitschaft auf eine Minderheitsgruppe von «willenlosen Psychopathen» abzuschieben, steht eine zweite Hypothese nahe, welche die beunruhigende allgemeine Erscheinung ebenfalls als Spezialfall einer Außenseitergruppe zu erklären versucht. Diese Hypothese lautet: Wenn jemand gehorsam Anweisungen befolge, die seinen eigenen Moralvorstellungen widersprechen, dann sei dies weniger eine Folge seiner besonderen Hörigkeitsbereitschaft als vielmehr die Auswirkung bestimmter triebhafter Neigungen, die durch die Anweisungen stimuliert werden. Falls also jemand auf Geheiß einer Autorität andere unmenschlich quäle, dann tue er das, weil er ohnehin quälen wolle und dafür nur noch einen äußeren Anstoß gebraucht habe. Das hieße also, der Versuchsleiter in Milgrams Experimenten zwinge den Versuchspersonen nicht ein diesen mehr oder weniger fremdes Verhalten auf, sondern er gestatte ihnen nur etwas, was diese bereits von sich aus gerne tun würden. Er helfe ihnen, ihren unterdrückten und aufgestauten Sadismus auszuleben.

Gewiß ist allgemein bekannt, daß jeder neben *bewußten* Aggressionen auch einen Anteil von *verdrängter* Aggressivität hat. Und man kann annehmen, daß z. B. bei den Milgram-Experimenten Wirkungen ausgeübt werden, welche die Verdrängungsenergie schwächen. Milgram bestreitet indessen entschieden, daß seine «gehorsamen» Versuchspersonen – bis auf ganz wenige Ausnahmen – die Mitwirkung aggressiver Impulse bei der Anwendung der Schocks hätten erkennen lassen. Und er schließt kategorisch: «Der Akt der Schockverabreichung entspringt nicht destruktiven Trieben, sondern der Tatsache, daß die Versuchspersonen in eine Sozialstruktur integriert wurden und unfähig sind, aus ihr auszubrechen.» Gleichwohl erscheint es berechtigt zu vermuten, daß Personen mit einem erhöhten Quantum von angestauter Aggressivität besonders leicht dazu manipuliert werden können, andere Menschen zu quälen. Jedoch würde es wiederum zu einer falschen Verharmlosung und Beschwichtigung führen, würde man die weitverbreitete Verführbarkeit zu inhumanen Handlungen als ein Spezialproblem sadistischer Ausnahmefälle erklären. Man hätte dann neben der Psychopathenkategorie der «Willensschwächlinge» eine weitere der «triebhaften Sadisten» – aber man muß bekennen, daß diese Manöver der Abtretung des eigenen Problems an fiktive Außenseiter letztlich untauglich sind.

Das gleiche gilt für eine dritte Ausflucht-Hypothese, bei der man diesmal nicht die Hörigen selbst, sondern die befehlenden Autoritäten einer Gruppe von abnormen Exemplaren zurechnet. Man erklärt, anderen Menschen wider deren moralische Überzeugung den eigenen Willen aufzuzwingen, könne nur einer Persönlichkeit mit besonderen Charaktermerkmalen gelingen: Wenn ich gegen meine Moralprinzipien bösen Befehlen eines anderen gehorche, dann muß dieser andere über eine besonders teuflische Macht verfügen, die mein Verhalten entschuldigt. Nur die Dämonie eines Verbrechers oder eines Verrückten oder eines Wesens, das beides zugleich ist, vermag mich zu Handlungen verleiten, die gegen meine fundamentalen Wertvorstellungen verstoßen.

Nun ist es allerdings durch mannigfache historische Erfahrungen belegt, daß die zweifelhafte Fähigkeit, andere Individuen oder sogar große Gruppen zur gefügigen Überschreitung humanitärer Normen zu verleiten, gelegentlich mit ungewöhnlichen Persönlichkeitsmerkmalen verbunden ist. Man weiß z. B., daß Fanatiker, die mit großem Eigensinn und zäher Unbeirrbarkeit ihre Anschauungen vertreten und ihre Ziele verfolgen, u. U. eine besondere Aussicht haben, in ihrer Umgebung willfährige Anhänger zu werben. Klinische Erfahrungen zeigen, daß Menschen mit einem Wahn, d. h. krankhaften, unkorrigierbaren Überzeugungen und Tendenzen, relativ häufig andere Personen in ihrem Umfeld quasi anstecken. In

Familien Wahnkranker übernehmen oft der Ehepartner und zum Teil auch noch die Kinder die krankhaften Ideen des Patienten. In der Beobachtung solcher Familien läßt sich verfolgen, wie diese Anpassungsvorgänge dadurch gefördert werden, daß die Angehörigen des eigentlichen Kranken den Spannungen auszuweichen wünschen, die sie, wenn sie dessen Überzeugungen offen widersprechen würden, beständig aushalten müßten. Es ist enorm anstrengend, dem unbeugsamen Starrsinn eines Wahnkranken längere Zeit Widerstand entgegenzusetzen. Wahn verbindet sich regelmäßig mit einer außergewöhnlichen Energie, die in feindseliger Weise gegen alle diejenigen in der Nähe zurückschlägt, die sich widersetzen oder auch nur herauszuhalten versuchen. Ist der Inhalt der Wahnideen nicht allzu abstrus und liegen sie eventuell sogar auf der Linie bestimmter unerfüllter Interessen und Bedürfnisse anderer Menschen, dann können sich um solche Wahnsinnige Zirkel und Sekten von Hörigen scharen, die ihrem Oberhaupt blindlings überallhin zu folgen bereit sind. Die «Manson»-Family[76] hat gezeigt, bis zu welchem grausigen Extrem die perverse Reaktion höriger Gruppen ausschlagen kann, die von einem paranoiden Sadisten entsprechend verführt werden. Allerdings muß man speziell in diesem Fall die Möglichkeit Mansons hinzurechnen, besondere Dispositionen zu rebellischen Reaktionsweisen bei seinem Gefolge auszunützen.

Sehr viel häufiger handelt es sich bei den steuernden Zentralfiguren hochgradig abhängiger Gruppen indessen keineswegs um die Träger irgendeiner eindeutig abartigen Disposition. Sie wirken nur deshalb besonders attraktiv auf ihre Umgebung, weil sie sich als überaus bestimmt und selbstsicher darstellen. Diese imponierende Sicherheit lockt leicht andere an, die kontrastierend hochgradig selbstunsicher sind und durch Anlehnung an solche imponierenden Partner Halt gewinnen wollen. Auf diese Weise regulieren sich dann vielfach sekundär Rollenverhältnisse ein, in denen die eine Seite die andere immer schwächer und höriger macht, während sie selbst aus der erzeugten Abhängigkeit laufend neue Nahrung für eigene Machtansprüche und Größenideen bezieht. Es bildet sich also ein Interaktionssystem heraus, das eskalierend die beteiligten Parteien polarisiert. Die dominierende Autoritätsfigur, allseitig verwöhnt durch Ergebenheit und Vertrauensüberschuß, verfängt sich schließlich in hochfliegender Selbstüberschätzung und in einem bedenklichen Unfehlbarkeitsglauben, womit sie wiederum noch mehr Passivität und Abhängigkeit bei ihrem Gefolge stimuliert. Wenn man in diesem Stadium den Autoritäts-Repräsentanten allein betrachtet, könnte man ihn sicher in psychopathologische Begriffe fassen. Aber diese isolierende Beurteilung würde den Umstand verfehlen, daß genaugenommen das gesamte Interaktionssystem verkehrt oder verrückt ist. Beide Seiten nehmen an einem Gruppenprozeß teil, der in toto unnormal ist. Jeder Teil ist mitverantwortlich dafür, daß der andere so abwegig reagiert, wie er es jetzt tut. Und jeder hat sich selbst zugleich in eine entweder megalomane oder sklavisch marionettenhafte Position hineinmanövriert, von denen am Ende die eine ebenso krank und schlimm erscheint wie die andere.

Der Psychoanalytiker GRUNBERGER meint, daß ein besonders «primitives» Über-Ich, das an Stelle ethischer Werte nur pseudomoralische Formeln und Losungen erhalte, die äußere Manipulierbarkeit erleichtere[40]. *«Die Hauptrolle spielt hierbei ein Über-Ich, das nicht aus Introjektion der Objekte, sondern aus Dressaten herrührt. Dieses prägenitale Über-Ich, das sich mit der uns bekannten Strenge aufdrängt, führt nicht zu einer echten Indentifikation, sondern bleibt immer ein System von Dressaten. Es besteht einzig aus Befehlen und Verboten.» – «Derjenige, der sich auf ein derartiges primitives Über-Ich stützt, hat nur die Macht, die ihn zu den Dressaten zwang, introjiziert, unabhängig von ihrem Inhalt und ihren inneren Werde.» Und weiter: «So verstehen wir auch, warum die Nazis allen Anschuldigungen mit dem Hinweis begegneten, daß sie ja nur Befehle ausgeführt hätten. Man könnte hierbei denken, daß dies nur billige Ausreden seien. Aber tatsächlich gehorchten sie nur ihrem prägenitalen Über-Ich. Sie konnten diese Beschuldigungen deshalb nicht begreifen, weil sie doch vor dem Richter ihres Über-Ich unschuldig waren.»*

Das heißt also etwa: Ein Kind mit dieser Entwicklung habe nur einen formalen Gehorsam und die dazu notwendigen formalen Mechanismen der Triebunterdrückung gelernt, aber keine eigentliche innere Wertwelt aufbauen können. Es ist indessen, nicht zuletzt auch auf Grund der MILGRAM-Befunde, recht fraglich, ob diese einfache Interpretation stimmt. Man findet Menschen, die auf der einen Seite durchaus über ein differenziertes System von Wertvorstellungen verfügen, die sie nichtsdestoweniger unter den Bedingungen einer entsprechenden Manipulationssituation verraten. Wenn sich mehr als die Hälfte der Menschen entsprechend den Versuchspersonen MILGRAMS dazu bereit findet, sich unter entsprechendem Druck in irrationaler Weise äußeren Autoritäten zu unterwerfen, so kann man das nicht einer besonders abartigen Über-Ich-Struktur zur Last legen, sondern man muß das Phänomen im Zusammenhang der durchschnittlichen Entwicklung der Ich- und Über-Ich-Organisation zu begreifen versuchen. Es ist der Normalfall, daß Eltern, Lehrer und zahlreiche weiter hinzutretende Autoritäten kontinuierlich darauf achten, daß das heranwachsende Individuum niemals ohne äußere Mächte auskommt, die gewissermaßen als übergeordnete Kontrollinstanzen das persönliche Über-Ich bestätigen, einschränken oder auch gelegentlich außer Kraft setzen können. Die lebenslänglich währenden Trennungsängste auf Grund der bereits in der Kindheit geschürten Hypersensibilität für Isolation erschweren es für jeden einzelnen in hohem Maße, sich eine leidlich stabile und widerstandfähige moralische Identität zu schaffen.

Bekanntlich hat sich HANNAH ARENDT seinerzeit mit ihrem Buch «Eichmann in Jerusalem»[2] die schärfste Kritik zugezogen, als sie diesen Chefagenten der Judenvernichtung nicht als sadistisches Ungeheuer, sondern lediglich als einen phantasielosen Bürokraten beschrieb, der einfach an seinem Schreibtisch seine Arbeit erledigt habe. Man war wütend über H. ARENDT, so als hätte sie auf diese Weise Eichmanns Taten verharmlosen wollen. Statt dessen hätte sie sich dieser Verharmlosung gerade umgekehrt dann schuldig gemacht, wenn sie zur Entlastung der Mehrheit Eichmann künstlich zu einem dämonischen Ausnahmeexemplar gestempelt hätte. Denn genau diese Verschiebung des Problems von einer allgemeinen Reaktionsbereitschaft auf den einmaligen, strikt abgrenzbaren Grenzfall wäre dazu geeignet, die Anfälligkeit vieler für irrationalen Gehorsam zu verschleiern und damit zugleich die Bedeutung dieses Problems für die allgemeine Erziehung zu negieren. In der Tat hat das Studium der Biographien vieler für Greueltaten verantwortlichen Nazi-Verbrecher ergeben, daß eine Mehrzahl von denen, die nach dem Kriege unterzutauchen vermochte, sich ohne besondere Schwierigkeiten in ein brav bürgerliches Leben eingewöhnte und sich unauffällig an die Normen der Nachkriegsgesellschaft anpaßte. H. V. DICKS hat bei interviewten SS-Leuten, die in KZ beschäftigt gewesen waren, zum Teil ganz ähnliche Gehorsamsphänomene wie MILGRAM vorgefunden[24]. . . GRUNBERGER hat auf eine scheinbar paradoxe Verhaltensweise Eichmanns während des Prozesses in Jerusalem aufmerksam gemacht:

Eichmann blieb beim Verfolgen des Vortrages über die lange

Reihe seiner furchtbaren Verbrechen ganz unbewegt. Aber einmal geriet er plötzlich in heftige emotionelle Erregung. Das war, als ihn der Präsident des israelischen Gerichtes ermahnte, sich bei der Anrede zu erheben. Er wurde sichtbar verlegen, errötete schamhaft und brachte verwirrte Entschuldigungen hervor. GRUNBERGER folgert überzeugend[40]: Eichmann reagierte nur mit Schamgefühlen, wenn er sich den Vorwurf der Respektlosigkeit von einer Person zuzog, die für ihn momentan eine Autorität bedeutete. Der Gerichtspräsident war für ihn an die Stelle eines Vorgesetzten gerückt. Eichmann schämte sich wie ein gerügter Schulknabe vor einem Juden, den er – der Nazi-Ideologie gemäß – doch als «lebensunwerten Untermenschen» hätte verachten müssen. Aber tatsächlich war er innerlich eben sehr viel weniger abhängig von der Ideologie als von der Person oder der Institution, die jeweils momentan die Autorität repräsentierte. Diese Abhängigkeit hatte ihn einst an Hitler und Himmler gebunden, so daß er die Befehle der Judenvernichtung ohne besondere Schuldgefühle hatte befolgen können. Die Kritik seiner damaligen Chefs hatte er gefürchtet, nicht aber seine persönliche Schuld. Die Möglichkeit echten moralischen Empfindens war geschrumpft zu der primitiven Angst vor Bestrafung durch diejenige Autorität, die jeweils als äußerer Über-Ich-Ersatz funktionierte. Eichmann ist in der Tat ein erschreckendes Beispiel dafür, daß ungeheuerliche Unmenschlichkeiten von Personen vollbracht werden können, die nicht primär aus instinktiver Brutalität, sondern einfach aus blindem Gehorsam heraus handeln.

Unter totalitärer Herrschaft führt der besondere Autoritätsdruck der Führung offenbar massenweise dazu, daß im Laufe der Zeit die Ideologie der Herrschaftsclique als Über-Ich-Substitut funktioniert. Oft selbst für versierte Sozialpsychologen frappierend ist die ideologische Umstellungsfähigkeit von Völkern, die unter einer längeren Diktatur schließlich mehrheitlich innerlich mit den ideologischen Leitbildern der Machthaber identifiziert schienen, dann aber, durch eine von außen bewirkte Beseitigung des diktatorischen Regimes, ohne große Schwierigkeit die ideologischen Konzepte fallenlassen, für die sie vorher geschlossen eingetreten waren oder sogar gekämpft hatten. Ein so bedeutender Psychologe wie KURT LEWIN hatte beispielsweise noch 1943 davon gesprochen, die damals 20jährigen Deutschen würden sich möglicherweise als eine «verlorene Generation» erweisen, sich aus der Öffentlichkeit zurückziehen und den nächsten Krieg vorbereiten[51]. Es überstieg die allgemeine Vorstellungskraft, daß diese Generation vielmehr einer Art von kollektiver Selbstentmündigung erlegen war, die es ihr nach 1945 ermöglichte, relativ bald die Konzepte der Sieger zu übernehmen und die nationalsozialistischen Leitbilder, die sie eben überwiegend gar nicht verinnerlicht hatte, wegzuwerfen. Diese tröstliche Erfahrung wird indessen durch die notwendige Einsicht gedämpft, daß damit letztlich nur ein äußeres Über-Ich-Surrogat durch ein anderes abgelöst wurde, dessen Wirksamkeit zunächst lediglich durch den Gehorsam gegenüber einer neuen Obrigkeit garantiert war.

5. Kapitel
Anonyme Mächte verleiten uns zur moralischen Selbst-Entmündigung. Wir müssen unsere Verführbarkeit und die verführenden Autoritäten zu kontrollieren lernen

Die Bedeutung der persönlichen Vermittler der institutionellen Autoritätsmacht unterliegt offensichtlich Veränderungen im Wandel der Zeiten. FREUD ging 1921 in «Massenpsychologie und Ich-Analyse» noch entschieden davon aus, daß Institutionen wie die katholische Kirche oder das Heer vor allem durch eine gefühlsmäßige Beziehung der Gemeinde bzw. der Armee zu den jeweiligen Leitfiguren zusammengehalten würden. Er war überzeugt, daß das kindliche Erfahrungsmuster des Verhältnisses zu den Eltern sich in allen späteren Varianten der Auslieferung an Autoritäten wiederhole. In der Armee biete sich vom Feldherrn hinunter bis zum Unteroffizier die Führungsgruppe als eine hierarchisch abgestufte Reihe von Vätern an. Die Bindung an das Oberhaupt bzw. an seine Unterführer sei ein entscheidendes integrierendes Element in einer Armee. Ideen wie Vaterland, nationaler Ruhm oder dgl. seien dagegen für den Bestand eines Heeres nicht unentbehrlich. Er meinte jedenfalls, die Ideologie einer Institution könne die Wirkung persönlicher Vermittler der institutionellen Autorität niemals ersetzen. Und er vertrat sogar die Vorstellung – im Anschluß an E. SIMMEL[81a] –, daß die zahlreichen Kriegsneurosen unter den deutschen Soldaten im Ersten Weltkrieg vornehmlich auf Grund mangelnder Zuwendung der Führer zu den einfachen Soldaten entstanden wären. Wie man auch immer zu dieser Deutung im konkreten Fall stehen mag, so zeigt sie immerhin, daß FREUD indirekt den hier beschriebenen Manipulationszusammenhang prägnant vor Augen hatte. Es geht darum, daß Institutionen sich des einzelnen stets am wirksamsten durch Vermittlung gesteuerter persönlicher Beziehungen bemächtigen, die immer wieder das Modell des Eltern-Kind-Verhältnisses reproduzieren. Die elterliche Trennungsdrohung und die Hypersensibilität des Kindes für Trennungsangst bleiben die dispositionellen Voraussetzungen dieser Prozesse.

Im Vergleich zu den Verhältnissen, die FREUD in «Massenpsychologie und Ich-Analyse» dargestellt hat, scheint sich indessen insofern eine Wandlung vollzogen zu haben, daß das Moment der persönlichen Gefühlsbeziehung für den Gehorsamseffekt gegenüber institutionellen Autoritäten nicht mehr die gleiche Rolle wie damals spielt. Das Bild derjenigen, welche die Institutionen und über diese die Massen lenken, wird blasser und verliert an Prägnanz. FREUDS Vorstellung, daß die Stabilität einer Armee von der Gewißheit der Soldaten abhänge, von ihren Führern und letztlich vom Heerführer geliebt zu werden, mutet uns schon einigermaßen befremdlich an. Hierzulande dürften viele Soldaten kaum noch plastische Vorstellungen von ihren leitenden Generälen haben. «Persönlichkeitskult» erscheint als ein Reizwort in einer Zeit, in der sowohl die Spitzenfiguren der Institutionen wie ihre Gefolge die Gefühlskomponente in Autoritätsbeziehungen eher zu verschleiern wünschen. Die Chefs der großen Institutionen verhalten sich weniger exhibitionistisch, sie sind eher um Unauffälligkeit bemüht. Auf der anderen Seite wirkt die Gefügigkeit der gelenkten Massen neuerdings eher wie ein mechanisches Verhalten. Das Moment der Faszination durch charismatische Führergestalten tritt zurück. Die klassischen Demagogen-Typen werden dementsprechend seltener bzw. treffen auf vermehrten Widerstand. Ihre Suggestionskraft zieht zwar immer noch viele einfältigere Gemüter in ihren Bann, aber die Sensibleren und Differenzierteren reagieren wachsamer. Sie spüren zielsicher die Gewaltsamkeit auf, mit denen die Zampano-Figuren hintergründig operieren. Sie entlarven deren Tricks und Unverläßlichkeiten. Und so beschränkt sich die suggestive Attraktion von charismatischen Verführergestalten mehr und mehr auf weniger gebildete Gruppen und auf Provinzen, die der allgemeinen Entwicklung eher hinterherhinken. Die moderne Entwicklung scheint dahin zu führen, daß irrationaler Gehorsam sich zunehmend in einer Form verwirklicht, die den Anschein eines rein sachlichen rationalen Verhaltens erweckt. Vieles spricht aber dafür, daß das Hörigkeitsphänomen als solches keineswegs zurückgeht, sondern sich lediglich anders und vermutlich in einer eher noch gefährlicheren Weise maskiert.

Der Versuchsleiter im MILGRAM-Labor verdankt seine Unwiderstehlichkeit zweifellos weitgehend dem imponierenden Hintergrund der hochangesehenen Forschungsinstitution, die er scheinbar repräsentiert. Sein Expertenkittel scheint seine fachliche und institutionelle Legitimierung zu unterstreichen. Hinzu kommen der Effekt der spektakulären undurchschaubaren technischen Einrichtungen und die Perfektion des streng wissenschaftlich anmutenden Versuchsplanes. Die Versuchspersonen können nicht bezweifeln, daß sie sich in einer Stätte der heiligen Forschung befinden, die selbstverständlich dem Wohle der Menschheit dient. Also rechnen sie es eher ihrer eigenen Beschränktheit zu, wenn sie den Sinn der Anordnungen des Mannes nicht sogleich verstehen, der sie der Ehre teilhaftig werden läßt, an einem wichtigen Forschungsprojekt dieser Institution zu partizipieren.

In der Tat fließt den Institutionen der Wissenschaft im Augenblick viel von der Gläubigkeit zu, die zuvor anders gebunden war. Die Wissenschaft, welche den Mondflug und die Beherrschung der nuklearen Energien möglich gemacht hat, erscheint in unserem Zeitalter der Krisenangst für die meisten als diejenige omnipotente Macht, die uns alle noch erretten könnte. Die Ahnung von der zunehmenden Kompliziertheit und von der globalen Verflechtung der ökonomischen und technischen Probleme, von deren Meisterung unser längerfristiges Überleben abhängt, verbindet sich automatisch mit einem wachsenden Gefühl absoluten Ausgeliefertseins an die Institutionen, die diese gigantischen Problemkomplexe vielleicht noch berechenbar und steuerbar machen können. Man kann sich nicht mehr vorstellen, daß einzelne noch so geniale Führerpersönlichkeiten dieser Aufgaben Herr werden könnten. Man denkt vielmehr an koordinierte Expertengremien, welche aus allen wichtigen Problemfeldern Datenströme einsammeln, maschinell verrechnen, auswerten und daraus diejenigen Strategien ableiten, die uns vor den von den Futurologen angedrohten Katastrophen bewahren mögen.

Die hohe Spezialisierung der Wissenschaften und ihre Perfektionierung durch die Möglichkeiten der elektronischen Datenverarbeitung drohen den Informationsrückstand des durchschnittlichen Individuums gegenüber den Experten der verschiedenen Disziplinen immer mehr zu vergrößern. Damit verbunden wächst die Gefahr, daß die Mehrheit in eine dumpfe Passivität hineingleitet und sich dem Eindruck ergibt, es habe ohnehin keinen Zweck mehr, in diesen Bereichen mitzudenken oder sich etwa sogar mitentscheidend einmischen zu wollen, in denen die Experten so viel mehr wissen. *Ohne es recht zu merken, verlieren sich heute viele in einen regressiven Glauben an die Omnipotenz der Wissenschaft, der sich in den*

psychologischen Bedingungen nicht mehr erheblich von der Selbst-
entmündigung der Menschen im Mittelalter unterscheidet. Die infantilen Züge des damaligen Gottes- und Kirchenglaubens gelangen
in einer einfältigen magischen Phantasie von der Allwissenheit und
Allmacht der Wissenschaft zu einer zwar sehr gut erklärlichen, aber
durchaus gefährlichen Wiederauferstehung.

Es ist eine für jedermann leicht einsichtige Tatsache, daß die mit
dem schnellen Anwachsen der Menschheit und mit den erkennbaren
Grenzen der Wachstumswirtschaft verbundenen Probleme der
Wissenschaft eine hervorragende Rolle für die Planung und Gestaltung unserer Zukunft zuweisen. Andererseits führt es zu einer
Verkennung der Möglichkeiten der Wissenschaft, wenn man ihr
gegenüber in unkritischer Anbetung erstarrt und an sie eine Verantwortung delegiert, die sie allein überhaupt nicht tragen kann. Nur
wenn die Institutionen der Wissenschaft von der Politik und der
Öffentlichkeit genügend kontrolliert bleiben, haben sie Chancen,
ihrer gesellschaftlichen Aufgaben einigermaßen gerecht zu werden.
Oder anders gesagt: Je mehr die große Mehrheit und letztlich auch
die Politik gegenüber den Experten in passive Heilserwartungen
versinkt, um so sicherer wird die Wissenschaft versagen. Es erfordert immerhin einigen Aufwand an Verdrängungen, wenn man die
Belege aus der jüngeren Geschichte dafür zu mißachten versucht,
daß die Wissenschaft allein die Geschicke der Gesellschaft nicht
steuern kann. Man muß sogar im Gegenteil erkennen, daß andere
gesellschaftliche Gruppen auf die Lenkung der Forschung selbst
Einfluß nehmen müssen. Denn die Selbstisolierung des Wissenschaftsbetriebes führt leicht dazu, daß in den Forschungsinstitutio-
nen Neigungen überhandnehmen, innerhalb der einzelnen Fächer
geradezu eigene Kulturen mit eigenen Denk- und Sprachsystemen
zu entwickeln und sich in fachinternen Detailfragen einzuspinnen,
die weit abliegen von den Problemen, zu deren Lösung die Gesellschaft von den jeweiligen Fächern wesentliche Beiträge zu erwarten
hätte.

Es gehört zu den naiven Vorurteilen moderner Wissenschaftsgläubigkeit, den Repräsentanten der Forschung neben besonderen
intellektuellen Leistungen auch eine außergewöhnliche moralische
Reife und einen hohen Grad von politischer Weisheit zuzutrauen.
In Wirklichkeit gedeihen in den Institutionen der Wissenschaft die
gleichen Ängste, Rivalitäten und Manipulationen wie auch sonst im
menschlichen Zusammenleben. Es erscheint wichtig, diesen an sich

keineswegs verwunderlichen Tatbestand klar herauszustellen, um die Wissenschaft vor einer kritiklosen Idealisierung zu bewahren, die ihr selbst wie der Gesellschaft nur Schaden bringen würde. Im Grunde gibt es ja nicht *die* Wissenschaft, sondern ein aufgesplittertes Konvolut von vielen Spezialdisziplinen mit enormen Konkurrenzproblemen und neurotischen Gruppenprozessen der vielfältigsten Art. Manche Fachgruppen entsprechen in ihrer Binnenstruktur nahezu exakt den Formationen angstneurotischer Familien. Sie kapseln sich von den Nachbarfächern und erst recht vom Laiensystem ab. Um ihre Identität zu schützen, klammern sie sich an irgendwelche vorläufigen Lehrmeinungen und verteidigen diese rigide über längere Perioden. Die latente Gruppenangst hindert sie an einem kreativen Experimentieren und an einer elastischen Verarbeitung neuer Erfahrungen. An den Universitäten und in den großen Forschungszentren spielen emotionelle Hörigkeitsbindungen, wie sie MILGRAM an den Laien-Probanden vorgeführt hat, keine geringe Rolle. Hier gibt es Forscherteams, die Jahrzehnte hindurch unter dem suggestiven Einfluß einer steuernden Zentralfigur vorwiegend darum bemüht zu sein scheinen, immer wieder in ähnlichen Fragestellungen eines Tages doch noch die Gültigkeit irgendeiner Hypothese zu bestätigen, an die man miteinander fixiert ist. Die Machtverhältnisse in den Institutionen bewirken neben unbewußten auch voll bewußte restriktive Anpassungsprozesse, so daß junge Forscher oft erst dann aufsteigen können, wenn sie lange Zeit die Lieblingstheorien der dominierenden Fachvertreter nachgebetet haben. Solche Phänomene mögen nicht die Regel sein, aber sie sind doch unübersehbar häufig. Und es ist ebenfalls nicht zu verkennen, daß die zunehmende Verfestigung der Personalstrukturen in den Forschungseinrichtungen manchen ungünstigen gruppendynamischen Entwicklungen Vorschub leistet.

Alltäglicher Beobachtung zugänglich ist das abhängige Verhalten vieler gegenüber irgendwelchen Markenzeichen, die durch die Wissenschaft indirekt geheiligt erscheinen. Schon der Name einer Universität kann die Existenz außersinnlicher Phänomene glauben machen, die hier angeblich bestätigt worden sind, bis dann eines Tages aufgedeckt wird, daß gerade in dem entsprechenden Fachinstitut dieser Universtität gemogelt wurde. Die Verleihung eines wissenschaftlichen Preises läßt nur die allerwenigsten daran denken, welche Zufälle, Gefälligkeiten, persönlichen Beziehungen usw. bei der Vermittlung von Preisträgern mit im Spiele zu sein pflegen. Wer durch hervorragende Forschungen auf einem engen Spezialgebiet eine Auszeichnung erworben hat, von dem erwarten viele, daß er mit umfassender Weisheit auch alle anstehenden geistigen und politischen Fragen der Zeit beantworten könne. Schon der Erwerb des Professortitels war bis vor kurzem geeignet, dem Betreffenden zumindest bei einem gewissen Publikum den Ruf eines Universalsachverständigen zu sichern. Für das naive Bewußtsein hat es den Anschein, daß die Universität, das Forschungsinstitut, der Träger eines wissenschaftlichen Preises oder der Professor die Wahrheit schlechthin repräsentieren. Lediglich die Eingeweihten wissen, wie wenig von dieser Erwartung zutrifft. Es gehört indessen wiederum zu den Gruppenzwängen innerhalb der Institutionen der Wissenschaft, die gruppendynamischen Prozesse eher zu vertuschen, welche die Wahrheitssuche an diesen Plätzen oft eher hindern als fördern. Auch hier drohen Isolation oder sonstige Repressalien denen, die sich allzu weit darin vorwagen, die Konflikte innerhalb des eigenen Standes offen darzustellen – obwohl gerade dem Stand besonders damit gedient wäre, wenn er von außen mehr kritische Unterstützung zur Überwindung seiner Mängel erhielte.

In der Tat sind wachsende Kritikschärfe der Laien-Mehrheit und mutigere Selbstkritik der Wissenschaftler nötig, um von beiden Seiten her die Gefahren einer irrationalen Wissenschaftsgläubigkeit abzubauen. Zugleich kommt es darauf an, daß die Wissenschaftler trotz der Komplizierung ihrer Probleme mehr Anstrengungen als bislang aufwenden, um ihre Ergebnisse und Konzepte der Öffentlichkeit verständlich zu machen. Bisher haben sich viele ja eher im umgekehrten Sinne bemüht, immer nur im elitären Zirkel unter ihresgleichen zu kommunizieren. Die anmaßende Standesnorm, wonach ein echter Wissenschaftler mit seinen Erkenntnissen nicht «auf die Straße» gehen solle, ist inzwischen allenfalls umstritten, aber noch keineswegs außer Kraft gesetzt. Noch immer wird der wissenschaftliche Nachwuchs in vielen Disziplinen dazu erzogen, eine wissenschaftliche Spezialsprache unbedingt auch dort zu gebrauchen, wo Sachverhalte mit Vokabeln der einfachen Umgangssprache genauso präzise beschrieben werden könnten. An Stelle des wissenschaftlichen Lateins, das den Gelehrten früherer Tage – und den Mediziner noch heute – gegen die Laien abschirmte, sind in vielen Sparten neue Spezialsprachen entstanden, die ungebetenen Interessenten von außerhalb eine Teilnahme am fachlichen Wissen verwehren. Gewiß ist es für manche Disziplinen eine echte Schwierigkeit, jenseits der alltäglichen Vorstellungswelt liegende Erscheinungen und die zu ihrer wissenschaftlichen Bearbeitung erforderlichen speziellen Modellvorstellungen und Begriffe für das Verständnis breiter Laienkreise aufzubereiten. Auf der anderen Seite mutet es absurd an, wenn mitunter relativ einfache Gedanken zu Phänomenen aus dem alltäglichen Erfahrungsbereich durch einen Fachjargon kunstvoll verschlüsselt werden. Dieses Gebaren verrät dann doch wieder den Anspruch eines Standes auf die Alleinverfügung über sein Wissen. Auf der gleichen Linie liegt die defensiv mißtrauische Einstellung zahlreicher Wissenschaftler gegenüber den Medien. Gerade weil es richtig ist, daß die Medien häufig durch Vermittlung inkompetenter Journalisten wissenschaftliche Ergebnisse schief oder mißverständlich popularisieren, müßten die Wissenschaftler selbst viel mehr dafür tun, ihre Befunde zutreffend und eindeutig darzustellen. Allerdings bahnen sich hier Veränderungen an, die übrigens in den Vereinigten Staaten bereits sehr viel weiter fortgeschritten sind. Mehr und mehr lernen zumal die Forscher, deren wissenschaftliche Arbeit auf praktische Anwendungen hinzielt, daß es für ihre eigene Tätigkeit und deren Ertrag einen großen Vorteil bedeutet, wenn sie ihre Gedanken nicht nur im engen Fachkreis, sondern auch kontinuierlich mit anderen gesellschaftlichen Gruppen austauschen, von denen sie wichtige Anregungen beziehen und denen sie selbst hilfreiche Informationen vermitteln können.

Auf der anderen Seite gilt es, die Unterrichtsprogramme in den Schulen, den Fachschulen und in der Erwachsenenbildung so zu modernisieren und zu intensivieren, daß von unten her die Bildungsbasis in Tuchfühlung mit der Entwicklung der Wissenschaften verbleibt. Unbedingt ist zu gewährleisten, daß in den verantwortlichen politischen Gremien ein ausreichender Sachverstand erhalten bleibt, um einerseits die Wissenschaft mit kritischer Kontrolle begleiten und andererseits deren Erträge für die praktische Politik fruchtbar machen zu können. Nichts wäre schlimmer, als wenn eine gegenüber der Wissenschaft passiv ergebene Gesellschaft eines Tages ihr Geschick in die Hände von anonymen Sachverständigengremien legen müßte, deren Kontrolle ihr bzw. ihren politischen Repräsentanten entglitten wäre.

Hier wäre übrigens auch einiges Kritische darüber zu sagen, daß die politischen Führungsgremien, die Administrationen und die Parlamente ihrerseits häufig unterlassen, in geeigneter Form mit den Wissenschaftlern zu kooperieren. In einer Mischung aus Angst und

Arroganz hält man oft eine strikte Trennung zwischen den Politikern und den Experten-Ausschüssen aufrecht. Dabei verfahren die Politiker bzw. die Funktionäre der Administration nach dem Prinzip: Ihr dürft *denken* und uns eure Expertisen *abliefern*, das *Machen* ist dann allein unsere Sache! Häufig denken dann die in dieser Weise isolierten Forscher zu theoretisch und fachlich. Und die Politiker ärgern sich nachher darüber, daß die Wissenschaftler zu wenig berücksichtigt haben, was praktisch machbar wäre. Oder sie beklagen sich, daß sie nicht einmal alles verstehen könnten, was die Forscher im Expertenjargon formuliert haben. Natürlich müssen sich die Wissenschaftler erst dazu erziehen, politischer zu denken, und die Politiker müssen sich bemühen, sich auch in den Vorstellungen der Wissenschaftler besser zurechtzufinden. Beides läßt sich leichter erreichen, wenn sich Vertreter der Administration und zuständiger Parlamentsausschüsse zu einer modernen Gruppenarbeit mit Wissenschaftlern *zusammensetzen*. Nur wenn für die Politik relevante wissenschaftliche Fragestellungen in regelmäßigen *gemeinsamen* Arbeitstagungen, unter modernen gruppendynamischen Aspekten organisiert, unter Beteiligung von Forschern *und* Politikern behandelt werden, wird die Verbindung von Politik und Forschung besser funktionieren. Die bislang geübte Methode, wissenschaftliche Beiräte, Gutachterausschüsse, Enquete-Kommissionen usw. isoliert für sich werkeln zu lassen, hat nur einen sehr begrenzten Wert. Sie hat oft dazu geführt, daß die Wissenschaftler am Ende Papiere abgeliefert haben, die zu abstrakt formuliert waren bzw. zuwenig präzise die unmittelbaren Handlungskonsequenzen herausgearbeitet hatten.

Die Politiker müssen sich von der Angst freimachen, sich in der Kooperation mit Wissenschaftlern als «zu dumm» darzustellen, und sie müssen auf der anderen Seite lernen, die Wissenschaftler nicht umgekehrt als bloße «Spinner» gängeln zu wollen, denen gegenüber sie die Praxis als ihr sakrosanktes Monopol zu verteidigen beanspruchen. Organisationsformen wie die hier angedeuteten werden hoffentlich allmählich bewußt machen, daß die Wechselbeziehungen zwischen Politik und Forschung entschieden intensiviert werden müssen und daß wir auch hier ein vermehrt ganzheitliches Denken benötigen. *Dazu gehört eine neue Generation von fachübergreifenden Politikern mit Expertenwissen und Experten mit politischem Sinn, die Kooperationsmodelle eines neuen Typs durchzusetzen verstehen.* Die Politiker müssen sich ohnehin sagen: Wenn sie – aus welchen Motiven auch immer – die Wissenschaftler nach wie vor zu sehr auf Distanz halten und lediglich als Erfüllungsgehilfen zur Ablieferung von Papieren gebrauchen, um sie nicht in die weiteren Planungs- und Entscheidungsprozesse hineinreden zu lassen, dann werden sie bald eher umgekehrt zu Erfüllungsgehilfen der Experten werden. Denn die immer komplexer und schwerer steuerbar werdenden Probleme unserer Welt würden ihnen über den Kopf wachsen. Nur wenn sie mit den Experten mitdenken und laufend mit ihnen kommunizieren, können sie sich versprechen, nach wie vor verstehen zu können, worüber sie zu entscheiden haben. Je mehr die Politiker die Wissenschaftler heute und morgen als bloß Rechner, Rechercheure und Materiallieferanten nebenherlaufen lassen, um so sicherer müssen sie selbst diesen übermorgen bettelnd hinterherrennen, weil sie in einer immer mühsamer zu regierenden Welt nicht mehr wissen werden, was sie tun sollen.

Hier geht es aber nicht eigentlich um Betrachtungen über Organisationsformen der Kommunikation und Koordination von Wissenschaft, Politik und Öffentlichkeit, vielmehr vordringlich um die Frage, wie der einzelne seine irrationale Gehorsamkeitsbereitschaft gegenüber den Institutionen besser kontrollieren kann, die als zeittypische Manipulationsquellen gelten können. Die akademisch gebildeten Gruppen der oberen Mittelschicht bedürfen jedenfalls ganz besonders einer Aufarbeitung ihrer Selbsttäuschung, sie seien gegen dererlei Manipulationen weitgehend gefeit. Sie meinen vielfach, derartige Hörigkeitsbereitschaft an das Boulevardblatt-Leserpublikum delegieren zu können. In Überheblichkeit bespötteln sie die schlecht Gebildeten, die für wahr halten, was in der «Bild»-Zeitung steht, und vergessen dabei, daß ihre Kritikschwäche auf einem anderen Niveau nahezu die gleiche zu sein pflegt. Auch gerade in dieser Hinsicht sind die MILGRAM-Experimente von erheblicher Bedeutung, weil sie den nur unwesentlichen Unterschied in der irrationalen Gehorsamkeitsbereitschaft zwischen den sozialen Schichten dokumentieren. Der Unterschied ist besonders gering gegenüber den Institutionen der Wissenschaft, da eine bis zu einem irrationalen Maß gesteigerte Wissenschaftsgläubigkeit ja auch gerade in den höheren Bildungsanstalten systematisch anerzogen wird.

Ein Gebiet, das dem einzelnen heutzutage noch am ehesten konkrete Selbsterfahrungen über das Ausmaß seiner Kritikschwäche gegenüber Institutionen der Wissenschaft und über seine irrationale Autoritätsgläubigkeit überhaupt zu vermitteln vermag, ist die Medizin. Hier kann jeder gelegentlich überprüfen, daß er in Gefahr ist, diese für sein unmittelbares Wohlergehen entscheidende Wissenschaft in infantiler Weise zu idealisieren, was zugleich in eine kritiklose Ergebenheit einmünden kann. Die Angst um die eigene Gesundheit fördert den Wunsch, den Medizinern eine an Allwissenheit grenzende Erkenntnisfähigkeit zuzutrauen. Denn wenn die Mediziner alles wüßten, könnte man am ehesten hoffen, daß sie auch stets unfehlbar das Richtige zur Heilung der Menschen täten. Wie sehr dieser Wunsch unser Denken zu trüben vermag, erhellt bereits aus Statistiken über diagnostische Irrtümer. Der Pathologe SANDRITTER[78] berichtete über eine Untersuchung an einem großen Universitätsklinikum, wo noch unlängst gerade 40 Prozent der ärztlich ermittelten Todesursachen dem Befund entsprachen, den der Pathologe nachher bei der Sektion feststellte. Also selbst in hochentwikkelten Universitätskliniken wissen die Ärzte bei 60 Prozent der Kranken nicht einmal genau, woran diese sterben. Viele werden über diese statistisch belegte diagnostische Unsicherheit der Ärzte erschreckt sein und – zu Unrecht – hoffen, dies möge nur ein Ausnahmebefund bei einigen besonders schlampig geführten Krankenhäusern sein. Die allgemeine Überschätzung des Standes der Medizin ist zugleich ein Symptom wie eine begünstigende Bedingung für eine besondere Autoritätsergebenheit gegenüber Medizinern bzw. medizinischen Einrichtungen. Diese kann auch sehr leicht bewirken, daß Menschen sich bereits willfährig manipulieren lassen, wenn nur gewisse äußere Anzeichen ihnen zu signalisieren scheinen, daß sie sich in guter medizinischer Obhut befänden:

Bekanntgeworden ist die Geschichte eines medizinischen Scharlatans, der in einer Großstadt geradezu rattenfängerhaft Scharen von Patienten selbst aus Akademikerkreisen dadurch anzulocken verstand, daß er die moderne Labormedizin mit allen Attributen einer hinreißenden Perfektion kopierte. Zu einer Zeit, als die meisten Arztpraxen noch relativ bescheiden ausgestattet waren, bot er einen Park an geheimnisvollen Apparaturen auf, die allein schon jeden Besucher vor Bewunderung erstarren ließen. Der Patient befand sich schließlich allein in einem Raum, in dem ihm über eine Übertragungsanlage Anweisungen zugespielt wurden. Geräte mit eindrucksvollen Lichtzeichen und surrenden Geräuschen schwenkten auf ihn ein, und schließlich näherte sich ihm der angebliche Medizinexperte mit einem ausdruckslosen, fast amimischen Gesicht und leiser, monotoner Ansprache. Er drang sofort mit Hilfe einiger angelernter psychoanalytischer Allgemeinbegriffe zu intimen Themen vor und erreichte, wie später bekannt wurde, daß sich ihm nahezu alle Patienten in kürzester Zeit hörig auslieferten. Er verordnete ihnen, mit bestimmten geistigen Übungen nach dem Aufwachen am Morgen beginnend, einen strikten Tagesplan für die Lebensgestaltung und ließ sie stündlich in wechselnden Mengen Tropfen völlig unwirksamer, aber geschmacklich eindrucksvoller Flüssigkeiten einnehmen. Er war ausdrücklich darauf bedacht, die Patienten durch dieses Rund-um-die-Uhr-Programm in einer kontinuierlichen Aufmerksamkeit auf seine Anweisungen zu fixieren und sie sich dadurch total abhängig zu machen. Seine großen Wirkungen erzielte er dadurch, daß er seine Taktik völlig überlegt und kontrolliert anwendete und sich nicht im mindesten – wie mancher Wunderdoktor – als missionarischer Heilbringer fühlte. Er genoß den Spaß, seine Patientengemeinde total manipulieren zu können, so wie mancher Trickkünstler es auskostet, sein Publikum nach Belieben hinters Licht zu führen und dumm zu machen. Der Scharlatan ließ sich mehr und mehr dazu verleiten, die ihn selbst erstaunende Reichweite seiner Manipulationsmöglichkeiten immer waghalsiger zu testen. Unter dem Vorwand medizinischer Zweckmäßigkeit stiftete er unter seinen Patienten diverse sexuelle Beziehungen und machte sich auch selbst Patientinnen sexuell gefügig, wo immer er Lust dazu hatte. Zahlreiche zum Teil akademisch gebildete Patientinnen und Patienten befolgten willig die scheinbar medizinisch begründeten Anweisungen zu sexuellen Betätigungen der mannigfachsten Art. Der Scharlatan konnte dem Reiz nicht widerstehen, seine Verfügungsgewalt über die ihm blind ergebenen Menschen bis zum äußersten auszunutzen. Dennoch geriet er schließlich erst durch Intervention eines Außenstehenden und nicht etwa durch Anzeige eines seiner Patienten in Konflikt mit dem Staatsanwalt. Hätte er nur eine Spur mehr Vorsicht walten lassen, wäre ihm sein Betrieb sicher nicht geschlossen worden, und er würde wahrscheinlich noch heute eine vielbesuchte Praxis oder gar ein blühendes Modesanatorium leiten.

Die Erfahrung lehrt bekanntlich, daß falsche Ärzte seltener von Kollegen oder gar von Patienten, sondern eher gelegentlich von pedantischen Verwaltungsbürokraten identifiziert werden, denen der Mangel oder die Fälschung von Zeugnissen auffällt. Man wird in der Vermutung kaum fehlgehen, daß in Deutschland immer noch eine Reihe von Nichtmedizinern mit Hilfe falscher Angaben unerkannt ärztlich tätig ist. Dabei geht es hier im Augenblick gar nicht darum, ob und gegebenenfalls wieviel Schaden solche Personen anrichten. Forscher der McMaster-Universität in Hamilton/Kanada haben ja sogar aus einer Untersuchung berichtet, daß fortgebildete Krankenschwestern angeblich die ambulante allgemeinmedizinische Versorgung genauso sicher und wirksam und mit der gleichen Zufriedenheit für die Patienten leisten könnten wie ein praktischer Arzt[85]. Das Beispiel sollte lediglich demonstrieren, mit welcher unkritischen Gefügigkeit Menschen reagieren, wenn sie mit einem Anschein von wissenschaftlichem Hintergrund manipuliert werden.

Von der Wissenschaft als Auslöser und zugleich Adressat irrationalen Gehorsams war deshalb ausführlich die Rede, weil deren Bedeutung als Über-Ich-Ersatz relativ unsichtbar ist und weniger reflektiert zu werden pflegt als etwa die Rolle der staatlichen Obrigkeit und des Rechts. Indessen bedarf es kaum näherer Erläuterung, daß es vor allem diese zuletzt genannten Mächte sind, die uns von Kindheit an gewissermaßen als Nachfolger der strafenden Eltern begleiten und unsere Mündigkeit in Grenzen halten. Die Polizei, die bereits vielfach von den Eltern als übergeordnete Instanz beschworen wird, um die Strafangst des Kindes lebendig zu halten, bleibt zeitlebens eine wirksame Repräsentanz derjenigen obrigkeitlichen Autorität, die im Zweifelsfall einen Vorrang von den Maßstäben des persönlichen Gewissens beansprucht. Daß das Über-Ich der meisten relativ labil bleibt und nicht zu einer jederzeit maßgeblich steuernden inneren Kraft wird, liegt vor allem daran, daß die Eltern ihre Rolle als lenkende moralische Autoritäten ja nicht einfach verschwinden lassen, sondern in die Hände sehr viel mächtigerer Nachfolger legen. Bemerkenswert ist, daß das Strafrecht vieler Länder die moralischen Normen und die allgemeinen Verhaltensregeln der jeweiligen Gesellschaften in vielfacher Hinsicht an Strenge zu übertreffen pflegt, so daß die Furcht vor äußerer Kontrolle und Sanktionierung diejenige vor Gewissensvorwürfen aus realen Gründen überwiegen muß. Man denke etwa an das Nachhinken des Strafrechts in Fragen der Sexualmoral, z. B. hinsichtlich der Strafandrohung für Kuppelei, Ehebruch, Homosexualität und Schwangerschaftsunterbrechung.

Die breite Diskussion über den Abtreibungsparagraphen hat ja unlängst erst wieder überdeutlich gemacht, wie wenig Zutrauen Staat und Kirche der Kraft des persönlichen Gewissens schenken.

Bemerkenswert ist es, wie gerade die christlichen konservativen Parteien im Bunde mit der katholischen Kirche offenkundig die allerskeptischste Meinung von der Fähigkeit des Menschen zu einer moralischen Eigensteuerung haben. Selbst in den katholischen Gegenden, in denen die Kirche die Vermittlung christlicher Moralprinzipien in der Erziehung besonders nachdrücklich einsetzen kann, pflegt sie selbst ebensowenig wie die ihr nahestehenden politischen Gruppen auf die innere moralische Instanz zu bauen, um deren Stärkung es ihr angeblich so sehr zu tun ist. Es erscheint jedenfalls widersprüchlich, daß gerade diese Kreise besonders auch in der Abtreibungsfrage strenge strafrechtliche Bestimmungen offensichtlich als das wirksamste Verhaltensregulativ einschätzen.

Jedenfalls ist es unmittelbar plausibel, daß Menschen, denen staatliche und kirchliche Autoritäten ohnehin eine innere Gewissenssteuerung immer nur mit Hilfe der Verstärkerwirkung äußerer Sanktionsdrohungen zutrauen, leicht dazu verleitet werden, ihr Über-Ich nach außen zu verlagern. Wir müssen jedenfalls immer darauf gefaßt sein, daß gerade diejenigen besonders häufig und laut an die Stimme unseres Gewissens appellieren, die insgeheim nur im Bunde mit dieser Stimme ihre eigene Macht über uns zu fixieren wünschen. Dieser Verdacht rechtfertigt sich ja auch schließlich hinlänglich durch die Erfahrung, daß wir unser persönliches Gewissen immer dann außer Kraft setzen sollen, wenn außergewöhnliche Umstände der Obrigkeit dies von uns zu fordern Anlaß geben. In Kriegszeiten wird den Männern plötzlich die Tötung von «Feinden» abverlangt, deren Bekämpfung oft nicht einmal im Sinne des übergreifenden Gemeinwohls einleuchtend gemacht werden kann. Schande und strengste Bestrafung erntet im Frieden derjenige, der einen anderen erschießt, im Kriege der dienstverpflichtete Soldat, der sich vor dem Töten drückt. Hohe Anerkennung und sogenannte Ehrenzeichen mag sich der Bomberpilot verdienen, der genau befehlsgemäß die «feindliche» Siedlung zerstört, wohl wissend, daß er neben irgendwelchen militärischen Einrichtungen auch viele unschuldige Menschen umbringt. Als Feigling diffamiert und mit strengsten Sanktionen belegt wird statt dessen sein Kamerad, der sich aus Gewissensnot entscheidet, die Bomben absichtlich über unbesiedeltem Gelände abzuwerfen. Die moralische Entscheidung aus persönlicher Gewissensnot soll nichts mehr zählen, wenn der Staat die gleichsam nur ausgeliehene moralische Mündigkeit wieder zu kassieren beliebt.

Wenn heute vielfach von einer moralischen Krise der Gesellschaft gesprochen wird, so ist diese zweifellos weitgehend eine Folge der moralischen Vergewaltigungen, welche die letzten Generationen erlebt haben. In allen großen Kontinenten sind Völker bzw. ganze Völkergruppen von ihren politischen Führungen zur Partizipation an rein imperialistischen Aktionen der Unterdrückung und der Gewalt gezwungen und damit moralisch korrumpiert worden. Überall sind die politisch Verantwortlichen in kritischen historischen Situationen gelegentlich an der Aufgabe gescheitert, die moralische Selbstachtung der Menschen durch eine integre, an den Grundsätzen der Menschlichkeit orientierte Politik zu schützen. Alle bedeutenden Industrienationen haben sich irgendwann in diesem Jahrhundert aktiv an kolonialistischem Terror, an Aggressionskriegen, an der tyrannischen Verfolgung von Minderheiten oder an der imperialistischen Okkupation fremden Territoriums beteiligt. Die moralischen Zerstörungen, die durch den Faschismus, den Zweiten Weltkrieg, Vietnam, die Okkupation der ČSSR und die Folterungen oppositioneller Minderheiten in vielen Diktaturen angerichtet wurden und immer noch angerichtet werden, lassen sich in ihren Dimensionen nur ahnen. Die Schnelligkeit, mit der die Tagespolitik die Katastrophen von gestern zugunsten der jeweils aktuellen Realität begräbt, verdeckt die anhaltende Schwächung der moralischen Identität der Generation, die jeweils als gedungene Vollstrecker an jenen brutalen Aktionen mitgewirkt hat bzw. noch immer mitwirkt. Es vermittelt vielen ein schwer erträgliches Gefühl von Scham und Demütigung, von den Obrigkeiten betrogen worden zu sein, die sich beharrlich als glaubwürdiger Über-Ich-Ersatz aufgedrängt hatten.

Dabei spricht manches dafür, daß die aufgezwungene Handlangerrolle bei einmaligen völker- und menschenrechtswidrigen Gewaltaktionen von vielen Menschen im Lauf der Zeit sogar noch eher verarbeitet werden kann als der Eindruck einer permanenten und weitgehend verheimlichten Korruption innerhalb der legislativ und exekutiv verantwortlichen Gruppen und Institutionen. Überaus niederdrückend wirkt die Vorstellung, daß Bestechung und betrügerische Machenschaften bis in die Führungsspitzen der Staatschutzorgane, der Wirtschaft und bis in die Parlamente hinein wirksam sind. Einerseits kann man die Tatsache, daß solche Vorgänge heute überhaupt teilweise aufgedeckt und verfolgt werden, als ein ermutigendes Zeichen dafür bewerten, daß die Kritikschärfe der

Öffentlichkeit zunimmt und daß das blinde Zutrauen zumindest zu einigen bisher sakrosankten Obrigkeiten nachzulassen beginnt. Andererseits muß man bedenken, daß die betroffene Mehrheit es als zutiefst deprimierend erleben muß, daß Personen und Institutionen geradezu planmäßig die Prinzipien verletzen, als deren Hüter sie von der Gesellschaft delegiert worden sind. Es bleibt der Verdacht, daß die zum Teil eher zufällig entlarvten Komplotte à la Watergate symptomatisch für den moralischen Verfall der Institutionen schlechthin sind und daß eine Fülle von Watergate-ähnlichen Machenschaften mit schwerwiegenden politischen Folgen unentdeckt bleibt.

Immerhin läßt sich vielleicht erwarten, daß sich eine wachsende Zahl von Menschen durch die Kette der Korruptionsskandale auf hoher Ebene aus dem Schlummer ihrer blinden Obrigkeitsergebenheit aufschrecken läßt. Die grell beleuchtete Verderbnis und Unverläßlichkeit in den Zentralen politischer und wirtschaftlicher Macht zwingt den einzelnen dazu, sich neu zu orientieren. Die Ängste und Verwirrungen, die sich um die sensationellen Affären herum ausbreiten, mögen somit auch nützliche psychologische Effekte haben. Vielen dürfte allmählich aufgehen, daß es für sie gefährlich ist, den traditionellen Autoritäten weiterhin eine moralische Vormundschaft einzuräumen. Und es mag die Einsicht gefördert werden, daß es immer noch besser ist, die beständigen Unsicherheiten und Spannungen auf sich zu nehmen, die aus dem verteidigten Anspruch auf moralische Eigenverantwortlichkeit erwachsen, als sich permanent in der Marionettenrolle des Mißbrauchs durch undurchschaubare Autoritäten auszusetzen. Die Verführten und Betrogenen könnten darüber hinaus lernen, daß sie künftig gerade auch den Institutionen besonders auf die Finger sehen müssen, die sich mit unseren höchsten gesellschaftlichen Wertbildern identifiziert fühlen und die u. a. durch die ihnen zufallende unkritische Idealisierung blind für die eigene Korrumpierbarkeit geworden sind. In moralischen Krisenzeiten kann es sich ereignen, daß ein Priester die Atombomberbesatzung segnet, welche die Bevölkerung von Hiroshima auslöscht, und daß prominente Mediziner diskriminierte Minderheiten für grausame Menschenversuche mißbrauchen. Die mit dem Nimbus der absoluten Integrität verklärten Einrichtungen der Kirche, der Wissenschaft, der Medizin können ihrer in der Tat besonderen moralischen Verantwortung nur gerecht werden, wenn sie von außen laufend kritisch kontrolliert werden. Ohne diese Kontrolle geraten die Einrichtungen, die durch traditionelle Verherrlichung von außen zur Selbstvergötterung neigen, stets irgendwann in die Gefahr, daß sie ihre internen Kritiker, denen sie entscheidende Impulse zur Selbstreinigung und Selbsterneuerung verdanken könnten, als Ketzer mundtot machen. Die Chance, diese Kritiker – unter Einsatz der Medien – von außen zu stützen, bedeutet für die moderne Öffentlichkeit eine hochwichtige Aufgabe. Ohne diese Hilfe hätten weder NADER noch MITSCHERLICH, noch KÜNG durchhalten können.

Der einfache Bürger befindet sich indessen in der Lage, daß er sich nahezu unsichtbar und ohne einflußreichen Beistand von außen der alltäglichen Manipulationen erwehren muß, die sich aus seinen vielfältigen Abhängigkeiten ergeben. Er gefährdet u. U. sofort seine Stelle, zumindest sein Fortkommen, wenn er sich allzu offen und entschieden mit seinen eigenen moralisch begründeten Überzeugungen von den Autoritäten absetzen will, die über ihn Macht haben. Er erfährt, daß die Verweigerung einer gefügigen Anpassung auf Grund von Gewissenszweifeln ihm jedenfalls reale Belastungen auflädt, die kaum erträglich sind. Es wird ihm nicht entgehen, daß nur Clowns, Kabarettisten, freie Künstler, psychopathologisch etikettierte «Spinner» oder einzelne Personen in herausragenden Stellungen einen gewissen Freibrief für offene Anpassungsverweigerung in einer Gesellschaft haben, in der bewußtes Taktieren und Sich-Tarnen neben unbewußten Gefügigkeiten die Umgangsformen maßgeblich bestimmen. So findet der einzelne sich vor der dialektischen Aufgabe, sich aus Gründen des Selbstschutzes immer wieder zu verstellen, um insgeheim er selbst bleiben zu können. Er kann sich nicht der Notwendigkeit entziehen, immer wieder im kleinen nachzugeben und zur Tarnung zu schweigen, um seine Kraft zur moralischen Tat nicht an Bagatellproblemen vorzeitig zu erschöpfen. Andererseits muß er beständig auf der Hut sein, daß seine taktische Flexibilität nicht tiefer in seine Struktur eindringt und das Potential seiner autonomen moralischen Kräfte annagt, das er schützen will. Er muß stets wissen, daß er manches nur in der Weise eines «als ob» tut – um sich nicht allmählich im ganzen in eine Als-ob-Persönlichkeit zu verwandeln. Natürlich hilft es dem Betreffenden, wenn er sein eigentliches Selbst irgendwo in der Kommunikation mit Gleichgesinnten bestätigen und stärken kann. Verhängnisvoll ist lediglich jenes am Beispiel der Angstneurose geschilderte Splitting, das sich darin ausdrückt, daß jemand nur regelmäßig seine angestauten Protestaffekte entleert, um keinerlei ängstigenden

Konfliktdruck mehr fühlen zu müssen. Der Angstneurotiker richtet sich nicht darauf ein, irgendwo noch Widerstand zu leisten. Seine Technik, die Unmutsaffekte an ungefährlichen Plätzen auszuscheiden, dient allein noch seiner spannungsfreien Gleichschaltung in der Hauptarena der sozialen Realität.

Das Problem, wie man sich immer wieder in Notlagen oberflächlich anpassen kann, ohne sich in der Substanz korrumpieren zu lassen, ist ganz offensichtlich ein Zentralthema unserer gegenwärtigen Selbstbesinnung. Viele Roman- und Filmstoffe der letzten Jahrzehnte behandeln vor allem dieses Problem in irgendeiner Variante. Das Puzzle-Spiel unzähliger Geheimdienst-Stories dreht sich z. B. hintergründig um die Frage: Wieweit kann sich der Mensch tarnen, ohne seine Identität zu verlieren? Bis zu welcher Grenze kann er taktieren, ohne sich selbst wegzutaktieren? Ist es möglich, daß man Jahre und Jahrzehnte einen Fremden spielt und sich dabei nicht von sich selbst entfremdet? Kann man doch eines Tages, wenn es darauf ankommt, aus allen Tarnungen heraustreten und eine entscheidende moralische Tat aus dem eigenen Selbst heraus vollbringen?

Zu den großen Filmen, die dieses Thema in ermutigender Weise darstellen, gehört die klassische Story von «Casablanca». Da ist der Repräsentant der schlimmen manipulativen Autorität, der faschistische Geheimdienstoffizier, deshalb machtlos, weil er lange Zeit ebensowenig wie das Publikum die Tarnungen der beiden eigentlichen männlichen Hauptfiguren durchschaut, des amerikanischen Barbesitzers und des örtlichen Polizeichefs. Aber im entscheidenden Augenblick wachsen diejenigen moralisch über sich selbst hinaus, die gegenüber der korrumpierenden Obrigkeit ähnlich resigniert zu haben schienen, wie wir das insgeheim von uns befürchten. Dies ist das Problem: Die Fügsamkeit zu kontrollieren, die bis zu einem gewissen Grad der Druck von permanenten Kontrollen und Anpassungszwängen unentbehrlich macht, aber dabei die Kraft zur moralischen Entscheidung im Ernstfall zu bewahren. Indessen käme es darauf an, auch bereits den Befehl des Versuchsleiters im MILGRAM-Experiment als Ernstfall zu definieren.

6. Kapitel
Aus eigener Isolationsangst verschulden wir unbewußt die Isolationsschäden anderer.
1. Beispiel: Menschen in der Internierung

Die Unfähigkeit der Gesellschaft, mit dem Isolationsproblem umzugehen, drückt sich u. a. in ihrer irrationalen und in sich widersprüchlichen Strategie aus, bestimmte Gruppen auszustoßen, aber deren Isolation und Isolationsschäden wiederum zu verleugnen. So entstehen Gruppen, die durch eine institutionalisierte Isolierung in einen chronischen psychischen Hospitalismus geraten, der in seiner Art kaum weniger schlimm ist als die Deprivationsschäden bei kleinen Kindern. Es erscheint wichtig, diese Phänomene dauerhafter Isolierung von sozialen Gruppen mit den daraus erwachsenden Schäden an einzelnen Beispielen näher zu betrachten, um zu erreichen, daß das allgemeine Bewußtsein die sich kreisförmig laufend selbst verstärkende Wechselwirkung zwischen passiver Isolationsangst und aktiver Isolationsdrohung allmählich deutlicher realisiert.

Es ist in den letzten Jahrzehnten so viel über kindlichen Hospitalismus geforscht und geredet worden, daß eine – vielleicht unbewußt beabsichtigte – Konsequenz davon war, daß die parallelen Störungen im Erwachsenenalter völlig unbeachtet blieben – und deswegen laufend unbemerkt reproduziert wurden und zum Teil immer noch reproduziert werden. Wenn in unserer Gesellschaft gewisse Kategorien von Menschen abgesondert und in speziellen isolierten Institutionen verwahrt werden, so beschwichtigt man sich mit Begründungen, in denen überreichlich davon die Rede ist, wie nützlich die Ausgliederung für die Betroffenen sei. Ruhe und Schonung sollen die psychisch Kranken in den Landesheilanstalten finden. Besinnung und Läuterung will man den Delinquenten in den Gefängnissen verschaffen. Und die sozial schwachen kinderreichen Familien, die in der Härte der Wettbewerbsgesellschaft in Rückstand geraten, will man vor Konflikten mit dem angepaßten Teil der Bevölkerung dadurch schützen, daß man ihnen gewissermaßen behütete Reservate an den Stadträndern anbietet.

Also: Schutz, Erholung, Genesung, innere Erneuerung und Besserung läßt man den verschiedenen Gruppen mit Hilfe der ihnen verordneten Isolierung zuteil werden. Lediglich im Falle der Delinquenten pflegt man einzugestehen, daß man mit ihrer Inhaftierung nicht nur eine wirksame Vorbereitung ihrer Resozialisation, sondern obendrein auch Sühne im Sinne hat. In «Lernziel Solidarität» war von den sozialpsychologischen Hintergründen derartiger gesellschaftlicher Ausschließungsprozesse eingehender die Rede. Es wurde gründlicher zu erklären versucht, daß in Gesellschaften mit hohem Normendruck die Ängste vor Anpassungsverlust ein starkes unbewußtes Motiv dafür abgeben, diejenigen Schwächen und Übel sozial abzutrennen, welche auch die eigene Anpassung permanent bedrohen: psychisch gefährdet, dissozial, kaputt sind jene da, nicht wir selbst! – Es wurde auch darauf hinzuweisen versucht, daß die Selektion bei diesen Ausgliederungen beeinflußt ist von Eigenarten des Gesellschaftssystems, daß z. B. charakteristischerweise in Gesellschaften mit totalitären Ideologien eher die Andersdenkenden, in kapitalistischen Ländern eher die Armen gettoisiert werden.

Unzweifelhaft ist, daß unbewußte kollektive Prozesse eine wichtige Rolle bei der Ausgliederung von Gruppen spielen, sonst ließe sich die Tatsache kaum erklären, daß man die Diskrepanz zwischen den offiziellen Zwecken der Isolierung und den tatsächlichen damit erzielten negativen Effekten lange Zeit überhaupt nicht registriert, ja nicht einmal überprüft hat. Unbewußte Gegenkräfte verhindern, daß die Wahrnehmung negativer Resultate auf negative Motive zurückverweist. Umgekehrt kann man sich so lange als humanitärer Anwalt der wahren Bedürfnisse der Isolierten fühlen, als man sich herausnimmt, diese Bedürfnisse ungeprüft selbst zu bestimmen.

Irrationale Tendenzen muß man jedenfalls auch der Psychiatrie unterstellen, die auf der einen Seite die verhängnisvollen gesundheitlichen Auswirkungen von Isolationszuständen erforscht, auf der anderen Seite derartige Zustände unter dem Etikett von Therapie selbst massenweise produziert hat. Als R. Spitz, Durfee und Wolf und andere Forscher die schlimmen Schäden des psychischen Hospitalismus bei Heimkindern untersuchten und publizierten, bezweifelte noch kaum ein Psychiater den Wert der massenhaften Verwahrung psychisch Kranker in Heilanstalten, die inzwischen eine andere Variante von psychischem Hospitalismus bei Hunderttausenden von Patienten verschuldet haben. Heute ist nicht mehr zu bezweifeln: Viele extreme psychische Schäden, die zum Teil in den noch immer gebräuchlichen Psychiatrie-Lehrbüchern als angebliche schicksalhafte Varianten von endogenen Gemütskrankheiten angeführt werden, sind in Wirklichkeit erst durch die Umwelt der alten Landesnervenkliniken künstlich erzeugt worden. Und bedauerlicherweise sind diese Effekte noch keineswegs definitiv gestoppt worden, da noch immer zahlreiche psychisch Kranke unnötig lange stationär verwahrt werden und da weiterhin manche Landesnervenkliniken noch weit davon entfernt sind, moderne wirksame sozialpsychiatrische Konzepte anzuwenden.

Betroffen von dem Dilemma sind besonders die Schizophrenen. Wir wissen heute, daß die Bereitschaft zu einer schizophrenen Erkrankung besonders dadurch gefördert wird, daß diesen Menschen die Entfaltung befriedigender Kontakte nur schwer gelingt. Dazu tragen neben ihrer eigenen Kontaktunsicherheit hemmende Bedingungen bei, die von außen auf sie wirken. So werden sie sehr häufig von ihren Partnern bzw. ihren Familienangehörigen blockiert, die ihnen keine echten und eindeutigen Kommunikationsangebote machen[4]. Die Krankheit selbst beruht schließlich darauf, daß die Betroffenen innerlich die Beziehung zur Realität verlieren und in ihrem Ich von inneren Erlebnisinhalten überflutet werden, die sie vollends in Verwirrung bringen. Ähnliche Symptome, wie sie im Laboratorium bei sensorischer Deprivation in minderem Grade und rasch vorübergehend auftreten, bewirken bei einer echten Psychose eine nachhaltige Störung der Wahrnehmung, des Denkens und der Emotionalität. In vielen Fällen ist es aber durch eine intensive Therapie möglich, die schwere Verwirrung bald so weit zu beheben, daß die Patienten sich selbst und die äußere Realität wieder klar einschätzen können. Jetzt käme es darauf an, ihnen besonders verläßliche und eindeutige Kontakte anzubieten, damit sie – gestützt auf ein System von stabilisierenden Beziehungen – ihre innere Isolation überwinden könnten. Sie müssen vielfach wie Kinder von neuem lernen, Vertrauen zu einer Welt aufzubauen, die ihnen zeitweilig als unheimlich bedrohlich und feindselig entrückt war. Nichts ist in dieser Phase, in der sie an sich behutsam gesteigerte Anregungen und aktivierende Ermutigungen benötigen, schädlicher als ein Milieu, in dem sie sich weitgehend selbst überlassen bleiben, kaum Ansprache, geschweige denn Angebote zu sinnvollen Tätigkeiten im Verbande einer Gruppe erhalten. Aber genau dies war – und ist gelegentlich noch heute – ihr Schicksal in vielen sogenannten Heil- und Pflegeanstalten. Sie erwachten dort aus ihrer momentanen psychischen Verwirrung in Krankensälen, in denen mitunter nur ein Arzt für 100, 150 oder 200 Patienten zur Verfügung stand. Anstatt einen ärztlichen Partner zu finden, der sie in ihren Ängsten und in ihrer Verzweiflung hätte anhören und beruhigen können, mußten sie sich mit Medikamenten begnügen, die ihr psychisches Leben so weit dämpften, daß sie weder sich selbst noch ihre Umgebung weiter stärker zu beunruhigen vermochten. So gewiß es ist, daß diese modernen Medikamente eine wichtige Hilfe bieten, um psychotisch Kranke vor zerstörerischen Dekompensationen zu schützen, so eindeutig falsch ist auf der anderen Seite der Versuch, mit diesen Drogen die persönlichen Kontakte ersetzen zu wollen, deren die Kranken zur Rückkehr in die Gemeinschaft dringend bedürfen.

Die trostlose Wirklichkeit in der Mehrzahl der psychiatrischen Anstalten sah indessen so aus, daß dort überhaupt keine individuelle Therapie oder Gruppentherapie im engeren Sinne angeboten wurde. Abgesehen von monotonen, routinehaften Verrichtungen einer sogenannten Beschäftigungstherapie dämmerten die Patienten in der Abgeschiedenheit der Anstaltswelt vor sich hin. Ihr Leben war total durch die «Anstaltsordnung» geregelt, ohne jeden Spielraum für eine aktive Eigengestaltung ihres Daseins, geschweige denn für eine Mitbestimmung des gemeinsamen Lebens zusammen mit den anderen Patienten und dem angestellten Personal. Sie waren zu rein passiven Empfängern von Anordnungen und irgendwelchen Versorgungsmaßnahmen organisiert, die in erster Linie ihrer komplikationslosen Eingliederung in den Anstaltsbetrieb als solchen dienten.

Unter diesen Umständen gerieten sie allmählich in einen Teufelskreis. Ohnehin schon von ihrer Anlage her und nach dem ersten Krankheitsdurchbruch erst recht scheu und kontaktgehemmt, fanden sie in der Öde des Anstaltsalltages keine Ermutigung, wieder eine aktive Anteilnahme an ihrer Umwelt zu erlernen. Im Gegenteil: Sie wurden in diesem Milieu noch in der verhängnisvollen Tendenz bestärkt, sich ganz auf sich selbst zurückzuziehen und ihr Interesse von der Umgebung abzuziehen. Diese Vereinsamung wirkte sich in vielen Fällen verschlimmernd auf die Krankheit aus. Dadurch wiederum wurde eine baldige Entlassung verhindert. Die Wirkungen der Anstaltsumwelt und die Chronifizierung der Krankheit bedingten also einander wechselseitig mit dem Resultat, daß viele Patienten zu Dauerinsassen der Institution wurden, obwohl sie unter günstigeren Umständen durchaus fähig gewesen wären, ihr Leben wieder außerhalb der Klinik zu meistern. In Anstalten mit besonders mangelhaften therapeutischen und pflegerischen Angeboten steigerten sich die Krankheitssymptome mitunter zu grotesken Auswüchsen. Man begegnete Patienten, die – im Grunde intelligent und differenziert – völlig abgestumpft und wie verblödet wirkten. In den Krankensälen saßen oder standen menschliche Wracks herum, die sich stundenlang nicht von der Stelle rührten und keine einzige emotionelle Regung mehr zu verspüren schienen. Man sah Kranke, die kaum noch einen verständlichen Satz, höchstens noch irgendein sinnloses Gestammel von sich gaben. Sie entrückten der Umwelt in einem Ausmaß, daß man am Ende ihr seelisches Leben für erloschen hielt. Und doch konnte es geschehen, daß ein derartiger Kranker, der seit Jahren innerlich wie abgestorben erschien, ganz plötzlich aus seinem Dämmern aufwachte, sofern man sich intensiv um ihn bemühte. Dann zeigte es sich, daß der Eindruck der hoffnungslosen Verblödung getrogen hatte und daß der Patient viel mehr in sich an Gedanken und Erlebnismöglichkeiten bewahrt hatte, als irgendeiner in seiner Umgebung ihm noch zuzutrauen bereit war.

Die Tatsache, daß diese schaurigen Extremzustände in modern geführten Landesnervenkliniken kaum mehr auftreten, hat zu einer gründlichen Korrektur der alten Diagnosen geführt. Was man unlängst noch als Spielarten der chronischen Schizophrenie beschrieb, ordnet man heute in die diagnostische Kategorie der «Anstalts-Kunstprodukte» ein. Das heißt, die eigentlichen Krankheitssymptome wurden von den Erscheinungen eines regelrechten psychischen Hospitalismus überlagert. Die Institution selbst hatte an Stelle einer therapeutischen Linderung eine chronische Verschlimmerung herbeigeführt, die man gar nicht der ursprünglichen Erkrankung zurechnen konnte. Sie hatte dazu beigetragen, das seelische Leben derjenigen zu zerstören, die ihnen zu therapeutischer Hilfe anvertraut worden waren.*

Die aufgedeckten Mißstände verleiten dazu, sie allein den leitenden Anstaltspsychiatern bzw. ihrem unterstellten Personal zur Last zu legen. Gewiß trifft die klassische Anstaltspsychiatrie eine erhebliche Mitschuld, schon allein wegen ihrer resignativen Grundeinstellung gegenüber den schweren Psychosen, insbesondere der Schi-

---

* Ein erschütternd anschauliches Bild von den im Grunde unzumutbaren Bedingungen, denen Patienten in Heilanstalten alten Stils ausgesetzt sein können, vermittelt der Film «Der Weg des Hans Monn», der von dem Psychoanalytiker H. BACH hervorragend kommentiert worden ist.

zophrenie. Sie hatte schließlich die – nachweislich falsche – theoretische Verantwortung dafür übernommen, daß die meisten dieser Kranken nur verwahrt, statt behandelt wurden. Die heutigen Erfolge einer resozialisierenden Sozialpsychiatrie erweisen eindeutig den Irrtum jener alten, vor allem in Deutschland verteidigten Lehrmeinung, daß man bei der Schizophrenie im Grunde nur einen schicksalhaften Verlauf abwarten, aber nicht wirklich hilfreich eingreifen könne. Indessen muß man auch auf der anderen Seite sehen, daß viele verantwortliche Anstaltspsychiater seit Jahrzehnten vergeblich darum gekämpft haben und noch darum kämpfen, nicht nur die allgemeinen Lebensbedingungen in den Anstalten menschenwürdiger zu gestalten, sondern obendrein mehr und besser geschultes Personal für Behandlungszwecke zu erhalten. Die Unterversorgung vieler Anstalten mit Fachpersonal macht es z. B. völlig unmöglich, sich um die einzelnen Kranken eingehend zu kümmern, ihren Zustand genau zu überwachen und ihnen die angemessene Behandlung zukommen zu lassen. Ein Anstaltsarzt, der mehr als hundert Patienten zu betreuen hat, kann diesen beim besten Willen keine gezielten therapeutischen Bemühungen mehr widmen, so sehr er dazu auch motiviert sein mag.

Die kurz aufflammende öffentliche Entrüstung, die sich in durchschnittlich mehrjährigen Intervallen an dem einen oder anderen skandalösen Zwischenfall entzündet, der wieder mal in einer Anstalt aufgedeckt worden ist, kann nicht die Tatsache widerlegen, daß die Misere der Anstalten zu einem Großteil von der negativen Grundeinstellung der gesellschaftlichen Mehrheit gegenüber den psychisch Kranken herrührt. Diese negative Grundeinstellung verbirgt sich hinter einer Fassade von allgemeiner Gleichgültigkeit und Verleugnung. Sie wird einigermaßen faßbar in der mangelhaften Bereitschaft der Parlamente, die psychiatrischen Dienste finanziell angemessen auszustatten. Ganz deutlich machte sie sich neuerdings vielerorts bemerkbar, wo man versuchte, in den Gemeinden die Einrichtungen für psychisch Kranke zu vermehren, um viele von diesen aus der Isolation abgelegener Anstalten zu befreien und z. B. in Übergangsheimen wieder näher an die Bedingungen des normalen Alltagslebens heranzuführen. Bei aller Löblichkeit karitativer Fernsehlotterien sollte man sich durch die stattlichen finanziellen Resultate etwa der «Aktion Sorgenkind» nicht über die Mehrdeutigkeit der Spendierfreudigkeit vieler täuschen. Die Bereitschaft zu gelegentlichen Almosen ist noch nicht identisch mit der notwendigen Bereitschaft der Gesellschaft, mit psychisch Kranken in engem Kontakt zusammen zu leben und vielen von ihnen eben durch diesen engen Kontakt allmählich aus ihrer Krankheit herauszuhelfen.

Man sollte auch die historischen Erfahrungen nicht vergessen, daß periodisch aufwallende humanitäre Bemühungen um das Wohl der psychisch Kranken leicht wieder verebben, sofern Krisenzeiten ausbrechen, in denen erfahrungsgemäß gerade die psychisch Kranken am ehesten in den Kreis derer hineingeraten, an denen man Einsparungen vorzunehmen pflegt. In besonderen Spannungszeiten wie im Kriege brechen viele von den sonst schamhaft niedergehaltenen destruktiven Gefühlen gegenüber den psychisch Kranken durch. Nicht im Zeitalter des Hexenwahns, sondern noch vor 35 Jahren wurden in Deutschland Zehntausende von psychisch Kranken als «lebensunwert» ausgesondert und umgebracht. Die pseudo-rechtliche Grundlage schuf Hitlers Gnadentod-Dekret von 1939. Aber Hitler konnte sich auf eine bereits Jahrzehnte zurückliegende ideologische Vorbereitungsarbeit deutscher Professoren stützen (HOCHE und BINDING[80].) Diese hatten schon 1920 die Forderung erhoben, «lebensunwertes Leben» zu vernichten. Und Hitler fand auch in genügender Zahl Bürokraten und Psychiater, die an der Vernichtung angeblich lebensunwerter psychisch Kranker willig teilnahmen. Im gleichen Jahr, in dem Hitler sein Dekret verfaßte, schrieb der Leiter der größten bayerischen Heil- und Pflegeanstalt in Egelfing-Haar: «Für mich ist die Vorstellung untragbar, daß beste, blühende Jugend an der Front ihr Leben lassen muß, damit verblödete Asoziale und unverantwortliche Antisoziale in den Anstalten ihr gesichertes Dasein haben.» Aus den Nachforschungen von G. SCHMIDT[80] wissen wir nicht nur sehr genau, wie die gräßliche Ermordung der Massen von psychisch Kranken vorbereitet und durchgeführt worden ist, sondern auch, daß von der Selektierung selbst «ohne Zweifel resozialisierbare Menschen» erfaßt wurden, «die sich außerhalb der Anstalt im geordneten Familienverband, in Heimen nützlich gemacht, wenn nicht allein durchgebracht hätten». Die weitverbreitete Vermutung, daß damals vor allem hochgradig Schwachsinnige oder schwer Hirngeschädigte getötet worden seien, ist unzutreffend. Mehr als die Hälfte der Opfer in den acht bayerischen Heilanstalten wurde z. B. unter der Diagnose Schizophrenie geführt, bei der die eigentliche Intelligenz nicht geschädigt ist. Nur ein Viertel der Getöteten bezeichnete man als schwachsinnig, bei den übrigen waren Krampfleiden, Paralyse, Altersabbau und sogar auch Psychopathie die diagnostische Begründung für die Ermordung. Jedenfalls ist hinlänglich bewiesen, daß es sich damals in sehr vielen Fällen keineswegs darum handelte, eine künstliche Lebensverlängerung bei Menschen mit endgültig erloschenen seelischen Funktionen zu vermeiden, was gegenwärtig unter dem Begriff Euthanasie diskutiert wird. Entsprechend dem Brief des Anstaltsdirektors von Egelfing-Haar artikulierten sich in der damaligen Mordaktion zweifellos in nicht geringem Maße Haßgefühle gegenüber den psychisch Kranken. 38,5 Prozent ihrer Patienten meldete die Anstalt Egelfing-Haar 1940 an den Regierungspräsidenten und an den Innenminister als «asozial» oder «antisozial» und deshalb als eliminierungsbedürftig. Weil es beschwerlich war, die Kranken zu pflegen, erklärte man sie im Sinne der Bezeichnungen als minderwertige oder gar gesellschaftsfeindliche «Ballastexistenzen», um ihre Vernichtung zu rechtfertigen.

So gewiß es nun ist, daß diese grauenhafte Aktion für das heutige Bewußtsein unfaßbar und unwiederholbar erscheint, so spricht eben doch vieles dafür, daß zumindest Ansätze einer abwertenden Grundeinstellung gegenüber den psychisch Kranken hinter der Oberfläche des allgemeinen heutigen Selbstbildes von humanitärer Fürsorglichkeit und «Aktion-Sorgenkind-Ideologie» immer noch vorhanden sind. Wieviel echte Bereitsschaft in der Gesellschaft vorhanden ist, die Psychiatrie bei einer Reform ihres Anstaltswesens zu unterstützen, wird sich ja in der Bundesrepublik in den nächsten Jahren an dem Ausmaß erweisen, in dem die Forderungen des Enquete-Berichtes zur Lage der Psychiatrie, der Psychotherapie und Psychosomatik verwirklicht werden.

Für die Psychiatrie selbst geht es allerdings nicht nur um eine Besserung der Zustände in den Anstalten, sondern die Gefahren des psychischen Hospitalismus bei den psychisch Kranken bedürfen obendrein einer Umstellung der bisherigen Behandlungsstrategien überhaupt. Es erscheint notwendig, die Klinikaufenthalte bei akuten psychotischen Episoden so kurz wie möglich zu halten. Dafür muß die Nachbetreuung solcher Patienten, oftmals unter Einbeziehung ihrer Familien, intensiviert werden. Es gibt schon einige moderne psychiatrische Kliniken in diversen Ländern, die sogar während stationärer Behandlungen eine regelrechte «Familientherapie» vornehmen. Sehr verheißungsvoll entwickeln sich auch Einrichtungen wie Patientenclubs oder Patienten-Selbsthilfegruppen, in denen sich Kranke zusammen mit ehemaligen Patienten und zum Teil professionellen Helfern zusammentun, um gemeinsam die Schwierigkeiten besser zu bewältigen, die sich vielfach nach schweren psychischen Krisen für die Rekonvaleszenten im Alltag auftun. Die Erfahrungen der modernen Sozialpsychiatrie lassen es ferner als überaus wichtig erkennen, vereinsamende psychisch Gefährdete noch *vor* schwereren Krankheitsausbrüchen in ihrem Milieu aufzuspüren und vorbeugend zu betreuen. Die Intensivierung dieser präventiven ambulanten Sozialpsychiatrie verspricht, eine beträchtliche Zahl von Menschen in einem Stadium wirksam zu stützen, in dem noch vermieden werden kann, daß sie durch einen krisenhaften Zusammenbruch aus dem System ihrer sozialen Zusammenhänge herausgerissen werden, deren Wiederherstellung viel schwieriger ist als eine vorbeugende Stabilisierung. Allerdings ist zur Zeit noch nicht abzusehen, ob eine solche Reform der psychiatrischen Versorgung auf breiter Basis gelingen wird, die schließlich auch und vor allem eine bislang nicht funktionierende sehr viel engere Zusammenarbeit der verschiedenen Dienste des Beratungswesens, der Sozialarbeit, der Psychotherapie und der Psychiatrie voraussetzt.

Dem Phänomen des psychischen Hospitalismus bei Erwachsenen begegnet man in allen Institutionen, in denen Menschen bei stark reduzierten Außenkontakten und bei schematisch programmierten Tagesabläufen verwahrt und versorgt werden. Außer den psychiatrischen Heil- und Pflegeanstalten produzieren manche Altersheime, vor allem aber auch Gefängnisse solche tiefgreifenden Vereinsamungsschäden.

Zum Unterschied von den bereits besprochenen akuten Erregungs- und Verwirrtheitszuständen in der Phase unmittelbar nach einer Inhaftierung entwickelt sich der eigentliche *Gefängnis-Hospitalismus* anschließend schleichend und kaum merklich. Er befällt vor allem eine bestimmte, in den Haftanstalten relativ häufig vertretene Kategorie von Insassen. Das sind Menschen, die – meist als Kinder schon vernachlässigt und deshalb früh seelisch geschädigt – sich den jeweiligen Außenumständen leicht passiv ergeben. Sie haben weniger als andere gelernt, ihr Leben kontrolliert zu steuern und eine eigenständige Linie zu verfolgen. Ihre emotionelle Verfassung ist weitgehend eine unmittelbare Abspiegelung ihrer ungünstigen sozialen Lage. Ihr einziger Ausweg, eine akute unbefriedigende Lebenssituation zu ändern, besteht meist in irgendwelchen Impulshandlungen. Um sich wenigstens kurzfristig ein Befriedigungsgefühl zu verschaffen, verfallen sie z. B. auf Diebereien, deren Risiko – für einen weniger geschädigten Menschen – in gar keinem Verhältnis zu der momentanen Genugtuung zu stehen scheint. Im Gefängnis zählen sie natürlich nicht zu denjenigen, die von innen heraus ein gewisses kreatives Eigenleben gegen den Druck der äußeren Monotonie aufrechterhalten können. Sie haben, wie schon oben bemerkt, infolge ihrer schlechten Sozialisierung meist keine hinreichende Gelegenheit gehabt, ihre Innenwelt so differenziert zu strukturieren, daß sie aus diesem Bereich genügend Kräfte schöpfen könnten, um über eine längere Zeit den Wegfall stimulierender sozialer Beziehungen ohne größere Schädigung überstehen zu können. Sie können vielfach ihre inneren Spannungen, die in der Haft aufkommen, nicht anders als durch weitere Abstumpfung niederhalten. Nur indem sie mehr und mehr «abschalten» und versuchen, ihr Leiden durch dumpfes Vor-sich-Hindösen zu betäuben, vermögen sie ihre emotionelle Balance leidlich zu bewahren. Sie entwickeln dabei eine Art von Pseudoschwachsinn. Ihre Interessen verarmen und erfassen nur noch die kleinen Gefängnis-Alltagsereignisse. Was draußen passiert und was sie draußen alles machen könnten, das wird mehr und mehr unwirklich. Davon träumen sie noch ein wenig, aber sie messen ihr derzeitiges Los nicht mehr ernsthaft an den Chancen, die ihnen draußen entgehen. Wenn Mithäftlinge sich darüber verbreiten wollen, was sie alles später nach der Freilassung zu unternehmen gedenken, so können sie das schwer mit anhören und fahren oft ärgerlich dazwischen. Sie haben erfahren: Je mehr man es versteht, sich nur auf die kleinen Befriedigungen der Gefängnisroutine zu konzentrieren – auf Mahlzeiten, Spaziergang, kleine Tauschgeschäfte, Kartenspielen usw., um so weniger leiden sie. Aber diese Abstumpfung kann irreversibel werden. Die zweckmäßige vorläufige Anpassung verwandelt sich in eine definitive Unfähigkeit, sich je wieder in der Ungeborgenheit und in der Stresswelt außerhalb der Anstaltsmauern zurechtzufinden. Das Herannahen des Entlassungstermins erzeugt in ihnen schließlich mehr Verwirrung als Hoffnung. Sie entwickeln – ein tatsächlich nicht so seltenes Phänomen – eine paradoxe Trennungsangst. Das Gefängnis, die Stätte der trostlosen Isolation, hat sich für sie in ein schützendes Nest verwandelt, aus dem sie nun brutalerweise hinausgestoßen werden sollen. Hier, wo alles für sie geregelt ist, wo man sie total versorgt und wo endlich einmal konstante Verhältnisse bestehen, auf die man sich verlassen kann, fühlen sie sich nun eigentlich zu Hause. Die Panik, aus diesem behütenden Milieu vertrieben zu werden, kann sie zu Handlungen verleiten, die Außenstehenden völlig irrational erscheinen.

Ich selbst begegnete als Häftling einem alten Gefangenen, der in seiner einfältigen gutmütigen Art bei den Mithäftlingen besonders wohlgelitten war und mit dem auch das Wachpersonal – in einer den Neid der übrigen erweckenden Weise – vertraulicher und persönlicher umging als mit den anderen Insassen. Er erzählte mir auf den Morgen-Spaziergängen von seinem früheren unsteten Leben. Nie hatte er es als Kind oder später erlebt, an irgendeinem Platz oder mit irgendwelchen Menschen heimisch zu werden. Nachdem er als Kind nach Zerstörung seiner Familie erst unter verschiedenen Angehörigen, dann von Heim zu Heim hin und her gestoßen worden war, hatten Gefängnisstrafen wegen Diebstahls seine kurzfristigen Versuche unterbrochen, sich an einem Ort einzuwurzeln. Schließlich hatte man ihm wegen eines Raubdelikts zehn Jahre verpaßt. Sieben Jahre davon hatte er in der Anstalt, in der ich ihn jetzt traf, als Zuchthausstrafe abgesessen. Da kam das Kriegsende. Und an einem warmen sonnigen Tag im Mai 1945 ließ man ihn überraschend frei. Nach sieben Jahren konnte er seinen ersten Spaziergang in Freiheit unternehmen. Er schlenderte unmittelbar nach der Entlassung aus der Stadt hinaus. Auf einem Fußweg am Rande einer Ausfallstraße labte er sich an der freien Aussicht auf die Berge und an der Waldluft. Als er etwa eine Stunde gegangen war, passierte er eine Villa. Er betrachtete das schöne Haus. Im Erdgeschoß war ein großes Fenster weit geöffnet. Das beunruhigte ihn. Er hielt inne und ging noch einmal zurück. Tatsächlich drang aus dem Haus kein Laut. Niemand schien anwesend zu sein. Auch sonst war weit und breit kein Mensch zu sehen. Da kam es über ihn. Er kletterte zum Fenster hinein. Aber nichts Wertvolles war zu finden. Er ergriff im Badezimmer ein großes buntes Badehandtuch, dann einen Schirm mit einem schönen Griff in der Garderobe und ein Bilderbuch. Wieder auf der Straße angelangt, setzte er seinen Weg noch ein paar Schritte fort. Plötzlich überfiel ihn Müdigkeit, und er streckte sich auf einer Bank am Straßenrand aus. Als er nach längerem Schlaf aufgeschreckt hochfuhr, standen ein Polizist und der Inhaber der Villa vor ihm, der seine offen herumliegenden Besitztümer wiedererkannt hatte. So endete die kurzfristige Freiheit nach sieben Jahren Zuchthaus.

Manche unerfahrene Mithäftlinge verspotteten ihren Kumpel wegen seines Ungeschicks. Andere bedauerten ihn als Pechvogel. Nur wenige erfahrene Knastbrüder verstanden, was in Wirklichkeit vorgefallen war: Der alte Mann hatte sein Ziel erreicht. Jetzt war er wieder zu Hause. Nun fühlte er sich wieder sicher und beruhigt. Die Einsamkeit in der ungewohnten und unberechenbaren Welt außerhalb der Anstalt wäre für ihn viel schlimmer als diejenige innerhalb der Mauern gewesen. Es gab für ihn draußen keinen Menschen mehr, von dem er hoffen konnte, daß er ihm weiterhelfen würde.

In solchen nicht allzu seltenen Fällen verkehrt sich die Wirkung des Anstaltsaufenthalts in das Gegenteil seines offiziellen Zwecks: Die Anstalt rüstet denjenigen, der draußen gescheitert ist, nicht mit besseren Chancen für einen neuen Start aus. Sondern sie vereinnahmt ihn total. Sie wandelt ihn so um, daß er nur noch einem Leben unter den Anstaltsbedingungen gewachsen ist. Sie erreicht es, daß er sich auch mit seinen Gefühlen definitiv aus der Außenwelt zurückzieht, die ihm im Laufe der Zeit immer unwirklicher und fremder wird. In Heilanstalten wirkt sich das so aus, daß manche derart auch innerlich hospitalisierte psychisch Kranke freiwillig in den Kliniken verbleiben. Das Maß ihrer erzeugten Unselbständigkeit und Passivität läßt sie schon bei dem Gedanken verzagen, daß sie je wieder mit den Belastungen einer nicht fertig vorprogrammierten Lebensgestaltung fertig werden sollten. Zumal Patienten, die zuvor allein gelebt haben oder deren familiäre Bindungen sich während eines langen Anstaltsaufenthaltes weitgehend aufgelöst haben, fühlen sich wohler, wenn sie im Zusammenleben mit einigen vertrauten Mitpatienten und Krankenschwestern eine Spur von Geborgenheit genießen können, die trotz aller Dürftigkeit des Anstaltsmilieus attraktiver erscheint als die Fährnisse der fremd gewordenen Außenwelt. Der Gefängnisinsasse, dem ähnlich zumute ist, kann natürlich seinen weiteren Anstaltsverbleib nicht durch eine freiwillige Abmachung regeln. Ihm bleibt nur der Weg offen, den der alte Mann gewählt hat.

Ergänzend ist immerhin darauf hinzuweisen, daß sich neuerdings in zahlreichen Städten Initiativgruppen gebildet haben, die sich um die Resozialisierung von Strafgefangenen bemühen. Ihre heikle Aufgabe besteht darin, daß sie zunächst einmal die Hospitalisierungsschäden abzubauen versuchen müssen, die im Gefängnis zusätzlich zu den Problemen erzeugt worden sind, an denen die Betroffenen ohnehin schon zu leiden pflegen. Manche jüngere Strafrichter, denen die schädlichen Einflüsse des traditionellen Strafvollzuges genauestens bekannt sind, arbeiten seit einiger Zeit am Feierabend und an den Wochenenden in solchen Resozialisierungsgruppen mit. Es geht ihnen persönlich darum, ihre Frustration durch die Mitwirkung an Verurteilungen, deren Konsequenzen das weitere soziale Versagen vieler Betroffener eher noch begünstigen, durch eine gegenläufige spontane Tätigkeit zu kompensieren. Vielfach tun sie sich mit Sozialarbeitern, Sozialpädagogen, Studenten und Laienhelfern zusammen und knüpfen bereits während des Vollzugs in der Anstalt Beziehungen zu solchen Häftlingen an, die wenig Außenkontakte haben und sich nach der Entlassung allein zurechtfinden müßten. Manche solcher Gruppen haben Wohngemeinschaften oder kleine Heime geschaffen, in denen entlassene Häftlinge zusammen leben und von den Betreuern darin unterstützt werden, eine Arbeit zu suchen und sich allmählich wieder an die Belastungen der sozialen Wirklichkeit zu gewöhnen. Ein wichtiges Konzept dieses Ansatzes besteht in der Regel darin, daß man unter den Entlassenen Prozesse anzuregen hofft, die zu einer gewissen Gruppensolidarität führen. Wenn es gelingt, daß die Betroffenen auf diese Weise aktiv lernen, ein halbwegs verläßliches Gemeinschaftsleben zu praktizieren, dann kann man unterstellen, daß diese Erfahrungsmuster sie ermutigen können, ihr weiteres soziales Leben mit mehr Hoffnung und Widerstandsfähigkeit aufzubauen. Daß diese Arbeit vielen Gefahren ausgesetzt ist, liegt auf der Hand. Gegen ihre Absicht ziehen solche Wohngemeinschaften meist die gespannte mißtrauische Aufmerksamkeit der Behörden und der Nachbarn auf sich. Die Umgebung lauert auf Zeichen von Unruhe, Streit und Rückfälligkeit des einen oder anderen. Das schürt Angst bei den Betreuern und Ambivalenzen in der Gruppe der Betroffenen, die vielfach ohnehin schon von sich aus Schwierigkeiten haben, sich halbwegs unauffällig zu integrieren. Dennoch hat sich eine ganze Reihe solcher Gruppen erfreulich stabilisiert. Es zeichnen sich Entwicklungen zu einer überregionalen Zusammenarbeit ab. Und im ganzen kann man sagen, daß dieses soziale Feld sich als ähnlich fruchtbar für die Betätigung von Bürgerinitiativen erweist wie der Bereich der Resozialisierung von psychisch Kranken.

Man würde freilich zu einer falschen Einschätzung der Bedeutung dieser nützlichen Spontangruppenarbeit kommen, würde man dieser zutrauen, daß sie die Schädlichkeiten des Anstaltswesens bald hinreichend wettmachen könnte. Natürlich bleibt die gesellschaftliche Aufgabe vorrangig, die Zustände in den Institutionen der

Psychiatrie und des Strafvollzuges so zu verbessern, daß später einsetzende Resozialisierungsgruppen von einer sehr viel günstigeren Basis aus als heute arbeiten können. Vielleicht ist das bedeutendste Positivum an den beschriebenen Gruppeninitiativen gar nicht so sehr der – oft noch bescheidene – Erfolg ihrer Arbeit, vielmehr die Tatsache, daß es sie überhaupt gibt. Denn immerhin stellen sie ein Symptom dafür dar, daß sich in der Gesellschaft wenigstens hier und da Tendenzen bemerkbar machen, die sich gegen das irrationale Moment von Destruktivität wenden, das in den allgemeinen Umgang mit psychischer Krankheit und Delinquenz mit einzufließen pflegt. Diese Tendenzen bedeuten eine Auflehnung gegen die irrationale Tradition, solche Menschen, deren psychische Krankheiten bzw. delinquentes Verhalten bereits ursächlich mit frühzeitigen schwerwiegenden Kontaktstörungen und Isolationserfahrungen zusammenhängen, noch tiefer durch inhumane Formen der sozialen Aussperrung zu schädigen.

7. Kapitel
2. Beispiel: Menschen vor dem Sterben

Es scheint freilich verfrüht, die allgemeine Bereitschaft um eine stützende Wiedereingliederung derjenigen zu überschätzen, durch deren Aussperrung sich die Mehrheit gerade eine Entlastung von tiefen Ängsten verspricht. Es besteht immer noch eine sich negativ selbstverstärkende Wechselbeziehung zwischen zwei Tatbeständen: Der Anblick der Unbarmherzigkeit der Gesellschaft gegenüber den geschädigten Randgruppen verleitet dazu, sich selbst unbarmherzig zu verhalten. Denn die Angst vor dem Schicksal der Isolierten stimuliert dazu, aus deren Nähe zu flüchten und damit zu deren weiterer Gettoisierung indirekt beizutragen. – In der hochindustrialisierten Wettbewerbsgesellschaft fühlt sich das Individuum nur dann gesichert, wenn es möglichst jugendlich, fit, genau kontrolliert, zugleich unauffällig wie durchsetzungsfähig ist. Aus Angst vor körperlicher, seelischer oder sozialer Dekompensation erhofft sich jeder ein ewiges Andauern seiner aktiven Erfüllung der Normen der Stress-Gesellschaft. Mit dieser Hoffnung verbindet sich die Illusion, daß man selbst nicht dem Elend entgegengehe, dem andere in der Umgebung anheimfallen. Man will sich einreden: Deren Versagen liegt weitab von mir. Ich habe mit denen nichts zu tun, die da ausflippen, verrückt werden oder kaputtgehen. Ich kann mich in diesen Negativ-Menschen in keiner Weise wiedererkennen. Und weil sie nicht meinesgleichen sind bzw. sein dürfen, vermag ich mich mit ihnen auch nicht solidarisch zu fühlen oder gar aktiv kooperativ einzulassen. Also: Aus Angst, diesen Merkmalen der Brüchigkeit und Verlorenheit sehr nahe zu sein, erwächst die Energie, diese Züge durch Verdrängung bzw. Verleugnung maximal weit von sich abzurücken. Und damit wird zugleich unbewußt wiederum die Tendenz verstärkt, die soziale Isolierung dieser Anders-Seienden zu verstärken. Wenn man nicht sehen will, wie gefährdet man selber stets ist auf seiner Gratwanderung zwischen psychischer Gesundheit und

Krankheit, zwischen sozialer Anerkennung und sozialer Ächtung, zwischen Fitness und Zusammenbruch, klammert man sich an die Phantasie einer unendlichen und unüberbrückbaren Entfernung zu den Repräsentanten des vermeintlich Abnormen, der Schwäche und des Abstiegs. So fordert die panische Furcht vor dem Verlust der eigenen sozialen Integration indirekt die soziale Ausschließung der anderen – so als könnte diese Strategie den einzelnen vor der eines Tages unausbleiblichen eigenen Verbannung und Zerstörung bewahren. In dieser Weise präpariert im Grunde jeder, der zunächst aus Angst an der Strategie der sozialen Ausschließung der Schwachen, Kranken und Unangepaßten indirekt aktiv teilnimmt, die eigene spätere Verzweiflung, wenn er einmal das Schicksal dieser Unglücklichen teilen muß.

Dieser Zusammenhang läßt sich am Ende bei einem Isolationsphänomen besonders deutlich machen, das jedem noch sehr viel näher steht als das Schicksal der psychisch Kranken oder der Delinquenten. Das ist die Isolation der Gebrechlichen und der Sterbenden in unserer Gesellschaft. Hier handelt es sich ja nicht mehr um Zustände, die man vernünftigerweise als abnorm etikettieren dürfte, da ihnen jeder entgegengeht. Dennoch bringen es die soeben erläuterten unbewußten Motive fertig, daß diese unausweichlichen Situationen eher als vermeidbare Pannen oder als Zufälle phantasiert werden und daß ihr eigentlicher existentieller Gehalt ausgeblendet wird. Seitdem durch die Schwächung des religiösen Glaubens das Sterben für viele nur noch sinnlose Vernichtung bedeutet, hat sich in gleichem Maße der Irrglauben verstärkt, daß die Medizin zwar nicht das ewige Heil, aber doch eines Tages die Verhütung und Heilung aller Krankheiten und auch ewige Jugendlichkeit bringen könne. «In der psychoanalytischen Schule konnte der Ausspruch gewagt werden», sagte FREUD[31], «im Grunde glaube niemand an seinen eigenen Tod oder, was dasselbe ist: Im Unbewußten sei jeder von uns von seiner Unsterblichkeit überzeugt.» Und weiter: «Wir betonen regelmäßig die zufällige Veranlassung des Todes, den Unfall, die Erkrankung, das hohe Alter, und verraten so unser Bestreben, den Tod von einer Notwendigkeit zu einer Zufälligkeit herabzudrücken.»

In der Tat: Nie findet der Pathologe auf dem Sektionstisch als Todesursache lediglich die Erschöpfung der Lebenskräfte an sich. Sondern es sind immer bestimmte Organe oder Funktionssysteme, die sichtbar vor allen anderen erlahmt oder kaputtgegangen sind.

Und dann kann man sich sagen, daß das Herz noch hätte weiterleben können, wenn die Lunge nicht vom Krebs aufgefressen worden wäre oder daß das Gehirn noch hätte funktionieren können, wenn eine kleine Herzkranzarterie nicht ausgefallen wäre. Man assoziiert gewöhnlich, daß eine bessere Prophylaxe oder eine wirksamere Therapie des Lungenkrebses oder der Herzkranzgefäßerkrankung die jeweilige spezifische Sterbeursache ausschließen könnte – und erspart sich den Nebengedanken, daß das Sterben als solches nicht ausschließbar ist.

Die allgemeine Angst vor den Phänomenen der Altersgebrechlichkeit und des Sterbens erklärt verschiedene typische kulturelle Verhaltensmuster. Eines ist die krampfhafte Bemühung vieler alternder Menschen, sich in Benehmen und Kleidung unbedingt als ewig jugendlich darzustellen. Dies ist nicht nur, wie es häufig gedeutet wird, Ausdruck persönlicher Eitelkeit. Sondern es handelt sich zugleich um eine konsequente Reaktion auf die Ängste und Ambivalenzen der anderen: Solange man so tun kann, daß man noch fabelhaft in Ordnung ist, fühlen sich die anderen ringsherum nicht beunruhigt. Der alte Mensch, der noch so springlebendig, aktiv und attraktiv wie die Jungen ist, kann sich mit diesen, diese können sich aber auch mit ihm konfliktfrei identifizieren. Er hilft seiner Umgebung, daß diese durch ihn noch nicht an die eigene Endlichkeit erinnert wird. Er kann im Gegenteil, je näher er sich dem Bilde jenes unverwüstlichen Reklame-Männchens einer bestimmten Whisky-Marke angleicht, vielen um sich herum die Illusion der eigenen Unvergänglichkeit zu stützen helfen. – Auch die amerikanische Mode, Verstorbene jugendlich zu schminken, hängt zweifellos mit derartigen hintergründigen Unsterblichkeitsphantasien zusammen: Der Tod verwandelt sich im äußeren Bilde in eine Art Schneewittchen-Schlummer. Der Verstorbene, so scheint es, verbleibt als Mitglied in der Gruppe der Zurückgebliebenen, und zwar hier in einer typischen amerikanischen Rolle als netter, fassadär attraktiver Partyteilnehmer.

Dort, wo wir gezwungen sind, mit unheilbar Kranken und Sterbenden zusammen zu leben, praktizieren wir vielfach eine spezifische Form von Grausamkeit, indem wir vor den Gebrechlichen unser Wissen um ihr Sterben-Müssen verleugnen und zugleich diese zwingen, ihr entsprechendes Wissen für sich zurückzuhalten. Wir treiben sie damit in eine künstliche extreme Vereinsamung hinein, indem wir mit ihnen nicht wahrhaftig über ihre – und zugleich unsere eigenen – Probleme sprechen. Wir könnten ein Stück ihrer Ängste und ihres Leides mittragen, wenn wir mutig genug wären, ihre eigentliche Lage nicht mit allen möglichen Ausflüchten als Gesprächsthema zu umgehen.

Viele Todkranke, die sich über ihr Schicksal im klaren sind, haben sich in ihrer schwersten Zeit mit einer doppelten Vereinsamung abzufinden. Sie wissen auf der einen Seite, daß es mit ihnen zu Ende geht. Und sie müssen diese schwerste Aufgabe lösen, auf den Augenblick des definitiven Abschieds bewußt zuzugehen. Aber dann sind sie zusätzlich noch einer künstlichen zusätzlichen Isolation ausgesetzt. Sie merken vielfach, daß ihre Mitwelt sich bereits lange vor ihrem Sterben innerlich von ihnen zurückzieht. Sie erkennen, daß die anderen sie belügen, um die eigene Todesangst zu beschwichtigen. Die Angehörigen versuchen meist, ihre Verharmlosungstaktik nur mit Rücksicht auf den unheilbar Kranken zu begründen. Daß sie sich vor allem selbst zu beschwichtigen versuchen, vermeiden sie sich einzugestehen. Oft läßt sich erkennen, daß die Angehörigen viel mehr als ein Sterbender den Umgang mit der Wahrheit fürchten. So hat der Todkranke einerseits das eigene Sterben-Müssen auszuhalten, andererseits seinen Mitmenschen zu helfen, daß diese nicht unter ihren eigenen Todesängsten zusammenbrechen. Mancher Schwerkranke spielt perfekt die Rolle des ahnungslosen Optimisten, nur um seine Umgebung zu beschwichtigen. Er weiß: Dann bleibt er von den anderen wohl gelitten. Sie kommen gern zu ihm und fühlen sich in seiner Nähe wohl, wenn er eher humorvoll, unbefangen und zuversichtlich in die Version einstimmt: Bald ist alles wieder gut!

Wenn der unheilbar Kranke seinen Angehörigen eine solche Art von stützender Therapie zur Unterdrückung ihrer Ängste liefert, so tut er das natürlich zumeist aus dem Zwang, sich den Kontakt mit ihnen zu erhalten. Oft ist es ganz unverkennbar, daß Sterbende sich peinlich bemühen, ihre Angehörigen möglichst wenig durch Klagen zu belasten, weil sie diese nicht vertreiben wollen. Es ist jedenfalls eine zeittypische Konstellation, daß vom Tode gezeichnete Menschen sich in absoluter innerer Einsamkeit auf ihr Ende vorbereiten und lernen, daß sie nur dadurch, daß sie ihrer Umgebung ihr Wissen und ihre Anstrengung zur Bewältigung des Abschieds vorenthalten, bis zum Schluß als nette und sympathische Partner gesucht bleiben. Die Hoffnung auf eine tiefe Verbundenheit und Solidarität in der Weise, daß man den Abschied gemeinsam mit den nächsten Menschen durcharbeiten könnte, erweist sich für viele als unerfüllbar. Derjenige Sterbende spielt seine Rolle am besten, der ohne Aufhebens und so geräuschlos wie möglich verschwindet, wie ein Stein, der ohne Wellen zu schlagen ins Wasser taucht.

Daß das Sterben gegenwärtig nicht mehr als eine zentrale menschliche Aufgabe erscheint, die der einzelne für sich und welche die Gemeinschaft mit ihm aktiv zu lösen hat, ist natürlich auch weitgehend eine Folge der Entseelung der Medizin – so wie man umgekehrt unterstellen kann, daß die vollständige Vergegenständlichung von Krankheit und Sterben in der naturwissenschaftlichen Medizin der unbewußten gesellschaftlichen Tendenz folgt, die Unheimlichkeit eines Ereignisses zu verdecken, zu dessen emotioneller Bewältigung die menschlichen Energien zur Zeit nicht mehr auszureichen scheinen.

Die Institutionen der Medizin vermeiden ja fast durchgehend schon von ihrer Architektur und von ihrer Innenausstattung her den Eindruck, Menschen zum Kommunizieren miteinander ermutigen zu wollen. Die meisten Krankenhäuser vermitteln mit ihrer Kargheit und ihrer Nüchternheit eher den Eindruck einer sinnenfeindlichen Laborwelt. Die Monotonie von Weiß, Grau und Chrom, die Uniformität der Trachten des Personals und die Technisierung vieler Handlungsabläufe passen eher zu streng versachlichten, rein funktionalen Umgangsformen. Daß das Krankenhaus zuallererst eine Begegnungsstätte ist, wo eine der wichtigsten Formen menschlicher Berührung stattfindet, nämlich die Kommunikation zwischen leidenden und helfenden Menschen, ist kaum mehr erkennbar. Eher wird man an seine Bestimmung erinnert, Träger gestörter Funktionen an einen zentralen Park von Diagnostik – und Therapiemaschinen – heranzubringen, wo die Analyse von Körpersäften, Gehirn- und Muskelströmen und gleichzeitig die mechanische, chemische oder radiologische Therapie von defekten Organsystemen am ökonomischsten geleistet werden kann. Den Klinikarzt erlebt der Patient zunehmend als Vermittler der chemisch-physikalischen Untersuchungsgänge, als Dechiffrierer der von den Diagnostikmaschinen gelieferten Zahlenwerte und als Agenten der daraus resultierenden technischen oder pharmakotherapeutischen Behandlungsmethoden. Der Arzt im Bilde des Laborexperten und des Therapie-Ingenieurs paßt in diese nüchterne, technische Landschaft, die im ganzen eben durchaus kommunikationsfeindlich wirkt. Die Patienten fühlen sich in dieser Welt eher eingeschüchtert. Mag der Stil der

Kargheit und der Strenge einstmals einen Sinn gehabt haben, um im Mittelalter bzw. in der großen Krankenhaus-Neubauphase des 17. und 18. Jahrhunderts den Patienten zur inneren Einkehr und zu frommer Besinnung zu verhelfen, so erscheint das gemütlose Interieur der heutigen Kliniken nur noch negativ bestimmt. Es fördert eine emotionelle Verarmung und vermittelt ein Gefühl von Einsamkeit, das durch die raren Besuchszeiten und durch die meist ungenügenden Möglichkeiten zur Aussprache mit Ärzten, Schwestern oder sonstigem Personal noch verstärkt wird. Zweckvoll erscheint diese Krankenhauskultur im Grunde nur unter dem Aspekt, daß alle hier miteinander kooperierenden Personengruppen gezielt auf eine vollkommene naturwissenschaftlich-technische Vergegenständlichung der Probleme eingestellt werden sollen. Die Ebene des Psychischen, der Umgang mit Leiden und Ängsten, die menschliche Anteilnahme, die Chancen des Verstehens und Bearbeitens von psychischen und sozialen Nöten als wesentlicher Dimension von Krankheit und Gesundheit – diese Dimension erscheint absichtsvoll ausgesperrt. Die Welt des Krankenhauses ist jedenfalls weithin beherrscht von einem emotionsunterdrückenden Abstinenzklima. Dieses erzielt den Effekt, daß die Menschen die an diesem Ort geradezu brennpunktartig verdichteten Probleme um Todesangst und Kommunikationssehnsucht weniger als irgendsonst artikulieren können. Aber dieses indirekte Verbot eliminiert diese Probleme und diese emotionellen Bedürfnisse nicht. Es bewirkt nur, daß die Kranken mit der Last dieser Schwierigkeiten in einem Augenblick seelisch isoliert werden, wo ihre Sehnsucht nach Nähe, nach hilfreichem Gespräch so stark anzuwachsen pflegt wie in kaum einer anderen Phase ihres Daseins[54].

Diese Atmosphäre bewirkt am Ende vielfach eine regelrecht paradox erscheinende Verkehrung der Bewertung bestimmter psychischer Einflüsse. Die Psychosomatiker plädieren dafür, gerade auch mit den Schwerkranken mehr und intensiver zu sprechen. Sie glauben, daß es zumal auf Strahlentherapie-Stationen, auf Dialyse-Stationen und auf anderen Abteilungen für chronisch Schwerkranke überaus wichtig sei, die psychischen Probleme stärker zu beachten und in die Arbeit einzubeziehen[47,88]. Dagegen verlangen viele Organmediziner genau umgekehrt, die psychischen Probleme zur Schonung der Patienten «draußen» zu lassen. Sie fürchten u. a., daß die meisten heutigen Patienten der Konfrontation mit bestimmten schlimmen Diagnosen nicht gewachsen seien. Und sie glauben sicher zu sein, daß viele Kranke lieber belogen werden, als sich der Gewißheit ihres Sterbens ausgesetzt zu sehen. Diese Besorgnis ist freilich nicht unbegründet. Die Bedingung dafür, die Kranken offener und wahrhaftiger zu informieren, wäre eine eingreifende Umstrukturierung des gesamten Betriebes. Wenn man mehr Probleme aufdeckt, muß man auch mehr Zeit für Gespräche anbieten. Das Personal müßte eine gewisse Fortbildung erhalten, um den Umgang mit den psychischen Sorgen der Kranken auch wirklich als Teil einer umfassenden Therapie verstehen und handhaben zu können. Und dann bleibt am Ende immer noch das Problem, daß weithin Ratlosigkeit darüber herrscht, wie man heute den vielen Menschen bei der Vorbereitung auf das Sterben helfen kann, die den Tod nicht mehr mit einer positiven Glaubenshoffnung verbinden können. Vor allem wäre es eine Voraussetzung, daß erst einmal diejenigen, die mit den Kranken reden sollen, ihr eigenes Sterben-müssen nicht zu verleugnen brauchen, sondern akzeptieren können.

Das Ausmaß unserer heutigen Unsicherheit gegenüber diesem Problem wird im Vergleich zu der christlichen Medizin früherer Jahrhunderte sichtbar, die mit einem breiten Sortiment von Sterbehilfe-Büchern so selbstverständlich operierte, wie heute Diätfibeln, Trimm-dich-Anleitungen oder Joga-Lehrbücher gehandelt werden. Damals galt es weithin als ein Gebot der Menschlichkeit, Schwerkranken die Lektüre eines oder mehrerer Broschüren zu empfehlen, die der geistigen Vorbereitung auf den Tod behilflich zu sein versprachen. Aus einer Aufstellung von 1745[52] ersehe ich, daß damals mehr als 40 Titel aus der Kategorie der Ratgeber für Patienten auf dem Sterbebett angepriesen wurden.* Wie es damals für den christlichen Arzt als Gewissenspflicht galt, derartige Literatur als wesentliche Hilfe zur psychischen Stützung der Kranken beizuziehen, würde man heute sicher umgekehrt denjenigen Klinikarzt der Un-

---

* Hier auszugsweise einige Titel: J. CRUSII, Sanftes und ruhiges Sterbebette, Leipzig 1724; J. H. FEUSTKINGS, Heilige Sterbelust, Wittenberg 1719; J. CH. FILGI, Todesglöcklein, bestehend in auserlesenen Historien, Exempeln und Reden der Sterbenden, Frankfurt 1690; E. H. Gräfin HENKELS, Letzte Stunden einiger selig im Herrn verstorbenen Personen, Halle 1723; A. KÖPKEN, Christliche Sterbeklugheit, oder heilsame Anweisung, wie man sich zum seligen Tode bereiten und in Krankheiten gebührlich verhalten solle, Berlin 1724; G. F. MÄRKEN, Hochtröstliche Todesgedanken und Betrachtungen, Leipzig 1691; J. G. MEUSCHEN, Die Kunst, großmütig und selig zu sterben, Coburg 1734; M. LILIENTHAL, Nützlicher Zeitvertreib auf dem Kranken- und Sterbebette, Königsberg 1745.

menschlichkeit zeihen, der seinen schwerkranken stationären Patienten solche Sterbehilfe-Bücher anpreisen würde. Ein Sterben in kompletter Ahnungslosigkeit «aus heiterem Himmel» zu vermitteln, ist weithin das offen eingestandene oder zumindest das heimliche Leitbild klinischer Institutionen.

Vertreter der Psychosomatischen Medizin meinen in letzter Zeit wahrnehmen zu können, daß die Verdrängung des Todes den klinischen Institutionen zunehmend Schwierigkeiten bereitet. Es gibt Stationen, wo man bewußt mit Patienten über ihre unheilbaren Krankheiten spricht und wo man zugleich das Personal für solche Gespräche schult[47,88]. Bei psychotherapeutischen Kliniken und Instituten melden sich immer mehr Ärzte und Schwestern von Schwerkranken-Stationen, die eine Fortbildung oder Supervision für den Umgang mit unheilbaren Patienten erbitten. Für viele junge Schwestern ist es unerträglich, z. B. auf Abteilungen für unheilbare Blut-, Nerven-, Nieren- oder Krebskranke zu arbeiten und sich dabei permanent gegen die inneren Probleme der Patienten abzuschirmen und parallel dazu die eigenen Ängste in einer vergleichbaren Selbstisolierung zu unterdrücken. Natürlich haben die Psychosomatiker keine Patentrezepte für die Bewältigung dieser Schwierigkeiten. Sie können nur Seite an Seite mit Ärzten, Psychologen, Pflegepersonal, Sozialarbeitern und natürlich mit den Patienten selbst nach Wegen für eine Medizin suchen, welche die Chancen von menschlicher Kommunikation und Solidarität nicht vor dem Tode enden läßt, sondern diesen bewußt und ausdrücklich mit einbezieht.

Wenn man einmal wieder gelernt haben wird, mit dem Sterben umzugehen und darüber zu sprechen, wird man wiederum den Mut finden, das Element des Psychischen in den klinischen Institutionen nicht mehr wie bisher zu unterdrücken. Man wird sich getrauen, Krankenhäuser in warmen Farben und wohnlich auszustatten, mit Gemeinschaftsräumen, wesentlich erweiterten Besuchsmöglichkeiten, reichlichen Urlaubsangeboten für Rekonvaleszenten und vor allem vielfältigen Chancen für ausgiebige Gespräche der Patienten mit einem Personal, das sich den seiner Obhut anvertrauten Menschen in ganzheitlicher Weise zuzuwenden vermag. Es ist gewiß noch ein weiter Weg dahin. Aber es erscheint unumgänglich, in dieser Richtung voranzugehen[74].*

---

* Es bedeutet sicherlich eine zu oberflächliche Einschätzung des Buches «Das Urteil» von Hildegard Knef, wenn man seine Absicht auf eine Abrechnung mit

den Ärzten reduziert. Es ist doch eher der Hilferuf einer gezeichneten Frau, die stellvertretend für unendlich viele die psychische Einsamkeit des Schwerkranken in Institutionen der Medizin darstellt. Nicht das Versagen einzelner Personen oder eines Standes scheint hier das Wesentliche, sondern die Unfähigkeit der gesamten Umwelt, einen geängstigten Schwerkranken wirklich teilnehmend zu begleiten. Das Buch rüttelt an der Norm des unauffällig duldsamen, dankbar zufriedenen Patientenverhaltens, das in der Praxis zumeist eher als verschüchterte Resignation interpretiert werden muß. Mir scheint, es handelt sich hier um ein sehr mutiges und hoffentlich auch ermutigendes Buch, das manchen hier geäußerten Vorstellungen entgegenkommt.

8. Kapitel
Wer eine soziale Tätigkeit wählt,
sucht Kommunikation
und eine Vervollständigung seiner selbst

Bisher war viel von der Isolation derjenigen die Rede, die in Anstalten, Heimen und Kliniken verwahrt werden und dort zuwenig Kommunikationsangebote erhalten. Aber wie ist es denn nun mit den Menschen, die in diesen Institutionen eine professionelle soziale Tätigkeit ausüben? Es hieß, daß manche der zu versorgenden Gruppen in ihren Betreuern besondere Ängste wecken könnten. Todkranke können ihre Betreuer erschrecken, indem sie deren eigene Todesbefürchtungen stimulieren. Sozial diskriminierte Gruppen können diejenigen, die sich professionell mit ihnen einlassen, an die eigene Nähe zu den jeweils entwerteten Charakteristika ihrer Bezugsgruppen erinnern. Schließlich nehmen die Betreuer in Heiloder Haftanstalten häufig wahr, daß man sie von außen her in ähnlichem negativen Licht sieht wie die Menschen, deren Versorgung ihnen obliegt. Das vergleichsweise niedrige Sozialprestige von Sozialarbeitern folgt aus dem durchschnittlich niedrigen Sozialstatus ihrer Klientel. Indessen findet man eine isolierende Entfremdung zwischen Klienten und Betreuern nicht nur in besonderen sozialen Problemfeldern. Auch in vergleichsweise neutralen und nicht negativ vorurteilsbesetzten sozialen Aufgabenbereichen sieht man, daß die Angehörigen der jeweiligen Versorgungsberufe es sehr schwer haben, ihre Arbeit so klientennah und so kommunikativ zu gestalten, wie dies von denjenigen gewünscht würde, die ihrer Betreuung anvertraut sind. Auch in der normalen Schule z. B. oder im durchschnittlichen Medizinbetrieb – außerhalb der extremen Bedingungen der Schwerkrankenversorgung – wird die Kommunikation zwischen Betreuern und Betreuten vielfach durch näher zu untersuchende Umstände stark behindert.

Es ist nun an der Zeit, sich den Repräsentanten der einschlägigen sozialen Berufe näher zuzuwenden, die in den Institutionen beratend, pflegend, therapierend, erziehend, lehrend oder fürsorgerisch tätig sind. Wie kommen die Betreffenden in diese Berufe? Aus welchen Motiven suchen sie sich solche Tätigkeiten? Die Verfolgung dieser Fragen führt zu einem zunächst widersprüchlich erscheinenden Befund. Es finden sich nämlich erdrückende Hinweise für die Annahme, daß junge Menschen derartige sozialversorgende Tätigkeiten vor allem deshalb wählen, weil sie sich davon eine besonders nahe und befriedigende Zusammenarbeit mit ihren Klienten wünschen. Ursprünglich gehen sie jedenfalls genau auf das Ziel einer intensiven menschlichen Verbindung mit denen zu, die sie betreuen wollen. Und zwar folgt dieses Bedürfnis meist nicht aus der Phantasie, anderen Menschen einen eigenen Überschuß an Wissen, an Energien und Fertigkeiten zugute kommen lassen zu wollen. Sehr viel häufiger handelt es sich um junge Menschen, welche die soziale Tätigkeit ebensosehr zu einer Auffüllung eines eigenen Kontaktdefizits suchen, wie sie daran denken, ihren künftigen Klienten etwas Sinnvolles geben zu können. *Regelmäßig ist das unbewußte und zum Teil auch bewußte Bedürfnis zur Überwindung eigener Isolation eine wesentliche Komponente bei der Wahl eines sozialen Berufes.* Diese Tatsache scheint schlecht zu jener anderen Beobachtung zu passen, die sich auf die häufige Entfremdung zwischen Betreuern und Betreuten in vielen sozialen Tätigkeiten bezieht. Denn wenn die Klienten in den jeweiligen Institutionen viel Zuwendung haben wollen und wenn andererseits ihre professionellen Partner diese intensive Verbindung ebenfalls suchen, so erscheint es doch ungereimt oder zumindest weiterer, bisher noch nicht genannter Begründungen bedürftig, daß die anscheinend so gut aufeinander abgestimmten Impulse beider Seiten nicht besser zueinander finden.

Zuvor ist es indessen wohl sinnvoll, die Motive der Betreuer noch genauer zu betrachten. Es ist zu fragen: Was genau erwartet eigentlich der junge Mensch, der sich für irgendeine pädagogische, fürsorgerische, pflegerische, therapeutische Arbeit entscheidet, von denjenigen, mit denen er umgehen will? Was heißt es, daß er mit deren Hilfe seine eigene Isolation mindern will? Was will er von seinen Schülern, Klienten, Patienten zurückbekommen?

Es mag etwas beunruhigend erscheinen, wenn man sich mit dieser für einen psychoanalytischen Sozialpsychologen normalen Frage gewissermaßen in einem Sprunge über die gängige Ideologie hinwegsetzt, die diese Perspektive gar nicht berücksichtigt. Die jungen Anwärter sozialer Berufe mögen zwar insgeheim für sich dessen gewiß sein, daß sie mit Hilfe ihrer Klienten ihr eigenes inneres

Gleichgewicht irgendwie stabilisieren wollen. Sie empfinden, daß sie durch ihre Tätigkeit auch für sich selbst einen wichtigen emotionellen Gewinn anstreben. Aber jeder meint, daß er dieses Wissen um seine emotionelle Bedürftigkeit geheimhalten müsse. Denn kaum einer von den Lehrern, die ihn an Fachschulen, Akademien oder Universitäten ausbilden, spricht ihn auf diese inneren Wünsche an. Er erfährt an den Ausbildungsinstitutionen meist viel über die Methoden des Faches, schon weniger über diejenigen, an denen er die Methoden anwenden soll und so gut wie nichts über den Umgang mit den eigenen inneren Wünschen, die er mit Hilfe seiner Klienten zu erfüllen erwartet. Daraus muß er schließen, daß er legitimerweise nur eine Genugtuung aus dem Gefühl schöpfen soll, eine sachliche Arbeit korrekt zu leisten. Das wäre die relativ abstrakte Befriedigung aus dem Bewußtsein einer gewissenhaften formalen Pflichterfüllung. Und die Pflicht ist es, daß man die Instrumente des Erziehens, Pflegens, Beratens usw. fachgerecht und zuverlässig handhabt. Die menschliche Beziehung zu den Betreuten erscheint als Nebensache. Wenn der junge Ausbildungsteilnehmer sie insgeheim dennoch als eine für ihn selbst enorm wichtige Komponente seines Berufes betrachtet, so scheint das irgendwie nicht in Ordnung zu sein. Er wird veranlaßt zu glauben, daß er vielleicht damit eine negative Ausnahme darstelle. Der Umstand, daß die große Mehrzahl seiner Kollegen ähnliche gefühlsbetonte Erwartungen auf den Kontakt mit den Klienten richtet, entgeht ihm leicht, weil alle Unterweisungen seiner Dozenten diese Tatsache aus dem Spiel lassen. Er weiß ja nicht, daß seine Lehrer meist nur deshalb über diese persönliche Motivationsproblematik nicht zu reden wagen, weil sie früher genauso eingeschüchtert worden sind, wie es ihm jetzt ergeht.

Da den jungen Sozialarbeitern, Lehrern, Erziehern usw. meist so wenig geholfen wird, mit ihren auf die Klienten gerichteten emotionellen Bedürfnissen umzugehen, können diese sich schließlich in der Tat in der Arbeit ungünstig auswirken. Die ängstlich unterdrückten Wünsche können sich anstauen und gelegentlich in unkontrollierter Weise durchbrechen. Wer in der Supervision oder in berufsbezogenen Beratungsseminaren mit jungen Angehörigen solcher sozialen Berufe über ihre emotionellen Schwierigkeiten zu sprechen beginnt, wird häufig überschwemmt von einer Sturmflut bislang verdrängter Gefühle, so daß man aufpassen muß, daß aus dem berufsbezogenen Seminar oder der Supervision nicht eine Patientengruppe wird. Man erkennt daran, unter welchem Überdruck diese Bedürfnisse sonst krampfhaft niedergehalten und notdürftig von der sozialen Tätigkeit abgespalten werden. – Jedenfalls läßt sich nicht verkennen, daß die Tabuisierung der eigenen Gefühlswünsche an die Adresse der Klienten für die sozial Tätigen persönlich und für ihre Arbeit objektiv schädlich ist. Auf jeden Fall gehört dieses Verbot zu den Bedingungen, welche die Kluft zwischen Betreuern und Betreuten eher erweitern. Um so mehr erscheint es sinnvoll, nun doch erst einmal darüber zu sprechen, was in den meisten Ausbildungsinstitutionen eher zugedeckt bleibt. Also – auf welche Weise erhoffen sich diejenigen, die eine soziale Tätigkeit erwählen, eine emotionelle Entlastung bzw. Erfüllung durch ihre Klienten?

Oft stecken in ihren Phantasien ähnliche Elemente, wie man sie bei Müttern findet, die sich mit Hilfe ihrer Kinder gegen eigene Vereinsamung schützen wollen. Besonders zu pflegerischen und fürsorgerischen Berufen fühlen sich vorzugsweise junge Menschen hingezogen, die bereits in ihrer Kindheit in besonderem Maße durch Isolationskonflikte irritiert worden sind. Sie hoffen, auf Partner zu treffen, die sich mit positiven Gefühlen an sie binden werden, die ihnen jedenfalls viel von der Zuwendung zurückzugeben bereit sind, die sie den Betreffenden selbst schenken wollen.

Nur muß man sich hüten, diesen Zusammenhang zu wenig differenziert zu sehen. Motivationsuntersuchungen bei Angehörigen sozialer Berufe lassen erkennen, daß die Vorstellungen über die optimalen Partnermerkmale, auf die man in der Tätigkeit zu treffen wünscht, recht unterschiedlich sind. Dieser Befund erscheint auf den ersten Blick verwirrend, sofern man erwartet, daß es so etwas wie einen Generaltyp von Klienten geben müßte, der in jedem Fall zur Beschwichtigung der Isolationsängste auf der Seite der Praktizierenden geeignet wäre. Tatsächlich zeigt sich, daß bereits ein und dieselbe Berufsgruppe sehr unterschiedliche Wunschbilder von ihren Klienten hegt. Allerdings werden diese Unterschiede schnell verständlich, wenn man sie jeweils zu den Persönlichkeitsmerkmalen derjenigen in Beziehung setzt, die diese Wunschbilder formulieren.

Wer möchte, daß ein Klient, mit dem er zusammenzuarbeiten vorhat, ihn gegen Vereinsamungsgefahr abschirmt, denkt dabei vorrangig an einen Partner, der zu ihm persönlich «paßt». Ohne darüber ausführlich nachzugrübeln, kalkuliert er unbewußt seine eigene spezifische Charakterstruktur ein und phantasiert einen Kliententyp, mit dem er sich besonders gut zu verstehen hofft. Die Vorstellungen differenzieren sich in einige Grundkategorien, wie sie auch sonst bei Prozessen der Partnerwahl eine Rolle spielen.

Das Gefühl der Isolation ist eine allgemeine emotionelle Qualität. Dennoch kann man sagen: Jeder erlebt seine *eigene* Isolation. Abgesehen von extremen panischen Vereinsamungszuständen, in denen nur in ganz undifferenzierter Weise Kontakt überhaupt im Sinne des bekannten Strohhalms verlangt wird, ist die Befindlichkeit des Isoliertseins üblicherweise mitbeeinflußt durch das spezifische Selbstbild des einzelnen. In das Einsamkeitsgefühl gehen vor allem Komponenten mit ein, die mit jener inneren Isolation zu tun haben, die durch Integrationsdefizite im eigenen Selbst zustande kommen. Jeder empfindet sich auf seine Weise innerlich unvollständig, jedenfalls entfernt von seinem Ideal einer kompletten Persönlichkeit. Diese Selbst-Entfremdung bzw. Entfernung vom idealen Selbstbild schwingt immer mit, wenn der einzelne sich durch äußere Kontaktzufuhr stabilisieren möchte. Eben weil er sich nicht als geschlossenes Ganzes, sondern immer als etwas Unvollständiges fühlt, sucht er in Partnerschaften mehr als eine undifferenzierte äußere Abstützung, vielmehr eine gezielte Ergänzung, welche möglichst die negativen Aspekte des eigenen Selbstbildes kompensiert. Er phantasiert also einen Partner, der ihm dazu verhilft, daß er sich auch im Inneren vollständiger fühlen kann.

Solche strukturabhängigen Spezifitäten in den Partnerwünschen sind länger bekannt. Erinnert sei etwa an unsere seit nahezu 20 Jahren durchgeführten Familienstudien, welche die Eltern-Kind-Beziehung unter dieser Fragestellung analysiert haben: Elternfiguren, die sich zur Selbstbeschwichtigung besonders intensiv an ihre Kinder klammern, pflegen diesen unbewußt die Erfüllung bestimmter qualitativ differenzierter Rollen vorzuschreiben. Je nach ihrer individuellen Charakterstruktur wünschen die Elternfiguren auf recht unterschiedliche Weise von ihren Kindern eine Unterstützung in der Abwendung von Isolationsgefahr. Es geht ihnen nicht darum, daß das Kind nur als ein Irgendjemand nahe bei ihnen ist, sondern daß es in einer Art und Weise präsent ist und sich zuwendet, die genau zu ihren besonderen Persönlichkeitsmängeln und -konflikten paßt. Die unterschiedlichen Erwartungsmuster solcher innerlich von ihren Kindern hochgradig abhängigen Eltern wurden an anderer Stelle ausführlich analysiert. Ähnlich spezifizierte Rollenerwartungen richten Angehörige sozialer Berufe an ihre Klienten.

Als Beispiel für einschlägige Untersuchungen sei eine Studie von BECKMANN in unserem Zentrum für Psychosomatische Medizin genannt, aus der man ersehen kann, wie Psychoanalytiker sich ihre Patienten wünschen. Diese Arbeit hat deshalb einen besonders instruktiven Wert, weil man gerade von Psychoanalytikern erwarten kann, daß sie ihre emotionellen Beziehungen zu ihren Patienten genau kontrollieren. Es ist dies ja einer der Hauptzwecke ihrer Lehranalyse, daß sie sich ausführlich über ihre eigenen Probleme informieren, um diese nicht in undurchschauter Weise in ihre Arbeit einfließen zu lassen. Wenn überhaupt, so könnte man also von analytischen Psychotherapeuten am ehesten erwarten, daß diese für alle Arten von Klienten gleich aufgeschlossen sind und kaum von persönlichen Vorlieben für bestimmte Charaktertypen geleitet werden. Um so bemerkenswerter sind die Befunde von BECKMANN[5]:

Er hat bei einer Gruppe von analytischen Therapeuten, die jeweils frei darüber entscheiden können, welche Patienten sie in Behandlung nehmen, das Prinzip der Patientenauswahl studiert. Mit einer differenzierten statistischen Methodik hat er die Test-Bilder von Erstuntersuchungs-Patienten, von Therapie-Patienten und von den Therapeuten miteinander in Beziehung gesetzt. Von den Therapeuten hat er darüber Testunterlagen gesammelt, wie diese sich selbst sehen (Selbstbild), wie diese von der Gruppe ihrer Kollegen gesehen werden (Fremdbild) und wie diese sich selbst sehen möchten (ideales Selbstbild). Aus einer größeren Reihe sehr bemerkenswerter Resultate seien hier nur einige wenige herausgegriffen:

Es stellt sich ein Typ von Therapeuten heraus, der sich den ihm genau entsprechenden Typ von Patienten für Behandlungen aussucht. Hier ist gewissermaßen das Sprichwort «Gleich zu gleich gesellt sich gern» in vollem Maße erfüllt: «Depressiv-ängstliche, mißtrauisch-verschlossene Ärzte suchen sich depressiv-ängstliche und mißtrauisch-verschlossene Patienten.» – «Die Ärzte identifizieren sich mit den Patienten, verteidigen sich aber auch gegen eine als feindlich phantasierte Umwelt.» Mit Recht nimmt BECKMANN hier eine Art von Beziehung zwischen Therapeuten und Patienten an, die von ihrer Grundstruktur her als «angstneurotische Bindungsform» bekannt ist.

Im Gegensatz hierzu findet man auch ausgesprochen komplementäre Beziehungsformen. Eindeutig komplementär verhalten sich z. B. relativ zwanghaft strukturierte Therapeuten. Sie nehmen nämlich am liebsten triebhaft-impulsive Patienten in Therapie. Umgekehrt finden sich Therapeuten mit Zügen von ausgeprägter Impulsivität, die sich in spezifischer Weise zu eher überkontrollierten, zwangshaften Patienten hingezogen fühlen. BECKMANN interpretiert: «Diese Beziehungsform verspricht beiden Partnern unmittelbaren Lustgewinn, da jeweils der eine das auslebt, was der andere sich vermehrt wünscht, mehr Triebhaftigkeit oder mehr Triebkontrolle.»

Einzelne Therapeuten, die sich selbst als sozial erfolgreich sehen und auch so sein möchten, aber von der Gruppe ihrer Kollegen keineswegs in dieser positiven Selbsteinschätzung bestätigt werden, suchen vor allem Patienten mit ausgeprägter Passivität. BECKMANN schließt daraus, daß in ihrem Status unsichere Therapeuten die Auseinandersetzung mit dominanteren Patienten scheuen: «Der Analytiker sichert sich durch eine komplementäre Partnerbeziehung sein Selbstverständnis.» Das heißt: relativ gefügige, passive Patienten helfen ihm, sich so imposant zu fühlen, wie er sein möchte. Wenn ihm schon seine Kollegen nicht viel zutrauen, dann will er sein Selbstbild nicht auch noch durch die Patienten gefährdet sehen.

Diese in ihrer Art einmalige Untersuchung dürfte von ihren Befunden her diejenigen schockieren, denen schon die bloße Vorstellung Pein zu bereiten pflegt, daß Angehörige sozialer Berufe auf ihre Klienten nicht nur sehr persönliche Gefühle richten, sondern sogar geneigt sind, diese Gefühle auf so relevante professionelle Entscheidungen wie auf die Behandlungs-Selektion einwirken zu lassen. Um so wichtiger ist es, daß eine solche klärende Studie einmal durchgeführt und publiziert wurde, und zwar innerhalb eines Berufsstandes, der nicht gerade für ein besonderes Interesse daran berühmt ist, sein Verhalten bis in diesen intim-persönlichen Bereich hinein mit empirisch objektivierenden Methoden durchleuchten zu lassen.

Aus den oben zitierten Gründen läßt sich unterstellen, daß man bei sozialen Berufen, deren Nachwuchs weder durch spezielle psychologische Voruntersuchungen gefiltert noch durch systematische Selbsterfahrungsmethoden wie eine Lehranalyse geschult wird, eher noch krassere Befunde hinsichtlich der emotionellen Beziehungen zu Klienten zu erwarten hätte. Jedenfalls liegt hier ein Beleg dafür vor, daß in sozialen Tätigkeiten persönliche Wünsche derjenigen, welche die jeweilige Praxis ausüben, eine erhebliche Bedeutung für ihr Verhältnis zu ihrer Klientel haben.

Also: Therapeuten, Ärzte, Berater, Pflegekräfte, Erzieher usw. benötigen aus inneren Gründen ihre Klienten genauso für sich selbst, wie sie umgekehrt von diesen beansprucht werden. Ihre soziale Tätigkeit soll ihnen helfen, jeweils einen Kontakthunger in einer Richtung zu sättigen, die zu ihren besonderen persönlichen Merkmalen paßt. Und zwar besteht für diejenigen, die sich ihre Klientel aussuchen können, sogar die Möglichkeit einer spezifischen «Eigentherapie», nämlich sich solche Klienten auszusuchen, die gleichsam maßgerecht ihren jeweiligen persönlichen Schwierigkeiten eine Abhilfe versprechen.

Unbeachtet ist vorläufig die kritische Frage geblieben, welche Auswirkungen es denn auf die Betroffenen haben mag, die in dieser Weise den emotionellen Wünschen ihrer professionellen Helfer ausgesetzt sind. Welchen Preis müssen sie dafür zahlen, daß sich ihre Betreuer bei ihnen ganz spezifische emotionelle Kompensationen verschaffen können? – Denkt man über die Frage näher nach, erscheint ihre einseitige Formulierung durchaus voreilig. Es ist ja noch offen, ob sich nicht etwa die Betreuer die Klienten wünschen, die umgekehrt sie wählen würden, wenn die Klienten sich ihre Betreuer aussuchen könnten. Das heißt, man kann sich vorstellen, daß sich hier Ergänzungsverhältnisse entwickeln, die für beide Seiten sinnvoll sind. Das würde dann bedeuten, daß der zweiseitige Austausch von emotionellen Bedürfniserfüllungen bei sozialen Tätigkeiten für die Klienten sogar durchaus Vorteile bringen könnte. Es erscheint auf jeden Fall nützlich, sich die Bedingungen genauer zu überlegen, unter denen die Vertreter sozialer Berufe, wenn sie aus ihrer Tätigkeit emotionellen Gewinn für sich selbst ziehen wollen, ihre Partner schädigen oder unter Umständen auch eher positiv beeinflussen können.

Natürlich wäre es besonders aufschlußreich, wenn eine Untersuchung wie diejenige von BECKMANN noch eine Erfolgskontrolle einschließen würde. Man wüßte dann z. B. bei analytischen Therapeuten, wie sich bei ihnen die Auswahl bestimmter «passender» Patienten auf ihre Behandlungserfolge auswirken würde. BECKMANN beabsichtigt, seine Studien in dieser Richtung zu ergänzen. Die vorliegenden Anhaltspunkte, die auch wiederholt in dem Kreis diskutiert worden sind, in dem BECKMANN seine Untersuchungen angestellt hat, ermöglichen indessen bereits einige allgemeine Aussagen. Diese lassen sich obendrein stützen auf jahrzehntelange Erfahrungen in der Ausbildungskontrolle von jungen analytischen Therapeuten. Hier kann man erkennen, wie sich junge Ärzte oder Psychologen, deren psychische Verfassung man in sogenannten

«Erstinterviews» zu Beginn ihrer Ausbildung sorgfältig überprüft, in ihrem Beruf entwickeln. In den sogenannten «Kontrollanalysen» (die ersten Behandlungen bespricht der junge Therapeut regelmäßig mit Ausbildern) läßt sich darüber hinaus unmittelbar verfolgen, ob und gegebenenfalls wie sich eigene Schwierigkeiten der jungen Therapeuten in ihrer Behandlungsführung niederschlagen.

Nach den verfügbaren Erfahrungen muß man annehmen, daß die Zusammenarbeit zwischen Betreuer und Betreutem dadurch gefördert werden kann, daß nicht nur der Betreute, sondern auch der Betreuer mit persönlichen Kontaktwünschen beteiligt ist. Es ist prinzipiell hilfreich für den Betreuten, wenn er den Eindruck hat, daß er als Partner für den Betreuer ebenfalls wichtig ist und nicht nur umgekehrt. Es gibt Probleme, die der Therapeut bislang für seine Person nicht viel besser bewältigt hat als sein Patient. Die Therapie kann dem Therapeuten ermöglichen, gewissermaßen Hand in Hand mit seinem Patienten Schritte zur Lösung solcher Probleme zu tun, die nicht nur seinem Patienten, sondern gleichermaßen ihm selber weiterhelfen. In diesem Sinne kann man die Bemerkung Freuds verstehen, daß der Analytiker in seinen Therapien in gewissem Maße seine Lehranalyse fortzusetzen Gelegenheit habe. Das heißt nichts anderes als: Der Therapeut bezieht aus der Therapie auch regelrechte therapeutische Hilfe für sich selbst. Diese eigenen Fortschritte befähigen den Therapeuten erst, bestimmte heikle Probleme – indem er sie gleichzeitig für sich selbst klärt – auch für den Patienten so aufzubereiten, daß dieser sie erfolgreich bearbeiten kann. Man kann diesen Vorgang ungefähr mit dem bekannten Phänomen vergleichen, daß manche Eltern durch eine enge Identifizierungs-Verbindung mit ihrem Kind den einen oder anderen Entwicklungsschritt nachholen können, den sie bislang nicht geschafft hatten. Sie unterstützen die Entwicklung des Kindes auf eine Weise, die sowohl diesem wie ihnen selbst weiterhilft.

Positiv wirken sich solche Identifizierungs-Bindungen jedoch nur insoweit aus, als sie dem Klienten genügend Spielraum auch für solche Entwicklungen lassen, die sich weit von den Lösungen entfernen, die der Betreuer für sich sucht oder bislang gefunden hat. Der Klient muß die Chance haben, sich so verwandeln zu können, daß er eine vorübergehende Ähnlichkeit mit den psychischen Konstellationen des Betreuers auch wieder aufgibt. Schädlich wird es für den Klienten, wenn der Betreuer ihn z. B. in einer bestimmten Angstbewältigungstechnik festhalten will, um davon für sich selbst zu profitieren. Man denke hier z. B. an eine Beziehung zwischen Betreuer und Betreutem, die sich in einer angstneurotischen Gruppenbindung festfährt. Bei der BECKMANNschen Untersuchung war etwa von depressiv-ängstlichen, mißtrauisch-verschlossenen Therapeuten die Rede, die sich die ihnen prinzipiell gleichenden depressiv-ängstlichen, mißtrauisch-verschlossenen Patienten als bevorzugte Behandlungspartner suchen. Hier besteht die auch von BECKMANN gesehene Gefahr, daß beide, Therapeut und Patient, sich nicht für eine offene Entfaltung in die soziale Wirklichkeit hinein verbünden, sondern sich eher gemeinsam von dieser Realität abkapseln. Es ist denkbar, daß beide sich in ihrer ängstlich-mißtrauischen Einstellung gegenüber der Umwelt wechselseitig bestätigen und verstärken und Zuflucht in einer defensiv symbiotischen Beziehung suchen.

Für diese Gefahr besonders anfällig sind solche Betreuer, deren eigene Selbstunsicherheit und Anlehnungstendenz so ausgeprägt sind, daß sie aus ihren persönlichen Schwierigkeiten heraus ihre Klienten in einem Status ohnmächtiger Hilfsbedürftigkeit bewahren müssen. Die Klienten dürfen nicht groß, gesund und mächtig werden, weil sie dann die Betreuer in unerträgliche Vereinsamungsgefühle stürzen würden. Im ausgeprägten Fall versucht ein derartiger Betreuer zu seinen Klienten Beziehungsformen von der Art aufzubauen, wie sie z. B. Angstneurotiker zu ihren Kindern herstellen. Das heißt, sie verlangen, von ihren Klienten in anklammernder Weise geliebt zu werden. Es ist das dominierende Motiv ihrer sozialen Tätigkeit, daß sie es hier permanent mit kleinen, armen, schwachen Wesen zu tun zu haben hoffen, die ihnen nicht weglaufen können. So sehr sie sich auch für ihre «Schützlinge» zu engagieren bereit sind, so dürfen sie dabei nie das Gefühl verlieren, daß diese von ihnen vollständig abhängig sind. Man findet Therapeuten, Erzieher, Sozialarbeiter, Krankenschwestern, die sich für ihre Betreuten völlig verausgaben. Sie üben ihre Arbeit mit höchster Sorgfalt und enormer Einsatzfreude aus und halten zu ihren Klienten in mustergültiger Loyalität – solange sie deren ohnmächtiger Anhänglichkeit sicher sind. Aber dadurch, daß sie ihre Klienten so sehr an sich fixiert halten, können weder diese noch sie selbst sich von der Stelle bewegen. Die Betreuung kann dem Klienten nicht dazu verhelfen, größer und freier zu werden. Wehe, wenn der Klient dem Betreuer signalisiert, daß er die Grenzen seiner passiven Abhängigkeit überschreiten und seine Kräfte außerhalb des Bezirks der symbiotischen Beziehung in der äußeren Welt, die bisher nur als die «feindliche» galt, erproben will. Sofort muß der Klient gewärtigen, von seinem Betreuer bedroht zu werden. Er sieht: Solange ich schwach, arm, krank, zumindest hilfsbedürftig bin, darf ich meinen Betreuer nicht irritieren, sonst läßt er mich fallen, und ich bin verloren.

Es läßt sich nun bedauerlicherweise kaum bezweifeln, daß dieses neurotisch gefärbte Beziehungsmuster in manchen sozialen Arbeitsfeldern keine ganz geringe Rolle spielt. Es findet sich allenthalben bei solchen Lehrern, Krankenschwestern, Sozialarbeitern, Ärzten usw., die in einem Maße auf eine emotionelle Bestätigung seitens ihrer Betreuten angewiesen sind, das sich nicht mehr mit ihrem professionellen Auftrag vereinbaren läßt. Sie mißbrauchen ihr Amt, um genau die Prinzipien der zitierten Manipulationskette zu realisieren, bei welcher der jeweils sozial Mächtigere seine innere Abhängigkeit dadurch abdeckt, daß er den Anklammerungszwang anderer verstärkt und bedingungslos auf sich fixiert. Man denke an die Ärzte, die einen gelegentlich kritisch zweifelnden Patienten gleich mit der Drohung erschrecken: «Sie können ja zu einem anderen Arzt gehen!» Oder an die Lehrer, deren Schüler mit Sicherheit einen negativen Ausschlag ihrer Noten einzukalkulieren haben, wenn sie sich in gewissen Positionen von ihren Lehrern distanzieren. Oder an die Sozialarbeiter, die «Undankbarkeit» bei ihren Klienten prompt mit nachlassender Fürsorge bestrafen. Selbst einzelnen Psychotherapeuten begegnet man, deren Patienten – oder auch Ausbildungsanalysanden – auf eine scheinbar mysteriöse Weise ein gleichförmiges Schicksal durchmachen: Entweder werden sie bald nach Beginn des therapeutischen Prozesses hinausgeworfen, oder sie verwandeln sich merkwürdigerweise durchweg in Wesen, die in Anschauungen, Benehmen, selbst mitunter in Sprache und Kleidung ihren Therapeuten immer ähnlicher werden. Sie bleiben vielfach auch noch nach der Therapie um ihre Analytiker als deren lobpreisende Jünger geschart. Stets handelt es sich dabei um Therapeuten, welche ihre Analysanden dazu verleiten, sich ganz und gar mit ihnen zu identifizieren. Wenn sie sich in der Arbeit ihren Analysanden emotionell aufschließen, dann wollen sie sich deren Anhänglichkeit total versichern. Den Analysanden bleiben nur zwei Wege: entweder die Therapie abzubrechen, was innerhalb eines analytischen Prozesses sehr schwierig ist, oder durch vollständige Identifizierung mit dem Therapeuten dessen Bestrafung zu entgehen. Es versteht sich von selbst, daß diese – glücklicherweise nur selten zu findenden – Therapeuten verheerende Wirkungen auf diejenigen ausüben, die sich ihnen anvertrauen. Allerdings merken das die Betroffenen meist so lange kaum, als sie allein oder eventuell sogar im Verband einer kleinen Sekte weiterhin eine satellitenartige Beziehung zu ihrem Meister aufrechterhalten können. Ihre Selbstentfremdung ist ihnen unbewußt, und der imaginäre Schutz des Verehrten und Kopierten verschafft ihnen Angstentlastung und ein, freilich nicht verläßliches, Gefühl von Sicherheit.

Es ist eine Paradoxie, die indessen wiederum aus psychologischen Gründen leicht begreiflich ist, daß häufig gerade solche Repräsentanten sozialer Berufe, die sich ihrer Klienten mit den gleichen tyrannischen Isolationsdrohungen versichern, mit denen geängstigte Liebhaber die totale Auslieferung ihrer Geliebten oder dominierende angstneurotische Mütter die symbiotische Anklammerung ihrer Kinder erzwingen, sich als besonders pflichtgetreue Vertreter ihres Standes fühlen und aufführen. Ihre Isolationsangst, die sie ihren Klienten gegenüber überkompensatorisch in despotische Anpassungsforderungen verkehren, bewirkt vielfach, daß sie sich selbst hundertprozentig identifiziert mit der Ideologie ihrer Berufsgruppe zu empfinden versuchen. Sie geben sich meist als besonders strenge und rigide Vertreter einer konservativen Standesmoral aus. Das ist ihre Form von konformistischer Anpassung, die sie in modifizierter Weise an die von ihnen Abhängigen weiterzugeben pflegen. Die Absurdität ihres mitunter sektiererischen Eiferns für eine Standesmoral, von der sie in der eigenen Praxis so weit wie nur denkbar abweichen, pflegt sie – samt ihrer Gemeinde – innerhalb der Gruppe ihres Berufsstandes in eine Minderheits- oder Außenseiterposition zu drängen, sofern sich die Standesgruppe in einem gut konsolidierten Zustand befindet. Ist die Berufsgruppe aber in sich zerrissen und in rivalisierende Fraktionen gespalten, kann es sogar passieren, daß solche angstbesetzten Manipulatoren zu einem beträchtlichen Ansehen innerhalb irgendeiner Minderheitsfraktion gelangen. Hier mag die ängstliche Bindung der Fraktionsmitglieder aneinander bewirken, daß alle Angehörigen dieses Flügels sich in symbioseartiger Weise eng miteinander ressentimenthaft gegen die äußeren Rivalen verbünden. Unter diesen Umständen getrauen sich dann die Mitglieder einer solchen Standesfraktion nicht mehr, sich auf ernsthafte Auseinandersetzungen mit solchen Vertretern einzulassen, deren Struktur und deren Sozialverhalten derjenigen gruppendynamischen Verfassung ohnehin genau entgegenkommt, von der jetzt die ganze Fraktion befallen ist. Vorübergehend mögen diese Typen sogar die Chance wahrnehmen können, die gesamte Fraktion zu dominieren, indem sie die Ängste aller anderen an sich binden und quasi die Rolle des Priesters einer angstneurotischen Sekte übernehmen.

In einer Kultur, in der die Isolationsdrohung das Erziehungsmittel zur Disziplinierung schlechthin darstellt und in der jeder unter dem Druck dieser Angst herangewachsen ist, kann es keineswegs verwundern, daß dieses Instrument vielfach auch gerade in sozialen Tätigkeiten benutzt wird, die eine entfernte Beziehung zum Eltern-Kind-Verhältnis haben. Und es ist ferner einleuchtend, daß besonders solche jungen Menschen, die in ihrer Entwicklung überstark durch Vereinsamungssituationen und Trennungsdrohungen verunsichert worden sind, insgeheim in sozialen Berufen selbst Eltern spielen möchten, ohne deren Zuwendung und Bestätigung die Klienten wie Kinder nicht existieren können. Damit sie nicht mehr permanent Angst zu haben brauchen, müssen sie von Abhängigen umgeben sein, die mit eben dieser Angst an sie gebunden sind. Das Bewußtsein der Legitimität dieser aktiven Weitergabe der Isolationsangst wird erstens durch die Verinnerlichung eines allgemeinen und deshalb höchst normal erscheinenden kulturellen Verhaltensmusters erzeugt. Zum anderen wird dieses Bewußtsein äußerlich dadurch abgesichert, daß das Isolationsproblem in den Bereichen vieler sozialer Berufe auch eine *objektive Realität* ist.

Während die meisten Mütter, wenn sie dem Kind den Entzug ihrer Hilfe als Strafe für mißliebiges Verhalten androhen, das Kind allenfalls zum Schein momentan im Stich lassen, sieht die Situation für das Kind im Heim oder in der Schule schon ganz anders aus. Im Heim muß es im allgemeinen sehr darum bangen, im Konkurrenzkampf um die Zuwendung der im Schichtdienst aufeinander folgenden Erzieher nicht leer auszugehen. In der Schule ist das Isolationsproblem in der Weise institutionalisiert, daß laufend Selektionsprozesse stattfinden, die praktisch auf Isolierung hinauslaufen. Jede einzelne Benotung entscheidet mit darüber, ob man in der Gruppe der Aussichtsreichen bleiben darf oder nach unten zu den Gehandikapten gestoßen wird. Beständig selektiert der Lehrer in «in» und «out». Er muß bereits aus objektiven Gründen unablässig indirekt Isolationsschocks austeilen. Die Schüler erleben im Lehrer die personifizierte Entscheidungsinstanz über ihr soziales Schicksal. So werden sie zu der Phantasie verleitet: Nur wenn er mich mag, wird er mich nicht nach unten absondern. Und er wird mich nur mögen, wenn ich ihn liebe und ihn bedingungslos bestätige. Der Lehrer braucht demnach nur in dieses Erwartungsschema einzusteigen, um seine etwa in ihm bereitliegende Tendenz, die Isolationsdrohung als Mittel im Dienste seines eigenen Isolationskonfliktes zu handhaben, zu verwirklichen. Die soziale Realität ist also darauf zugeschnitten, daß er seine etwaigen angstneurotischen Bedürfnisse ohne weiteres mit seinen objektiven Rollenfunktionen verknüpfen kann.

In anderen sozialen Tätigkeiten wie etwa in der Psychotherapie, in der Erziehungsberatung oder in der Familienfürsorge besteht ein objektives Isolationsproblem für die Klienten in dem großen Mißverhältnis zwischen dem quantitativ sehr hohen Bedarf an solchen Diensten und der viel zu geringen Zahl derjenigen, die derartige Hilfe anbieten. Eine Familienfürsorgerin z. B., die – wie häufig – allein einen Sektor von 5000 bis 10000 Bürgern einer Stadt zu betreuen hat, kann sich nur um wenige hilfsbedürftige Familien wirklich intensiv kümmern. Wer das Glück hat, ihrer besonderen Zuwendung teilhaftig zu werden, steht unter einem Zwang, sich willfährig um die Pflege dieses geschenkten Kontaktes zu bemühen. Eine ähnliche Bereitschaft zu einem gefügigen Wohlverhalten wird denen nahegelegt, die nach oft mehrmonatigen Wartefristen endlich in das Sprechzimmer einer Erziehungsberaterin oder eines Psychotherapeuten vorgelassen werden. Das unwahrscheinliche Privileg, nach einem Untersuchungsgespräch sogar für eine regelrechte psychotherapeutische Behandlung angenommen zu werden, stimuliert natürlich noch obendrein die Neigung, sich mit submissiver Liebenswürdigkeit für die erfahrene Auszeichnung zu bedanken. Speziell die Vergünstigung, eine analytische Psychotherapie angeboten zu bekommen, ist für viele eine einzigartige Chance, die zu verspielen ihnen als Katastrophe erscheinen würde. Hier kann man nicht, wie in der Körpermedizin, ohne weiteres zum nächsten Arzt um die Ecke gehen, wenn man von einem Mediziner enttäuscht wird. Entweder dieser Psychotherapeut oder überhaupt keine psychotherapeutische Hilfe – das ist doch für die meisten Patienten mit seelisch bedingten Störungen das Alternativproblem. Also ist die Angst, den einmal gefundenen Therapeuten wieder zu verlieren, oft von der lokalen Situation her vollauf begründet. Somit fällt dem Repräsentanten solcher sozialen Mangelberufe eine außergewöhnliche Machtstellung zu, die wiederum als eine soziale Determinante hinzukommen kann, um die Gefahr der Manipulation der Klienten durch Trennungsdrohungen zu erhöhen.

Diverse psychologische Momente addieren sich zu diesen materiellen Sozialfaktoren hinzu. In einer psychologischen Beratungs-, Betreuungs- oder Behandlungstätigkeit wirkt sich ähnlich wie bei seelsorgerischen Tätigkeiten der Umstand aus, daß sich die Klienten speziell an einen Partner zu fixieren neigen, dem sie von sich diverse Fehler und Sünden berichten, die ihnen bislang große Schuldgefühle bereitet haben. Vielfach ist der Betreuer überhaupt der erste, der diese peinlichen Geheimnisse zu hören bekommt. Die angestauten Schuldgefühle verkehren sich aus den früher allgemein erörterten Gründen leicht in Straferwartungen, die sich an die Person des Betreuers knüpfen: So wie ich mir innerlich diese Mängel und Fehlhandlungen vorwerfe, so wird er mich – wenn er diese Geständnisse zu hören bekommt – verabscheuen oder gar zur Strafe hinauswerfen. Indem der Betreuer indessen diese Erwartung nicht erfüllt, steigert sich die innere Abhängigkeit des Klienten mitunter in exzessivem Ausmaß. Dies kann dazu führen, daß der Klient willig Sanktionen aller Art in Kauf zu nehmen bereit ist, ja daß er sogar vom Betreuer bestraft werden *möchte*, um seinen Selbsthaß durch ein Bußverhalten beschwichtigen zu können. Die aus Schuldgefühlen gespeiste Hörigkeit gegenüber einem professionellen Partner, dem man seine verwerflich erscheinenden Gedanken und Handlungen verrät, kann zu schlimmen Konsequenzen führen, wenn dieser Partner die ihm signalisierte Wehrlosigkeit mißbraucht. Man denke an die nicht ganz seltenen Fälle, in denen Geistliche, sogar Beichtväter, eine seelsorgerische Beziehung in ein geheimes sexuelles Verhältnis umwandeln. Ich kenne Frauen, die auf diese Weise von Seelsorgern in katastrophale und ausweglos erscheinende Konfliktsituationen manövriert worden sind. Aber ohne daß es zu derart massiven konkreten Fehlhandlungen kommen muß, können sehr viel feinere und auf die Ebene der rein verbalen Kontakte beschränkte Manipulationen stattfinden, die nicht viel weniger folgenschwer sind. Schuldgefühle sind jedenfalls geeignet, den Anpassungsdruck durch Isolationsangst noch um ein Mehrfaches zu steigern.

Die besondere psychologische Macht des *Arztes* schließlich ist in der Todesangst der Patienten begründet. Es ist ungemein schwer, ja fast unmöglich, sich mit demjenigen kritisch auseinanderzusetzen, dem man zumindest in der Phantasie die Macht zuerkennt, das eigene Leben zu verlängern oder auch – wenn er wollte – indirekt zu verkürzen. Je ernsthafter ein Kranker um seinen Gesundheitszustand fürchtet, um so williger ist er, sich diesem potentiellen Retter hundertprozentig physisch und psychisch in die Hand zu geben. Viele nehmen im ärztlichen Sprechzimmer kleinlaut und gefügig Herausforderungen hin, vor denen sie in keiner sonstigen Situation je zu Kreuze kriechen würden. Nur ihr «Herr über Leben und Tod» darf mit ihnen machen, was er will. Umgekehrt bedeutet dieses Angebot an den Arzt für diesen eine gefährliche Versuchung, die passive Fesselung der Patienten an ihn durch entsprechende Manipulationen aktiv zu verstärken.

Dieser Exkurs erschien nützlich, um gewisse objektive soziale Bedingungen in der Beziehung zwischen Betreuern und Klienten in diversen sozialen Berufen klarzustellen, die von mangelhaft kontrollierten Betreuern ausgenutzt werden können, um ihre eigenen Ängste durch Forcierung der Abhängigkeitsbindung der Betreuten zu beschwichtigen. Es sei aber wiederholt, daß ein solches manipulatives Verhalten sich keineswegs automatisch aus dem Wunsche einer engen emotionellen Identifizierung mit den Klienten ergibt. Meistens ist eine eigene neurotische Traumatisierung durch besonders intensive Trennungsschocks in Verbindung mit einer mangelhaften Selbstkontrolle die Ursache dafür, wenn Betreuer bedenkenlos an ihren Klienten Mechanismen ausagieren, wie sie am Modellfall der angstneurotischen Familie beschrieben worden sind.

Unter den von BECKMANN aufgedeckten Motivationen von Betreuern seien nun noch diejenigen näher betrachtet, die durch das Moment der Komplementarität bestimmt sind. Hier geht es also darum, daß Betreuer sich Klienten wünschen, die in irgendeiner Weise zu dem Bilde in einem Gegensatz stehen, das sie von sich selbst haben. Das eine Beispiel ist die von BECKMANN ermittelte Vorliebe mancher zwangshaft strukturierter Therapeuten, sich am liebsten mit triebhaft spontanen Patienten in einer Behandlung zusammenzutun. Das andere Beispiel ist die umgekehrte Version: Eher impulsive, leicht aus sich herausgehende Betreuer bevorzugen besonders zurückhaltende, überkontrollierte Gegentypen als Behandlungsfälle. Bei genauerem Studium solcher komplementärer Beziehungen erkennt man in diesen meist Rollenverhältnisse von der Art, daß Betreuer in den Klienten eine Repräsentanz von Idealen suchen, die sie selbst nicht realisieren konnten, oder umgekehrt von negativen Merkmalen, die sie mit Mühe dadurch in sich unterdrükken, daß sie diese bei Partnern finden und zum besonderen Gegenstand ihrer beruflichen Beschäftigung machen können.

Es handelt sich dabei in der Tat um genau diejenigen Rollentypen, die in der Eltern-Kind-Beziehung als Grundformen narzißtischer Projektion bekannt sind[68, 69]. Es geht darum, daß ein Elternteil – oder ein Betreuer – ein Kind – oder einen Klienten – sucht, der ihn nach der positiven Seite hin ergänzt, dann wird der Partner zum *Substitut seines Ich-Ideals*. Oder der Elternteil oder der Betreuer sucht jemand, der ihm quasi seine negative Seite «abnimmt». Dann macht er den Partner zum *Substitut seiner verdrängten negativen Identität*. Über die genaueren psychologischen Voraussetzungen dieser sogenannten psychosozialen Abwehrformen sind an anderer Stelle ausführliche Angaben gemacht worden. Hier möge es genügen, diese Motivationen im Bereich sozialer Arbeit kurz aufzuzeigen und ihre Bedeutung für die Interaktionsprozesse zu bedenken.

Wer von dem besonderen Interesse bestimmt wird, in einer sozialen Tätigkeit andere zu begleiten und zu fördern, die seine eigenen gescheiterten oder zumindest nur mangelhaft realisierten Ambitionen erfüllen, der wird natürlich am liebsten solche Partner erziehen, beraten, trainieren oder therapieren, die entsprechend besonders begabt sind oder auch bereits einen höheren sozialen Status innehaben. Umgekehrt werden sich diejenigen, die sich in ihrer sozialen Tätigkeit eher mit Repräsentanten ihrer eigenen negativen Identität zusammentun möchten, vorzugsweise an sozial Schwache, Benachteiligte, Gescheiterte heranmachen.

Der Wunsch, in einer sozialen Tätigkeit Partner zu betreuen, die komplementäre Merkmale haben, ist an sich weder als Vorteil noch als Nachteil für die Arbeit zu betrachten. Wiederum ist es für die Beurteilung entscheidend, inwieweit ein Betreuer solche Bedürfnisse so weit kontrollieren kann, daß er die Betreuten nicht einseitig und definitiv auf eine Rolle festlegt, die gerade zu seinen eigenen Konflikten paßt.

Prinzipiell einfacher zu gestalten sind für den Betreuer solche Beziehungen, in denen er bei seinen Partnern Merkmale sucht, die ihn selbst nach der positiven Seite hin ergänzen. Ein derart beschaffener Lehrer kann von dieser Motivation aus z. B. Schüler besonders fördern, und es wird ihm große Genugtuung bereiten, wenn er sie zu Erfolgen stimulieren kann. Es gibt Therapeuten, die selbst eher zwanghaft zurückhaltend sind und denen es in der Therapie Genugtuung bereitet, wenn sie Patienten begleiten können, die mit wachsender Spontaneität und Risikofreude ihr Leben meistern. Mit Befriedigung erleben sie diese «Ergänzung» durch einen Partner, dem sie fortgesetzt bei der Verwirklichung von Merkmalen zuschauen und behilflich sein können, deren Entbehrung sie dadurch leichter verschmerzen. Indem «ihr» Klient das kann, was sie nicht können, aber insgeheim möchten, ist es indirekt auch ihr Erfolg. Sie überwinden das Leiden an ihrer Unvollständigkeit mit Hilfe einer «projektiven Identifizierung». In der Phantasie sind sie mit dem Klienten so verbunden, daß seine Fortschritte auch ihre diesbezüglichen Mängel lindern. Dies ist also eine andere Beziehungsstruktur als die zuvor genannte, bei welcher der Betreuer und der Klient gewissermaßen im Gleichschritt parallel an denselben Problemen arbeiten, wobei der Betreuer sowohl die Schritte des Klienten unterstützt, wie er sich selbst insgeheim noch über die gleichen Hindernisse hinwegzubringen versucht, die er bislang noch nicht bewältigt hatte. In der komplementären Beziehung überläßt der Betreuer dem Betreuten die Verwirklichung bestimmter Wunschqualitäten. Es reicht ihm aus, daß der Partner stellvertretend für ihn bestimmte Ziele erreicht.

Schwieriger ist die Kooperation mit Partnern, die auf der Seite der «negativen Identität» liegen. Denn hier ist es für Betreuer naturgemäß sehr anstrengend, eine kontinuierliche und verläßliche Bundesgenossenschaft einzugehen. Solange die Betreuer bei sich selbst bestimmte Züge sehr fürchten, die sie bei den Betreuten suchen, können sie ihre Partner nie vorbehaltlos bejahen. Sie sind infolge ihrer Zwiespältigkeit immer in Gefahr, die Betreuten einmal an sich heranzuziehen, ein anderes Mal wieder von sich wegzustoßen. Es ist die Zwiespältigkeit der Sündenbock-Beziehung: Man sucht den Sündenbock, aber man möchte ihn eben doch, wie beim alten israelischen Versöhnungsfest, periodisch in die Wüste schicken. Eine verläßliche und hilfreiche Kooperation hat zur Bedingung, daß der jeweilige Betreuer seine eigene negative Identität allmählich doch zu akzeptieren lernt. Er muß sich mit den gefürchteten schwachen oder scheinbar bösen Komponenten des eigenen Selbst versöhnen, anstatt zu erwarten, daß irgendwelche defekte Klienten ihm diese Versöhnung dadurch bringen, daß sie seine Probleme irgendwohin in die Wüste davontragen.

Es erscheint nützlich, sich eingehender zu fragen, welche primären Motive bei denjenigen wirksam sind, die sich ihre Klienten ausgerechnet in den Bezirken sozial diskriminierter Minderheiten suchen. Die Wichtigkeit dieser Fragestellung ergibt sich allein schon aus der allgemein bekannten Erfahrung, daß in den letzten Jahren viele infolge ihrer naiven und unkritischen Vorstellungen in der Arbeit mit Drogengefährdeten, delinquenten Jugendlichen, Obdachlosen und anderen Randgruppen gescheitert sind. Es ist gewiß richtig, daß man in diesen Arbeitsfeldern zugleich auf Brennpunkte gesellschaftlicher Mißstände und gesellschaftlichen Versagens stößt, wo eine soziale betreuerische Tätigkeit von einzelnen oder auch von Gruppen nur bis zu einer gewissen Grenze effektiv sein kann. Bemerkenswert ist aber, daß zahlreiche Projekte nicht einmal innerhalb dieser Grenzen eine dauerhafte Kooperation mit den Betroffenen aufbauen konnten und daß man mancherorts nach einigen ungestümen und überschießenden Ansätzen die Betreuten in einer noch schlimmeren Isolation als vorher zurückgelassen hat. Viele haben in der Tat kapituliert, noch lange bevor der Gegendruck provozierter administrativer oder politischer Kräfte sie dazu nötigte.

Es ist sicher korrekt, wenn heute oft von denen gesagt wird, die sich aus solchen sozialen Tätigkeitsfeldern zurückgezogen haben, daß sie seinerzeit die politisch-gesellschaftlichen Faktoren falsch eingeschätzt hätten, denen die von ihnen betreute Klientel ausgesetzt ist. Aber diese falsche Einschätzung ergab sich, so läßt sich wohl heute sagen, weniger daraus, daß man zuwenig über Politik nachgedacht hat, vielmehr daraus, daß man die eigenen inneren Schwierigkeiten undurchschaut mit den politischen Vorstellungen vermischte.

Auf der Welle der großen Protestbewegung ergab sich für Massen von jungen Leuten die im Hintergrund undurchschaute Hoffnung, ihre inneren Konflikte zugleich mit echten äußeren Mißständen in unserer Gesellschaft zu bereinigen. In die Phantasie einer radikalen revolutionären Aufräumungsaktion mischte sich insgeheim die Vorstellung, man könnte sich dadurch selbst von allem Negativen befreien, das man unbewußt in sich angesammelt hatte. Verbreitet war eine magische Vorstellung, die der Sintflut-Idee sehr nahe kam: Man müsse nur alles umstürzen, um zugleich das Böse in der Welt wie in sich selbst zu tilgen und danach in totaler Reinheit neu anfangen zu können. Bezeichnend war, daß sich gerade in den Brennpunktfeldern isolierter, diskriminierter Außenseitergruppen vor allem solche für eine soziale Tätigkeit meldeten, denen auffallende Merkmale von Moralismus und Skrupulösität anhafteten. Sie suchten die Bezirke auf, in denen sich die gesellschaftliche Schuld in der Tat am prägnantesten niedergeschlagen hatte, wo Menschen bestraft, erniedrigt, gettoisiert worden waren. Durch die Korrektur dieser Mißstände erhofften sie sich zugleich eine Befreiung von ihren eigenen inneren Schuldproblemen.

Es zeigte sich aber nun, daß die undurchschaute Vermischung der eigenen Rettungswünsche mit den Zielen einer praktischen Arbeit gefährlich war. Die Betreffenden gerieten genau an den Punkt, der bei der Projektion der eigenen negativen Identität in einer sozialen Tätigkeit sehr häufig eine Krise heraufbeschwört:

Wenn man in sich die Dispositionen haßt, deren krasse Manifestation man nun in einer Klientengruppe vorfindet, dann kann man in der Regel eine positive Beziehung zu den Betreuten nur unter der Bedingung durchhalten, daß man mit diesen gemeinsam gegen Außenfeinde vorgeht, die man für die ganze Misere verantwortlich macht. Die Chance, sich auf diese Weise aggressiv nach außen zu entlasten, ist eine Voraussetzung dafür, daß man den Anblick der schlimmen Verhältnisse ertragen kann, die man in dem unmittelbaren Arbeitsfeld vorfindet. Ohne diese Möglichkeit einer Kanalisierung der Aggression nach außen schlägt die Beziehung des Betreuers zu den Betreuten bald leicht in eine spannungsvolle Ambivalenz um. Es ängstigt den Betreuer, wenn er täglich ohnmächtig und ratlos Erscheinungen von Soziopathie, Chaos, unkontrollierter Triebhaftigkeit, Delinquenz oder dergleichen anstarren muß, die im Grunde genau das repräsentieren, was er in sich selbst niederhält und mit großer Schuldangst besetzt hat. Gerade weil er diese Merkmale ja in sich so sehr fürchtet und haßt, ist er hierhergekommen, um das Übel dieser Menschen zugleich mit seinem eigenen inneren Übel auszutreiben. Und deshalb drängt es ihn eben, alle diese Übel äußeren Übel-Tätern, nämlich den Repräsentanten unterdrückender Herrschaft anzulasten und mit deren Vertreibung alle Probleme auf einmal zu lösen. Aber wenn man nun statt an die Zentren der Macht der nur bis zu den unschuldigen Sachbearbeitern, Referenten und allenfalls Abteilungsleitern der Sozial-, Jugendhilfe-, Gesundheits-, Arbeitsamts- und Wohnungsamtsbürokratie vordringt, dann muß man einsehen, daß man sein Problem nicht an diese Bürokratiefunktionäre abtreten, sondern es allenfalls mit diesen teilen kann.

So mußten denn viele Betreuer in die Obdachlosensiedlungen, in die Gefängnisse, in die Drogenberatungsstellen und Heime zurückgehen und sich entscheiden, ob sie sich nun wirklich zutrauten, mit ihren Klienten in täglicher Kleinarbeit umzugehen. Sie wurden damit indirekt auf sich selbst zurückgeworfen, nämlich auf das Spiegelbild ihrer verhaßten negativen Identität in einem sozialen Feld, das sich zunächst nicht von Grund auf kurieren ließ. Damit wurde ihre Durchhaltefähigkeit auf die schwerste Probe gestellt.

Für eine Weile läßt sich der Versuch machen, die angsterregenden diskriminierenden Verhaltensweisen bei den Partnern wegzuillusionieren. Man möchte sich einbilden: Diese Menschen sind gar nicht schwer geschädigt. Hier gibt es gar keine Soziopathie oder Destruktivität, vor der man sich fürchten oder ekeln müßte. Aber auf die Dauer kann man die Betroffenen nicht nur in schönfärbender Weise so sehen, wie man sie auf Grund der angstbesetzten Verleugnungsbedürfnisse sehen möchte. Und dann kann man mit ihnen nur gern und intensiv weiterarbeiten, wenn man sich auch selbst nicht mehr für besser halten muß als man ist bzw. wenn man sich die eigenen Schwächen verzeihen kann, für die man sich bisher insgeheim verdammte. Der Abbau des persönlichen moralistischen Selbsthasses ist jedenfalls eine Voraussetzung dafür, daß man im Sinne des Wortes den Be-treuten auch wirklich die Treue halten kann. Dauerhafte wirksame Zusammenarbeit setzt voraus, daß der Betreuer seine Klienten auch so gern hat, wie sie sind. Sie können in ihm dieses positive Gefühl wecken, wenn er ihr Bild in sich vorbehaltlos aufzunehmen und wenn er umgekehrt sein Bild von sich in ihnen so abzuspiegeln vermag, daß dieser Austausch Befriedigung und keine unerträglichen Spannungen stiftet.

Wer als Betreuer diesen inneren Prozeß, nämlich die Aussöhnung mit seiner eigenen negativen Identität, nicht zustande bringt, der sollte sich lieber bald aus der Arbeit mit negativ stigmatisierten Außenseiterklienten zurückziehen. Sonst droht er, deren Feind zu werden, die er retten wollte. Der Ausweg, den inneren Selbsthaß dauerhaft auf antiautoritär verfolgte Außenfeinde abzuladen, hat sich als trügerisch erwiesen. Man kann die politischen Hintergründe der Außenseiterdiskriminierung nicht vereinfachend auf bestimmte personalisierte Feindbilder reduzieren (hassen kann man aber letztlich immer nur Personen oder Gruppen, nicht hochkomplexe anonyme soziale Strukturen).

Wer es indessen fertigbringt, sich mit sozial negativ stigmatisierten Klienten durch alle Schwierigkeiten hindurch dauerhaft zu verbünden, der kann eine eigenartige Erfahrung machen. Er kann nämlich lernen, daß diejenigen Menschen, die auf Grund unserer anal gefärbten kulturellen Normen am meisten entwertet und am tiefsten geächtet zu werden pflegen, häufig über unerwartete menschliche Qualitäten verfügen, die ihm vorher nur deshalb entgangen waren, weil er insgeheim durch die allgemeinen gesellschaftlichen Vorurteile angesteckt war. Und es mag ihm passieren, daß der Umgang mit diesen Qualitäten ihm selbst hilft, offener, toleranter und menschlicher zu werden. Am untersten Rand der sozialen Schichtenskala wuchern mangelhaft kontrollierte Triebhaftigkeit, Suchtgefahr, offene Aggressivität – lauter Züge, deren vorbehaltlose Verabscheuung zu den selbstverständlichen Zielen jeder bürgerlichen Erziehung gehört. Aber wenn man lernt, diesen Verhaltensmustern nicht mit der üblicherweise anerzogenen automatischen Defensiv- bzw. Strafhaltung zu begegnen, kann man in diesen sozialen Gruppen auch ganz andere Züge bemerken. Da sieht man plötzlich, daß die mit dem Stigma der Asozialität oder der Soziopathie diskriminierten Menschen mit der gleichen Echtheit und Direktheit, mit der sie z. B. ihre aggressiven Impulse ausdrücken, auch Zutrauen, Wärme und Liebe zeigen können, wie man sie sonst in dieser Ungebrochenheit und Unmittelbarkeit kaum findet. Die reduzierten Fähigkeiten zur Impulskontrolle, zur verbalen Verschleierung, zur Stilisierung und Ritualisierung der Umgangsformen verhelfen diesen Menschen dazu, daß sie auf der positiven Seite ihrer Gefühle ein Maß an Freundlichkeit, Wärme, auch Zärtlichkeit ausströmen können, das auf bürgerlich erzogene Mittelschicht-Partner geradezu beschämend zu wirken vermag. In enger Kooperation mit solchen Menschen kann man lernen, daß diese – wie unbequem das auch immer sein mag – mit großer Ehrlichkeit und ungewohnter Direktheit stets ihre emotionellen Reaktionen darstellen. Es kommt für den Betreuer nur erst einmal darauf an, sich beharrlich und uneingeschüchtert anzunähern und dazu beizutragen, die von beiden Seiten her vorhandene Schranke von Mißtrauen und schichtspezifischen Vorurteilen zu überwinden. Ist die Annäherung geglückt, stellt sich die Frage, ob der Betreuer nicht nur seine Ängste vor den ihm hier begegnenden besonders drastischen Äußerungsweisen einschränken kann, sondern ob er auch in sich die Fähigkeit besitzt bzw. wiederbeleben kann, auf die ihm hier angebotenen Kommunikationsmuster einzugehen. Dazu gehört, daß er wieder lernt, ganz einfach zu sprechen, seine Gefühle besonders offen zu zeigen und auf die üblichen erlernten Taktiken zu verzichten, mit denen man in der Mittelschicht darauf hinzielt, sich weitgehend vor seiner Umwelt zu verbergen, Gesprächspartner auf Distanz zu halten und sich immer wieder in eine bequeme Unverbindlichkeit und Anonymität zu flüchten. In diesem sozialen Feld kann er besser als sonst irgendwo erfahren, wieviel Unehrlichkeit, Theater, zumindest verschleiernder Formalismus in dem üblichen sogenannten kultivierten Umgangsstil steckt, der dem bürgerlichen Normenkodex entspricht. Mit sogenannten Problemfamilien der Unterschicht oder der sozialen Randschicht kann man nur kooperieren, wenn man auf sie mit einer ganz bestimmten Spontaneität, Direktheit und Eindeutigkeit im Ausdruck reagieren kann, die sie verstehen. Sie müssen sich sicher fühlen, daß man bereit ist, ein Stück weit in ihre Welt hineinzugehen. Dazu gehört auch konkret, daß man in ihrer Siedlung, in ihren Wohnungen und vielleicht auch in ihren Kneipen mit ihnen redet – aber nicht nur redet, sondern auch hier und etwas Gemeinsames praktisch tut.

Verfolgt man diesen Weg konsequent, kommt immer irgendwann der Punkt, an dem der Betreuer die Arbeit mit diesen sozial negativ stigmatisierten Klienten nicht mehr als besonders anstrengend oder gar quälend empfindet, sondern zugleich als eigenartig erholend und stärkend. Man kann wohl sagen, daß außer Schizophrenen keine andere soziale Gruppe in ähnlichem Maße wie die Verfemten der sozialen Randschicht einen Betreuer dazu zwingen oder – anders, besser gesagt – darin unterstützen, sich als Mensch absolut ungeschminkt und unverdeckt darzustellen. Hier kann man sich nicht hinter irgendeiner professionellen Technik verstecken. Versucht man, sich nur als quasi austauschbarer Agent einer fachlichen Methode anzubieten, wird man als Partner verworfen. Das besagt natürlich nicht, daß man auf Methoden verzichten müßte oder daß man gar ungesteuert zu agieren hätte. Man kann und muß in diesem sozialen Feld genauso überlegt und planvoll arbeiten wie irgendwo sonst. Aber man muß zugleich für die Betroffenen jederzeit als Person unmittelbar greifbar bleiben. Sie wollen stets genau spüren, mit was für einem Menschen sie es zu tun haben und ob er sie auch wirklich mag und trotz aller möglichen Komplikationen zu ihnen halten wird.

Es ist ganz offenkundig, daß es prinzipiell möglich ist, selbst in diesem Klientenbereich von differenzierten psychoanalytischen Erkenntnissen Gebrauch zu machen. Nicht nur, daß man selbst das mitunter schockierende Verhalten der Klienten um so eher ertragen kann, je besser man dessen unbewußte Hintergründe versteht, sondern man kann mit den Betreuten auch durchaus effizient über bestimmte psychodynamische Zusammenhänge wie Projektionen, Reaktionsbildungen, Überkompensation oder dergleichen sprechen. Auch diese Menschen verfügen über ein intuitives Verständnis für die Wirksamkeit der geläufigen Abwehrmechanismen. Es ist nur wichtig, daß man mit allen Erläuterungsversuchen ganz dicht an den Phänomenen des konkreten praktischen Verhaltens bleibt. Und es ist ferner nötig, daß man nicht in irgendwelche aktuellen impulsiven Reaktionen hineindeutet, in denen die Betreuten unfähig sind, auf der interpretativen Ebene zu kooperieren. Natürlich ist es für den Betreuer eine sinnvolle Aufgabe, solche Klienten, die infolge ihrer Kontrollschwäche immer wieder unter den Einfluß selbstschädigender Impulse geraten, darin zu unterstützen, daß sie ihre Ziele planvoller und durchhaltefähiger verfolgen können. Die Betreffenden werden sich ja z. B. den üblichen Bedingungen der Arbeitswelt nur gewachsen zeigen, wenn sie bis zu einem gewissen Grade Enttäuschungen und Spannungen ertragen können, ohne automatisch je nachdem resignativ verzagt oder rebellisch aufsässig reagieren zu müssen. Sie müssen den Mut und das Selbstvertrauen gewinnen, daß sie auch durch Komplikationen hindurch beharrlich auf der Linie sinnvoller Vorsätze bleiben und ihr eigenes Leben und das Leben in ihren Gruppen in Kontinuität aufbauen können.

Nichtsdestoweniger mag sich der Betreuer zu einer gründlichen kritischen Revision seiner Vorurteile veranlaßt fühlen, die ihn ursprünglich Klienten aus dieser sozialen Kategorie aufsuchen ließen. Er mag mehr als zuvor bezweifeln, ob die ihm anerzogenen Ideale und Techniken einer hochgradigen Triebkontrolle und «Kultivierung» des Verhaltens nicht auch eine erhebliche Einbuße an Echtheit und Offenheit implizieren. Die kulturell eingeübte Verherrlichung von Selbstbeherrschung und Selbstüberwindung bzw. die Verteufelung von Unbeherrschtheit und dranghaftem Agieren wird ihm um so problematischer erscheinen, je mehr sein Gefühl von Überlegenheit und Selbstgerechtigkeit gegenüber denen schwindet, die genau das repräsentieren, was er in sich und außerhalb zu verteufeln gelernt hat.

Damit verändert sich die ursprüngliche Komplementarität der Rollenbeziehung erheblich. Der Betreute verändert seine ursprüngliche Bedeutung als projiziertes negatives Gegenbild des Betreuers. Er hört auf, nur das zu sein, was der Betreuer gerade nicht sein möchte bzw. nicht sein zu dürfen glaubt. In gewissem Maße bekommt der Klient sogar Züge eines positiven Ergänzungspartners, an dem und durch den der Betreuer eigene Ideale wieder aufdecken kann, die in ihm verschüttet waren. Das heißt, in dem Prozeß der Zusammenarbeit modifiziert der Betreuer sein Selbstbild. Zugleich mit der Differenzierung seines Verhältnisses zum Klienten kann er im günstigen Falle ein wesentliches Stück seiner Ängste abbauen, die bisher den negativ stigmatisierten Anteilen seines eigenen Selbst galten. Er benötigt deshalb den Klienten nicht mehr als eine Art von Sündenbock, der ihn entlasten müßte von dem unerträglichen Druck eigener Selbstvorwürfe. Und er braucht deshalb auch nicht mehr aus innerem Zwang heraus äußere Feindfiguren, um sein Verhältnis zum Klienten vor einer gefährlichen Ambivalenz schützen zu müssen. So kann also ein Betreuer durch die Arbeit mit einem Klienten, der ursprünglich seine negative Identität repräsentierte, schließlich sehr Wesentliches über das ihm bislang verborgene Maß von Selbstentfremdung erfahren, das ihm der Betreute zu offenbaren hilft. Dieser modellhafte Vorgang kann in einer repräsentativen Bedeutung verstanden werden.

Die klinischen Betrachtungen dieses Buches begannen bei der Isolation und bei Isolationsschäden von Gruppen, die weitab von «uns» liegen, das heißt von den Normalen bzw. von denen, die anderen aus ihrer Isolation bzw. aus ihren Isolationskrankheiten heraushelfen wollen. *Die jeweils sozial Mächtigeren verarmen überall in den Qualitäten des Erlebens, die sie an die Schwächeren delegieren, die sie manipulieren. Die Mutter, die sich die Abhängigkeit ihres Kindes erhalten will, korrumpiert sich durch die manipulativen Taktiken, die sie dazu benötigt. Der Mann bezahlt mit dem Verlust an emotioneller Offenheit und Hingabefähigkeit dafür, daß er von der Frau die Abtretung wesentlicher Teile ihrer Selbstbehauptungskraft verlangt. Mit dem Aufstieg innerhalb des hierarchischen Systems unserer Sozialstruktur geraten Züge wie Integrität, Echtheit, menschliche Offenheit immer mehr in Gefahr.* Das erlebt in Grenzen der einzelne, dem eine berufliche Karriere gelingt und der bei wachsendem «Einflußreichtum» seiner Position erkennt, daß der Druck von Macht und Verantwortung immer mehr die Voraussetzungen für spontanes, unbefangenes und ungebrochenes Kommunizieren einengt (s. Kap. 10).

Solche Feststellungen sollten nicht in der Richtung mißverstanden werden, als böte sich hier eine Theorie an, die sozial am meisten manipulierten, eingeschränkten und eventuell sogar diskriminierend ausgeschlossenen Gruppen für ihre Entmündigung damit zu trösten, daß die sozial privilegierten Gruppen zum Ausgleich ein anderes Leid zu tragen hätten. Es geht vielmehr um den Hinweis, daß die in den letzten Jahren verstärkt auch von sozialpsychologischer Seite aufgenommene Analyse von Desintegrationsphänomenen in unserer Gesellschaft nicht dazu führen sollte, daß man immer nur die Defekte «sozial unten» sucht. Es ist wichtig zu erkennen, daß sich das Problem der künstlichen Isolation und eines Überschusses an Isolationsangst auf allen sozialen Ebenen wiederfindet. *Jede soziale Gruppe verliert ein Stück ihrer Identität an eine andere Gruppe, die sie zu dominieren beansprucht.* Was der soziale Betreuer als Einzelperson bei seinem sozial negativ stigmatisierten Klienten bemerkt, ist repräsentativ für das Verhältnis zwischen den Gruppen, denen beide angehören. Der Betreuer erlebt sich überlegen in der Verfügung über ein breites Repertoire an Techniken der Daseinsbewältigung. Aber er fühlt sich auf der anderen Seite klein und beschämt gegenüber der Unmittelbarkeit und Echtheit in der Äußerung von Liebe und Haß, von Angst und Verzweiflung, die er seitens des Partners erfährt. Es geht ihm auf, daß in der sozial entwerteten «Primitivität» eine Qualität von Menschlichkeit steckt, von der er sich durch die Assimilation eines ausgedehnten Systems von ritualisierten Mustern des sozialen Benehmens erheblich entfernt und entfremdet hat. In dem geschilderten Prozeß der Zusammenarbeit zeigt sich ein Weg, in dem beide sich wechselseitig helfen können, ein Stück der eigenen Isolation aufzuheben und jeder für sich vollständiger zu werden.

9. Kapitel
Aber die Institution drängt die Betreuer,
sich von den Betreuten
und von sich selbst zu entfremden

Im letzten Teil ging es vornehmlich darum, aus welchen unbewußten Motiven jemand eine soziale Tätigkeit sucht und wie diese Motive sich auf seine Tätigkeit auswirken. Nur randständig war von institutionellen Bedingungen die Rede, die von außen her gewissen Motiven entgegenkommen. Die künstliche Einengung des Gesichtsfeldes in dem vorangegangenen Abschnitt sollte indessen die Tatsache nicht vergessen lassen, daß die meisten sozialen Tätigkeiten in einem institutionellen Rahmen erfolgen, der den ursprünglichen Motiven von Klient und Betreuer nur eine sehr beschränkte Auswirkung ermöglicht. Freilich ist der institutionelle Druck unterschiedlich in Spontangruppen, in der Einzel- oder Gemeinschaftspraxis oder in öffentlichen Anstalten. Überwiegend findet soziale Tätigkeit wie auch bereits die Ausbildung für diese in öffentlichen Einrichtungen statt. Und es ist nun zu fragen, wie es die Institutionen bewirken, daß die jungen Anwärter sozialer Berufe sich üblicherweise mehr und mehr von den Klienten entfremden, mit denen eng zu kooperieren ihr ursprüngliches Motiv war. Denn man muß ja von dem Tatbestand ausgehen, daß die im vorigen erläuterten Gefahren überenger Bindungen zwischen Betreuern und Betreuten nur eine vergleichsweise begrenzte Bedeutung haben, während eine zunehmende Isolierung beider Seiten voneinander ein noch schwerer wiegendes Problem darstellt, das größte Beachtung und eine intensive Suche nach Abhilfe verdient.

Wenn in den meisten institutionalisierten sozialen Diensten ein Druck ausgeübt wird, der einem nahen Verhältnis zwischen Betreuern und Betreuten entgegenwirkt, so setzt sich damit nur ein Einfluß fort, der bereits in der vorbereitenden fachlichen Ausbildung eine Rolle gespielt hat. Wer Lehrer werden will, erfährt viel von den Unterrichtsgegenständen und von Didaktik, sehr viel weniger über die Kinder, mit denen er später umgehen wird und so gut wie gar nichts über sich selbst und die Bedürfnisse, Konflikte und Ängste, die er teils von sich aus in den Kontakt mit den Kindern einbringen und die zum anderen Teil seine Tätigkeit in ihm hervorrufen wird. Mit Informationen über Gesetze und Verwaltungsvorschriften, über den Aufbau der Administration, über allerhand praxisferne Theorien und Kataloge von technischen Maßnahmen wird der Kopf des künftigen Sozialarbeiters vollgestopft. Wie er die emotionelle Kommunikation mit seinen Klienten gestalten kann, das bleibt ihm allein überlassen, herauszufinden. Bemerkenswert ist auch die lebensferne Ausbildung in den meisten sog. Heilhilfsberufen. Vielerorts werden Pflegekräfte und Heilgymnastinnen durch einen Unterrichtskatalog hindurchgeschleppt, der an ein Medizinstudium in Kleinformat erinnert. Sie lernen fast nur, wie der Mensch als naturwissenschaftliche Sache zusammengesetzt ist und wie diese Sache funktioniert. Aber daß gerade sie einmal speziell in der modernen Medizin die hauptsächlichen Adressaten der Patienten sein werden, die deren Befürchtungen und Konflikte anzuhören und damit in sinnvoller Weise umzugehen haben, davon vernehmen sie nur sehr wenig, obwohl es durchaus auch möglich wäre, in diesem Bereich hilfreiche Orientierungen in einem speziellen Unterricht zu geben.

Wer indessen als Abiturient Psychologie zu studieren beginnt, weil er einmal einen nahen hilfreichen Umgang mit anderen Menschen haben will, der macht an den meisten Psychologischen Universitätsinstituten eine höchst merkwürdige Erfahrung. Es wird ihm klargemacht, daß er zunächst einmal soweit wie möglich innerlich von denen abrücken muß, denen er sich später zuwenden will. Die meisten Lehrer der Psychologie, die an der Universität unterrichten, sind reine Theoretiker und arbeiten höchstens ausnahmsweise praktisch mit Menschen, die wegen psychischer Probleme Rat suchen. Sie steuern ihren Kontakt mit den Studenten üblicherweise in eine Richtung, die ihrer Selbstbestätigung dient. Ohne sich viel darum zu kümmern, daß die meisten Studenten das Fach gewählt haben, um später mit den psychischen Problemen anderer Menschen hilfreich praktisch umzugehen, wünschen sie sich, daß die Studenten sich mit ihrer eigenen Liebe zur Theorie identifizieren. Die Studenten sollen sich für das Zählen und Messen seelischer Leistungen begeistern und dahin gelangen, die Entwicklung, Kontrolle und Anwendung von experimentellen Methoden wichtiger zu finden als den persönlichen Umgang mit Partnern. Was an Menschen «objektivierbar» ist, soll allein als Ansatzpunkt irgendeiner Praxis in Frage kommen. Den

Partner als «Subjekt» soll man möglichst als Phantasma vorwissenschaftlichen Denkens aus dem Bewußtsein streichen. Sein Bedarf an stabilisierender Geborgenheit nötigt den Psychologie-Studenten, seinen Lehrern weitgehend auf diesem Wege zu folgen. Leistungsdruck und Examensängste veranlassen die meisten zum braven Erlernen einer Einstellung, die eher darauf zugeschnitten ist, das innere Gleichgewicht ihrer Lehrer zu stabilisieren, die sie für diese Identifizierung prämiieren.

So verlassen dann eines Tages viele die Universität mit einem Rüstzeug für angehende wissenschaftliche Theoretiker, obwohl nur die allerwenigsten diesen Weg einzuschlagen gedenken. Bei Eintritt in irgendeine Praxis, z. B. in eine klinische Beratungsstelle, müssen sie erst wieder mühsam lernen, sich vom naturwissenschaftlichen Experimentator mit einer wissenschaftlichen Kunstsprache in einen menschlichen Partner zurückzuverwandeln, der sich spontan und herzlich verhalten kann und darüber hinaus imstande ist, sich für seine Klienten einfach und verständlich auszudrücken. Aber die Rückverwandlung zur Offenheit und zur natürlichen Spontaneität wird eben für viele sehr dadurch erschwert, daß sie an der Universität ganz andere Normen assimiliert haben. Nicht wenige glauben deshalb, es ihrem Stande schuldig zu sein, sich z. B. an Beratungsstellen weitgehend auf die Rolle des distanzierten Diagnostikers und Gutachters zurückzuziehen und den eng persönlichen beraterischen Umgang mit den Klienten eher den Sozialarbeitern zu überlassen – nicht ahnend, daß diese auf andere Art genauso lebensfremd ausgebildet worden sind.

Einen ähnlichen Prozeß macht der junge Medizinstudent durch. Er wird im Übermaß eingedeckt mit anatomischen, physiologischen und chemischen Daten, hinter denen der Patient als soziales Wesen weitgehend verschwindet. Aber gerade die Vertreter der sogenannten naturwissenschaftlichen Fächer sind die besonders gefürchteten Orientierungsfiguren während des Studiums. Sie klammern sich – weil sie keine Patienten haben – am engsten an die Studenten. Als es bei der Vorbereitung der neuen Approbationsordnung für Ärzte darum ging, die weit überdimensionierten Ansprüche der rein naturwissenschaftlichen Fächer, vor allem der Anatomie, an Unterrichts(Praktikums-)stunden zurückzudrängen, verteidigte sich ein Vertreter dieser Fächer in entwaffnender Offenheit: «Ihr Kliniker habt doch eure Patienten, deshalb laßt uns Naturwissenschaftlern bitte gefälligst ein paar Stunden mehr für unsere Studenten. Denn was euch die Patienten bedeuten, das sind doch nun mal für uns die Studenten!» Eben das ist es: Der Hochschullehrer, der sonst keine soziale Tätigkeit mit Menschen ausübt, sucht seine Schüler als Kommunikationspartner zur Stärkung seiner inneren Sicherheit. Es ist dies nur eine neue Variante des vielfach zitierten Musters aktiver Isolationsvermeidung. Und man sieht gerade an diesem Beispiel, zu welchen irrationalen Konsequenzen es führen kann, wenn man diese Motivation nicht reflektiert. Auf das Konto dieses undurchschauten Problems kommt es dann, daß sich z. B. im Gerangel um Stundenzahlen eher solche Fächer Stunden abhandeln lassen, in denen die Vertreter neben den Studenten die Klientenpraxis zur Absättigung ihrer sozialen Bedürfnisse zur Verfügung haben.

Ein Vertreter aus dem Kreis der naturwissenschaftlichen Theoretiker bekannte seinerzeit: «Natürlich sehe ich persönlich, daß die jungen Mediziner nicht mehr so viele Unterrichtsstunden in meinem Fach brauchen, aber die Hochschullehrer meines Faches würden mich steinigen, wenn ich auch nur eine Stunde von unseren Forderungen preisgeben würde.» Der bedeutende Biochemiker H. STAUDINGER weist darauf hin, daß die technischen Fortschritte in der automatisierten Laboratoriumsdiagnostik in Kürze dazu führen werden, daß Autoanalysatoren den größten Teil der chemischen Diagnostik in der Medizin übernehmen und die Ärzte von der Notwendigkeit befreien werden, sich die bisher verbindliche Fülle an biochemischem Lernstoff einzuverleiben: «Das heißt doch dann, . . . daß die Studenten, sofern sie zu Ärzten ausgebildet werden sollen, nicht mehr mit dem ganzen chemischen Wissen, das zum Verständnis einer chemischen Analyse nötig wäre, gequält werden sollen . . .» – «Dem Arzt begegnen . . . immer mehr andere Probleme, z. B. die Sorgen des alten Menschen, des sozial nicht angepaßten Patienten und viele andere soziologisch und psychologisch begründete Störungen. Die Ausbildung der Ärzte wird also mehr auf diese Probleme hin ausgerichtet werden müssen»[86]. Nur in hohen Positionen und auf Grund besonderer Courage werden solche Aussprüche gewagt, die sich zu den bekannten Bedürfnissen der engeren Fachkollegen in Widerspruch setzen. Bei der Vorbereitung der neuen ärztlichen Approbationsordnung war es überaus schwer, manche Fächer zu praktischen Konsequenzen aus der Tatsache zu nötigen, daß sie auf Grund der Wandlungen in der Medizin der letzten Jahrzehnte heute nicht mehr ihre frühere dominierende Bedeutung für die ärztliche Ausbildung haben. Nur dadurch, daß im neuen

Medizinstudium nicht mehr alle Vorlesungsstunden, sondern nur noch die Praktikumsstunden normiert worden sind, war es möglich, die Konflikte um die Stundenverteilung am Ende leidlich zufriedenstellend zu lösen. –

Wie Menschen in verschiedenen sozialen Schichten leben als Arbeiter, als Rentner, als Eltern, als Alleinstehende, als Familie um ein behindertes Kind oder einen chronisch Krebskranken, was sie für sozioökonomische und psychische Probleme haben, das vermittelte den Medizinstudenten nach der früheren ärztlichen Ausbildung überhaupt keine pflichtmäßige Unterrichtsveranstaltung. Ebensowenig wurde gelehrt, wie man insbesondere mit Menschen der unteren Sozialschichten sprechen kann, die Angst vor therapeutischen Institutionen haben und sehr oft Behandlungen abbrechen oder ärztliche Anweisungen nur ungenügend befolgen. Jetzt ist ein Unterricht in Medizinischer Psychologie, Medizinischer Soziologie, Sozialmedizin und Psychosomatischer Medizin vorgeschrieben. Es bedurfte großer Kämpfe, diese Forderungen durchzusetzen. Und Eingeweihte wissen, welche Anstrengungen noch im letzten Augenblick von gewissen Kräften unternommen wurden, um im Bereich der psychosozialen Fächer Streichungen zu veranlassen, nachdem die maßgeblichen Entscheidungen in den Gremien bereits gefallen waren. Aber an vielen Universitäten wird geflissentlich vermieden, die neuen Fächer angemessen zu fördern. Das zeigt sich mancherorts in der Verzögerung der Einrichtung und Besetzung von Professorenstellen, in der schlechten Personalausstattung der entsprechenden Abteilungen oder Institute und in anderen Behinderungen. Einzelne Universitäten haben das Kunststück fertiggebracht, in den vielen Jahren seit Beschluß der neuen Approbationsordnung noch immer keine Lehrstühle für die neuen Hauptfächer zu besorgen bzw. zu besetzen. Und an einigen Stellen bieten die neuen Sparprogramme einen erwünschten Vorwand, in diesem Bereich schon genehmigte Stellen wieder zu streichen. Daß man mancherorts vor allem die Medizinische Soziologie und die Sozialmedizin wieder abzuwürgen versucht, war zu erwarten, obwohl die Weltgesundheitsorganisation mit gutem Grund inzwischen einen Gesundheitsbegriff definiert hat, der ausdrücklich das «soziale Wohlbefinden» mit einschließt.

Davon unabhängig ist es ein Problem, daß der neue Medizinunterricht strikt auf schriftliche Prüfungen ausgerichtet ist, in denen gerade im Bereich der psychosozialen Fächer Wesentliches von dem nicht erfaßt werden kann, was die Studenten etwa an Einfühlung, Verständnis und Geschick im Umgang mit den psychosozialen Problemen der Patienten zu lernen haben. Von den Prüfungen her wird den Studenten und damit auch den Unterrichtenden nahegelegt, dem schriftlich abfragbaren Sachwissen die Priorität zuzuerkennen. Und da jetzt eine Generation von Abiturienten in die Universitäten hineinwächst, die vom Schulsystem und dem Numerus clausus her ganz und gar von Prüfungsdruck und Prüfungsängsten beherrscht wird, kann man sich gut vorstellen, wie ungemein schwierig es sein wird, die angehenden Ärzte näher an die menschlichen und sozialen Probleme ihrer Patienten heranzubringen, was an sich Sinn der neu eingeführten Fächer sein sollte.

So trifft nach wie vor in weitem Maße die Kritik zu, daß die Ausbildung für die Mehrzahl der sozialen Tätigkeiten immer noch erschreckend praxisfern und lebensfremd ist. Was bei solchen Tätigkeiten psychisch zwischen Betreuer und Betreutem vorgeht, welche Bedeutung die beiderseitigen Motivationen und die emotionellen Kommunikationen für das Gelingen der Arbeit und für den inneren Zustand der Beteiligten haben, das wird weitgehend als ein Privatbereich ausgeklammert, der die Ausbildungsinstitutionen nichts anzugehen scheint. Hier gilt unverändert der in diesem Zusammenhang borniere Slogan, daß derjenige schon das Schwimmen erlernen werde, den man ins Wasser werfe. Es erscheint wichtig, über diese Zustände nicht nur konstatierend zu lamentieren, sondern sie als notwendigen Ausdruck einer Tendenz zu begreifen, die auf der Linie liegt, die zukünftigen Betreuer planmäßig in ihrem Wunsch zu verunsichern, sich eng mit ihren Klienten einzulassen. Die Institutionen der sozialen Versorgung und die Standesorganisationen zeigen den Studierenden frühzeitig, daß sie selbst die Anwärter der sozialen Berufe fest in den Griff zu nehmen wünschen. Vermittels vieler einschüchternder Normen sollen sich die jungen Leute nach oben an die sie dominierenden Autoritäten binden und gegenüber den zukünftigen Klienten genügend weit auf Distanz gehen.

So ist es durch empirische Erhebungen nachweisbar, daß z. B. Medizinstudenten im Verlauf ihres primär auf naturwissenschaftliche Daten und technische Methoden ausgerichteten Studiums immer reservierter werden und viel von ihrem ursprünglichen karitativen Elan verlieren. Das ergibt sich eindeutig aus Testvergleichen zwischen Abiturienten zu Beginn ihres Medizinstudiums und Medizinstudenten im klinischen Ausbildungsabschnitt. Dazu sei eine gemeinsam mit BECKMANN, MOELLER und SCHEER[6] durchgeführte Erhebung als Beleg angeführt. Zu dieser Untersuchung ist erläuternd zu sagen, daß sie die Selbsteinschätzung der untersuchten Personen erfragte. Die im folgenden mitgeteilten Ergebnisse sind also als Zusammenstellungen der statistisch errechneten Aussagen zu verstehen, welche die von der Studie erfaßten Abiturienten und Studenten über sich selbst gemacht haben. Aus den Resultaten ergab sich das folgende Bild:

«Der durchschnittliche zum Medizinstudium entschlossene Abiturient glaubt noch, daß er sich eher häufig Sorgen um andere Menschen mache. Darin übertrifft er die übrigen Abiturienten so deutlich, daß man annehmen kann, daß der Wunsch, anderen Menschen helfen zu wollen, tatsächlich zu den weselichen Motiven für den Entschluß zum Arztberuf gehören dürfte. Aber während des Medizinstudiums schwinden diese fürsorglichen Empfindungen mehr und mehr, und am Ende stellt sich der Mediziner als jemand dar, der sich so selten wie niemand sonst unter den Studentengruppen sorgenvolle Gedanken um andere Menschen macht. Er zeichnet von sich eher das Bild eines selbstbezogenen, dabei weitgehend unbekümmerten Menschen.»

Das Ergebnis warf bedenkliche Fragen auf: «Muß er» (der Medizinstudent, der Verf.) «vielleicht während seines Studiums seine Gefühle besonders kontrollieren lernen, um die ständige Konfrontation mit Krankheit und Tod überhaupt ungefährdet ertragen zu können? Aber muß, wenn dies unterstellt werden könnte, diese Gefühlsabwehr so weit gehen, daß am Ende ein typischer Mediziner herauskommt, dem ein sorgenvolles Mitfühlen mit seinen Mitmenschen fremder geworden ist als z. B. dem angehenden Juristen, Philologen oder Volksschullehrer?» (Diese Fachgruppen sind gleichzeitig mit den Medizinern untersucht und mit diesen statistisch verglichen worden, der Verf.) «Ist dieser krasse Befund, wie er hier erhoben wurde, nicht doch eher eine Stütze für die Kritiker, die einen bedenklichen Effekt des gegenwärtigen, ganz aufs Labor ausgerichteten Medizinstudiums darin sehen, daß die angehenden Ärzte den Patienten als Menschen zu sehr aus dem Blickfeld verlieren?» (Vgl. auch eine Untersuchung von LIPPMANN und MÖHLEN[52a].)

Der Druck, sich nach oben hin anzupassen und im Konfliktfall eher den Kontakt mit den Klienten zu lockern, tritt nach der Ausbildung vielfach eher noch deutlicher hervor. Der junge Sozialarbeiter macht sich bei seinen Vorgesetzten auf dem Amt am allerwenigsten beliebt, wenn er sich allzu eng mit seinen Klienten liiert. In der Regel wird er eher dafür gelobt, wenn er sich gegenüber den Ansprüchen der Klienten defensiv und distanziert verhält und im übrigen besonderen Eifer auf dem bürokratischen Sektor zeigt. Für perfekte Aktenführung und ausführliche Berichterstattung nach oben findet er Anklang. Für die im Außendienst eingesetzten Sozialarbeiter wirkt sich die «Gegenläufigkeit von professionellen und bürokratischen Prinzipien» im Amt besonders ungünstig aus, wie HORNSTEIN und Mitarbeiter überzeugend herausgearbeitet haben[11]. «. . . die Dienstaufsicht, also die nächsthöhere Entscheidungsinstanz, liegt überwiegend bei denjenigen, die schon innerhalb des bürokratischen Systems befördert wurden, und zwar in der Regel nicht auf Grund einer etwa durch Fortbildung erworbenen zusätzlichen Qualifikation, sondern wegen Erreichung eines bestimmten Dienstalters und ihrer Fähigkeit, sich an bürokratische Regeln anzupassen.»

Die Tausende von jungen Ärzten, die ihre fachliche Weiterbildung in Universitätskliniken absolvieren, erfahren bald, daß sie sehr viel leichter vorankommen, wenn sie sich, statt viel Zeit in Gesprächen mit Patienten und Angehörigen zu verbringen, bald mehr und mehr in Laboratorien zurückziehen und sich hier in irgendwelche wissenschaftlichen Spezialmethoden einarbeiten. Die Gruppendynamik in vielen Ärzteteams an Universitätskliniken wird dadurch bestimmt, daß man darin wetteifert, die Arbeit am Krankenbett möglichst bald einzuschränken zugunsten eines größeren Spielraums für Labortätigkeit. So bleibt der Hauptteil der stationsärztlichen Arbeiten mit dem direkten Patientenkontakt an den jüngsten, an den gutmütigsten oder an den am wenigsten durchsetzungsfähigen Ärzten hängen. Die «Elite» trifft sich zum Experimentieren in den Labors, die Anfänger oder die minder Erfolgreichen bleiben in den Krankenzimmern als diejenigen zurück, mit denen sich die Patienten gelegentlich über ihre Probleme aussprechen können. Es kommt aber auch vor, daß die Schwestern Mühe haben, die Ärzte selbst für dringende Maßnahmen an Patienten aus den Labors herauszutreiben. So klagte die Schwester einer Intensivstation: «Unser Stationschef ist immer wieder ärgerlich, wenn wir ihn schnell mal wegen eines dringlichen Problems bei einem Intensivpatienten von seinen Experimenten im Labor wegholen wollen.» Ärzte, denen der persönliche Umgang mit den Kranken besonders wichtig ist und die sich intensiv um den einzelnen und eventuell obendrein um seine familiären und sozialen Probleme bemühen, weil sie diesen Belan-

gen eine größere Bedeutung für den Krankheits- und den Therapie-
verlauf zuerkennen, werden in Universitätskliniken eher seltener.
Im übrigen: Obwohl gerade diese Typen bei Patients und Krankenschwestern überaus beliebt sind, könn sie sich in akademisch
ambitionierten Krankenhausteams nur selten in der Konkurrenz
behaupten. Da sie in der Regel weniger Artikel als die reinen Labor-
Experimentatoren fabrizieren, geraten sie nach den üblichen Kriterien des laboratoriumsorientierten medizinischen Wissenschaftsbe-
triebs in Rückstand. Wenn sie ihre «Zeitverschwendung» in der
Arbeit am Krankenbett etwa noch uminterpretieren in eine Aufgabe, die ihrem mehr psychosomatisch akzentuierten Begriff von
ärztlicher Wissenschaft entgegenkomme, werden sie obendrein in
Spannungen zu ihren Kollegen verstrickt werden und vermutlich
eine Außenseiterposition in Kauf nehmen müssen. Denn die anderen fühlen sich irritiert, wenn ihre Labor-Ideologie indirekt in
Zweifel gezogen wird. So sehr sie sich freuen, wenn ihnen junge,
relativ unerfahrene Kollegen die zeitaufwendige Arbeit am Krankenbett weitgehend abnehmen, so wenig behagt es ihnen, wenn
fachlich fortgeschrittene Mitarbeiter bei dieser Arbeit verweilen und
womöglich als Lieblinge der Patienten und des Pflegepersonals die
Gruppendynamik in der Institution durcheinanderbringen. Mir
wurde eine Klinik bekannt, in der eine Stationsschwester vor Chef-
und Oberarztvisiten die Patienten ausdrücklich ermahnte, sich nicht
zu enthusiastisch über den besonders fürsorglichen Stationsarzt zu
äußern. Sie kannte den Neid auf die Beliebtheit dieses Arztes und
fürchtete eine weitere Gefährdung seiner Position.

In der Tat ist Beliebtheit bei Patients und Pflegepersonal kaum
irgendwo ein Beförderungskriterium für Mediziner, die sich Auf-
stiegshoffnungen machen. Die Distanzierung von den Patienten
und die Ausschöpfung der so gewonnenen Freizeit für das naturwis-
senschaftlich ergiebige Experimentieren mit Mäusen, Körpersäften
usw. sind nach wie vor die besten Startbedingungen für eine Integration in die Standesgruppe und den Weg nach oben. Die Bedrohung
mit einer Außenseiterstellung bis hin zur Gefährdung der Vertrags-
verlängerung liegt in der Luft, wenn der junge Arzt im Universitäts-
krankenhaus sich den von oben definierten Rollenerwartungen ausdrücklich widersetzt. Dies ist gewiß nicht überall so, aber doch eine
weithin sichtbare Entwicklung. Auf sie hinzuweisen, bedeutet allerdings fast schon eine Verletzung der Standesnormen. Denn diese
gebieten im Zweifelsfall nicht, die Sorge um frustrierte Bedürfnisse

der Patienten und letztlich auch der Kollegen voranzustellen, sondern stets und vor allem das zu loben, was gerade gemacht wird. Die Medizin will immer so gut gefunden werden, wie sie gerade ist, womit sie sich vielfach Impulsen zu einer positiven Weiterentwicklung zunächst unkritisch widersetzt.

Auch der junge Lehrer, der seine erste Stelle in der naiven Hoffnung antritt, daß ein gutes und nahes persönliches Verhältnis zu seinen Schülern ein vorrangiges Mittel zu einer glatten Integration in die Institution darstelle, wird sich bald eines Besseren belehrt sehen. Vielfach gerät er in ein von Rivalitäten zersplittertes Kollegium und ein verwirrendes Spannungsfeld zwischen Schulaufsichtsbehörde, Kollegenschaft, Eltern und Kindern. Auf seinen Beruf gefreut hat er sich wegen der damit verbundenen Nähe zu den Schülern. Aber nun muß er feststellen, daß man in der Institution sehr darüber wacht, daß er ein genügend distanziertes Vorgesetztenverhältnis zu den Kindern einnimmt.

Eine junge Lehrerin findet wegen ihres offenen Wesens zunächst bei ihrem Schulleiter und mehreren älteren Kollegen eine sehr positive Resonanz. Man sucht ihre Zuwendung, und gerade der Schulleiter läßt erkennen, daß es ihm sehr wichtig ist, ihre Anerkennung zu finden. Aber die junge Frau wird gleichzeitig die Lieblingslehrerin der Schüler. Das Team der Schülerselbstverwaltung kooperiert vorzugsweise mit ihr. Sie wird von den Schülern zur Vertrauenslehrerin der Schule gewählt. Und sie macht ihrerseits keinen Hehl daraus, daß sie sich den Problemen der Schüler mit Vorrang widmet und daß sie diese in ihren begründeten Forderungen gern unterstützt. Dieses Engagement und ihre steigende Beliebtheit werden dem Schulleiter schließlich unbehaglich, zumal dieser in manchen Konfliktfällen erfährt, daß er nicht der unbedingten Bundesgenossenschaft der Kollegin sicher ist, sondern daß diese – wie er meint – die Schüler zu sehr bestätige. Er erträgt es nicht, daß sie sein Entgegenkommen nicht mit rückhaltloser Willfährigkeit beantwortet. Enttäuscht und gekränkt rächt er sich, indem er bei der ersten sich bietenden Gelegenheit ihre Versetzung an eine andere Schule erwirkt.

In einer anderen Schule sind es gleich mehrere junge Lehrer, die sich in einer progressiven Weise um eine betont partnerschaftliche Zusammenarbeit mit ihren Schülergruppen bemühen. Diese jungen Lehrer bilden einen eigenen Diskussionskreis in dem Kollegium. Sie beraten miteinander über ihre Methoden und Erfahrungen. Im Vordergrund ihres Interesses steht die Bemühung, ihre Unterrichtsangebote, aber auch ihre Leistungsbewertungen fortlaufend mit den Schülern abzustimmen und somit den Verantwortungssinn der Schüler zu stärken. Dabei glauben sie zu beobachten, daß sich die Arbeitsfreude der Schüler eher steigert, daß ihr Gemeinschaftssinn gefördert wird und daß sich im ganzen in den Klassen mehr Spontaneität und Kreativität regt. Aber natürlich gehen diese Versuche auch nicht ohne Konflikte und Spannungen ab. – Der Schulleiter verfolgt die Bemühungen der modernen Junglehrergruppe mit zwiespältigen Gefühlen. Im Grunde leuchten ihm diese Ansätze durchaus ein, aber ihn ängstigt ein sich rasch vertiefender Riß, der sein Kollegium spaltet. Die Mehrheitsgruppe der älteren konservativen Lehrer fühlt sich von den Initiativen ihrer jungen Kollegen herausgefordert. Halblaut fallen diskriminierende Vokabeln wie «links», «antiautoritär», «rote Experimente». Der eher konservative Elternbeirat wird von ihnen aufgehetzt. Der Schulleiter gerät unter zunehmenden Druck. Er soll «durchgreifen». Der Schulrat erkundigt sich besorgt und will «keinen öffentlichen Ärger». Das Ende ist, daß die Gruppe der Junglehrer nach mehreren vergeblichen Einschüchterungsversuchen durch Versetzungen auseinandergerissen wird. Ein einziger aus der Gruppe bleibt in einer ohnmächtigen Position zurück. Scharfe Kontrollen und disziplinierende Ermahnungen lassen ihn bald resignieren und auf eine Linie schwenken, die nicht mehr weit von dem Nullachtfünfzehn-Kurs der Mehrheit entfernt liegt.

In einer dritten Schule unterstützt eine mutige und standfeste Schulleiterin eine junge Lehrerin, die auf Grund einiger Erfahrungen in Gruppendynamik einen unkonventionellen Unterrichtsstil pflegt, der das ganze übrige Kollegium schockiert. Sie kooperiert mit ihrer Klasse nach ähnlichen Prinzipien, wie sie die zuvor geschilderte Junglehrergruppe befolgt hatte. Dabei nützt sie ihre Kenntnisse aus einer mehrjährigen Mitarbeit in einem Kinderladen aus. Sie regt die Kinder zu Kritik an. Gibt es Unruhe oder irgendwelche Störungen, versucht sie mit den Kindern über die Ursachen von Konflikten zu sprechen, anstatt sich unverzüglich mit disziplinierendem Druck durchzusetzen. Sie läßt die Kinder manchmal etwas anders machen, als sie es sich selbst vorgenommen hat, wenn sie merkt, daß sich hier bemerkenswerte spontane Interessen regen. Sie geht mit ihrer Klasse nicht gerade kumpelhaft um, aber doch sehr viel lockerer und offener, als es dem üblichen Stil entspricht. Sie hat damit Erfolge, aber auch Schwierigkeiten. Denn natürlich gibt es

Schüler, die sich unter diesen veränderten Bedingungen zunächst mehr gehenlassen und erst nach und nach in der Gruppe lernen müssen, Ansätze von chaotischer Desintegration zu stoppen und besonnene eigene Mitverantwortung in der Kooperation zu übernehmen. Dieser Selbsterziehungsprozeß in der Klasse erleidet auch Rückschläge, und manchmal geht es unordentlich und lauter zu, als es sonst in der Schule üblich ist. Die Schulleiterin bemüht sich nach Kräften, die moderne junge Lehrerin in dieser kritischen Phase nach außen abzudecken. Sie hält bei Diskussionen in Konferenzen zu ihr und versucht immer wieder, sie in ihrer Durchhaltefähigkeit zu stützen. Dennoch reichen ihre Möglichkeiten nicht aus, ihren Schützling hinreichend gegen die Einwirkungen der massiven Ressentiments zu immunisieren, die sich allmählich im übrigen Kollegium angehäuft haben. Die deutliche Protektion seitens der Rektorin macht es den Kollegen schwer, die Außenseiterin offen herauszufordern. Aber mit spitzen Bemerkungen, Verweigerung kollegialer Hilfe und mancherlei fein maskierten Schikanen gelingt es ihnen natürlich doch, die vermeintliche Gegnerin immer mehr zu irritieren und zu labilisieren. Ohne daß es die Schulleiterin verhindern kann, richtet die Zermürbungsmethode die junge Lehrerin schließlich gesundheitlich zugrunde. Eine langwierige psychosomatische Krankheit des «Opfers» bedeutet das Ende des Konfliktes. Nach ihrer Genesung erlebt sich die Lehrerin bei dem Versuch, sich mehr und mehr auf den Stil der Kollegen umzustellen. Sie bemüht sich darum, den anderen zu zeigen, daß sie nicht länger aus der Reihe tanzen will.

Über bezeichnende Erlebnisse berichtet ein Referendar, der seine Praxis an einer norddeutschen Sonderschule für lernbehinderte Kinder begonnen hat. Hier hat man ihm gleich eine außerordentlich problematische Klasse anvertraut, in der schwer verhaltensgestörte Kinder in der Mehrzahl sind.

Referendar: Bei mir in der Klasse war's so, daß die Klasse, bevor ich gekommen bin, aufgelöst werden sollte, weil kein Lehrer bereit war, die Klasse zu übernehmen, weil alle gesagt haben, das ist so 'ne unmögliche Zusammensetzung von ganz extrem schwierigen Kindern, wir können die Klasse als Gruppe nicht weiter im Klassenverband unterrichten. Wir lösen die Klasse auf und machen da einfach neue Klassen draus. Und als dann an der Schule bekannt wurde, daß ich komme, wurde die Klasse beibehalten, und ich habe die Klasse bekommen. Das ist ein 3. Sonderschuljahr, und 17 Kinder habe ich in der Klasse, davon sind alle aus Familien, entweder wo die Mutter alleine ist, aus schwierigen Verhältnissen, mit sehr vielen Geschwistern und aus Randgruppensiedlungen, sehr viele Väter sind arbeitslos. Das Hauptproblem ist halt wirklich, daß ganz massive Verhaltensstörungen auftreten. Meine primäre Aufgabe ist, daß ich Kulturtechniken zu vermitteln habe, daß mir die Aufgabe gestellt wird, im 3. Schuljahr soll ich ihnen beibringen, daß sie alle Buchstaben kennen und soll die Druckbuchstaben z. B. einführen. Wenn ich jetzt die Aufgabe habe, ihnen das Lesen beizubringen, muß ich auf massive Verhaltensstörungen unheimlich rigide reagieren. Wenn ein Schüler aufsteht und etwas schreit, aber mein Lernziel ist, dem Buchstaben beizubringen, kann ich nur mit äußerstem Druck darauf reagieren. Wenn er also ganz massive Verhaltensstörungen hat, muß ich zu ihm sagen: «Setz dich jetzt sofort hin, du störst die Klasse. Du mußt jetzt das A und das B und das C lernen.»

Interviewer: Was würdest du sonst machen?

Referendar: Ja, wenn ich nicht unter dem Druck stehen würde, am Ende der Woche in den Lehrbericht zu schreiben, ich habe den Schülern das A und das B und das C beigebracht, könnte ich mich viel intensiver in den Schüler reinversetzen und könnte verstehen, warum der jetzt gerade so frustriert ist, warum er einfach nicht mehr in der Lage ist, den Anforderungen zu entsprechen, und könnte z. B. davon absehen, von ihm zu verlangen, jetzt unbedingt das A zu lernen oder das B zu lesen oder so was. Das sind ja alles Schüler, die in der Grundschule gescheitert sind, die überhaupt kein Vertrauen mehr sich selbst gegenüber haben. Die unheimlich gerne an sich in der Schule etwas mitmachen würden, aber sobald irgendwo eine Leistungsanforderung auf sie zukommt, aus der Angst, daß sie das wieder nicht schaffen, müssen sie einfach von vornherein abblocken.

Interviewer: Wie ist das nun mit der Unterstützung durch die Schule in solchen Fällen?

Referendar: Erst mal ist es so, daß ich ja jetzt noch in der Ausbildung bin, daß ich erst meinen Mentor habe, daß der Schulleiter mich kontrolliert, indem er in meinen Unterricht reinkommt, und daß ich einen Ausbildungsleiter habe, der mich besichtigt, der also in meine Stunde reinkommt und der über meine Stunde einen Besichtigungsbericht schreibt. Und da ist es einfach so, daß ich unter einem unheimlichen Zwang stehe, 'ne Stunde vorzuführen, wo einfach so 'ne gelöste, ruhige Atmosphäre da ist, wo die Kinder auf ihren Plätzen sitzen bleiben, wo sie auf meine Impulse eingehen, wo sie meine Versuche, sie zu motivieren, irgendwo aufgreifen und wo sie darauf eingehen. Wenn dann der Ausbildungsleiter, von dem ich abhängig bin, wenn der hinten in der Klasse drinsitzt, und ich habe 'ne Stunde geplant, die beinhaltet, daß ich also bestimmte Lernziele verwirklichen will, und dann flippen drei Schüler in der Klasse wirklich aus und schreien nur, dann krieg ich 'ne unheimliche Wut auf die, dann wünsche ich mir, Mensch, wären die doch nicht da oder wären die doch heute krank, oder ich möchte die aus meiner Klasse raushaben, weil ich 'ne ruhige Klasse haben möchte mit Kindern, die dasitzen und mir zuhören und auf meine Impulse eingehen und das lernen wollen, was ich ihnen beibringen soll.

Interviewer: Hat das was mit dem Besichtiger zu tun oder nicht?

Referendar: Für mich hat's ganz stark was mit dem Besichtiger zu tun.

Interviewer: Wenn die nun ausflippen und der ist nicht dabei?

Referendar: Ja, dann gehe ich damit ganz anders um. Ich bin ja verpflichtet, von jeder Stunde mir vorher 'ne schriftliche Unterrichtsvorbereitung zu machen, wo ich auch mit Minuten angeben muß, wie ich das verwirklichen will. Also muß ich angeben, 10 Minuten Einstiegsphase, Lehrerimpuls, Lehrer sagt das und das, und dann schreibe ich den Kommentar dazu, was die Kinder dabei lernen sollen und wie sie sich verhalten sollen. Ich plane also 'ne Stunde nicht nur wie ich mich verhalten soll und wie ich auf die Kinder eingehen will, sondern ich plane gleichzeitig, wie sich die Kinder verhalten sollen und was sie dabei lernen sollen.

Interviewer: Ach, das muß man vorher schriftlich genau festlegen?

Referendar: Ja, ich plane, das ist dann so der methodisch-didaktische Plan, wie mein Verhalten, also mein Impuls, den ich gebe, sein wird. Dann schreibe ich da hin, die Kinder sollen sich für den Gegenstand interessieren und sich dazu in der und der Weise äußern oder so was. Und dabei sollen sie lernen, daß der Gegenstand für ihr Leben notwendig ist oder irgend so was.

Interviewer: Das muß man vorher ausarbeiten?

Referendar: Das muß ich für jede Stunde ausarbeiten, und das muß ich auch meinem Ausbildungsleiter geben, von jeder Stunde in den eineinhalb Jahren bis zur Prüfung. Wenn er kommt, muß ich's ihm vor der einzelnen Stunde geben.

Interviewer: Wenn der nun nicht da sitzt, dann könnte man's auch anders machen?

Referendar: Wenn der nicht da sitzt, dann habe ich auch meine schriftlichen Unterrichtsvorbereitungen gemacht zu Hause und habe mir überlegt, was ich in der Stunde mache. Aber wenn dann die Stunde anfängt und einer sagt: «Ich bin in der Pause unheimlich von dem Wilhelm – oder von irgend jemandem – verdroschen worden» und er weint, oder es ist irgendwas anderes, ein akuter Konflikt in der Klasse, oder es kommt irgendein wichtiger Inhalt von den Kindern, dann habe ich meine Unterrichtsvorbereitung in der Tasche, und dann bleibt die in der Tasche, und sie wird auch nicht in der Stunde durchgezogen, sondern dann mache ich was ganz anderes. Ich baue darauf auf, was von den Kindern kommt. Oder, wenn's passiert, daß ich meine geplante Stunde mache, und einer oder zwei schreien los und sind einfach nicht in der Lage, das zu akzeptieren oder aufzugreifen, dann versuche ich auch, auf sie einzugehen und die Stunde so zu machen, wie ich glaube, daß es für sie sinnvoll ist. Aber ich hätte da massive Angst, das zu tun, wenn z. B. mein Ausbildungsleiter dabeisitzen würde. Dann müßte ich wirklich schon Angst haben, daß mir das als Versagen in meiner Berufsrolle irgendwie angelastet würde, weil überhaupt so was passiert, daß einer aufsteht und schreit. Also da würden Rückschlüsse gezogen, wie es sich ein Schüler überhaupt anmaßen kann, jemanden, der Lehrer ist und da vorne steht, anzuschreien. Da würden die Rückschlüsse ziehen, wie ich sonst mit den Kindern umgehe, daß die das überhaupt wagen.

Interviewer: Daß du keine Ahnung hast, wie du dich als Autorität darstellen sollst, das würde man dir zur Last legen?

Referendar: Ja. Mir ist es z. B. passiert, daß ich in der ersten Zeit auch 'ne Stunde gemacht habe und mein Ausbildungsleiter da war und die Stunde sehr unruhig verlief und ich Angst hatte, von meinem geplanten Entwurf abzugehen und also krampfhaft da vorne weitermachte, obwohl ich lieber erst einmal auf den Konflikt der Kinder eingegangen wäre. Und das geht ja auch auf die Kinder über, wenn ich da vorne stehe und die Zähne zusammenbeiße und trotzdem noch lächle, bloß um ganz pädagogisch auf die Kinder einzugehen.

Interviewer: Wenn du in solchem Fall von deiner schriftlichen Unterrichtsvorbereitung abgehst, meckert der Ausbildungsleiter dann wirklich, oder ist das nur deine Angst, daß er meckern könnte?

Referendar: Nee, das ist also dann wirklich so, daß der meckert.

Interviewer: Und hängen wirklich irgendwelche Sanktionen davon ab, wenn der Ausbildungsleiter nicht zufrieden ist? Ist dessen Bericht für die nächste Prüfung, also für die zweite Prüfung, wichtig, oder?

Referendar: Ja, es ist grundsätzlich so, daß mindestens zweimal von dem Ausbildungsleiter über mich ein Besichtigungsbericht geschrieben wird. Das heißt, daß ich 'ne ganz ausführliche Unterrichtsvorbereitung machen muß, und das sind dann wirklich Showstunden, das sind Stunden, die verlaufen so, wie sie sonst so in der Schulpraxis nie verlaufen. Da packt man alles rein, über Epidiaskop, über Dias und Kleben und Malen und Ausschneiden, über Schreibübungen und motorische Übungen, also alles, was es da an Bandbreite gibt. Da packt man dann in die Stunde rein, was man sonst vielleicht in einem Vierteljahr an Unterricht macht, und darüber schreibt er dann einen ausführlichen Bericht, zweimal. Darauf gibt's 'ne Note.

Interviewer: Wissen das die Kinder vorher auch, daß das so 'ne wichtige Stunde ist?

Referendar: Ich hab's bis jetzt so gemacht, wenn die kamen, daß ich ihnen nicht vorher gesagt habe: Da kommt jemand, und der ist ganz wichtig für mich oder so. Ich habe dann einfach, wenn der morgens kam, gesagt: Heute ist jemand bei uns hier in der Klasse, und der will mal gucken, wie wir hier so miteinander umgehen oder so was. Aber irgendwo kriegen die das schon mit, die kriegen das auch an meinem Verhalten mit, wie wichtig das ist, die merken nämlich, daß ich dann anders bin.

Also die Note ist für mich sehr wichtig, die wird mit zu der Endnote dazugerechnet beim zweiten Examen. Und dann ist es halt auch so, daß einfach so der Druck, der vom Kollegium ausgeht, sich irgendwo auch ganz stark niederschlägt. Unsere Gebäude sind sehr, sehr hellhörig gebaut. Und man kann sogar, wenn jemand in normaler Lautstärke im anderen Zimmer spricht, einiges mitbekommen. Jedesmal, wenn ich aus der Klasse rauskomme und es ist laut gelaufen, indem ich einfach nicht ganz rigide massive und aggressive Verhaltensweisen der Kinder abgebrochen habe, indem ich sie angepackt habe und auf den Stuhl gesetzt und gesagt habe: «Du hörst jetzt auf und du bist still», sondern indem ich das ein Stück weit habe kommen lassen und versucht habe, damit umzugehen, dann gehe ich mit Angst aus der Klasse und mit einem schlechten Gewissen ins

Lehrerzimmer. Oft habe ich eben auch von Kollegen gehört: «Hören Sie mal, heute war's wieder laut bei Ihnen, das ist unmöglich!»

Interviewer: Und da bist du oder warst du manchmal sehr verzweifelt?

Referendar: Ja, und irgendwo habe ich mich dann auch dem Druck unterworfen.

Interviewer: Und ist es heute noch so?

Referendar: Es war dann oft so, daß ich im Unterricht immer starrer wurde und eigentlich meine einzige Stütze darin war, mich irgendwo so zu identifizieren mit dem, was mir andere Lehrer so gesagt haben: «Greifen Sie nur hart durch» und «Geben Sie Strafen» und «Sie können sich das nicht bieten lassen» und ich irgendwie gedacht habe, die anderen meinten, ich sei kein guter Lehrer, weil's bei mir immer öfter laut ist und auch mal ein Kind aus der Klasse rausrennt. Der Ausbildungsleiter sagt: «Also so, wie's bei Ihnen läuft, so geht's nicht.» Da hatte ich eigentlich als einzige Orientierung nur noch so das, was die mir gesagt haben: «Greifen Sie hart durch», «Packen Sie die an», «Geben Sie Strafen», «Die müssen Sie kleinkriegen, man muß die Schüler erst mal kleinkriegen, bevor man großzügig mit denen umgehen kann.» Und das war 'ne Zeitlang unheimlich stark, daß ich mich daran ganz doll festgehalten habe, und dann ging's mir so, daß ich in der Klasse stand und gebrüllt habe und Kinder auch angefaßt habe und auf einen Stuhl gesetzt habe. Ich habe wirklich mal einem Kind eine runtergehauen, einfach aus Wut, ich hätte auch genausogut heulen können oder rausrennen können oder all so was. Und ich wußte, ich darf jetzt nicht anfangen zu heulen oder mich einfach hinsetzen und sagen: «Ich kann nicht mehr.» Und dann habe ich dem eine runtergehauen, und dann hinterher bin ich aus der Schule raus und habe in meinem Auto gesessen und war fürchterlich verzweifelt.

Interviewer: Und wie ist das, hält dann das Kollegium eigentlich auch zusammen, oder muß man immer Angst haben, wenn man etwas nicht gut macht, daß man es sich gleich mit den anderen verdirbt?

Referendar: Ich habe eigentlich nie das Gefühl gehabt, die würden mich in meiner Situation verstehen können und würden mir auch dabei helfen wollen. Bei mir war's eher so, daß ich in meiner Situation stärker das Gefühl hatte, die würden fast so ein bißchen schadenfroh meine Schwierigkeiten und manchmal meine Verzweiflung belächeln. Die haben mir auch oft gesagt: «Na ja, wir haben das auch alle mal durchgemacht, und wir waren auch alle mal so in der Situation, in der du heute bist; das muß jeder durchmachen.» – «Sieh nun ruhig mal zu, wie du damit klarkommst.» Und die einzige Hilfe, die ich da bekommen habe, war die, daß wir zwei Referendare und zwei Referendarinnen an der Schule waren und daß wir uns dann so in unserer Not, weil wir uns verloren fühlten, uns dann verbündet haben und so 'ne Gruppe aufgemacht haben, daß wir uns einmal in der Woche getroffen und dann nachmittags eben zusammengesessen und darüber gesprochen haben, wie es in unserem Unterricht läuft, welche Schwierigkeiten wir mit einzelnen Kindern haben.

Interviewer: Wie ist das nun, kann man denn, wenn's mal akut in der Klasse schwierig wird, zu älteren Lehrern hingehen oder zum Schulleiter? Oder zum Ausbildungsleiter?

Referendar: Am Anfang war's bei mir so, ich hatte nie damit gerechnet, daß ich so viele Schwierigkeiten haben würde. Als ich dann in die Schule kam, habe ich überhaupt erst gemerkt, was damit verbunden ist, als Lehrer in einer Sonderschule mit sehr schwierigen Kindern zusammenzuarbeiten, die einfach Schule und Lehrer von vornherein kategorisch ablehnen. Wenn dann mal alles schiefging, ist es mir passiert, am Anfang, daß ich dann wirklich auch in der Stunde rausgegangen bin, zum Rektor, und gesagt habe: «Ich komme damit nicht klar, ich schaff's nicht.» Und der Rektor ist dann öfter mit in die Klasse gekommen, und dann ist es aber sehr schwierig verlaufen. Ich mußte mich irgendwo so hinten hinsetzen, und der Rektor kam also rein, und die Kinder waren in einer Sekunde mucksmäuschenstill. Sie saßen da mit großen Augen, eine eisige Stille in dem Raum. Und dann stellte sich der Rektor vorne auf, und dann verteilte er manchmal ziemlich massive Strafen. Und er drohte mit Heimeinweisungen. Oder es ist passiert, daß er einzelne Schüler geschlagen hat oder so was und ich dann hinten saß und es so bereut habe, daß ich ihn geholt habe und mir eigentlich dadurch mehr kaputtgemacht habe, als es mir überhaupt helfen konnte. Ich habe mir eigentlich dadurch, daß ich den Rektor geholt habe und der die ganz massiv gestraft hat in seiner Rolle als Rektor, da habe ich mir noch meine eigene Unfähigkeit und Schwäche erst recht bewiesen.

Übrigens haben die Kinder oft hinterher noch gesagt: «Du bist 'ne alte Petze», und dann haben sie gesagt: «So, jetzt machen wir dir's erst recht schwer» und haben also noch viel schlimmer reagiert wie sonst. Aber das alles hat sich jetzt ziemlich geändert.

Interviewer: Wie kam das?

Referendar: Ich bin vor einem halben Jahr mit meiner Klasse in ein anderes Schulgebäude in der Nähe der Schule umgezogen. Ich bin also da mit zwei Referendarinnen, einem Referendar und einer Lehrerin, vor der ich aber nicht so diese Angst habe und die eigentlich sehr, sehr tolerant ist, sich noch nie um meinen Unterricht gekümmert hat, die mir auch gesagt hat: «Sie können auch mal, wenn Sie nicht in die Schule kommen können, mir einfach Bescheid sagen, ich organisiere das schon.» Also, bei der besteht das Problem nicht, und ich bin nur mit den Referandaren in dem anderen Gebäude, weit weg von der Schule, von meinem Mentor, von meinem Rektor, mit meiner Klasse dort alleine. Und da merke ich jetzt, daß ich da viel, viel lockerer und freier mit meiner Klasse umgehen kann und dieser Druck von mir aus ganz, ganz stark nachgelassen hat.

Interviewer: Weil die Schule, weil die anderen weg sind?

Referendar: Ja. Wir Referendare sind zusammmen und können uns da eigentlich noch intensiver unterstützen, indem wir uns gegenseitig sagen: «Mensch, heute war's bei mir wieder schwierig.» Da wissen wir genau, da würde nie von einem anderen Referendar der Vorwurf kommen: «Mensch, bei dir war's wieder heute so laut, daß ich keinen Unterricht machen konnte» oder so. Daß jetzt jeder ganz prima verstehen kann, wenn's beim anderen wieder mal schiefgelaufen ist oder so. Aber es kommt nicht mehr vor, daß man zu einem so ganz massiv rigiden Verhalten greift, wie man das früher getan hat. Und seit der Zeit läuft bei mir der Unterricht viel, viel besser und viel ruhiger und entspannter, seitdem ich also ziemlich weit weg von meinen Vorgesetzten, überhaupt von meiner Schule bin. Ich bin ja in dem neuen Gebäude mit meiner Klasse quasi für mich ganz alleine, und ich muß ja zur Schule hingehen, wenn ich mit meinem Rektor oder mit meinem Mentor etwas zu tun haben will. Und seit der Zeit bin ich viel gelöster, und der Kontakt mit meinen Schülern läuft viel besser und entspannter und freundschaftlicher. Seit der Zeit läuft halt auch der Unterricht viel lockerer. Wir machen zum Teil eben Sachen, die uns Spaß machen, aber irgendwo läuft eben der Unterricht, Deutschunterricht oder Rechenunterricht, der läuft einfach ganz gut.

Interviewer: Und kommt auch, was das Lernen anbetrifft, mehr raus?

Referendar: Ja, viel mehr, viel mehr. Also Stunden, die ich vorher nie durchführen konnte, auch wenn ich sie noch so gut geplant hatte, die laufen jetzt einfach, und es macht denen zum Teil sogar Spaß, was zu schreiben oder zu rechnen, und vorher ging das einfach nicht. Vorher war das schon so, daß ich bei der ersten Schwierigkeit, die von den Kindern kam, wenn sie einfach keine Lust hatten oder nicht mitmachen wollten, sofort ganz massiv so reingeklotzt habe, nur aus Angst, alles könnte wieder schiefgehen, und die anderen könnten das mitkriegen, daß ich immer noch keinen guten Unterricht mache oder so was. Da habe ich mir alles kaputtgemacht, und jetzt, irgendwie, bin ich da viel großzügiger und lockerer geworden, weil ich wirklich für mich alleine mit meiner Klasse da bin.

Dieser Bericht des jungen Referendars ist deshalb so instruktiv, weil er wie in einem Experiment einen Vergleich enthält zwischen ein und derselben Tätigkeit einmal unter dem vollen Druck der Institution und das andere Mal in einem nahezu unkontrollierten Rahmen. Innerhalb des regulären Schulgebäudes wird die Tätigkeit überwiegend durch die Angst bestimmt, sich vor den älteren Kollegen und der Schulleitung zu bewähren. Der Referendar fühlt sich selbst weitgehend als Schüler und benimmt sich auch so. Sein Blick geht nach oben, um im Fall von Schwierigkeiten von hier Hilfe zu bekommen oder auch, weil er von hier wie ein versagender Prüfling schlechte Zensuren erwartet. Er findet beides. Er erlebt, daß die älteren Kollegen sich gestört fühlen und zum Teil schadenfroh reagieren. Aber da ist auch der Rektor, der ihn unterstützt. Nur fällt diese Unterstützung ganz anders als erhofft aus. Der Rektor führt ihm vor – in bester Absicht –, wie man die Kinder mit großem Druck massiv einschüchtern kann. Aber er zeigt indirekt auch, daß die Kinder sich nachher von diesem Druck an demjenigen um so heftiger entlasten müssen, der sie nicht so streng anfassen kann oder will. Der junge Referendar, der mehr mit Einfühlung und Verständnis arbeiten möchte, fühlt sich isoliert und droht zu scheitern. In seiner ängstlichen Blickwendung nach oben verliert er die Sicherheit, mit seiner Klasse unbefangen so umzugehen, wie er es eigentlich gern möchte. Seine Unsicherheit raubt ihm die Achtung der Schüler, die seit langem auf rein autoritative Beziehungsmuster eingespielt waren. Indem er sich in Konfliktfällen hin und wieder der disziplinierenden Droh- und Gewaltaktionen des Rektors bedient, kann er seine eigene Einstellung ohnehin nicht glaubwürdig vertreten, sondern stellt sich nur wie einer dar, der vorläufig aus Schwäche und Unbeholfenheit die Instrumente noch nicht richtig einsetzen kann, die der Rektor beherrscht.

Außerhalb der Aufsicht durch die Institution, die ältere Kollegenschaft und den Rektor ist das Bild radikal verändert. Hier, in einer angstfreien Gruppensituation zusammen mit anderen jungen Referendaren und der überaus permissiven älteren Lehrerin, findet er sofort zu seinem eigenen Unterrichtsstil. Befreit von dem Druck der ständigen Prüfungsangst und dem Zwang der Anpassung nach oben kann er seine ganzen Kräfte darauf verwenden, sich nach eigenen Bedürfnissen die Zusammenarbeit mit den Kindern einzurichten. Entlastet von der fortlaufenden Kontrolle durch den Mentor kann er sich im Unterricht mehr spontan und experimentierend verhalten. Er fühlt sich nicht mehr so streng an die Vorbereitungspläne für die einzelnen Stunden gebunden. Er wagt Abschweifungen, sofern er diese für hilfreich hält, und kommt doch schneller an die entscheidenden Ziele. Schwierigkeiten kann er mit den Kollegen, die Anfänger sind wie er, ohne Furcht vor Blamage besprechen. Wichtig ist auch, daß die übergeordnete Lehrerin von den Jungen als integriertes Gruppenmitglied erlebt wird. Ihre Diskretion und Verläßlichkeit nimmt die Angst vor obrigkeitlichen Eingriffen. Sofort muß sich der Referendar nicht mehr wie ein unsicherer und kontrollierter Schüler benehmen, sondern erlebt zu seinem eigenen großen Erstaunen, daß er über die Fähigkeiten verfügt, aus einem Haufen schwer verhaltensgestörter Kinder eine Gruppe zu formen, die im Rahmen ihrer Möglichkeiten durchaus konstruktiv mitarbeitet.

So stellt sich ein und derselbe Mensch in zwei kontrastierenden sozialen Situationen wie zwei psychologisch ganz unterschiedlich ausgestattete Personen dar. Einmal ist er ein furchtsamer, autoritätsergebener Jüngling, der zu unreif scheint, ohne Kontrolle und Lenkung mit schwierigen Kindern umzugehen. Er schwankt zwischen Angst und Verzweiflung und ist drauf und dran, sich aus Notwehr an den vorgelebten Vorbildern überkompensatorischer Einschüchterungstechniken zu orientieren. Am anderen Platz ist er plötzlich ein selbstsicherer, emotionell ausbalancierter erwachsener Mann, der mit der Dranghaftigkeit und massiven Protestbereitschaft einer Gruppe von gestörten Schülern intuitiv hilfreich umgehen kann. Hier wird er sofort von den Kindern in einer elternartigen Rolle geachtet, so wie er sich auch selbst plötzlich als vollwertiger und tüchtiger Lehrer fühlen kann. Dabei ist die wunderbar erscheinende Veränderung nicht Folge eines innerpsychisch bedingten Reifungsprozesses, sondern nahezu ausschließlich eine Konsequenz des sozialen Szenenwechsels.

Alle genannten Beispiele sollten zunächst verdeutlichen, daß sich bei einer sozialen Tätigkeit die psychologischen Bedingungen wesentlich dadurch ändern, daß derjenige, der diese Tätigkeit ausübt, in eine Institution eintritt. *Je intensiver die Tätigkeit in der Institution beaufsichtigt wird, um so einschneidendere psychologische Veränderungen gehen mit dem Sozialarbeiter, der Krankenschwester, dem Arzt, dem Lehrer usw. vor sich. Die Möglichkeit, sich mit voller Konzentration den Personen zuzuwenden, denen die betreuende Tätigkeit gilt, wird jäh und nachdrücklich gebremst. Einen großen Teil der Konzentration beansprucht nunmehr die Institution durch die Erwartungen von Vorgesetzten und Kollegen sowie durch den Druck von allerlei Vorschriften. Damit wird eine partielle Reinfantilisierung bewirkt.* Die faktische Realität des abhängigen Status reaktiviert eine massive kindliche Selbstunsicherheit und als Konsequenz die Versuchung zu einem hörigen Anpassungsverhalten. Die Furcht vor Blamage, schlechten Noten, Gefährdung der nächsten Prüfung, Bedrohung des Arbeitsplatzes rückt den Betreuer von seinem Klienten fort. Der eigentlichen sozialen Tätigkeit am Klienten werden die Energien entzogen, welche die Institution in beträchtlichem Umfang absorbiert und verschleißt. Der Klient wird weitgehend von seinem Betreuer im Stich gelassen, so wie dieser die Institution fortwährend als eine Autorität erlebt, die ihn seinerseits im Stich zu lassen droht, sofern er sich zu stark nach «unten» und zuwenig nach «oben» orientiert.

Bei der Verfolgung der verschiedenen sozialen Situationen ergibt sich also, daß die laufende Wiederkehr kindlicher Erlebnismuster nicht nur davon abhängt, daß jeder Mensch einen Restbestand an unverarbeiteten kindlichen Konfliktpotentialen mit sich herumträgt, sondern auch und wesentlich davon, daß beim Durchlaufen der verschiedenen sozialen Rollen im Erwachsenenalter stets aufs neue Reaktionsweisen manipulativ erzwungen werden, die auf frühe Entwicklungsphasen zurückverweisen. In nahezu monotonen Wiederholungen findet sich der einzelne auf jeder Stufe immer wieder an dem Punkt, an dem er als kleines Kind den Trennungsdrohungen der Mutter ausgesetzt war. In vielfältigen Modifikationen geht es immer wieder darum, die eigene Zerstörung zu befürchten, wenn man von einer schützenden Macht im Stich gelassen wird. Das ist ein zentrales Thema zwischen dem kleinen Kind und der Mutter, zwischen der Frau und dem Mann, zwischen dem Klienten und dem Betreuer, zwischen dem Angestellten und der Institution. Aber wer ist es eigentlich in der Institution, der die Drohung formuliert?

Hier kommt der *Vorgesetzte* ins Blickfeld. Wer unten ist, erblickt immer über sich einen Chef, und für viele endet hier das Suchen nach dem Urheber der gesamten Reaktionsreihe. Denn auf der Chef-Ebene scheinen keine hinreichenden äußeren Zwänge mehr den einschüchternden Druck zu rechtfertigen, dessen jeweilige Weitergabe auf den unteren Stufen sehr wohl plausibel erscheint. Es bietet sich also an dieser Stelle an, einige psychologische Implikationen der «Chef-Rolle» zu betrachten, obwohl die zitierten Beispiele bereits erkennen ließen, daß wesentliche negative psychologische Einflüsse der Institution durch Funktionäre in herausgehobenen Rollen zwar vermittel, aber nicht letztlich verursacht werden.

10. Kapitel
Die Karriere vollendet oft die psychische Selbstaufgabe in Raten

Es ist eine nahezu alltägliche Erfahrung in der Arbeitswelt, daß Menschen in einer untergeordneten Position sehr klare Vorstellungen davon haben, was ihre Vorgesetzten besser machen müßten, um für alle, auch für sich selbst, das Arbeitsleben im Betrieb erfreulicher zu gestalten. Dann steigen sie eines Tages selbst auf. Sie erwarten von sich, und ihre Umgebung erwartet von ihnen, daß sie prompt die Verbesserungen durchsetzen, die ihnen stets vorgeschwebt hatten. Aber mit dem Erreichen der höheren Position verändert sich auch ihr Denken, und unversehens kopieren sie genau oder nur mit unwesentlicher Modifikation das soziale Verhalten, unter dem sie so lange gelitten hatten. Sie mögen sich gegen diese Selbstveränderung wehren oder diese – wie es häufig geschieht – längere Zeit nicht wahrhaben wollen. Aber irgendwann werden sie bemerken, daß ihre Untergebenen mit ihnen das gleiche Problem haben wie mit dem früheren Chef.

Das ist ein so häufiger Verlauf, daß man ihn vielfach als etwas Normales hinnimmt. Nichtsdestoweniger fordert seine innere Widersprüchlichkeit zu einer genaueren Erklärung auf. Nahe liegt die simple Deutung: der Betreffende habe früher in der untergeordneten Position seine «wahre Natur» nur versteckt, die jetzt zum Vorschein komme. Es sei also keine mysteriöse Wandlung mit ihm vor sich gegangen, sondern er zeige jetzt nur sein eigentliches Gesicht, das er vorher unter dem Zwang äußerer Umstände verschleiert habe. – Aber dieses Erklärungsmuster erscheint allzu einfach und obendrein ungesichert. Wer weiß schließlich, welches der Gesichter in den verschiedenen sozialen Rollen das wahre ist? Mit Sicherheit kann man nur sagen, daß Menschen in der Arbeitswelt auf den verschiedenen Stufen der Hierarchie in der Tat unterschiedliche Gesichter zu zeigen pflegen. In der Perspektive «von unten» neigt man dazu, vorurteilhaft zu unterstellen, daß der Mensch in höheren

Rängen sich sehr viel leichter so darstellen könne, wie er sei, weil sein Verhalten weniger durch äußere Einflüsse eingezwängt werde. In dieser Theorie steckt aber schon wieder eine infantile Projektion. Man überschätzt die Freiheit der Vorgesetzten, so wie man früher diejenige der Eltern vergrößert gesehen hatte. Dadurch fühlt man sich auch jederzeit berechtigt, die Schuld an den Konflikten zwischen oben und unten in stereotyper Weise dem Chef zuzuschieben, da dieser ja allein über die Chance zur Abstellung von Mißständen zu verfügen scheint. Gewiß registrieren diejenigen, die unter ihren Chefs leiden, oft völlig korrekt, daß sie von diesen zu wenig Fürsorge und Schutz und dafür zu viel angsterregende Kontrolle erfahren. Die bisherigen Ausführungen haben ja gerade dies zu belegen versucht. Die häufige Fehleinschätzung beginnt an dem Punkt, an dem dieses Fehlverhalten als ohne weiteres vermeidbare persönliche Willkür angeprangert wird. Aber gerade diese mangelhafte Analyse der sozialen Zwänge, die mit der Psychologie der Chef-Rolle verbunden sind, erklärt die Automatik und die Naivität, mit der die jeweils nachrückende Generation von Beförderten die Einstellungen und Verhaltensmuster übernimmt, die ihr vorher ebenso schädlich wie vermeidbar erschienen waren.

Freilich hängen die psychologisch wirksamen Bedingungen sehr wesentlich davon ab, wo und auf welcher Stufe jemand Chef ist. Die Verhältnisse sind in der privaten Wirtschaft anders als in öffentlichen Dienstleistungsbetrieben. Chefs in kündbarer Stellung stehen unter einem ganz anderen Erfolgszwang und Angstdruck als unkündbare Beamte in leitenden Positionen. Die sozialpsychologischen Bedingungen des Leiters einer kleinen Arbeitsgruppe unterscheiden sich weit von denen eines Chefs einer größeren Organisation. Von bedeutendem Belang ist auch, wie eng ein Chef wiederum eingebunden ist in ein sich nach oben hin fortsetzendes hierarchisches System. Ferner macht es sehr viel aus, ob es in dem von ihm zu überwachenden Arbeitsbereich mehr um gleichförmige Routinetätigkeiten geht – etwa wie in der Verwaltung – oder um viel Kreativität und Spontaneität erfordernde Neuplanungen. Schließlich stellt ein Betrieb, der im Brennpunkt besonderer öffentlicher Kritikbereitschaft steht, ganz andere Anforderungen als ein Betrieb, der von einem besonderen Vertrauensvorschuß der Öffentlichkeit getragen wird. Das Maß des Erfolgszwanges verstärkt sich in seiner Wirksamkeit, wenn z. B. jeder Fehlschlag sogleich eine vehemente negative öffentliche Resonanz provoziert. Wie anders ist die Lage des

Leiters eines in aller Stille arbeitenden Forschungslaboratoriums mit langfristig angelegten Projekten als die Situation eines Bundesliga-Trainers, dessen Kopf nach wenigen Niederlagen von der Masse der Vereinsanhänger gefordert zu werden pflegt.

Natürlich hätte man den Katalog der sozialen Bedingungen noch wesentlich zu erweitern, die jeweils die Psychologie der Chef-Rolle modifizieren. Es bleiben nur wenige, aber immerhin einige Aussagen von einer relativ allgemeinen Verbindlichkeit übrig. Hier sei indessen in Fortsetzung der vorausgegangenen Betrachtungen vornehmlich an die Karriere gedacht, die den Angehörigen sozialer Berufe in ihren Institutionen bevorsteht. Wie verändern sich die psychologischen Voraussetzungen des Betreuers, wenn er z. B. im Heimwesen, im Schulwesen, im Krankenhaus avanciert?

Die weitere Konzentration speziell auf diese sozialen Bereiche erscheint auch deshalb sinnvoll, weil man hier am ehesten die Erwartung für gerechtfertigt hält, daß die Arbeit in Chef-Positionen relativ frei von angsterregenden Zwängen und Risiken erfolgen könne. Die Betreffenden unterliegen keiner ernstlichen Kündigungsgefahr. Ihre Arbeitsbereiche sind allgemein sozial anerkannt, zum Teil sogar – wie Krankenhäuser – besonderer öffentlicher Achtung sicher. Was auch immer in derartigen Betrieben schiefgehen kann, es bedroht deren Überleben nicht in ähnlicher Weise, wie Managementfehler z. B. einen Wirtschaftsbetrieb sehr schnell konkursreif machen können. Es spricht also manches dafür, daß es die Inhaber von Chef-Positionen in den hier genannten Bereichen noch am leichtesten haben müßten, ihre Ämter relativ unbeengt von besonderen psychologischen Belastungen zu führen. Um so sinnvoller erscheint es, gerade hier den Kontrast zwischen Vorurteilen und Wirklichkeit herauszuarbeiten. Es wird sich dabei, soviel sei vorausbemerkt, die Tatsache ergeben, daß sich das Isolationsproblem auf der Chef-Ebene in modifizierter, aber quantitativ unverminderter Weise wiederholt.

Ein entscheidendes und «von unten» vielfach unbemerktes Beunruhigungsmoment liegt darin, *daß der Beförderte notwendigerweise aus der Gruppe der ihm bisher gleichgestellten Kollegen herausgerissen wird*. Er mag sich vorher geschworen haben, die Integration in diese Gruppe keineswegs aufgeben zu wollen. Und es mag auch so sein, daß die anderen, denen er nun plötzlich «vorgesetzt» worden ist, ihm genauso freundschaftlich wohlgesonnen bleiben wollen, wie sie es vorher waren. Aber die übliche Beschwörungsformel: «Es soll alles zwischen uns so bleiben, wie es immer war, ich bleibe euer Kollege Fritz X.!» kann nichts daran ändern, daß die Beziehungsmuster sich wandeln. Es geht hier nicht nur um Rivalitäts- und Neidprobleme infolge des Vorsprungs an Geld und Prestige, die sich aus der Beförderung des Chefs ergeben. Wichtiger ist die faktische Abhängigkeit dadurch, daß der Chef über eine Sanktionsgewalt verfügt, daß er den Untergebenen das Los erleichtern oder erschweren kann und daß er durch den besseren Draht nach oben stets einen Vorsprung an Information hat. Dadurch verändert sich, oft unmerklich bzw. vielfach verleugnet, das Moment der Unbefangenheit und Freundschaftlichkeit aus der Phase, in der Chef und Mitarbeiter noch gleichgestellt waren. In einer relativ kleinen Arbeitsgruppe kann es noch gelingen, daß diese Veränderung im Rahmen eines halbwegs familiären Klimas bewältigt wird. Der Chef einer Stationsgruppe oder eines Labor-Teams im Krankenhaus muß zwar nach seiner Beförderung mehr «elternartig» als vorher reagieren, aber er kann doch weitgehend in der Gruppe integriert bleiben. Man erinnere sich an das zitierte Beispiel der Referendargruppe, die zusammen mit einer Lehrerin als «Chefin» in einer ausgegliederten Dependance der Schule arbeitet. Hier ist es für den Inhaber der aufsichtsführenden Position noch relativ leicht, mit seinen Mitarbeitern nahe verbunden zu bleiben und eine beide Teile befriedigende unmittelbare Kommunikation beizubehalten. Aber die Gruppendynamik ändert sich grundlegend, wenn der zu leitende Arbeitskreis anwächst und etwa das gesamte Personal einer Schule, eines Heims oder eines Krankenhauses umfaßt. Allmählich merken der Beförderte und die ihm Untergebenen, daß sie auf eine andere Weise als vorher miteinander verkehren. Unter den Mitarbeitern pflegt sich das Gefühl auszubreiten, daß man dem Chef nicht mehr – wie zuvor – alles sagen kann. Es ist nicht mehr dasselbe, so scheint es, ob man sich auf der gleichen Ebene miteinander austauscht oder ob man nach oben hin zum Chef spricht. In der Tat ist es eine sachliche Notwendigkeit, daß zahlreiche Probleme «von unten» einen anderen Aspekt haben als «von oben», so daß es nützlich erscheint, daß man sich zu manchen Fragen mit Vorrang unter den Gleichgestellten an der Basis verständigt, ehe man den Chef hinzuzieht. Ein weiteres distanzierendes Moment liegt darin, daß der Chef in einer Schlüsselposition für Selektionsvorgänge sitzt. Er wird dafür sorgen, daß einige früher als andere befördert, daß wieder andere vielleicht versetzt werden. Die Erwartung von Belohnung oder

Bestrafung kann sich in einer Gruppe in zweierlei Richtungen auswirken. Entweder bemüht man sich in der Gruppe der Gleichgestellten um eine besonders intensive Solidarität, um sich von vornherein gegen eine Ausnützung von Rivalitätsspannungen durch den Vorgesetzten zu schützen. Oder es entwickelt sich genau umgekehrt ein Wettbewerb von Bemühungen, sich in einschmeichelnder Weise der Gunst des Chefs zu versichern, um ihn zu einer besonderen Protektion zu verpflichten. Beide Verhaltensweisen fördern auf unterschiedliche Art die Isolierung des Chefs. Im ersten Fall erlebt er, daß die gesamte Gruppe ihm gegenüber auf Distanz geht. Das kann sich ohne jede Feindseligkeit vollziehen, aber unvermeidlich ist eine gewisse Einbuße an Spontaneität und Freundschaftlichkeit im Umgang miteinander, auf die sich der Chef vor seiner Beförderung in der Gruppe stützen konnte. Diese Veränderung ist für ihn belastend, aber notwendig zu tragen. Versucht er mit Gewalt, die Distanz aufzuheben und aus Isolationsangst wieder voll in die Gruppe an der Basis hineinzudrängen, wird er seine Lage und die gesamte Gruppenstruktur eher negativ beeinflussen. Er vermag dann unter Umständen Prozesse zu forcieren, die sich dem anderen genannten Reaktionstyp annähern. Da kann sich der Chef nicht über mangelnde Kontakte nach unten beklagen, aber er hat allen Grund daran zu zweifeln, ob er echte persönliche Zuwendung oder nur ein taktisches Hofiertwerden erlebt. Wer je in die Lage kommt, auf eine Position von höherem Einfluß aufzusteigen, wird in jedem Fall durch die Erfahrung irritiert werden, daß sich plötzlich lauter Leute um ihn bemühen, die nie zuvor ein besonderes positives Interesse an ihm bekundet hatten. Es gibt in allen Arbeitsgruppen Mitglieder, die in dieser Weise einen neuen Chef testen, ob dieser dafür anfällig ist, seine Gunst nach besonderen Gefälligkeitsbeweisen zu bemessen. Und zeigt sich der Chef, wenn auch nur aus Isolationsangst, in dieser Hinsicht korruptionsanfällig, kann er damit Verwirrung in die gesamte Arbeitsgruppe hineintragen und einen Nährboden schaffen, auf dem mannigfach Intrigen und Denunziationen gedeihen können.

Das Dilemma für den Leiter einer Institution wie einer Schule oder eines Heimes besteht vielfach darin, daß er sich innerhalb seines Hauses auf der Ebene seiner Position nicht in eine Gruppe integrieren kann, die ihn abstützen könnte. In den Hochhäusern der kommunalen Behörden hätten die Leiter diverser Ressorts, z. B. des Sozialamtes, des Schulamtes, des Gesundheitsamtes usw., oft technisch alle Möglichkeiten, sich eng miteinander zusammenzutun und auszutauschen. Aber hier wirken sich wiederum oft Ressortrivalitäten aus, die zwischen den von den Arbeitsfeldern her eng benachbarten Chefs genauso trennende Barrieren errichten, wie sie die Leiter räumlich isolierter Betriebe um sich herum vorfinden.

Die Entfremdung des Beförderten von dem Kreis der vorher gleichgestellten Mitarbeiter erfolgt um so sicherer und in um so höherem Grade, je weniger die Rangunterschiede in dem Betrieb durch Mitbestimmungs-Regelungen aufgelockert sind. Wenn der Beförderte in seinen Führungsaufgaben in Gremien eingebunden bleibt, die ihn weiterhin eng mit den rangniederen Kollegen verbinden, wird er weniger vereinsamen, als wenn die Betriebsstruktur ihm ein hohes Maß an Alleinverantwortung überträgt. Es gehört zu den weitverbreiteten Selbsttäuschungen von Chefs, zu unterstellen, daß ihre psychologische Situation im Betrieb sich in dem Maße ihres Vorsprunges an Macht vereinfache. Deshalb verteidigen ja auch viele krampfhaft ihre herausgehobenen Kompetenzen – und verschaffen sich damit eine zweifache Überlastung. Auf der einen Seite ist es in einem einigermaßen differenzierten Arbeitsbereich fast immer für *eine* Person sehr schwierig, alle erforderlichen Entscheidungen auf hinreichende Sachkenntnis zu stützen. Oft ergibt sich dann ein Mißverhältnis zwischen der Tragweite von Entscheidungen und mangelhafter Problemübersicht. Und natürlich wird jemand geängstigt, der laufend um die Qualität seiner folgenreichen Alleinentscheidungen fürchten muß. Hinzu kommt der Druck, sich immer wieder das Mißfallen der Abhängigen zuzuziehen, die von den Konsequenzen schlecht bedachter Maßnahmen betroffen werden, die sie selbst nicht aktiv mitsteuern können. Ein weiteres kritisches Moment ergibt sich bei starkem Kompetenzgefälle dadurch, daß die weitgehend zu einem passiven, weisungsabhängigen Arbeitsverhalten genötigten Mitarbeiter an der Basis partiell psychisch infantilisiert werden, so daß die Chefrolle auf der anderen Seite zu sehr «elternartig» überhöht wird. Die abhängigen Mitarbeiter reagieren auf die unnötige Einengung ihres Verantwortungshorizontes häufig mit einer ebenso verständlichen wie typischen Abstumpfung. Das Gefühl ihrer Ohnmacht und ihrer Aussperrung von stimulierenden Mitbestimmungsmöglichkeiten bewirkt einen Rückzug auf eine kindliche Bequemlichkeits- und Anspruchshaltung. Sie nehmen nicht mehr aktiv Anteil an den übergreifenden Problemen des Betriebes. Am Ende interessieren sie sich nur dafür, sich ihren Job an ihrem Platz halbwegs angenehm einzurichten. In einer solchen Betriebsstruktur erlebt sich der Chef schließlich in einer erdrückenden Übervater-Rolle. Er sieht sich von unten her nur lauter Wünschen und Forderungen ausgesetzt. Alle erwarten passiv, daß er ihr Los verbessern soll, bzw. sind mit ihm unzufrieden, weil er nicht genügend für sie tut. Er kann ihren infantilen Ansprüchen nicht gerecht werden, zumal er ja darauf achten muß, daß ein sozialer Betrieb nicht in erster Linie der Fürsorge für die Mitarbeiter, sondern der Betreuung von Klienten, Patienten, Heiminsassen oder dergleichen zu dienen hat. Er wird sich darüber beklagen, daß er allein diese übergreifende soziale Verantwortung der Institution bedenkt, und er wird auf die vermeintliche Uneinsichtigkeit der abhängigen Mitarbeiter schimpfen, die anscheinend immer nur Vorteile für ihre persönliche Arbeitssituation im Kopfe haben. Dabei erweist sich meistens, daß das Überhandnehmen einer kindlich passiven Anspruchshaltung in einem Betrieb nur die Folge einer Organisationsstruktur darstellt, die eine unzweckmäßige Verschärfung von Abhängigkeitsverhältnissen bewirkt. Der Chef darf sich somit nicht wundern, wenn er, sozialpsychologisch gesehen, mit den «elternartigen» Aufgaben alleingelassen wird und um sich herum nur Menschen findet, die sich wie kurzsichtige, begehrliche Kinder verhalten. *Eine vermeintlich «verantwortungslose» Denkweise an der Basis ist üblicherweise nur als Kunstprodukt eine Abspiegelung der faktischen Entmündigung derjenigen, die sich an ihrem Arbeitsplatz so verhalten. Was ihnen durch eine falsche Organisationsstruktur an Verantwortlichkeit vorenthalten wird, macht dann die übermäßige Verantwortungslast des Chefs aus, die dieser nicht wie ein tragisches Schicksal beklagen, sondern als Hinweis für die Notwendigkeit organisatorischer Reformen verstehen sollte.* – Immerhin liegt es vielfach nicht im eigenen Belieben eines Beförderten, solche Verhältnisse gründlich zu ändern. Die Kompetenzverteilungen in der Betriebshierarchie sind ihm vorgegeben. Und sein persönlicher Spielraum, eine traditionell verfestigte Organisationsform zu ändern, ist meist nur beschränkt.

Der Chef erfährt jedenfalls, daß die Zufuhr an Macht durch die Beförderung für ihn zugleich eine Erweiterung der Angstbedingungen bedeutet, auf die er meist vorher kaum vorbereitet war. Der Aufsteiger entdeckt, daß über dem Rang, zu dem er vorher aufgeblickt hatte und den er nun selbst erklommen hat, neue Vorgesetzte auftauchen, deren Einfluß er zumeist bislang unterschätzt hatte, solange er mit diesen nicht unmittelbar dienstlich verwickelt war. Der Heimleiter hat über sich die Gewaltigen des jeweiligen Trägerverbandes und der höheren Funktionäre der Jugendverwaltung. Der Schulleiter muß sich vor der Schulaufsichtsbehörde verantworten. – Aber gleichzeitig fühlt sich der Beförderte auch von unten kontrolliert und beargwöhnt. Es ist geradezu ein typisches «*Beförderungssyndrom*», daß der frisch in ein Chef-Amt Eingerückte sich ähnlich wie ein Prüfling fühlt, der sowohl von unten, nämlich von seinen alten Kollegen, wie von oben, seinen neuen Vorgesetzten, streng daraufhin getestet wird, ob er den großen Stuhl wirklich ausfüllen kann, auf den man ihn nun gesetzt hat. Und dies führt leicht zu neurotischen Reaktionen, die später noch ausführlicher zu verfolgen sein werden. An der Beförderung hängt jedenfalls die objektiv bedingte psychologische Belastung, daß sich der Kreis der Absender erweitert, die durch ihre Erwartungen den Betreffenden in seiner Rolle verunsichern können. Neidisch erinnert sich mancher Avancierte an das Geborgenheitsgefühl, mit dem er sich früher in der Gruppe an der Basis bewegte. In diesem Kreis vermochte er unbefangen zu sein, durfte sich auch einmal gehenlassen und konnte sich im Kreis der anderen angstfrei durch Schimpfen auf die Unvernunft der Oberen entlasten. Jetzt, da er selber oben und zugleich allein ist, kann sich diese ehedem schützende Gruppe in eine neue gefürchtete Autorität verwandeln. Dementsprechend sieht man nicht wenige Chefs einen Hauptteil ihrer Kraft darin verbrauchen, sich in defensiver Weise mit den ihnen unterstellten Gruppen herumzuschlagen. Mancher Inhaber einer führenden Position fürchtet nichts so sehr wie die Opposition aus dem Lager, dem er noch gestern selbst angehörte. Gelegentlich sinkt die soziale Leistung einer hervorragend ausgestatteten Institution nur deshalb am Ende auf ein Minimum ab, weil alle Energien durch die Spannung zwischen Leitung und Basis absorbiert und von den sachlichen Aufgaben abgezogen werden. Dies ereignet sich natürlich eher in sozialen Versorgungsbetrieben oder in öffentlichen Administrationen, wo weder das unkündbare Personal noch die Institutionen im ganzen durch solche Leistungseinbußen in ihrer materiellen Existenz bedroht sind.

Jedenfalls kompliziert sich die psychologische Situation des Chefs durch die Aufzweigung seiner Verantwortlichkeiten. Der zum Schulleiter beförderte Lehrer muß nicht nur den Interessen der Schüler, der Elternvertretung und der Schulaufsichtsbehörde gerecht werden, er muß nun auch noch Spannungen gegenüber dem Lehrerkollegium auf sich nehmen, dessen Gemeinschaft ihn vorher geschützt hatte. Jetzt muß er unter Umständen neue von oben erlassene Forderungen nach unten weitergeben und durchsetzen, die womöglich weder Lehrern noch Schülern, noch Eltern gefallen. Und er wird oft genug erleben, daß das Lehrerkollegium ihm dafür persönlich böse ist, daß er notgedrungen manche unangenehmen Erlasse vertritt, anstatt deren Auflagen irgendwie abzubiegen. Er wird mit der Furcht Bekanntschaft machen, zwischen den diversen Ansprüchen zerrieben zu werden: Von unten wird er gescholten, wenn er nicht mehr Geld, Geräte, Personalstellen, Räume und diverse Arbeitserleichterungen durchsetzt, von oben wird er umgekehrt darauf eingeschworen, Einschränkungen und Sparmaßnahmen durchzusetzen. Den höheren Instanzen zuliebe muß er dafür sorgen, daß Dutzende von Berichten, Daten, Planungsunterlagen zur Fütterung der administrativen Bürokratie geliefert werden, womit er wiederum den Ärger des Kollegiums seiner Mitarbeiter provoziert, die sich unnötigerweise von ihren eigentlichen sozialen Versorgungstätigkeiten abgehalten fühlen. Das Hinundherlavieren zwischen den oft gegensätzlichen Forderungen und Wünschen der Gruppen und Instanzen verwandelt manchen Aufsteiger bald in einen Flüchtenden, der sich nur noch irgendwie durch das Gestrüpp der interferierenden Zumutungen der verschiedenen Seiten hindurchzuwinden hofft.

Natürlich bestehen für den Chef nicht nur Chancen, sondern sogar auch regelrechte Zwänge, sich unabhängig von seinem Betrieb mit anderen Gruppen ziemlich eng einzulassen. Auf jeder Stufe gibt es Interessenvertretungen und Verbände, die zur Integration auffordern. Ein Chefarzt z. B. ist gehalten, sich lokal und überregional mit den anderen Chefärzten zusammenzusetzen und mit diesen für eine Vertretung der Standesinteressen zu kämpfen. Aber auch dieses Kontaktangebot kann sich als problematisch erweisen. Wenn der einzelne Chefarzt – um bei diesem Beispiel zu bleiben – den Kurs einer nach unten vornehmlich defensiv gerichteten Standespolitik nicht reinen Herzens mitvollziehen kann, dann verschlimmert sich eher noch seine psychosoziale Lage. Er verschafft sich zusätzliche Spannungen, wenn er sich dem Verdacht aussetzt, die Forderung nach absoluter Standessolidarität nicht erfüllen zu wollen. Bekanntlich gibt es kaum schlimmere Loyalitätszwänge als diejenigen innerhalb der Standesgruppen und Berufsverbände. Hier findet man

Obrigkeiten, die noch mit klassischer inquisitorischer Über-Ich-Strenge Kritik und Normenverstöße verfolgen. Das gilt bekanntlich speziell für die Medizin, die von der Kirche nicht nur einen Großteil von deren moralischer Autorität geerbt, sondern zugleich deren Bräuche in der Ächtung von Tabu-Verletzern mit übernommen hat. Eine Folge sind die Ängste, die kürzlich ein Bundesgericht im Auge hatte, als es die nachgeordneten Gerichte indirekt davor warnte, die Loyalitätszwänge von medizinischen Gutachtern in Ärzteprozessen zu unterschätzen.

Um die Liste der ungünstigen psychologischen Bedingungen der Chef-Position einigermaßen zu vervollständigen, müssen noch ein paar weitere Faktoren bedacht werden. Seine Beförderung bringt es mit sich, daß der Chef nur noch in sehr verringertem Umfang direkt mit Klienten zusammenarbeiten kann. Das heißt, er wird weitgehend der Substanz der sozialen Tätigkeit entfremdet, um die es eigentlich in seinem Berufsfeld geht. Zwischen den Schulleiter, den Heimleiter, den Chefarzt und seine Klienten drängt sich immer mehr an organisierenden und administrierenden Aufgaben. Die Akten auf dem Schreibtisch absorbieren den Hauptteil seiner Energie. Mit jeder Beförderungsstufe wächst der Papierberg und verringert sich der Spalt, der noch einen unmittelbaren Zugang zu den Klienten ermöglicht. Hier gibt es gradmäßige Unterschiede zwischen den einzelnen Disziplinen mit relativen Vorteilen für die Mediziner etwa. Aber trotz solcher Abstufungen handelt es sich im Prinzip um parallele Entwicklungen.

Oft ist man geneigt, diesen unaufhaltsam fortschreitenden Ersatz des Klientenverkehrs durch Aktenarbeit und Managementaufgaben eher als einen Vorteil zu betrachten: Da braucht man sich nicht mehr mit unruhigen Schülern, unzufriedenen Heiminsassen, lamentierenden Sozialunterstützungsempfängern, klagsamen und unzufriedenen Patienten herumzuärgern. Endlich kann man sich an seinem Schreibtisch ausruhen, sich aufs Planen und Organisieren beschränken und die «Dreckarbeit» den anderen an der Basis überlassen! Diese Verlagerung der Arbeitsschwerpunkte wird also mitunter sogar als eine sinnvolle Anpassung an die psychischen Veränderungen des alternden Menschen betrachtet. Um so glücklicher sollte sich demnach derjenige schätzen, der sich eine solche Vergünstigung seiner Arbeitsumstände verschaffen kann.

Diese Vorstellungen sind aber schief und in ihrer Einseitigkeit unzutreffend. Hier geht es um Menschen, die den Sinn in ihrem

Beruf darin finden wollten, in Form irgendeiner sozialen Tätigkeit mit Klienten zusammenzuarbeiten. Die meisten von ihnen brauchen diesen Klientenbezug, weil er zu den besonderen Bedingungen ihrer psychischen Struktur paßt. Aus dieser unmittelbaren Anteilnahme an anderem menschlichen Leben können sie immer wieder neue Kräfte für sich selbst beziehen. Wenn indessen Heimerzieher in personell schlecht besetzten Heimen, Lehrer mit zu großen Klassengruppen in mangelhaft strukturierten Schulen oder Sozialarbeiter durch Überlastung mit exekutiven Funktionen mit ihrer Klienten-Arbeit unzufrieden werden und sich mitunter gern in administrative Funktionen zurückziehen, so liegt der Grund ja nicht darin, daß sie ihrer Kinder bzw. Klienten überdrüssig geworden sind. Sondern sie sind überlastet, weil ihre Arbeit schlecht organisiert ist. Sie kommen gar nicht zu einer gründlichen Beschäftigung mit den Menschen, denen sie nützlich sein wollen. Zermürbt werden sie durch den «Abfertigungsbetrieb» sowie durch die Isolation und die Ängste, die besonders prägnant bei dem Beispiel des Referendars hervortraten. Ruinös ist die «Dreckarbeit» also mitnichten deswegen, weil der Kontakt mit Menschen zu intensiv, sondern umgekehrt, weil er zuwenig intensiv ist. Es ist quälend, wenn man aus vielerlei Gründen an die Klienten gar nicht mehr richtig herankommt, die man zu betreuen hat, sondern sie nur mit irgendwelchen oberflächlichen Techniken und Maßnahmen abspeist, um sein Pensum zu erfüllen. Wer wie der Mediziner trotz aller isolierenden Momente immer noch einen ergiebigen Kontakt zu Klienten behält, pflegt sich in keiner Lebensphase aus dem Behandlungszimmer fortzuwünschen.

Aus psychoanalytischer Erfahrung heraus sieht man sich sogar veranlaßt, die zuvor genannte Hypothese umzudrehen: Es bedeutet keine Schonung für den alternden Menschen, sondern oft vielmehr eine Beschleunigung des Alterns selbst, wenn man ihm die Erfahrungsquellen seines Berufes verstopft, aus denen er sich immer wieder am ehesten psychisch regenerieren kann. In sozialen Berufen erhält es eher jugendlich, unmittelbar das Leben anderer Menschen zu begleiten, sich an ihren immer neuen Problemstellungen zu bewähren und aus den Wandlungen der Klienten Impulse für eigene kreative Entwicklungsmöglichkeiten zu gewinnen.

Aufsteiger in sozialen Berufen müssen sich unbedingt auch in späteren Jahren ein Aufgabenfeld erhalten, in dem sie genügend unmittelbare Kommunikation verwirklichen können, zum Aus-

gleich für die psychohygienisch schädlichen Arbeitsformen, denen sie in höheren Rängen zunehmend ausgesetzt sind. Diese negativen Momente sind überreichlich vorhanden. Ein Faktor ist die schon geschilderte Verdünnung des Kontaktes zur Basis der Mitarbeiterschaft. Hinzu kommt das entfremdende Moment des Taktischen, das durch die Überlastung mit widersprüchlichen und doch miteinander zu vereinbarenden Ansprüchen gegeben ist. Dann ist der Zwang zu nennen, in immer allgemeineren ökonomischen, technischen, organisatorischen Kategorien zu denken. Denn auf den höheren Rängen der sozialen Institutionen wird ja nur noch indirekt verplant, hin und her organisiert und verrechnet, was andere unmittelbar mit Klienten tun. Man arbeitet sich an Protokollen, Tätigkeitsberichten und Daten ab. In dieser Welt von Papier, bürokratischen Prozeduren und technischem Management ist der Mensch und seine Kommunikation mit anderen Menschen eine unwichtige Nebensache neben den Chiffrierungen, Abstraktionen und Verrechnungen des eigentlichen Lebens. So kommt es dann sekundär vielfach zu folgender unheilvoller Wechselwirkung: Die durch Bürokratismus und sozialtechnisches Organisieren aufgeriebenen Manager-Chefs verlieren am Ende die Geduld und die Einfühlungsfähigkeit für eine subtile Arbeit am Menschen selbst. Sie sind dann schließlich tatsächlich froh, wenn sie sich nicht mehr mit Klienten «herumschlagen» müssen, und so flüchten sie wieder gern an ihren Schreibtisch zurück. Tatsächlich haben sie die Fähigkeit verloren, noch mit Klienten zusammenzuarbeiten, deren Versorgung nicht so glatt mit den technischen Bewältigungsmustern geleistet werden kann, mit denen man das Material auf dem Schreibtisch zu handhaben vermag.

Überpointiert könnte man sagen, daß solche Chefs schon eine sozialbedingte psychische Dauerschädigung erlitten haben und unter diesen Umständen nur noch mangelhaft «resozialisierbar» sind. Sie sind in Gefahr, durch den verdünnten Kontakt mit dem unmittelbaren Leben bald seelisch zu erstarren und sich obendrein in umfassenderem Sinn psychosomatisch vorschnell zu verbrauchen. Auch wird ihre Arbeit inhaltlich Schaden leiden. Sie zählen zu denjenigen, die unsere aufgeblähten Bürokratien automatisch reproduzieren, weil ihre psychische Struktur zu deren Spiegelbild geworden ist. Sie vervollständigen die endlose Reihe der praxisfernen Chefs, die am Ende eine perfektionistische sozialtechnische Durchorganisation ihrer Betriebe als Selbstzweck betreiben und gar nicht mehr bemerken, wie darunter die Dienstleistungsaufgaben an den Menschen immer mehr Schaden leiden. So ergibt sich dann am Ende das Bild sozialer Versorgungsbetriebe, bei denen die Klienten vornehmlich die Funktion zu erfüllen scheinen, die Rituale und die Bürokratie der Betriebe störungsfrei in Gang zu halten.

Hier wird jedenfalls dafür plädiert, daß bei institutionalisierten sozialen Tätigkeiten die Übernahme von Leitungsfunktionen die Klienten-Arbeit nie vollständig verdrängen sollte. Das kann natürlich nur gelingen, wenn bestimmte Organisationsmodelle verwirklicht werden, welche die dauerhafte Überbürdung einzelner mit Leitungsfunktionen vermeiden (Kap. 13).

Die partielle Weiterführung von Klientenkontakten schützt den Chef auch – und dieser Vorteil bleibt nachzutragen – vor einer zu großen Entfernung von den Mitarbeitern an der Basis. Diese kann er nur richtig verstehen und unterstützen, wenn ihm das nicht fremd wird, was diese tun. Es muß ihn immer wieder beschäftigen, was insbesondere in den Anfängern vor sich geht und mit welchen Schwierigkeiten diejenigen zu tun haben, die in der Praxis wirken. Das Beispiel des Rektors in dem Tonband-Protokoll verdeutlicht präzise, wie es Chefs üblicherweise falsch machen, wenn sie schon zu sehr emotionell von der Basis isoliert sind. Dann versuchen sie, wenn sie zu einem Praxisproblem gerufen werden, gewissermaßen über den Kopf der jungen Mitarbeiter hinweg zu zeigen, wie man Schwierigkeiten im Handumdrehen ersticken kann. Was der Rektor macht, klappt eben nur im Augenblick, und er könnte mit seinen demonstrativen Methoden nicht ein dauerhaftes gutes Kooperationsverhältnis mit der Klasse entwickeln. Aber da er aus der Praxis schon zu weit heraus ist, fällt ihm nichts Besseres als eine solche Methode ein, bei der er den jungen Referendar nur noch mehr einschüchtert und obendrein wütend macht, anstatt diesen durch eine behutsamere und einfühlsamere Interventionsweise zu ermutigen und für sich zu gewinnen.

Neben ihrem Verbleib in der unmittelbaren Klientenpraxis sollten Chefs unbedingt darauf achten, daß sie permanent in die Supervision der praktischen Tätigkeiten eingeschlossen bleiben und sich auch aktiv daran beteiligen. Es ist in letzter Zeit von bestimmter Seite eine Ideologie entwickelt worden, die etwa besagt, daß es Abhängigkeitsverhältnisse in einem Betrieb unmöglich machten, die Probleme in der Klientenpraxis gemeinsam durchzuarbeiten. Das bedeutet, daß Institutionen sich ausschließlich Supervisoren von außerhalb holen müßten, um die Schwierigkeiten der Klientenpraxis störungsfrei bearbeiten zu können. So nützlich es für junge Mitarbeiter auch ist, sich nicht nur in der eigenen Institution, sondern auch von Fachleuten außerhalb Rat zu holen, so falsch ist es andererseits, die dienstlichen Verflechtungen innerhalb einer Institution als absolutes Hindernis für eine gedeihliche Supervision zu erklären. Denn damit würde man genau die isolierenden Mechanismen festschreiben, die heute in der Tat noch stark gehäuft wirksam sind und z. B. dazu führen, daß Vorgesetzte, wie etwa der zitierte Rektor, mit Praxisproblemen ihrer Mitarbeiter so umgehen, daß diese aus ihren Autoritätsängsten nicht herauskommen und im übrigen auch für ihre Praxis nichts lernen. Es ist vielmehr entscheidend, daß Vorgesetzte, die allerdings auch noch selbst praktisch tätig sein müssen, in partnerschaftlicher Weise an der Diskussion der Klientenprobleme der jüngeren Mitarbeiter teilnehmen und sich darin bewähren. Gerade dies sind Themen, die prinzipiell eine optimale Chance enthalten, daß die Leute verschiedener Ränge kommunizieren, um im Anschauen von menschlichen Problemen und in gemeinsamen kreativen Denkprozessen Lösungen zu erarbeiten. Hier können die Älteren, wenn sie sich richtig verhalten, sich auch als Scheiternde, als partiell Unwissende und Suchende darstellen. Bekannt ist ja aus der Sozialarbeit, aus der Sonderpädagogik und aus der Psychotherapie, daß gerade Anfänger in solchen Fächern nicht selten infolge ihres besonderen Enthusiasmus und ihres intensiven Einsatzes sogar mit ganz schwierigen Menschen und Gruppen fertig werden, an denen viele Ältere scheitern würden oder bereits zuvor gescheitert sind. Es ist also nicht so, daß der Vorsprung an fachlichem Wissen bei der Besprechung von Praxisproblemen stets automatisch das gleiche Autoritätsverhältnis reproduzieren müßte, das etwa durch die dienstlichen Rollenbeziehungen vorgegeben ist. Im übrigen haben ja vielfach gerade die jungen Mitarbeiter von ihrer Ausbildung und möglicherweise von Fortbildungserfahrungen her bessere Informationen über aktuelle Theorien und Methoden als manche der Älteren, die in dieser Hinsicht nicht mehr ganz auf dem laufenden sind. Kurzum: Der Austausch in Praxisfragen ist gerade einer der Wege, auf denen man am ehesten einer Fixierung von Interaktionsmustern gegensteuern kann, welche zum Unglück vieler Betriebe dazu führen, daß sich die Mitglieder auf den verschiedenen Ebenen endgültig auseinanderleben.

Zur Vervollständigung dieser Betrachtungen mag noch ein Blick auf typische Fehlverhaltensweisen dienen, die sich aus den besonderen Angstbedingungen der Chef-Position ergeben können. Nirgends wird der Zusammenhang in dem Sprichwort von den gut kehrenden neuen Besen für einen größeren Kreis von Menschen so instruktiv demonstriert wie durch eine typische Reaktionsweise frisch Beförderter. Jemand ist neu mit Leitungsaufgaben betreut worden. Plötzlich herausgehoben und entwurzelt aus der Gruppe seines bisherigen Niveaus, fühlt er sich wie in einem luftleeren Raum und verfällt, von Befürchtungen überwältigt, auf ein überkompensatorisch autoritatives Verhalten, mit dem er sich und der Umgebung noch am ehesten beweisen zu können glaubt, daß er groß und reif genug für sein Amt sei. Entsetzt erlebt die Umgebung, wie der bisher bescheidene, liebenswürdige und leicht zugängliche Arbeitskollege sich zu einem herrischen und übereifrigen Chef mausert, der sogleich alles in die Hand nehmen und überall unverzüglich durchgreifen will, wo ein Problem entsteht. Der Betreffende arbeitet wie ein Besessener. Wo er vorher zögerte und Hilfe suchte, legt er sich nunmehr sofort fest und zeigt sich in unerwartetem Maße entscheidungsfreudig. Aber bei näherem Hinsehen zeigt sich, daß er sich eben oft falsch festlegt und sich nur deshalb neuerdings so prompt entscheidet, weil er ein hohes Maß an Selbständigkeit vortäuschen will. In der Labilisierung durch die soziale Veränderung verfällt er damit auf einen Verhaltensstil, den er vermutlich früher bei Eltern oder Chefs verabscheut hatte. Es spielt sich aber nun leicht eine soziale Interaktion ein, die es dem Betreffenden schwermacht, aus den falschen Geleisen herauszufinden. Natürlich verärgert er seine Umgebung mit seinem hektischen überkompensatorischen Gehabe und wird durch seine voreiligen und eigenmächtigen Entscheidungen objektiv manche Probleme in der Institution eher vergrößern als abbauen. Er kann also nicht damit rechnen, daß die Mitarbeiter sich seiner mit einem geduldigen, therapeutischen Wohlwollen annehmen, um ihm zu einer Normalisierung seines Benehmens zu verhelfen. Seine Untergebenen fühlen sich durch die konkrete Abhängigkeitslage veranlaßt, seine Position in einer Perspektive von unten nach oben zu sehen. Man ist also eher darauf eingestellt, von dem Beförderten etwas zu bekommen, statt diesen wie eine Art von Klient zu beschwichtigen und zu stützen.

So kann sich ein Circulus vitiosus einspielen: «Unten» empfindet man das auftrumpfende Imponiergehabe des Beförderten mit seinen schädlichen Wirkungen als bedrückenden Terror. Man zieht sich von dem Chef zurück, und es entwickelt sich eine Solidarität des Unmuts und der Protestbereitschaft. Damit verschärft der frisch Beförderte unwillkürlich die Schwierigkeiten, die er bewältigen wollte. Er erlebt sich gegenüber einer Front von Murrenden. Durch die Verblendung seiner neurotischen Reaktion mag er wähnen, daß man «unten» nur darauf lauere, gegen ihn zu rebellieren und ihn in seiner Position zu schwächen. Einmal auf dem Wege zu zeigen, «wer Herr im Hause ist», mag er seine Zuflucht in immer noch mehr Wichtigtuerei und pausenlosem Herumbefehlen suchen. Um so mehr versteift sich der Widerstand der anderen, und bald klafft zwischen «unten» und «oben» ein breiter Abgrund von Mißtrauen und irrationaler Rivalität. Beide Seiten eskalieren zum eigenen Schaden eine Isolation voneinander, die das Arbeitsklima für alle vergiften muß.

Die Tendenz, so unheilvoll überkompensatorisch zu reagieren, findet man erwartungsgemäß besonders bei Menschen, die einerseits sehr ehrgeizig, andererseits durch den erweiterten Verantwortungsbereich überfordert sind, der ihnen zugemutet wird. Gerade diese Umstände treffen indessen nicht selten zusammen. Großer Ehrgeiz macht häufig nicht nur blind für die eigene Unreife, sondern fixiert diese obendrein. Da gibt es viele, die sich auf jeder Stufe ihrer Tätigkeit immer nur flüchtig die Fertigkeiten aneignen, die ihnen für den Weg nach oben wichtig sind. Man findet Ambitionierte, die vor lauter Ungeduld nicht einmal das Handwerk ihres Grundberufes richtig erlernen und sich z. B. in einer sozialen Tätigkeit niemals gründlich und mit Erfüllung in die Arbeit mit Klienten vertiefen. Das sind Typen, die nicht besonders darunter leiden, daß sie durch alle möglichen Einwirkungen von oben an einer engen Kommunikation mit Klienten gehindert werden. Ihnen wird rasch klar, daß man am schnellsten Karriere machen kann, wenn man sich bald über die Klienten hinaushebt und administrierende und organisierende Aufgaben übernimmt. Dazu suchen sie die Nähe ihrer Chefs und dienen sich denen möglichst als beflissene Gehilfen an. Ihr Wunsch, sich früh mit den Chefs zu identifizieren, verschafft diesen um so mehr Genugtuung, je isolierter diese sich fühlen. Und es liegt gerade für derartige Chefs nahe, sich für die besonderen Angebote solcher ambitionierten Nachwuchskräfte erkenntlich zu zeigen und diesen einen schnellen Weg nach oben zu bahnen. Aber wehe, wenn sie solche Schützlinge eines Tages zu Partnern gemacht haben, denen sie nicht mehr vorgesetzt sind: dann werden sie meist erleben, daß diese scheinbar besonders getreuen Freunde, sofern sie erst einmal auf gleicher Stufe stehen, sich in erbitterte Rivalen verwandeln und ihr stereotypes soziales Verhaltensmuster fortsetzen, mit dessen Hilfe sie sich schon auf den unteren Ebenen nach vorn geboxt hatten.

Das psychoanalytische Studium solcher Karrieristen zeigt, daß sie ursprünglich meist besondere Ängste haben, sich in einer Gruppe von Gleichgestellten zu behaupten. Sie leiden unter maßlos gesteigerten Befürchtungen, gedemütigt und kleingemacht zu werden. Nur wenn sie eine Gruppe von oben kontrollieren können, fühlen sie sich einigermaßen sicher, daß sie von den anderen nicht kaputtgemacht werden. Deshalb können sie eigentlich von vornherein keine echten Freundschaften schließen, und für sie bedeutet die Wahl eines sozialen Berufes tatsächlich eher die Sicherung einer überlegenen Position, die man als Lehrer, Arzt oder dergleichen gegenüber Schülern oder Patienten hat. Sie suchen also von vornerein im Grunde eine Beziehungsstruktur zu den Klienten, welche die vielen anderen, denen die Klienten primär als menschliche Partner wichtig sind, eher als entfremdend empfinden. Die Angst in Gruppensituationen, in denen sie mit anderen gleichgestellt sind, läßt in ihnen niemals den Wunsch aufkommen, ihre Klienten dicht an sich heranzulassen oder ihnen gar zu einer kritischen Emanzipierung zu verhelfen. Aber gerade dafür werden sie eben oft von den Institutionen prämiiert. Wenn sie genügend zäh und taktisch ausreichend geschickt darin sind, die Überkompensation ihrer Gruppenängste durchzuhalten, dann haben sie meist glänzende Karriereaussichten. An den Biographien solcher Strukturen enthüllt sich für den Psychoanalytiker eine groteske Paradoxie: *Überdurchschnittliche Aussichten zum Erklimmen von Führungspositionen haben diejenigen, die im Grunde mehr Ängste als andere Menschen haben, sich unbefangen in Gruppen zu integrieren, in denen sie nicht eine besonders verwöhnende Beschützung genießen. Ihre angstbedingte Unfähigkeit zu einem solidarischen Verhalten läßt sie den Weg nach oben suchen und finden, wo es ihnen letztlich nur um die Machtmittel geht, sich die Mitmenschen vom Leibe zu halten, von denen sie sich auf gleicher Ebene zu sehr bedroht fühlen.*

Freilich verdanken sie ihr Avancement nur zum Teil der Energie und der List ihrer Überkompensationstechniken, zum größeren Teil profitieren sie von den Verhältnissen an den Institutionen. Hier herrscht ja eben das Prinzip, daß auf jeder Stufe der Hierarchie ein

Maximum an Manipulierbarkeit von oben und eine Tendenz zur Weitergabe dieser Manipulation nach unten begünstigt wird. Der überkompensatorische Karrierist paßt in geradezu idealer Weise in dieses System hinein. Er ist erhaben über den Verdacht, allzu eng mit den Klienten oder auch mit den Arbeitskollegen an der Basis paktieren zu wollen. Er sucht ja nicht primär eine Selbstverwirklichung in einer kommunikativen Gemeinschaft mit seinesgleichen – und erweist sich deshalb auf jeder Rangstufe als derjenige, der von oben her am leichtesten manipuliert werden kann. Umgekehrt liegt es für ihn sehr nahe, sich auch nach unten hin vor allem manipulativer Techniken zu bedienen. Weil er sich wegen seines Rivalitätsgerangels meist keine besonders gründlichen Sachkenntnisse in den Arbeitsfeldern verschaffen konnte, die ihm jeweils unterstellt werden, liegt es für ihn nahe, die ihm untergeordneten, aber fachlich überlegenen Mitarbeiter mit Tricks in Schach zu halten. Die Unsicherheit auf Grund seiner mangelhaften Sachkompetenz wird ihn darauf bestehen lassen, lückenlos über alles informiert zu werden, was unter ihm geschieht. Umgekehrt wird er den Informationsfluß nach unten so drosseln, daß er stets über eine überlegene Orientierung verfügt. Er wird aufpassen, daß sich auf den niederen Rangebenen keine bemerkenswerten Solidarisierungen von Gruppen abspielen, die ihm bedrohlich werden könnten. Je mehr er die einzelnen an ihren Arbeitsplätzen isolieren kann, um so besser erscheint ihm seine Position stabilisiert.

Die Erfahrung lehrt nun, daß Aufsteiger mit diesen psychologischen Merkmalen keineswegs mehrheitlich in der groben Form entgleisen, wie sie vorhin modellhaft geschildert wurde. Viele erlernen mit der Zeit eine geradezu machiavellistische Eleganz im opportunistischen Taktieren, so daß sie jeweils ungefährdet ihre Position am Ohr der Mächtigeren behaupten und sich zugleich grobe Kollisionen mit denen ersparen können, die von ihnen abhängig sind. Als Psychoanalytiker kennt man fast unglaublich scheinende Beispiele von Karrieren, die sich derartige überkompensatorische Taktiker mit einem Minimum von echtem Sachwissen verschafft haben. In der Sozialbürokratie ist es ja sogar institutionalisierter Brauch, daß Leute in leitende Positionen vordringen, die kaum eine Ahnung davon haben, worum es in den praktischen Tätigkeitsfeldern eigentlich geht, die ihrer Verantwortung unterliegen. Nahezu unbemerkt von der Öffentlichkeit findet man analoge Phänomene selbst in Institutionen der Wissenschaft. Vor allem in praktischen Disziplinen, in denen von einer relativ ungesicherten theoretischen Basis aus operiert wird und wo die Nachwuchsförderung in erster Linie eine Angelegenheit dominierender Schulen und ihrer Repräsentanten ist, kommen die allermerkwürdigsten Beförderungen zustande. Während in den letzten Jahren grelles Licht auf seltsame Professorenberufungen aus politisch ideologischen Gründen fiel, vollziehen sich im Dunkel wohlgehüteter Diskretion laufend Besetzungen hoher Stellen, bei denen nicht eine allgemeine politische Konfession, dafür aber eine opportunistische Unterwerfung unter herrschende Schulmeinungen oder angebotene Erfüllungsdienste für örtliche Potentaten prämiiert werden. Natürlich liegt es im Wesen eines solchen Beförderungssystems, daß es sich an dem Ort immer wieder zu reproduzieren pflegt, wo es sich einmal eingespielt hat. Sind die höheren Ränge einer Hierarchie erst einmal mit Personen besetzt, die alle durch eine ihnen an sich unangemessene Verantwortung überfordert sind, so erhält sich das Gleichgewicht des Manipulierens und Manipuliertwerdens ganz automatisch dadurch, daß freie Positionen immer wieder mit den gleichen korrumpierbaren Charakteren besetzt werden. Wer selber mehr entscheiden muß, als er eigentlich übersehen kann, und durch manipulatives Taktieren seine dominante Rolle zu verteidigen versucht, wird stets die Karriere von – freilich möglichst schwächer erscheinenden – Kopien seiner selbst fördern. So kommt dann eine Personalstruktur zustande, die bewirkt, daß keine starken Impulse von der Basis her einströmen können und daß ein generelles defensives Taktieren überall Isolation verstärkt, Spontaneität unterdrückt und die Korruption in der Beziehung zwischen den Menschen und Gruppen fördert.

11. Kapitel
Spontangruppen entwickeln Prinzipien für eine soziale Arbeit, die den Bedürfnissen der Menschen eher dienen kann

Wenn junge Menschen nach einer Ausbildung in einer sozialen Tätigkeit in ihren ersten Betrieb eintreten, dann pflegen sie sich nach einiger Zeit bei der Arbeit ganz anders zu fühlen, als sie sich das einmal vorgestellt hatten. Sie haben mit Lust und Schwung angefangen. Aber nach einer Weile scheint es vielen, daß sie gar nicht mehr etwas tun, was sie von sich aus tun möchten. Sondern daß sie nur etwas machen, was von ihnen erwartet wird. Sie können sich die Arbeit nicht aneignen als eine Gelegenheit, ihre Kräfte sinnvoll zu entfalten. Vielmehr kommt es ihnen so vor, als würden ihnen ihre Kräfte nur genommen für Ziele, die ganz außerhalb ihrer selbst liegen und mit denen sie sich nicht eigentlich identifizieren können. Der fremde Wille, der sich ihnen aufzwingt und sie von vielem abhält, was sie lieber von sich aus tun möchten, wird vor allem durch die Vorgesetzten repräsentiert. Und deshalb wurden vorangehend die sozialpsychologischen Verhältnisse der persönlichen Abhängigkeitsbeziehungen in der Hierarchie näher betrachtet. Nunmehr kommt es aber darauf an, entschieden darauf hinzuweisen, daß viele ihre eigene Linie in der Arbeit nicht erst durch groben persönlichen Druck von oben her verlieren. Sie opfern sich – wie unwillkürlich auch immer – von vornherein freiwillig einer Obrigkeit, die sie noch gar nicht ernstlich auf die Probe gestellt hatten. Aus inneren Ängsten heraus versuchen sie zu erraten, was die Institution, was die Chefs von ihnen wollen. Und es genügen schon Andeutungen von oben her, um sie unmittelbar von den Wegen abzulenken, die einzuschlagen sie selbst für gut befunden hatten. Sie sind vom Elternhaus, von den Bildungs- und Ausbildungsstätten so zugerichtet worden, daß sie wie die Mehrheit der MILGRAM-Versuchspersonen reagieren und unbewußt geradezu darauf warten, daß man sie von außen her lenkt.

Mir ist ein Betrieb gut bekannt, in dem es den Anfängern in der

Arbeit weitgehend freigestellt ist, sich an einen Ausbildungsleiter ihrer Wahl anzuschließen. Besonderer Beliebtheit erfreut sich ein Ausbildungsleiter, der alle Fragen vereinfachend von einer bestimmten orthodoxen Theorie her beantwortet und in der Praxis ebenso orthodox die Anwendung einer zu dieser Theorie passenden' Methode verlangt. Da gibt es keine Probleme mehr. Die jungen Leute erfahren genau, wo es langgeht. Es geht ihnen bei dem Ausbildungsleiter sehr gut, wenn sie präzise alles nachbeten und ausführen, was er fordert. Kritisches Nachdenken oder eigenes von der Vorschrift abweichendes Experimentieren werden planmäßig unterdrückt. Andere, kritischere Ausbildungsleiter, die den jungen Leuten weniger vereinfachende Lösungen vorgeben und ihnen statt dessen beizubringen versuchen, daß zum Herausfinden des richtigen Weges viel Nachdenken und auch Experimentieren gehört, werden seltener gesucht. Manche der Praxisanfänger sagen es geradeheraus: «Man braucht doch erst einmal einen Halt. Man muß doch erst einmal Sicherheit haben und eine Identität finden!» Vielfach trifft allerdings genau das Gegenteil zu, nämlich daß die Betreffenden eher besonders fürchten, die Ansätze zu einer eigenen Identität durchzuhalten und sich dadurch womöglich mißliebig zu machen. Deshalb suchen sie eben keine Anleitung durch solche Personen, mit denen sie sich kritisch auseinandersetzen können, sondern lieber durch jene anderen, die ihnen einen strikten Gehorsam abfordern. Im Augenblick sprechen sogar viele Hinweise dafür, daß diese Selbstentmündigungs-Tendenz innerhalb des Nachwuchses in vielen Disziplinen zunimmt. Die vermehrten Ängste infolge des Numerus clausus und der Bedrohung der Arbeitsplätze wirken sich hier zweifellos aus. Es erscheint immer gefährlicher, eigene Gedanken zu verfolgen und einen eigenen Weg in die Praxis hinein zu suchen, wenn man nicht von vornherein weiß, daß man damit genau auf der Linie liegt, die von oben gut benotet wird. Da ist es schon sicherer, sich vor jedem Schritt zu vergewissern, was man machen soll. Wer reichlich Gelegenheit hat, diese schleichenden Veränderungen in der Jugend der letzten Jahre zu beobachten, wird dadurch sorgenvoll gestimmt, da hier wieder allmählich Gegenkräfte an Boden gewinnen, welche die gesellschaftlichen Tendenzen zu einer kritischen Selbstbesinnung und zu einer fortschreitenden Aufarbeitung des Autoritätsproblems allmählich erneut zu lähmen drohen.

Engt man das Problem wieder auf die Psychologie des Verhaltens am Arbeitsplatz ein, um die es hier vorrangig geht, so gelangt man zu einer praktischen Konsequenz für jeden Anfänger, der in der Institution seine Tätigkeit aufnimmt: Er sollte haarscharf aufpassen, daß er sich nicht schon freiwillig aufgibt, noch bevor die Institution und deren Repräsentanten ihn durch fühlbare Sanktionsdrohungen unter Druck setzen. Die Befolgung dieses Ratschlages ist aber nicht nur deshalb schwierig, weil sie das Ertragen eines gewissen Quantums von Ängsten voraussetzt. Eher noch mehr erschwerend wirkt sich der Umstand aus, daß der Betreffende *kaum zu merken* pflegt, wie sein Verhalten am Arbeitsplatz mehr und mehr seiner Eigensteuerung entgleitet. Es fehlen ihm die greifbaren Kriterien dafür, an denen er solche Prozesse ablesen kann. Vielleicht gibt es dennoch Symptome, die dem einzelnen anzeigen können, daß in seinem Arbeitsverhalten allmählich das Moment der Eigenbestimmung auf Kosten einer fortschreitenden Gleichschaltung zurücktritt. Wie und wo lassen sich solche Symptome ermitteln?

Hier hat sich nun in den letzten Jahren ein interessantes Experimentierfeld aufgetan, das instruktive Einblicke in die Unterschiede und Spannungsverhältnisse zwischen spontaner eigenbestimmter und außengelenkter institutioneller Arbeit vermittelt. Man kann diejenigen Bürgerinitiativen, die irgendeine langfristige soziale Arbeit leisten, als ideale natürliche Versuchslabors ansehen, in denen man das Verhalten von Menschen bei sogenannter spontaner Arbeit mikropsychologisch zu analysieren vermag. Man kann hier z. B. überprüfen, welche Unterschiede sich ergeben, wenn ein und dieselbe soziale Tätigkeit einmal in einer Bürgerinitiative, das andere Mal innerhalb einer Institution organisiert und praktiziert wird. Man kann aber auch schon innerhalb solcher Initiativgruppen selbst sinnvolle Vergleiche anstellen. Denn bei allen Langzeit-Gruppen beobachtet man im Laufe der Zeit zumindest eine begrenzte Institutionalisierung. Die Gruppen benötigen eines Tages feste Etatmittel, und die meisten sichern sich einige festangestellte Mitarbeiter, um die Erfüllung gewisser tragender Funktionen von den Unberechenbarkeiten der wirtschaftlichen Lage und des Nachwuchszustroms unabhängig zu machen. Um diese hauptamtlichen Mitarbeiter bleiben die freiwilligen Mitarbeiter gruppiert, von denen die meisten dieser Projekte ursprünglich ausgingen und die im allgemeinen versuchen, den Charakter der «Spontangruppe» nicht durch die Teilinstitutionalisierung verlorengehen zu lassen. Es ist nun sehr instruktiv, die «Hauptamtlichen» und die «Freiwilligen» in ihrem Benehmen miteinander zu vergleichen. Auch wenn die «Hauptamtlichen» von ihren Geldgebern – Behörden oder Trägerverbänden – nur wenig überwacht werden und ihre Arbeit in erster Linie mit der Initiativgruppe abstimmen können, assimilieren sie in der Regel doch eher gewisse Denkformen und Verhaltensmuster, die für eine institutionalisierte Arbeit üblich sind. Da gibt es individuelle Variationen. Aber der Status des Angestelltenverhältnisses mit der entsprechenden tariflichen Entlohnung verleitet nichtsdestoweniger zu psychischen Reaktionen in einer bestimmten Richtung. Solche Einflüsse treten dann besonders deutlich zutage, wenn irgendein Gruppenmitglied lange Zeit als unbezahlter Freiwilliger mitgewirkt hat und späterhin innerhalb des Projektes in ein Angestelltenverhältnis einrückt. Sofort vermehren sich die Ängste durch die institutionelle Bindung. Es zeigen sich überwiegend gewisse charakteristische Modifikationen in diversen emotionellen Reaktionen, in den Denkweisen und im Verhalten innerhalb der Gruppendynamik.

Ein anderer für entsprechende Beobachtungen ergiebiger Umstand ergibt sich dann, wenn in einer spontanen Gruppe einzelne Mitglieder hauptberuflich in einem sozialen Dienstleistungsbetrieb eine ähnliche Tätigkeit ausüben wie nebenbei in dem Initiativprojekt. Beispiel: Ein Familienberater arbeitet tagsüber in einer Erziehungsberatungsstelle und betreut abends im Rahmen einer Initiativgruppe «ehrenamtlich» Gastarbeiterfamilien. Er kann dabei durch Eigenbeobachtung überprüfen, wie er sich täglich durch den Situationswechsel verwandelt, wie seine Gefühle zu den Klienten, wie sein Benehmen in der Gruppe, wie einzelne Merkmale seines Arbeitsverhaltens interessanten Modifikationen unterliegen. Diese Eigenbeobachtungen lassen sich durch Urteile anderer ergänzen, die den Betreffenden in beiden Arbeitsfeldern erleben und von außen her kontrollieren können, ob und in welcher Hinsicht sein Verhaltensbild hin und her schwankt.

Meine eigene gleichzeitige Doppeltätigkeit als Leiter einer Psychosomatischen Universitätsklinik und als Mitglied einer Initiativgruppe in einer Randsiedlung hat mir Gelegenheit gegeben, gerade diese zuletzt genannte Konstellation an mir selbst zu studieren. Ich war verblüfft, festzustellen, daß ich nicht nur jene oberflächlichen Verhaltensänderungen bei mir bemerkte, die man als normale Rollenanpassung zu erwarten pflegt. Ich hatte zuvor gelernt und war gewöhnt, mich als Analytiker, als Administrator, als Ausbilder, als Gutachter, als Mitglied von Universitätsgremien und Fachgesellschaften sowie in den unterschiedlichen Rollen des Privatlebens zu benehmen. Die Initiativgruppen-Mitarbeit belehrte mich indessen, daß ich mich als «Arbeitsmensch» noch ganz anders fühlen und entfalten konnte, als ich es generell im Sektor Arbeit für möglich hielt. Vor allem erfuhr ich, daß mein Verhalten in der Institution, mit dem ich mich bislang voll identifiziert glaubte, zu einem erheblichen Teil von unbewußter Assimilierung fremder, institutionsabhängiger Einflüsse durchsetzt war. Mir wurde daran also offenbar, daß derartige soziale Einflüsse unbewußte Wirkungen von großer Tragweite haben können. Ich erkannte, daß ich in meiner hauptberuflichen Tätigkeit einer psychischen Selbstentfremdung unterlag, die mir in diesem Ausmaß nie klargeworden war. Ich war z. B. daran gewöhnt, auf äußere Störungen von Gruppengesprächen mit einer gewissen nervösen Ungeduld zu reagieren. Stundenlange Konferenzen und Verhandlungen ermüdeten mich ungemein. Es schien mir sicher, daß diese Merkmale lediglich durch meine emotionelle Struktur und den Einfluß des Lebensalters bedingt waren. Jetzt merkte ich aber plötzlich in der Initiativgruppe, daß ich in manchen höchst turbulenten und nahezu chaotischen Gruppensituationen kaum meine innere Gelassenheit verlor und erstaunt registrierte, daß andere viel mehr beunruhigt wurden. Verblüfft war ich auch darüber, daß ich stundenlange nächtliche Diskussionen und Verhandlungen über wichtige Entscheidungen ohne jede nennenswerte Ermüdung überstehen konnte. Im Gegenteil, manchmal fühlte ich mich nach drei-, vierstündiger Arbeit in kleinen Gruppen und im Plenum am folgenden Tag so frisch und erholt wie selten. Die Veränderung meiner sozialen Rolle, vor allem aber das belebende offene Klima der Spontangruppen-Arbeit legten in mir psychische Möglichkeiten frei, an die ich gar nicht mehr geglaubt hatte. Besonders interessant fand ich auch, daß ich mich meist den anderen «Freiwilligen» trotz der durchschnittlich größeren Altersdifferenz näher fühlte als den «Hauptamtlichen», wobei sich eben die Funktion in der Gruppe gegen sonstige Motivationsbedingungen durchsetzte.

In einem solchen aus Freiwilligen und Hauptamtlichen gemischt zusammengesetzten Arbeitskreis ereignen sich neben anderen auch solche Konflikte, die einigermaßen repräsentativ zu sein scheinen für den Widerstreit zwischen charakteristischen Momenten einerseits spontaner, andererseits institutionalisierter Arbeit schlechthin. Im großen und ganzen sprechen nach meinem Eindruck jedenfalls bedeutende Hinweise dafür, daß der Status freiwillig oder hauptamt-

lich Tendenzen nährt, sich jeweils mehr dem einen von zwei typischen Mustern des Arbeitsverhaltens anzunähern, zwischen denen hin und wieder Spannungen deutlich werden. Es geht jetzt nicht um die Frage, was diese Spannungen für einen solchen Arbeitskreis bedeuten und in welchem Maße sie sich für diesen störend, aber auch nützlich auswirken. Hier ist allein interessant, an Hand der sich aufzweigenden Reaktionstypen diejenigen psychologischen Polarisierungen festzustellen, die den Umschlagpunkt von spontaner in institutionalisierter Arbeit bezeichnen. Das Gruppengeschehen wird dabei lediglich als modellhaftes Experiment verstanden, das die Probleme besser sichtbar macht, die jeder in sich prinzipiell wiedererkennen kann, wenn er mit der Bemühung um Selbstbestimmung einer Arbeit auf die Kräfte der institutionellen Fremdbestimmung stößt. Unter diesem Aspekt mögen die folgenden Beschreibungen vorzugsweise gesehen werden.

Ein allgemeines Kennzeichen der Freiwilligen-Arbeit scheint sich von selbst zu verstehen: Die Betreffenden empfinden, daß sie viel von eigenen Bedürfnissen in die Arbeit hineinlegen können. *Sie sehen die Arbeit mehr als eine «eigene Sache»*, nicht als eine «fremde Sache». Es überwiegt die Komponente: «Ich will», nicht «ich soll». Der Druck des Antriebes kommt weniger von außen als von innen. Während man sonst bei dem Begriff «Leistungsdruck» sofort nach äußeren Personen oder Instanzen Ausschau hält, deren Drohungen und Vorschriften die Leistung erzwingen, verspüren die Freiwilligen in sich selbst ein Verlangen, sich anzustrengen, um die eigenen Ziele zu verfolgen. Auch hier kann ein Moment der Angst mit ins Spiel kommen, nämlich dem nicht zu genügen, was man sich abverlangen möchte. Aber dies ist eine ganz andere Angst als das Gefühl der infantilen Ohnmacht gegenüber irgendwelchen äußeren kontrollierenden Autoritäten. Es ist eben weniger eine lähmende als eine stimulierende Angst, weil man es ja selbst in der Hand hat, ihre Voraussetzungen zu überwinden. Insgesamt haben die Freiwilligen meist *mehr Freude* an der Arbeit. Sie fühlen sich ja eben auch darin weniger behindert, sich solche Aufgaben innerhalb des Tätigkeitsfeldes auszusuchen, die ihnen persönlich besondere Freude machen.

Bemerkenswert ist nun – wie sich nebenbei zeigt –, *daß die vornehmliche Steuerung durch eigene Bedürfnisse nicht automatisch zu einer diskontinuierlichen oder im ganzen geringeren Arbeitsleistung führt.* Es zeigt sich vielmehr, daß Freiwillige auch über lange Zeit regelmäßig ein hohes Pensum in einer sozialen Arbeit leisten können, wenn ihnen die Tätigkeitsbedingungen liegen. Zum Beispiel kann die innere Verbindung zu den Betreuten von sich aus den Wunsch unterhalten, sich als unbedingt vertrauenswürdiger und jederzeit verläßlicher Partner zu erweisen. Die Erfahrungen innerhalb des Gruppenprozesses können den Beteiligten den Eindruck vermitteln, daß es wichtig ist, in einer kontinuierlichen Einsatzbereitschaft zusammenzustehen. Gerade weil es die «eigene» Arbeit ist und nicht ein von oben bestimmter Job, möchte man sich vielleicht besonders gern beweisen, daß man zusammen mit anderen ein kompliziertes und schwieriges Unternehmen aus eigener Kraft stetig und zuverlässig tragen kann.

Voraussetzung zu diesem Verhalten ist allerdings, daß die Hauptamtlichen nicht darin nachlassen, den Freiwilligen ihre wichtige Funktion für das Gelingen des Unternehmens jederzeit deutlich zu machen. Sobald die Hauptamtlichen anfangen, sich zu sehr als «Funktionäre» zu etablieren und etwa die planenden und organisierenden Funktionen an sich zu ziehen, können die Freiwilligen das Gefühl verlieren, eine gleich hohe oder gar eine überwiegende Verantwortung für ein Erreichen der gesetzten Ziele zu haben.

Die verläßliche hohe Einsatzbereitschaft von Freiwilligen allein aus dem Bedürfnis, sich einer verbindlichen Aufgabe für die Betreuten und für die Kollegen gewachsen zu erweisen, ist ein Beleg für eine weit verbreitete Fehleinschätzung der Bedingungen für ein kontinuierliches Arbeitsverhalten. *Es ist ein Vorurteil zur Selbstrechtfertigung einer allenthalben hierarchisch strukturierten Arbeitsorganisation, daß nur der Druck von Kontrolle und Sanktionen eine Bereitschaft zu gleichbleibender verbindlicher Leistung sichere.* Dieses Vorurteil verewigt ein infantiles autoritätsbezogenes Denkschema, das zwar von den meisten verinnerlicht und – wie erläutert – lebenslänglich beibehalten wird. Dennoch sieht man, daß ein selbstgeschaffener Spielraum für Spontaneität und Eigensteuerung einen unerwarteten Grad von Verantwortungssinn freisetzen kann. Das Gefühl, mit anderen für andere etwas Sinnvolles gern tun und auch durchhalten zu wollen, kann offensichtlich viel mehr bewirken, als man diesem Motiv je zutrauen wollte. Es ist bezeichnend, wie willig die Entwertung dieses Motivs seit dem deutschen Idealismus, seit KANT, immer wieder reproduziert wurde. Nahezu unbesehen hat man KANTS Mißtrauen gegen «Liebe zu Menschen», «Sympathie» und «teilnehmendes Wohlwollen» als Triebkräfte sozialen Verhaltens wie eine ewige Weisheit hingenommen. Dabei beruhte das

KANTsche Lob der abstrakten Pflicht letztlich auf einer Unterwerfung unter die idealisierte elterliche Autorität auf einer frühen psychischen Stufe, wie man heute psychoanalytisch sagen würde. Dieses infantile Konzept führte bruchlos zu der Veräußerlichung des moralischen Gesetzes in Gestalt des preußischen Obrigkeitsprinzips. Sowenig es KANT wollte, hat er durch seine streng abstrakte und gefühlsfeindliche Moraltheorie zweifellos den Boden für eine Erziehungstradition mit zu bereiten helfen, die schließlich den formalistischen Begriff der moralischen Pflicht mit dem Begriff der absoluten Gehorsamspflicht gegenüber der Obrigkeit gleichzusetzen erlaubte.

Unabhängig von ihrer Bereitschaft zu Verbindlichkeit und Stetigkeit in der Bearbeitung ihrer Aufgaben neigen Freiwillige dazu, durch das Moment der Spontaneität *ihre Arbeitsabläufe flexibler und experimentierender zu gestalten* als Hauptamtliche, die sich der Institution stärker verpflichtet fühlen. *Sie sind offener für neue Einfälle, und damit gewinnt ihre Arbeitsweise mehr Kreativität.* Die Hauptamtlichen verfallen eher darauf, die Tätigkeit formal festzulegen und zu ritualisieren. Die Freiwilligen bleiben Ritualen gegenüber reservierter. Ihnen macht es im Durchschnitt weniger aus, auch einmal einen ausdrücklichen Vorsatz und eine Unternehmung fallenzulassen, die «nicht läuft». Nicht selten stellt sich dann aber auch heraus, daß der Plan objektiv nicht besonders gut war und daß es vornehmlich darum gegangen wäre, ein Vorhaben um des Grundsatzes willen durchzuziehen. Die stärkere Beeinflussung der Arbeit durch das Lustprinzip erweist sich dann keineswegs als nachteilig, wenn das Nachlassen des emotionellen Interesses, wie es oft der Fall ist, mit ausbleibenden Fortschritten des betreffenden Projektes zusammenhängt. Dann vergeht die Lust, weil sich der Ansatz eben nicht bewährt. Den Hauptamtlichen bereitet es eher Furcht, eine geplante und beschlossene Sache nicht auch bis zu Ende korrekt durchzuführen. Für sie bedeutet es schon einen Wert an sich, daß man einen Arbeitsvorgang formal «ordnungsgemäß» abwickelt. Hingegen belastet es sie, auf halbem Wege auf Grund eines spontanen Einfalls irgendeinen Richtungswechsel vorzunehmen. Das erscheint ihnen «unordentlich», «inkonsequent». Es mag im Einzelfall der Sache dienlich sein, einen Plan mit einer gewissen Rigidität «eisern» durchzuziehen. In anderen Fällen erweist sich die Flexibilität der Freiwilligen als sinnvoller, zumal in einem Arbeitsfeld, in dem man immer wieder mit unvorhersehbaren Bedingungen rechnen muß, die eine elastische Kurskorrektur wünschenswert machen. Speziell in betreuenden sozialen Tätigkeiten kommt es ja zwar einerseits sehr auf Konsequenz und Geradlinigkeit der Arbeit an, andererseits aber in besonderem Maße auch auf eine sehr wandlungsfähige Anpassung der eigenen Ansätze an die Bedürfnisse der Betreuten. Es ist oft entscheidend, daß man spontan auf Veränderungen im sozialen Feld reagieren kann und nicht an eine ritualisierte Routine gefesselt ist. Man mag sich hier auch wieder an die Konflikte des zitierten jungen Referendars erinnern, der in seiner Sonderschule ein Opfer der vorgeschriebenen Unterrichtsvorbereitungen wurde und erst dann mit den Schülern zusammenfand, als er wieder angstfrei von seinen Vorsätzen abzuweichen wagte, wenn es die Situation erforderte.

Die mehr experimentierend flexible Einstellung, die durch freiwillige Arbeit begünstigt wird, wirkt sich auch in bestimmter Weise auf den Umgang mit fachlichen Methoden aus. Ungeachtet einer gründlichen methodischen Durchbildung gehen Freiwillige mit den erlernten Verfahren eher unorthodox um. Wenn sie unterrichtend, erziehend, beratend oder sonstwie fachlich betreuend tätig sind, macht es ihnen nicht so leicht Angst, sich auch einmal ganz anders zu verhalten, als nach den erlernten Methoden vorgeschrieben wäre. Es ist ihnen im Gegenteil wichtig, sich möglichst spontan zu verhalten und *vor allem klientennahe* zu arbeiten. Es macht ihnen Spaß, auch etwas Neues auszuprobieren, was ihnen sinnvoll erscheint. *Die Methode ist für sie nicht unbedingt ein Wert an sich,* so wie es in der Fachausbildung meist gepredigt wird. Es kommt für sie ja auch weniger darauf an, durch die reinliche Vorführung irgendwelcher Methoden einen bestimmten professionellen Status zu sichern. Umgekehrt ergeht es denen, die durch eine Institutionalisierung ihrer Arbeit mehr Verpflichtung fühlen, die Arbeit im Stil zu professionalisieren. Wenn man ordnungsgemäß bezahlt wird, meint man, man müsse auch im methodischen Sinne ordentlich entsprechend den üblichen fachlichen Tätigkeitsmerkmalen arbeiten. Wenn man zuviel improvisiert und zu viele Dinge tut, die aus dem Rahmen des fachlich Gelernten fallen, beginnt man zu zweifeln, ob das überhaupt noch für eine bezahlte Arbeit schicklich ist.

Was die Struktur des Verhältnisses zu Klienten anbetrifft, so fühlen sich Hauptamtliche stärker gezwungen, eine *führende Rolle* zu übernehmen. Sie meinen, sie müßten jederzeit genau Bescheid wissen, was zu tun sei. In schwierigen Situationen liege es bei ihnen, irgendeine Initiative zu ergreifen. Überhaupt lastet auf ihnen nach ihrem Eindruck die Verpflichtung, immer etwas für die Klienten und mit diesen zu *machen*. Sie stehen mehr *über* den Klienten, während die Freiwilligen eher *neben* diesen Position beziehen. Wer nur aus spontanem Interesse und ohne institutionelle Bindung arbeitet, kann sich selbst und den Klienten meist leichter seine Unwissenheit eingestehen. Er muß nicht immer mit ihnen etwas machen. Die Phantasie eines Pensums, das um seiner selbst willen abgearbeitet werden müßte, ist in der Regel sehr viel schwächer ausgebildet. Den Betreffenden kommt es eher darauf an, mit den Klienten etwas zu unternehmen, was beiden Spaß macht. Es muß die Zeit nicht immer durch irgendwelche Aktivitäten gefüllt werden, die möglichst meßbare Fortschritte bringen.

Ein kritischer Punkt, der besonders leicht ein Spannungsverhältnis zwischen Freiwilligen und Hauptamtlichen begründet, ist die Einstellung zur *Bürokratisierung. In bezahlter Arbeit wächst anscheinend automatisch die Tendenz, die Ordnung der Tätigkeit zu perfektionieren.* Man fühlt sich gedrängt, alle Vorgänge säuberlich zu protokollieren, zu dokumentieren und abzuheften. Freiwillige neigen, so scheint es, eher dazu, solche Aufgaben nicht so wichtig zu nehmen. Indem sie das Spontaneitätsprinzip obenan stellen, ziehen sie sich leicht den Vorwurf der Schludrigkeit zu. Umgekehrt geht von den Hauptamtlichen eher die Gefahr aus, eine Gruppenarbeit durch Bürokratismus um ihren kreativen Schwung zu bringen, indem sie zuviel Energien auf das administrative Nebenher lenken.

Die Gefahr wird dann deutlich, wenn die Bürokratisierung sich über das notwendige Minimum eines unerläßlichen Hilfsapparates hinaus entfaltet und ein Eigenleben gewinnt. Man veranstaltet Erhebungen, sammelt Protokolle, schreibt Arbeitspapiere und Infos, fotokopiert, verteilt und heftet ab, um möglichst viele Informationen zu vermitteln. Aber es kann leicht geschehen, daß nur ein kleiner Teil des Geschriebenen wirklich verarbeitet wird und daß immer mehr Papier nur abgelegt und archiviert wird, ohne die Arbeitsprozesse im sozialen Feld zu beeinflussen. Manches Wichtige, was erdacht und errechnet wird, fließt nur noch in die Akten und geht damit verloren. Natürlich stiftet der Prozeß des Niederschreibens, Vervielfältigens und Verteilens von Informationen immer nur dann Nutzen, wenn man sich anschließend mit dem Material wirklich auseinandersetzt und sich nicht angewöhnt, die ausgegebenen bzw. abgelegten Papiere als solche bereits für wirksam zu halten.

Zuviel Papier liest nachher niemand mehr – oder nur der eine oder andere Funktionär, der dadurch die ganze übrige überforderte Gruppe manipulieren kann.

Es ist jedenfalls eindrucksvoll zu verfolgen, wie sich manche Gruppen unter dem Einfluß hauptamtlicher Mitarbeiter einen aufgeblähten Bürokratismus aufbürden, noch bevor sie von übergeordneten Instanzen in diese Richtung gedrängt werden. Man kopiert genau die Fehler behördlicher Institutionen, die man eigentlich vermeiden möchte. Ausschlaggebend ist die anerzogene Bewährungs- und Prüfungsangst, die sich sehr stark auf «anale» Kriterien bezieht. Was bei der Arbeit herauskommt, soll quantitativ erfaßbar und schriftlich belegbar sein. Man verläßt sich unter Umständen immer weniger darauf, daß man eine Arbeit als unmittelbar sinnvoll und ertragreich erlebt, z. B. daß man in einer betreuenden Tätigkeit eine *Ermutigung und Stärkung der Menschen* erreicht, mit denen man umgeht. Das sind zwar vielleicht in diesem Tätigkeitsfeld die wichtigsten Effekte überhaupt. Aber diese kann man nicht messen. Dafür gibt es sehr viel weniger wichtige Nebeneffekte, die man indessen zu dokumentieren vermag. Absurderweise orientieren sich schließlich manche Gruppen mehr an solchen nachgeordneten Tätigkeiten, nur weil man hier vorzeigbare Resultate gewinnen kann. Man legt dann am meisten Wert darauf, daß man lückenlose Protokolle, perfekte Jahresberichte, sauber geführte Akten, pünktlich verteilte Informationspapiere und eine exakte Buchführung hat. Die Mikrobürokratie kann sich so auswachsen, daß immer mehr Energien aus dem unmittelbaren sozialen Arbeitsfeld abgezogen und damit verbraucht werden, den Organisations- und Verwaltungsapparat auszubauen und zu komplizieren. Unbewußt spielen hier zweifellos stets Erwartungsängste mit, man würde doch eines Tages von oben besichtigt, geprüft und zensiert werden. Und dann würden eben nur die meßbaren, in den Akten abgehefteten Resultate zählen. In Wirklichkeit ist dieses Denkmuster weitgehend verinnerlicht und wird in einer Beschäftigungssituation prompt mobilisiert, welche assoziativ an die Bewährungs- und Prüfungsängste in den Bildungs- und Ausbildungsinstitutionen anknüpft. Wenn sich das Über-Ich der Gruppe erst einmal in dieser Richtung deutlicher ausprägt, ist es um die Spontaneität und den kreativen Elan der Arbeit bald geschehen. Die Freiwilligen, die diese zuletzt genannten Merkmale vorzugsweise einbringen, fühlen sich mehr und mehr durch eine Wertorientierung eingeschüchtert, die auf formale Ordnung und bürokratische Verwertung der Tätigkeiten das Hauptgewicht legt.

Mir fällt hierzu eine Erfahrung aus einer eigenen früheren Tätigkeit in einer Beratungsstelle für Familien und Kinder ein, die – aus äußeren Gründen – nahezu bürokratiefrei verlief. Von fünf bis sechs Ärzten, Psychologen, Lehrern, Krankenschwestern wurde nur einer für diese Arbeit halb bezahlt. Jahre hindurch gab es nicht einmal Geld für eine Sekretärin. Wir brauchten keine Rechenschaftsberichte zu schreiben, wurden nicht durch Besichtigungen irritiert und konnten – nach anfänglichen Schwierigkeiten – unsere Arbeit völlig nach eigenem Gutdünken strukturieren. Notizen wurden nur gemacht, wenn man sie wirklich für die eigene Erinnerungshilfe oder für den Austausch in der Gruppe brauchte. Obwohl oder weil die meisten hier nur eine freiwillige Nebentätigkeit neben ihrer sonstigen offiziellen Beschäftigung ausübten, habe ich kaum je eine andere Einrichtung erlebt, in der drei Aufgaben in ähnlich befriedigender Weise erfüllt wurden: es kam eine intensive und gemessen an der personellen Kapazität auch reichliche Patientenbetreuung zustande; in der Arbeitsgruppe wurde nicht nur viel miteinander gesprochen, sondern auch viel gelernt; und es erhielt sich eine Stimmung voller Experimentierfreude und kreativer Phantasien. Wir konnten alle unsere Energien unmittelbar auf die Patienten und auf die wechselseitige Unterstützung in der Bewältigung der Probleme lenken. Wir wurden durch keine Schreibereien aufgehalten, durch keine Interventionen übergeordneter fachlicher oder administrativer Instanzen geängstigt. Nur eine solche lockere, von außen unbehinderte und weitgehend bürokratiefreie Zusammenarbeit von spontan engagierten Kollegen bot ein geeignetes Klima, um gewisse für die damalige Zeit höchst ungewöhnliche Vorstellungen zur Familiendynamik und Familientherapie auszubrüten und zu vertreten. Es war überaus lehrreich, im Kontrast zu unseren sonstigen Beschäftigungen zu erfahren, wie eine nach allgemeinen Vorstellungen unmögliche Arbeitssituation allen Beteiligten in besonderer Weise voranhalf, den Klienten wie den Betreuern. Gerade weil der Tätigkeit das übliche bürokratische Gerüst, eine hinreichende Durchorganisation und eine korrekte Beaufsichtigung fehlte, konnte sie sich so frei, kreativ und zweifellos auch für die Betreuten besonders ergiebig entfalten.

Eine Mangelsituation ist auch ein wesentlicher Anlaß für eine der allerwichtigsten positiven Erfahrungen, die man in den Spontangruppen der letzten Jahre gesammelt hat. Viele dieser Initiativen beziehen sich auf breit gefächerte Aufgabenfelder, für die in den

Gruppen niemals genügend Spezialisten zur Verfügung stehen. *Also müssen die einzelnen mehr tun, als sie gelernt haben.* Man denke etwa an Arbeitskreise, die sich in speziellen gesellschaftlichen Randbereichen bei ihren Klienten gleichzeitig um seelische und körperliche Gesundheit, Erziehungsfragen, Wohnung, Arbeit und rechtliche Probleme kümmern. Vielfach ist obendrein Zusammenarbeit nötig mit Behörden, politischen Gruppen und Medien. Die Kreise sind nur arbeitsfähig, wenn jedes Mitglied mehrere Funktionen übernimmt. Wer fachlich vorgebildet ist, wird zwar meist auch in seinem speziellen Bereich schwerpunktmäßig eingesetzt. Aber er kommt nicht darum herum, sich auch an Probleme heranzumachen, die ihm zunächst völlig unvertraut sind. Es verwundert nicht, daß im allgemeinen Hausfrauen, Schüler oder junge Studenten, die nicht oder nur wenig spezialistisch vorgebildet sind, besonders unbefangen an die Vielfalt der auf sie wartenden Fragestellungen herangehen. Es macht ihnen z. B. gar nichts aus, sich in einer Klientenfamilie gleichzeitig um psychische Spannungen, Schulschwierigkeiten der Kinder, einen Konflikt mit der Behörde und vielleicht auch noch irgendwelche Sorgen mit der Wohnung zu kümmern. Wenn sie einigermaßen mutig und tatkräftig sind, dann finden sie es nicht minder selbstverständlich, mit ihren Klienten auch auf die Behörden zu gehen, um dort Fragen zu klären. Institutionalisierte, hauptamtliche Mitarbeiter finden es häufig schwieriger, sich auf den unsicheren Boden von Arbeitsweisen zu begeben, die ihre ursprüngliche Fachkompetenz überschreiten. Ihre Stellen sind ja auch meistens nur für einen eingeengten Tätigkeitsbereich etatmäßig ausgewiesen. Sie können sich also mit einem gewissen Recht vorstellen, daß dem Geldgeber lediglich eine engere Fachtätigkeit vorschwebt. Aber unabhängig vom Anstellungsverhältnis muß sich jeder, der einen Beruf erlernt hat, in einem derartigen Rahmen erst dazu durchringen, sich verantwortlich an Probleme heranzumachen, mit denen umzugehen er nicht geschult ist. Man ist belehrt, stolz darauf sein zu dürfen, die Methoden des eigenen Faches kompetent anzuwenden, aber sich schlecht fühlen zu müssen, wenn man irgendwo inkompetent dilettiert und herumpfuscht. Um sich nicht als Pfuscher fühlen zu müssen, möchte mancher am liebsten bei seinen Klienten nur den Problemsektor bearbeiten, in dem er Experte ist. Die ihm darüber hinaus vorgetragenen Sorgen möchte er eigentlich an die Kollegen von der Nachbardisziplin verweisen. Aber das geht nun hier einmal nicht. Und die Erfahrung zeigt auch, daß eine mehrdimensionale «pfuscherische» Betreuung Klienten mit komplexen Lebensproblemen vielfach wesentlich dienlicher ist, als wenn ihnen ein Fachmann nur kompetent an einem Punkt weiterhilft, die anderen Probleme aber liegenläßt. Gerade «Multiproblem-Klienten» profitieren vor allem von einer ganzheitlichen Arbeitsperspektive, die ja eben auch ihr menschliches Verhältnis zu den Betreuern erleichtert. Die Umstellung auf eine mehrdimensionale Arbeitsweise wird indessen nach einiger Zeit von allen Mitgliedern einer solchen Arbeitsgruppe als ein großer Gewinn empfunden. Die Experten registrieren mit Genugtuung, daß sie sich tatsächlich noch in Realitätssektoren gut zurechtfinden und arbeitsmäßig bewähren können, von denen sie ihre Ausbildung und ihre etwaigen bisherigen Tätigkeiten weitgehend entfremdet hatten. Es wirkt allgemein belebend auf sie, daß sie sich mit neuen Fragen auseinandersetzen und damit experimentieren müssen. Die *Ganzheitlichkeit des Arbeitsfeldes* vermittelt ihnen gleichzeitig das Gefühl, daß sie hier als ganzer Mensch gefordert sind. Sie fühlen sich plötzlich mehr vollständig und erleben mit Staunen, welche neuen Kräfte und Erkenntnisse ihnen dadurch zuwachsen, daß sie sich an größeren Zusammenhängen zu bewähren haben. Manch einer, der sich etwas darauf zugute hielt, sich in seinem Fach als versierter Experte hochgedient zu haben, hat unter diesen neuen Arbeitsbedingungen erst gemerkt, wie eingeengt und verarmt sein Leben im bisherigen Arbeitsalltag verlaufen war. Unabhängig von den sachlichen Notwendigkeiten arbeitsteiliger Organisationsformen in vielen Bereichen sollte man jedenfalls die schwerwiegenden psychohygienischen Nachteile einer Lebensweise nicht zu verkleinern versuchen, denen die Nur-Spezialisten ausgesetzt sind. Die sozialpsychologischen Erfahrungen gerade in den Spontangruppen liefern mannigfache Belege für die große Bedeutung von Anstrengungen, die der Verhütung weiterer psychischer Schäden durch die Arbeitsteiligkeit gelten sollten.

Spontangruppen, die in ihren sozialen Projekten erfolgreich sind, belegen zum Teil ganz eindeutig, daß sich nicht nur die Mitarbeiter durch ihre mehrdimensionale Arbeitsweise wesentlich psychisch bereichert und gestärkt fühlen, sondern daß auch manche Ziele in einer solchen Kooperationsweise effektiver verfolgt werden können. Es dient der Sache, daß die einzelnen durch eine Ausweitung ihrer Aufgabenfelder eine größere Übersicht gewinnen. Dabei wirkt sich das Prinzip vieler solcher Arbeitskreise aus, daß nicht nur die individuellen Mitglieder mehreres zugleich tun, sondern obendrein möglichst häufig zusammensitzen, um alle Aspekte der jeweiligen Probleme gemeinsam zu diskutieren und verantwortlich zu entscheiden. Es spielen also zwei Momente eine Rolle: erstens, daß jeder für ein größeres Praxisfeld zuständig wird, zweitens, daß alle sich wechselseitig unterstützen und miteinander eine Gesamtschau entwickeln, um die übergreifenden Zusammenhänge zu klären und Beschlüsse von allgemeiner Bedeutung gemeinsam zu fassen. Dabei erweist sich die Kompetenzausweitung in der jeweiligen individuellen Praxis zugleich als eine Voraussetzung für das geforderte Gruppenverhalten. *Das Training, mehr als sonst üblich über die Grenzen eines schmalspurigen spezialistischen Feldes hinaus zu arbeiten, erleichtert es, in der Gruppe die anderen zu verstehen, die vielfach von ganz anderen Begriffssystemen und Denkmustern herkommen.* Die Mitglieder fühlen sich veranlaßt, ihre Arbeitsbereiche nicht abzukapseln, sondern gegenseitig durchlässig zu halten. Je mehr Informationen hin und her fließen, um so mehr kann man voneinander lernen, aber zugleich die Arbeit besser aufeinander abstimmen und die gemeinsame große Linie verstehen. Eine logische Konsequenz ist, daß auch in vertikaler Richtung kein einseitiges Informationsgefälle entstehen darf. Deshalb entwickeln die meisten Spontangruppen auch *keine rigiden hierarchischen Strukturen*, sondern halten sich *in der Delegation von Führungsaufgaben flexibel.* Ihr Prinzip ist in der Regel, daß sämtliche wesentlichen Entscheidungen letztlich von der Gesamtgruppe getragen werden.

Zusammenfassend kann man jedenfalls sagen, daß sich in der Werkstatt von Initiativgruppen, in denen spontane Arbeit und institutionalisierte Arbeit konflikthaft zusammentreffen, ein differenzierter Katalog von Bedürfnissen und Möglichkeiten herausgestellt hat, die der arbeitende Mensch gegen den Institutionalisierungseffekt zu verteidigen versucht. Man sieht, daß das Moment der Freiwilligkeit relativ unabhängig von Ausbildung, Professionalisierung und Lebensalter zu bewirken pflegt, *daß Menschen mehr autonom, mehr experimentierend flexibel und kreativer arbeiten können. In sozialen Tätigkeiten neigen sie dazu, besonders klientennah und betont partnerschaftlich zu arbeiten und sich gegen eine methodische Orthodoxie zu sträuben. Sie versuchen eher, organisatorischen und administrativen Zwängen zu entgehen und sind besonders aufgeschlossen für eine fachübergreifende, ganzheitlich orientierte Arbeitsweise und für eine enge, nach allen Seiten durchlässige Kooperation in der Gruppe.* Insgesamt kann man ferner feststellen, daß

Menschen in funktionsfähigen Gruppen dieser Art, die sich genügend Spontaneität erhalten, sich besonders wohl in der Arbeit fühlen, obwohl viele dieser Gruppen in ihrer Arbeit bedeutende Schwierigkeiten überwinden müssen, z. B. eine mangelhafte materielle Ausstattung, ungenügende technische Möglichkeiten, personelle Engpässe, fehlende äußere Unterstützung usw. Die Menschen sind ausgefüllt, weil es ihre Sache ist, die sie betreiben, weil sie ihre Menschlichkeit nicht durch technisch bürokratische oder methodenfetischistische Zwänge unterdrücken lassen müssen, weil sie vielseitig auf das Ganze hin arbeiten und sich eben auch dadurch schon als Menschen vollständiger fühlen und weil sie durch diese Ganzheitlichkeit auch ein Gruppenleben führen können, in dem alle gleich wichtig und gemeinsam verantwortlich sind.

12. Kapitel
Spontangruppen-Arbeit ist wichtig als
Ergänzungsprogramm, noch wichtiger als Muster für
Veränderungen in den Institutionen

Da die Arbeit in einer Spontangruppe, wie erläutert, sehr positive Erfahrungen vermitteln kann, erscheint es für viele bedenkenswert, zumindest eine Zeitlang in einer derartigen Gruppe mitzuwirken. Tatsächlich verstärkt sich ja das Interesse an solchen Initiativen laufend. Und jeder, der darum bemüht ist, kann sicherlich Anschluß an einen geeigneten Kreis in seiner Umgebung finden – oder sich mit anderen zusammentun, um eine solche Gruppe aufzubauen. Man muß ja nicht gleich besonders anspruchsvolle Projekte anvisieren. Man kann sich, wenn man eine kleine Schar von Interessenten beisammen hat, z. B. an die Sozialbehörde, an das Jugendamt, an Wohlfahrtsverbände, an Heime, Gefängnisse oder Krankenhäuser wenden und sich zunächst einmal informieren, wo ein besonderer Bedarf für einen kleinen Arbeitskreis bestände, der zwar selbständig, aber in Kooperation mit vorhandenen Diensten irgendeine gemeinsame Betreuungsarbeit übernehmen möchte. Man wird immer herausfinden, daß es in der Umgebung hilfsbedürftige Menschen oder Gruppen gibt, die von den bestehenden sozialen Einrichtungen zuwenig gefördert werden und wo man also mit den eigenen spontanen Angeboten sinnvoll einsetzen könnte. Das mögen Behinderte, chronisch Kranke, alte Leute, Familien in Randsiedlungen oder Siedlungsgruppen ausländischer Arbeiter sein. Hat man diese Information gewonnen, gilt es nun, sich selbst ein Konzept auszudenken, das man den in einem bestimmten Sektor maßgeblichen Institutionen für eine Kooperation anbietet. Hier setzt also gleich die Aufgabe ein, daß man die eigene spontane Mitarbeit selbst organisiert und verantwortlich durchführt, obwohl man sie natürlich mit den Diensten abstimmen muß, die in dem jeweiligen sozialen Feld bereits von Amts wegen tätig sind. Von nun an gilt es für die spontane Gruppe, aufmerksam und beharrlich darüber zu wachen, daß sie die zuvor geschilderten Prinzipien der spontanen Arbeit weder selbst preisgibt noch von außen beeinträchtigen läßt. Dazu gehören eben *die Ganzheitlichkeit der Arbeitsperspektive, der Mut zum Experimentieren und zu Flexibilität, die unbedingte Reduzierung des bürokratischen Bereiches, die besondere Nähe zu den Betreuten, enger Austausch und gemeinsame Beschlußfassungen in der Gruppe.*

Abgesehen von dem persönlichen Nutzen, den die Mitglieder solcher spontanen Gruppen für sich aus solcher Arbeit ziehen können, läßt sich m. E. bereits heute erkennen, *daß viele notwendige soziale und psychologische Hilfen in unserer Gesellschaft gar nicht anders als in Verbindung mit solchen Spontangruppen geleistet werden können.* Die offiziellen Versorgungsdienste des Staates und der Wohlfahrtsorganisationen werden niemals ausreichen, um den Gesamtbedarf an Pflege, Erziehungshilfe, Altenbetreuung, Konfliktberatung, Resozialisierungshilfe, Gemeinwesenarbeit usw. abzudecken. Das sieht man allmählich selbst in Ländern mit einer maximal aufwendigen Sozialpolitik wie Schweden ein. Wenn wir uns nunmehr damit abfinden müssen, daß in Zukunft allenfalls noch kleine Raten von wirtschaftlichem Wachstum zu erwarten sind, dann werden kaum noch bedeutende neue finanzielle Quellen zum Ausbau der entsprechenden professionellen Versorgungsdienste erschlossen werden können. Auf der anderen Seite zeigen uns einschlägige Erhebungen, daß es in unserer Gesellschaft einen sehr hohen ungedeckten Bedarf an diversen Betreuungshilfen für Gruppen mit psychosozialen Störungen und Behinderungen gibt. Die Entwicklung von vermehrten Selbsthilfeaktivitäten ist also ohnehin eine vordringliche gesellschaftliche Aufgabe, um bestimmte gesundheitlich und sozial gefährdete Teile der Bevölkerung vor weiterer Schädigung, vor sozialem Absinken und Isolation zu bewahren. *Die Spontangruppen sind ein solches geeignetes Selbsthilfe-Modell, mit welchem ein großes Potential an Arbeitskraft für – vergleichsweise – ein Minimum an Finanzbedarf mobilisiert werden könnte.* Und die unkonventionellen, unbürokratischen Arbeitskonzepte der Initiativgruppen sind, wie gesagt, obendrein oft wesentlich effektiver für die Vermittlung psychosozialer Hilfen als viele der starren, überorganisierten und fachlich zu sehr aufgesplitterten Versorgungstechniken der etablierten Dienste.

Wer sich am Feierabend und an den Wochenenden an solchen sozial aktiven Spontangruppen beteiligen möchte, hätte also keinen Grund, sich durch das Bewußtsein gehemmt zu fühlen, daß er in dieser Tätigkeit einen Gewinn für sich selber sucht, um sich vollständiger, kreativer, weniger isoliert und sozial effektiver zu fühlen. Man kann sich im besten Gewissen sagen, daß man hier etwas tut, was die Gesellschaft dringend braucht. Man muß sich daher nicht etwa von den Behörden oder den Trägerorganisationen großherzig beschenkt und verwöhnt fühlen, wenn diese ein Terrain abtreten, in dem man eine soziale Tätigkeit entwickelt. Hier geht es in aller Regel um Terrain, das bislang gar nicht im engeren Sinne versorgt worden war. An vielen Orten greifen die Spontangruppen Probleme auf, die zuvor von keinem zuständigen Dienst ausreichend bearbeitet worden waren, sei es wegen ungenügender Kapazitäten, sei es wegen der geschilderten Mängel in der Arbeitsorganisation.

Es erscheint durchaus ratsam, daß alle, die Kraft und Zeit dazu haben – vor allem die Opfer einer besonders abstumpfenden, isolierenden technischen oder bürokratisierten Arbeit – die Chance der Mitwirkung in einer sozial aktiven Spontangruppe als Freizeitbeschäftigung nutzen sollten. Wer immer eine entsprechende Gruppe findet bzw. mitbegründet, wird die Erfahrung bestätigen, daß ein solches Engagement die Befriedigung vieler anderer Freizeitbeschäftigungen übertrifft. Man kann dabei erkennen, daß sich durch die Veränderung der Arbeitswelt auch unser Bedarf an Erholung qualitativ wesentlich verändert hat. Die Ausgleichsfunktion von Freizeitbeschäftigungen hat heute mehr und mehr der Tatsache Rechnung zu tragen, daß weniger körperliche Überlastung als eine «Entmenschlichung» kompensiert werden muß, die durch eine fortschreitende Technisierung, Spezialisierung, Ritualisierung, Bürokratisierung und Isolierung der Arbeit zustande kommt. Millionen Menschen geraten durch moderne, von MARX in dieser Form noch gar nicht erkannte Entfremdungsfaktoren in die Gefahr einer schleichenden psychischen Verkrüppelung hinein. Sie können sich selbst gar nicht mehr als vollständige Menschen sehen und fühlen, sowenig, wie sie die anderen, mit denen sie bzw. an denen sie arbeiten, als vollständige Wesen zu erfahren vermögen. Sie sind versucht, in ihren privaten Beziehungen nur unbefriedigende Muster wechselseitiger Abhängigkeiten zu reproduzieren, wobei sie die in der Arbeitswelt von oben nach unten wirkenden Manipulationssysteme unbewußt fortsetzen – so wie es ausführlich geschildert wurde.

Die Hauptschädigung, gegen die jeder präventiv bzw. eigentherapeutisch in der Freizeit angehen müßte, die nicht durch institutionelle Zwänge voll durchprogrammiert ist, besteht in der Isolierung von sich selbst, in der Aushöhlung seiner persönlichen Substanz durch äußere Einflüsse einer universellen Verplanung, Organisation und Manipulation. Unterstützt durch die Suggestionswirkung der Medien erfahren wir alle eine Art von permanenter Gehirnwäsche, die uns einschließlich unserer intimsten psychischen Bereiche uniformiert und uns unserer persönlichen Spontaneität beraubt. Untersucht man, wie Menschen heutzutage ihre Sexualität gestalten, wie sie die «Freiheit» ihrer Ferien nutzen oder irgendeinen Hobby-Sport machen, so erschrickt man, wie sie sich in allen diesen Bereichen unbewußt genau den Denk- und Verhaltensmustern unterwerfen bzw. längst unterworfen haben, durch welche die Arbeitswelt die Menschen innerlich deformiert. Ob sie miteinander schlafen, essen, Ski fahren, tauchen, bergsteigen – sie machen alles unter Normendruck, unter geheimen oder offenkundigen Wettbewerbsaspekten, vielfach in hierarchischen Gruppenstrukturen mit Kontrolle, Prüfungen und Leistungszeugnissen. Es macht ihnen Angst, wenn sie irgendwo, wie in der Sexualität, allenfalls Filme oder Bücher haben, die ihnen sagen, wie sie es machen sollen. Am sichersten fühlen sie sich, wenn sie überhaupt nichts mehr selbst herausfinden müssen und stets von außen erfahren, was gut und schlecht ist. Selbst die Nahrungsaufnahme sollte qualitativ genau vorgeschrieben und quantitativ berechnet sein. Unter dem Vorwand einer vernünftigen Gesundheitsfürsorge mißtraut man jeder Spontaneität in der Lebensgestaltung. Es besteht eine große Neigung, sich freiwillig einer totalen Programmierung von außen auszuliefern und sich damit letztlich, wie unbeabsichtigt auch immer, der eigenen Identität zu begeben. Natürlich stellt die Mitarbeit in Spontangruppen nicht etwa ein Patentrezept dar, sich gegen diese Strömung zur fortschreitenden Selbstentmündigung zu behaupten. Immerhin zeigt es sich, daß man hier besondere Aussichten hat, sich mit anderen Menschen zu verbünden, deren Initiative meist ebenfalls mit irgendeiner Auflehnung gegen die totale Außenprogrammierung zu tun hat. Gerade weil diese Außenprogrammierung aus der Arbeitswelt kommt und die Freizeit-Szene sich bereits nahezu vollständig in eine modifizierte Kopie der Arbeitswelt verwandelt und deren Organisationsformen und Wertbilder übernommen hat, erscheint es sinnvoll, daß Gegenimpulse zu einer «menschengerechten» Umgestaltung unseres Lebens nicht aus dem Arbeitsbereich künstlich herausgehalten werden, sondern umgekehrt von vornherein in diesen eindringen. *Das Feld der Spontangruppen-Arbeit* scheint dazu bestimmt, sich als eine Gegen-Arbeitswelt zu entwikkeln, die der institutionellen Arbeit permanent ihre menschenfeindlichen Züge vorhalten muß. Natürlich können die Spontangruppen ihre kritische Potenz nur dann entfalten, wenn sie sich als Schauplätze bewähren, wo sich Menschen in einer Arbeit und zugleich durch diese als vollständige, kommunikative, innerhalb einer Gruppe autonome und kreative Personen zu verwirklichen vermögen.

Auf der anderen Seite ist es natürlich nicht ausreichend, sich die sozial aktiven Spontangruppen lediglich als ein Kontrastprogramm vorzustellen, das zur Ergänzung der sozialen Dienste wesentliche Versorgungsaufgaben für hilfsbedürftige Gruppen abdeckt und das außerdem eine Regenerierungsfunktion für institutionsgeschädigte Arbeitsmenschen erfüllt. Vielmehr ist zu fragen, wie man die positiven Erfahrungen der Spontangruppen auch in die Institutionen selbst zurücktragen und zu deren Veränderung nutzen kann.

Die Spontangruppen haben für sich ihren Wert, aber man muß sie eben auch als Experimentier-Werkstätten betrachten, die prototypische Arbeitsmodelle entwickeln, die zur Verbesserung der institutionalisierten Arbeit ausgewertet werden müssen. Dies ist zur Zeit eine hochaktuelle Fragestellung, die sehr viele persönlich bewegt, die sich nach jahrelanger Mitarbeit in Initiativgruppen dringend wünschen, daß sie auch an ihrem üblichen Arbeitsplatz im Betrieb etwas von den Vorteilen verwirklichen können, die sie in den Initiativkreisen erleben. Und dies war auch einer der Anlässe für den Versuch, mit diesem Buch zu beginnen. Nach den beiden Publikationen «Die Gruppe» und «Lernziel Solidarität», die sich nahezu ausschließlich mit speziellen Problemen von spontanen Gruppen befaßt hatten, ließ sich am Ende der Frage nicht mehr ausweichen: Wo und wie kann man in den Institutionen ansetzen, um in diese einige von den Möglichkeiten hinüberzuretten, welche in den Initiativkreisen sowohl den Mitgliedern wie den Menschen, denen sie ihre Arbeit widmen, so sehr zugute kommen?

Der Impuls, an dem eigenen Arbeitsplatz und möglichst darüber hinaus im Umfeld des Betriebes etwas zu verbessern, ergibt sich geradezu zwangsläufig für denjenigen, der durch das Nebeneinander von institutionalisierter und spontaner Arbeit nicht innerlich in zwei einander entgegengesetzte Versionen von Arbeitsmensch zerfallen will. Man hält es schwerlich aus, an seinem Arbeitsplatz im Betrieb tagsüber automatisch all das zu tun, was man abends in der

Spontangruppe zu Recht ganz anders macht. Man leidet an der inneren Uneinheitlichkeit und fürchtet die Gefahr, die Aktivität in der Bürgerinitiative am Ende nur noch als Entlastungs- bzw. Erholungschance auszunützen. Auch den Betriebskollegen gegenüber droht man sich unglaubwürdig zu machen, wenn man ihnen nur vorschwärmt, wieviel besser die Arbeit in dem Initiativkreis läuft, anstatt daß man sich anstrengt, in die Kooperation mit ihnen hilfreiche neue Elemente hineinzubringen.

Wenn man in der Institution sich selbst und nach Möglichkeit einiges um sich herum verändern will, dann bleibt es nichtsdestoweniger unerläßlich, zunächst die ursächlichen Faktoren im institutionellen Betrieb genauer zu studieren, von denen man eingeschränkt wird und die jedem Änderungsversuch entgegenstehen. Die Institution empfängt den einzelnen ja eben nicht wie eine Initiativgruppe, die auf seine kreativen Beiträge zur Gestaltung des Arbeitslebens wartet, sondern sie versucht, ihn vom ersten Tag an durch Vorschriften und Anweisungen festzulegen. Je einfacher seine Arbeit ist, um so komplikationsloser kann er seine Rolle erfüllen, wenn er bald maximal abstumpft und nur noch automatenhaft «funktioniert». Der Fließband- oder Taktarbeiter wird mit seinem Akkordlohn dafür prämiiert, daß er sich in der Arbeit psychisch praktisch in einen Maschinenersatz verwandelt (viele werden ja auch nach und nach durch Maschinen ersetzt) und außer der punktuellen Konzentration auf den fragmentarischen Arbeitsvorgang selbst alle anderen Dimensionen des Erlebens abschaltet. Ihm bleiben praktisch nur die Pausen zur Re-Humanisierung, um deren Verlängerung die Gewerkschaften mit Recht und beginnenden regionalen Erfolgen kämpfen. Aber auch die hier zur Betrachtung ausgewählten sozialen Tätigkeiten sind in den Institutionen von oben her meist so eindeutig vorprogrammiert, daß der einzelne eher in Schwierigkeiten gerät, wenn er darüber selbständig nachdenkt, wie er seine Arbeit gestalten möchte. Er wird total gesteuert durch Dienstregelungen und Rituale, die ihn aspontan und passiv machen. Man mag sich darauf besinnen, daß die Grundannahme des «introspektiven Konzeptes» besagt, daß die materielle soziale Wirklichkeit die psychischen Prozesse tiefgehend beeinflußt. *Man muß also die soziale Realität der Institution relativ genau einzuschätzen lernen, um überhaupt die psychischen Kräfte wieder besser in die Hand zu bekommen, welche die Institution durch ihre manipulative Einwirkung der Selbstkontrolle zu entziehen versucht.* Es ist infolgedessen nützlich, vorliegende sozialwissenschaftliche Analysen zu studieren, die z. B. ein genaueres Bild von den institutionellen Organisationsproblemen und ihren Hintergründen vermitteln. Wenn man, etwa an Hand der Studien von NASCHOLD [63, 64] die organisationssoziologischen, gesellschaftspolitisch verankerten Hintergründe besser zu verstehen lernt, wird man sich eher ein Bild davon machen können, was man vielleicht als einzelner an der Basis anders machen kann und jenseits welcher Grenze nur noch institutionelle Reformen die Entfaltungsmöglichkeiten der Menschen im Betrieb erweitern können.

Freilich sollte man die Gefahr nicht aus den Augen verlieren, daß das Studium sozialwissenschaftlicher Schriften auch dazu verführen kann, das Problem ausschließlich auf die sozialen Zwänge zu verlagern und der Frage auszuweichen, wie man sich innerhalb des gegebenen eigenen Spielraums rühren kann, um den einen oder anderen Schritt nach vorn zu tun. Hier können übrigens auch Erfahrungen aus den Bürgerinitiativen eine Ermutigung vermitteln, die darüber belehren, daß der einzelne in Gemeinschaft mit einer Gruppe in den Institutionen hier und da tatsächlich etwas bewegen kann.

Man könnte mit den weiteren Erwägungen nun unmittelbar an dem Punkt einsetzen, was der einzelne bzw. was die Gruppe an der Basis bewirken kann. Diese wichtige Perspektive wird indessen erst später aufgenommen und bis zu der Frage verfolgt werden, wie etwa in den sozialen Diensten unmittelbar von den in der Praxis Tätigen aus neue Formen von Koordination entwickelt werden können, die als wichtige Reformansätze im Rahmen der Gesundheits- bzw. Sozialpolitik zu betrachten wären. Vorausgeschickt werden sollen indessen einige Bemerkungen zur Personalstruktur, zur Hierarchie und zur Gruppen-Untergliederung von Institutionen, wobei gefragt wird, nach welchen Prinzipien hier Änderungen notwendig erscheinen. Der Grundgedanke bleibt, daß alle noch so sinnvollen Initiativen von einzelnen oder Gruppen an der Basis nur dauerhaft voranschreiten können, wenn ihnen von oben her eine entsprechende Reformbereitschaft entgegenkommt.

13. Kapitel
Wir brauchen mehr gemeinschaftliche, ganzheitlichere und spontanere Arbeit. Initiativen von unten sind notwendig, unterstützende strukturelle Reformen unumgänglich

In den letzten Jahren haben einige offizielle Gremien Aufsehen mit der Forderung erregt, im Bildungs- und im Gesundheitsbereich mehr Kompetenzen an die an der Basis tätigen Praktiker zu delegieren und die Befugnisse der übergeordneten Dienststellen einzuschränken. So hatte der Bildungsrat bekanntlich vorgeschlagen, die bisher geltenden Lehr- und Rahmenpläne durch Rahmenrichtlinien zu ersetzen, die nur die wichtigsten Lernziele festlegen und allgemeine Vorschläge über die Wege zum Erreichen dieser Ziele enthalten. Die Schulbasis, also Lehrer und Schüler, sollten ermutigt werden, für die Planung und Durchführung der Unterrichtsprogramme mehr Eigenverantwortung zu übernehmen. Gleichzeitig wurde dabei der Schulverwaltung gegenüber den Schulen ein deutlicher Machtverlust zugemutet. Obwohl die Schulverwaltungen und die Kultusministerkonferenz versuchten, diese Reformlinie zu blockieren, wurden die Vorschläge in der Bildungskommission ordnungsgemäß verabschiedet[64]. Wie NASCHOLD und viele andere von vornherein vermuteten, konnte in der Praxis von dem verheißungsvollen Konzept nicht viel durchgesetzt werden. Dennoch hat dieses ein Zeichen gesetzt, und es wird später noch ausführlich von einer parallelen Empfehlung die Rede sein, die soeben von der Sachverständigen-Kommission der Psychiatrie-Enquete dem Deutschen Bundestag zugeleitet wurde. Hier wird nämlich in vergleichbarer Weise dem psychiatrischen, psychotherapeutisch-psychosomatischen und psychohygienischen Personal an der Basis die Kompetenz zugedacht, die Versorgungsarbeit in einer regionalen Kooperation und Koordination weitgehend eigenverantwortlich weiterzuentwickeln.

Sobald indessen derartige Papiere auf den Tisch der politischen Gremien kommen, meldet sich ganz automatisch der Einwand: Es habe deshalb keinen Zweck, an die Basis wesentlich mehr Verantwortlichkeit abzutreten, weil hier so viel Passivität und Initiativ-mangel herrschten, daß der angebotene Spielraum gar nicht genutzt werden würde. Natürlich ist es eine sinnvolle Frage, inwieweit Menschen, die von der üblichen Arbeitsorganisation her – in Fort-setzung ihrer Erziehungserfahrungen – eine permanente Bevor-mundung gewöhnt waren, plötzlich die Chancen erweiterter Ver-antwortlichkeit entschlossen aufgreifen und nutzen können. Und man muß zugeben, daß es keineswegs ausreicht, die Praktiker an der Basis nur von einengendem Autoritätsdruck zu entlasten, um dort automatisch einen großen Aufbruch zu kreativen eigenverantwort-lichen Aktivitäten auszulösen. Es ist klar, daß diejenigen, die bislang in einer gehorsam passiven, von unablässigen Prüfungsängsten be-stimmten Einstellung gehalten wurden, eine längere Entwicklungs-phase benötigen, um in eine neue Rolle mit erweiterter Selbst- und Mitbestimmung voll hineinzuwachsen. Je länger und intensiver Menschen zuvor in Abhängigkeit eingeschnürt waren, um so eher muß man zunächst mit einem Ausufern egozentrischer Impulse rechnen, die dem infantilen Niveau entsprechen, auf das man die Betreffenden vorher hinabgedrückt hatte.

Das hat sich ja z. B. sehr deutlich auch an den Hochschulen gezeigt, als die Protestbewegung der Studenten die Machtstrukturen der alten Ordinarien-Universität aufbrach und Assistenten wie Stu-denten plötzlich einen bedeutenden Einfluß an den Instituten ein-trug. Weitgehend befreit von ihrer früheren Abhängigkeit kämpften viele Assistenten an den Instituten erst einmal vorwiegend um per-sönliche Vergünstigungen an Freizeit, Bequemlichkeit und Unge-bundenheit. An manchen Universitätseinrichtungen, die – wie z. B. in der Medizin – neben Lehre und Forschung soziale Dienstleistun-gen zu liefern haben, kam es vorübergehend eher zu einer Erschwe-rung der Versorgung, da die jungen Mitarbeiter primär darauf aus waren, sich das eigene Leben in den Institutionen leichter zu machen und ihre persönliche Stellung auszubauen. Die Gegensätze zwi-schen den Personalgruppen wurden vielfach auf dem Rücken der Klienten bzw. Patienten ausgetragen, die ja nirgends partnerschaft-lich etwa an der Reformierung der Universitätskliniken beteiligt waren. Man muß also immer damit rechnen, daß künstlich in Ab-hängigkeit gehaltene soziale Gruppen auf eine Umorganisation, die ihnen mehr Freiheit einräumt, erst einmal infantil wirkende Entla-stungsreaktionen zeigen, ehe sie fähig werden, von ihrer erweiterten Verantwortung einen rationalen Gebrauch zu machen. Tatsächlich hat sich die breitere Streuung der Verantwortung an den Universitätsinstituten inzwischen vielfach überaus positiv ausgewirkt, gerade auch an den Universitätskliniken, die von solchen Reformen betroffen wurden. Die Aufteilung von wesentlichen Aufgaben, die früher die Chefs allein wahrnahmen, auf größere Leitungsgremien erweist sich für die meisten Institute als überaus nützlich. Und überall zeigt sich, daß junge, noch wenig erfahrene Mitarbeiter sich schneller in Arbeitsgruppen integrieren, mehr Initiativen entfalten und mehr Impulse zur Verbesserung der Arbeit beisteuern, wenn sie möglichst bald durch irgendwelche wichtigen Funktionen an der Verantwortung für den Gesamtbetrieb beteiligt werden. Es ist übrigens sehr unerfreulich, daß die Medien diese positiven Wirkungen der Universitätsreformen kaum je verdeutlichen und in ihrer Mehrzahl eher nach wie vor auf die Chance warten, irgendwelche inzwischen keineswegs mehr repräsentativen Unruheerscheinungen als Symptome des angeblichen Universitätsverfalls hochzuspielen.

Jedenfalls bleibt es eine erste Bedingung für eine Humanisierung der Arbeit an der Basis, daß hier der Spielraum für Selbstbestimmung und Mitbestimmung erweitert wird und daß sich die Gruppen auf den verschiedenen Stufen der Hierarchien nicht gegenseitig bzw. selbst voneinander isolieren. Dabei ist es ein traditioneller Fehler, diese Forderung ausschließlich im Sinne eines Opfers zu verstehen, das die Privilegierten auf den höheren Rangstufen zu erbringen hätten. Wie in Kapitel 10 dargelegt wurde, liegt es ja auch im unmittelbaren persönlichen Interesse der Menschen in den gehobenen Rängen, weiterhin in Aufgabenbereiche der Basis integriert zu bleiben. Deshalb wurde ja auch z. B. für die Aufsteiger in sozialen Berufen empfohlen, sich nicht ausschließlich auf überwachende und managende Aufgaben zurückzuziehen, sondern weiterhin an der Praxis der Klientenversorgung teilzunehmen.

Aber natürlich kann keiner alles machen. Und es wäre ein höchst naiver Gedanke, Hierarchieprobleme durch den Vorschlag vermindern zu wollen, daß Aufsteiger zusätzlich zu den neuen Verantwortlichkeiten höherer Positionen auch immer noch das weiter tun sollten, was sie vorher in den niederen Chargen gemacht hatten. Vordringlich bleibt die Forderung, bessere Verantwortungsaufteilungen durch Mitbestimmungsreformen zu erwirken. Und dabei kommt es natürlich darauf an, daß die Mitbestimmungslösungen sich nicht auf eine Einflußerweiterung von Funktionärsorganisationen beschränken, in welche von der Basis der Betriebe aus nur ganz ungenügend hineingewirkt werden kann. Bei ihrer hochwichtigen Funktion für die Durchsetzung besserer Verträge sollten die Gewerkschaften nie aus dem Auge verlieren, *daß vor allem die Menschen selbst an ihren Arbeitsplätzen eine-verstärkte aktive Teilnahme an Entscheidungsprozessen benötigen.*

Hierarchische Systeme, die in der zuvor breit erörterten Weise zu einer stafettenförmigen Weitergabe schwächender und isolierender Manipulationen von oben nach unten tendieren, erzeugen am Ende ein rein defensives Denken. Auf jeder Stufe versucht jede Gruppe, ihre Privilegien bzw. ihre Manipulationsmittel nach unten hin zu verteidigen. Diese defensive Grundeinstellung blockiert die Erkenntnis, daß überall auch die Mächtigeren zu ihrer Selbstentfremdung beitragen und sich spezifische Ängstigungen bereiten, indem sie sich krampfhaft an ihre Macht-«Vorteile» klammern. So werden längst nicht alle Möglichkeiten hinreichend durchdacht, die zu einer Auflockerung und Modifizierung vertikaler Abhängigkeitsmuster beitragen könnten.

Eine solche Möglichkeit läge in einer erweiterten Anwendung des Prinzips einer *turnusmäßigen Neuwahl bei der Besetzung leitender Positionen.* Dieses an einigen Stellen alterprobte Prinzip könnte zweifellos auf viele Bereiche ausgedehnt werden, wo heute noch Chefs in Dauerstellungen zu ihrem wie zu ihrer Mitarbeiter Schaden mit der Zeit erstarren. An den Universitäten gibt es ja – wie etwa in Hessen – nunmehr geschäftsführende Direktoren wissenschaftlicher Zentren auf Zeit mit periodischen Neuwahlen.*

Für unser eigenes Zentrum für Psychosomatische Medizin haben wir darüber hinaus beantragt, daß auch die Leitung der einzelnen Abteilungen des Zentrums, die an sich an eine Dauerstellung geknüpft sein soll, ebenfalls turnusmäßig durch Neuwahlen geregelt werden möge. Das würde bedeuten, daß nicht nur unsere theoretischen Abteilungen für Medizinische Psychologie und Medizinische Soziologie, sondern auch die Psychosomatische Klinik mit ihren ambulanten und stationären Versorgungsbereichen keinen Leiter auf Dauer mehr hätte. Weil sich an diesem Fall die Probleme einer

---

* Einen entsprechenden Vorschlag für das Schulwesen haben lt. Meldung der Frankfurter Allgemeinen Zeitung vom 4. 11. 1975 die Vorsitzenden der SPD-Fraktionen der westdeutschen Länderparlamente eingebracht. Sie wünschen, daß Schulleiter und Oberstudienräte nur auf Zeit nach Vorschlag bzw. Wahl der Kollegien bestellt werden sollten.

solchen Reforminitiative ganz gut sichtbar machen lassen, sei das Beispiel noch etwas näher beleuchtet. Unser Antrag stieß zunächst auf die größten Bedenken im Fachbereichsrat. Man fürchtete, die chefärztliche Überwachung der Patientenversorgung könnte Schaden leiden, wenn durch gelegentliche Wechsel im Amt des Klinikchefs auch jüngere Hochschullehrer mit einer derartigen Verantwortung belastet würden. Wir konnten indessen verständlich machen, daß in unserem Feld der Psychotherapie jeder Arzt oder Psychologe ohnehin weitgehend eigenverantwortlich mit seinen Patienten zusammenarbeiten muß. Da könnte sich kein Chef ins Behandlungszimmer hineinsetzen und Anweisungen geben, ohne die Therapieprozesse schwerwiegend zu stören. Für fachliche Beratung, Supervision und Fortbildung können sich die jungen Kollegen jeweils an ältere, erfahrenere Mitarbeiter wenden, mit denen sie ihre diagnostischen und therapeutischen Schwierigkeiten zu klären vermögen. Diese Supervision funktioniert aber gerade dann am besten, wenn sie *nicht* in Form eines dienstlichen Weisungsverhältnisses, sondern in einer Art von kollegialer Beratung funktioniert, die sich die Jüngeren jeweils bei verschiedenen versierten Experten holen. Dieses Beratungs- und Supervisionssystem kann nicht, ja darf nicht hierarchisch gestaffelt auf einen Chef zulaufen, sondern die einzelnen älteren Supervisoren müssen mit den jüngeren Kollegen jeweils unabhängig kooperieren können. Die organisatorischen und administrativen Aufgaben des Chefarzt-Amtes können auf jeden Fall auch jüngere – natürlich hinlänglich erfahrene – Hochschullehrer wahrnehmen, und sie werden dabei vermutlich manches besser machen als ein Chef, der zwanzig oder gar dreißig Jahre auf diesem Stuhl klebt und damit ganz automatisch in der Fähigkeit nachzulassen pflegt, mit neuen Konzepten elastisch auf veränderte Bedingungen zu reagieren. – Im übrigen haben wir bei uns vorgesehen, daß der jeweilige hauptverantwortliche Klinikleiter in ein Leitungsgremium eingebunden bleibt, das unter sich einzelne Aufgaben zur Federführung aufteilt. Wir verfügen übrigens inzwischen über eine siebenjährige Praxis in einer kollegialen Geschäftsführung mit Hilfe eines wöchentlich tagenden Leitungsgremiums, die sich überaus bewährt hat.

Ein turnusmäßiger Wechsel in der Chefposition bietet verschiedene Vorteile. Der wichtigste dürfte darin bestehen, daß sich die dauerhafte Verfestigung von Abhängigkeitsverhältnissen und der damit verbundenen negativen Verhaltensmuster leichter vermeiden läßt. Indem einzelne Personen immer wieder eine bestimmte Rollenautorität verlieren, die ihnen auf Zeit zufällt, können sie weder von außen definitiv mit dieser identifiziert werden noch sich selbst darin endgültig einrichten. Die flexible Struktur erschwert die geschilderten Abgrenzungsprozesse in der vertikalen Dimension. Die Bedingungen für Angst und Hörigkeit an der Basis werden reduziert. Nachwuchskräfte müssen nicht unbedingt auf Chancen an einem anderen Ort warten, um ihre Fähigkeiten in der Chefrolle zum Ausdruck bringen zu können. Sie haben in der eigenen Institution keinen definitiv etablierten Boss vor der Nase, der auf alle Zeit das letzte Wort haben wird. Umgekehrt bietet sich einem alternden Chef auf diese Weise die Möglichkeit, sich immer wieder für einige Jahre dem Druck der Hauptverantwortung zu entziehen und die dadurch freiwerdenden Kräfte für Fortbildung, für belebende Arbeit in der Praxis bzw. für irgendwelche kreativen Spezialtätigkeiten zu nutzen. Nur wer die stimulierenden und horizonterweiternden Aspekte solcher zeitweiligen Preisgabe von Führungsaufgaben noch nicht erfahren hat, muß sich zum eigenen Schaden und sicher auch meist zum Schaden der Institution an die einmal erklommenen «Vorrechte» einer leitenden Position klammern.

Freilich: Entscheidend für das Gelingen solcher Regelungen ist der Hintergrund einer auf kollegiale Kooperation präparierten Gruppe, die dieses Prinzip geschlossen vertritt und darauf gefaßt ist, daß von außen her diverse Widerstände drohen. Denn ein solches Modell enthält dadurch eine nicht geringe Brisanz, weil es Ansteckungseffekte haben kann, die in der Nachbarschaft all denen unerwünscht sein müssen, die an den hergebrachten Strukturen unbedingt festzuhalten wünschen. So muß man sich den ganzen Katalog der üblichen klischeehaften Verdächtigungen gefallen lassen, man wolle auf diese Weise das Gesellschaftssystem umstürzen. Daß man zunächst ganz schlicht eine ersprießlichere Zusammenarbeit der Menschen in einer Institution, eine Verringerung der Isolation der Mitglieder voneinander und zugleich von den Klienten im Sinne haben könnte, findet nicht so leicht Glauben – oder wird absichtlich von denen in Abrede gestellt, die sich in einer Arbeitswelt neu orientieren zu müssen fürchten, die anders als in der Form der Autoritätsbeziehungen à la MILGRAM organisiert wäre.

Natürlich nützt ein rotierender Personenwechsel an der Spitze eines Betriebes der Basis noch nichts, wenn sich die Lockerung des Hierarchieprinzips nicht nach unten hin konsequent fortpflanzt. Von einem gewissen Personalvolumen an ist es zunächst nötig, daß eine Untergliederung in kleinere Arbeitsgruppen erfolgt. Aus den Erfahrungen der Gruppendynamik ist bekannt, *daß unstrukturierte Großgruppen einem Führungsgremium gegenüber ohnmächtig und passiv reagieren, wie demokratisch und progressiv die Vertreter der Leitungsgruppe auch miteinander umgehen und wie flexibel sie ihre Aufgaben im eigenen Kreis rotieren lassen mögen.* Nur kleine Arbeitsgruppen an der Basis bieten eine Gewähr dafür, daß sich die einzelnen hier aktivieren können und sich miteinander zutrauen, ihre Interessen nach oben wirksam zu vertreten. In diesen kleinen Subgruppen kommt es natürlich besonders darauf an, daß ihre Mitglieder eng zusammenarbeiten und wichtigere Entscheidungen gemeinsam diskutieren und fällen. Wer sich hier an Vorrechten einer etwas herausgehobenen Position festklammert, wird auch nach oben hin nicht die notwendige Courage und Offenheit zeigen, um sich in die aufgelockerte Struktur sinnvoll zu integrieren. Die verbreitete Unsicherheit und Sorge, ob man sich einem ungewohnt konzipierten, weniger autoritativen Kooperationssystem wirklich anvertrauen kann, wächst in einem Betrieb sofort wieder an, wenn auch nur *eine* Arbeitsgruppe vor aller Augen deutlich ausschert und von irrationalen Machtansprüchen bzw. Anklammerungszwängen bestimmt bleibt:

Da ist z. B. in einem Betrieb eine kleine Funktionsgruppe um einen Leiter geschart, der sich für unersetzlich und besonders großartig hält. Er duldet um sich herum nur blindlings mit ihm identifizierte Untertanen, die er freilich sehr verwöhnt und fördert, wenn sie alles automatisch glauben, was er sagt, und sich in ihrem Verhalten von ihm willig steuern lassen. Im Grunde folgt die Gruppe einem angstneurotischen Strukturprinzip, das durch gewisse überkompensatorische paranoide Momente modifiziert wird. Die Gruppe isoliert sich ängstlich innerhalb des Betriebes, alle klammern sich darin furchtsam aneinander und an ihren Leiter. Aber dessen anspruchsvolle Größenideen pflanzen sich auf sämtliche Mitglieder dieser Funktionsgruppe in dem Sinne fort, daß sie meinen, die tollste und beste Arbeitsgruppe des Betriebes darzustellen. Die Spannungen, die sie durch ihre Selbstisolierung erzeugen, projizieren sie auf die Umgebung und meinen, von allen anderen Kollegen abgelehnt oder bedroht zu werden. Natürlich will der Leiter dieses Teams, so einzigartig und bedeutend, wie er sich fühlt, seine Machtstellung innerhalb seines Kreises verewigen und seine Privilegien gegen jedermann verteidigen. An einem System lockerer, transparenter Kooperation zwischen den Funktionsgruppen mögen die Mitglieder dieses Teams sich nicht beteiligen. So kann eine einzige kleine Minderheitsgruppe in einem Betrieb, beeinflußt durch eine steuernde Person mit den geschilderten Strukturmerkmalen, die Reformlinie der Gesamtorganisation erheblich gefährden. Denn im Gegensatz zum hierarchischen Autoritätsprinzip, das ohnehin die Aufspaltung einer Belegschaft in lauter einzelne Abhängigkeitssysteme begünstigt, ist das Prinzip einer transparenten, flexiblen kollegialen Kooperation, unter Umständen obendrein mit einer rotierenden Delegation der Leitungsaufgaben, unteilbar. Es ist letztlich nur zu verwirklichen, wenn *alle* mitmachen. Das ist eine entscheidende Schwierigkeit zumal in einer Phase, in der soziale Verhaltensweisen dieser Art erst behutsam und beharrlich eingeübt werden müssen, während die alten Abhängigkeitsmuster kulturell verankert sind und nahezu automatisch funktionieren.

Eine sinnvolle Strukturierung einer Belegschaft in funktionsfähige Kleingruppen setzt voraus, daß man versucht, die Arbeitsaufgaben in einem Betrieb entsprechend aufzuteilen. Kleingruppen, die für sich einen klar umschriebenen, sinnvollen Aufgabenbereich vorfinden, können natürlich sehr viel leichter zusammenwachsen, als wenn ein solches abgegrenztes Feld fehlt.

Gelegentlich kann man beobachten, daß eine einzige gutfunktionierende Untergruppe allmählich einen kleineren Betrieb im ganzen in progressivem Sinne umzustrukturieren hilft. Als in den zurückliegenden Jahren in manchen Betrieben die Unzufriedenheit mit den herkömmlichen Strukturen anwuchs, aber niemand so recht wußte, wo und wie man nun eigentlich reformieren sollte, um erfreulicher miteinander kooperieren zu können, da war es mitunter die spontane Initiative in irgendeiner kleinen Funktionseinheit, die ein neues interessantes Modell entwickelte, das dann vorbildhaft in den ganzen Betrieb hineinstrahlte. So gab es z. B. das eine oder andere Krankenhaus, wo Schwestern, Ärzte, Pfleger auf einer Station damit anfingen, sich regelmäßig zusammenzusetzen und aus diesen Gruppendiskussionen heraus Vorstellungen zu einer Umstrukturierung ihrer Zusammenarbeit miteinander und mit den Patienten zu entwickeln. Oder Familienfürsorger an einem Sozialamt schlossen sich zu einem Arbeitskreis zusammen, um ihr isoliertes Nebeneinander-

Arbeiten abzuändern und statt dessen mehr gemeinsam zu tun und zu reden. Oder in einem Heim organisierte sich eine Gruppe von Erziehern, die sich daranmachte, die gemeinsamen Probleme zu besprechen, die Arbeit genauer zu analysieren und Verbesserungsvorschläge an die Kollegen und an die Heimleitung heranzutragen. Unter Umständen kann sich eine solche Initiative fortpflanzen. Auf jeden Fall wirkt es auf die Umgebung zunächst einmal faszinierend, wenn plötzlich Leute in irgendeiner Funktionseinheit ihre isolierte, rivalisierende Arbeitsweise aufgeben und sich zu einer solidarischen Gemeinschaft entwickeln. Besonders beeindruckend ist es, wenn diese Gemeinschaftsbildung nicht vor den üblichen trennenden sozialen Unterschieden haltmacht, sondern Kollegen der unterschiedlichsten Dienstränge, Bildungsvoraussetzungen, Altersgruppen umfaßt. Der entscheidende erste Schritt ist jedenfalls bei solchen Initiativen stets das einfache Aufeinander-Zugehen von Leuten, die ein gemeinsames Aufgabenfeld endlich auch wirklich in einer echten Gemeinschaft bearbeiten wollen und die isolierenden Barrieren untereinander abzubauen entschlossen sind. Ein solches Modell kann sich freilich nur weiter fortpflanzen, wenn die betreffende Funktionsgruppe sich nicht als tolle Elite-Einheit darzustellen versucht und es etwa auskostet, daß die Kollegen in den anderen Abteilungen kein ähnlich fabelhaftes Modell zustande bringen. Dann erzeugen die Betreffenden um sich herum keinen positiven Ausstrahlungseffekt, sondern umgekehrt Neid und Ressentiment. Die Umgebung wird sich eher bemühen, das Modell zu stören, um die arroganten Pioniere zu demütigen.

Ein häufiger Hemmfaktor, welcher eine solche Auflockerung der Gruppenstruktur in einem Betrieb zu erschweren pflegt, liegt in einem *ideologischen Moment*, das eine bedeutende soziokulturelle Rolle spielt. Das ist die traditionelle Leitvorstellung, daß es in einem Betrieb vor allem auf die Ordnung und das «Klappen» ankomme. *Selbst im Sozialwesen und im Gesundheitswesen wünscht man sich, daß die Institutionen wie perfekte Maschinen funktionieren, deren einzelne Teile «nahtlos» und ohne «Reibungsverlust» «optimal aufeinander abgestimmt» arbeiten, um mit höchster Effizienz zu produzieren.* Damit zusammen hängt die Vorstellung, man müßte möglichst nach einer einheitlichen Theorie mit einheitlichen Methoden arbeiten. Diese Leitbilder sind natürlich nicht dazu angetan, den einzelnen Funktionsgruppen in einem Betrieb mehr Spielraum für eigenverantwortliche Initiativen einzuräumen. Denn diese führen automatisch zu einem gewissen Pluralismus in den Konzepten und Methoden. Je mehr Freiheit die einzelnen Untereinheiten für kreative Einfälle und zum Experimentieren erhalten, um so mehr werden sie sich voneinander differenzieren. Man wird in den diversen Abteilungen zeitweilig sehr unterschiedlich arbeiten, und es werden tatsächlich mancherlei «Reibungsverluste» dadurch entstehen, daß man immer wieder in gemeinsamen Gesprächen herausarbeiten muß, welche eingeschlagenen Wege sich am besten bewähren und wie man erreichen kann, trotz unterschiedlicher Ansätze nicht divergierend, sondern sinnvoll aufeinanderzuzuarbeiten. Ein solcher Betrieb wird nicht das gemeinhin unkritisch idealisierte Bild von absoluter «Einheitlichkeit» und «Geschlossenheit» darbieten. Oberflächliche Betrachter werden leicht dazu neigen, die Pluralität der benutzten theoretischen Konzepte und Verfahren als Symptome für mangelhafte Durchorganisation und für unzureichende Koordinierung abzuqualifizieren. Das ist konsequent, wenn man die Leitvorstellung der maximal effizienten Maschine als Kriterium benutzt. Indessen paßt dieses Konzept nicht einmal für einen «menschengerecht» arbeitenden technischen Betrieb, am allerwenigsten für Institutionen, die etwa im Sozialwesen, im Gesundheitswesen oder im Bildungswesen *Menschen* zu betreuen haben. Hier kann man sogar im Gegenteil sagen, *daß das Bild hochgradiger Einheitlichkeit und Geschlossenheit der Arbeitsweise mit großer Wahrscheinlichkeit für ein ungünstiges, autoritativ eingeengtes Arbeitsklima spricht, in dem sich weder die arbeitenden Menschen selbst noch die von ihnen betreuten Klienten besonders wohl fühlen dürften.* Natürlich kann man diesen Zusammenhang nicht ohne weiteres umkehren und nur aus der Tatsache einer gewissen Uneinheitlichkeit der Konzepte und Verfahren schließen wollen, daß in einem solchen Betrieb eine besonders initiativereiche und kreative Lebendigkeit herrschen müsse. Man hat genauer hinzuschauen, ob hier Menschen und Gruppen planvoll und besonnen pluralistisch, aber durchaus kooperativ experimentieren, oder ob das Moment der Heterogenität eher auf Verwirrung und destruktive Zerfallsprozesse hinausläuft.

Längere Beobachtung der Entwicklung von Betrieben speziell mit psychosozialen Versorgungsaufgaben lehrt jedenfalls eines: Nahezu jede Institution, die zeitweilig dadurch besonders imponiert, daß alle Mitarbeiter darin auf eine bestimmte Theorievariante und auf eine und die gleiche Methode eingeschworen sind, versinkt bald in Rigidität und leerer Routine. Sie funktioniert dann wirklich eher maschinenartig, möglicherweise quantitativ effizient, aber stets um den Preis des Verlustes von Spontaneität, Kreativität und angstfreier Kommunikation, die gerade zur Vermenschlichung der institutionellen Arbeit entscheidend sind.

Um den einzelnen Mitarbeitern zu helfen, daß sie nicht immer nur auf den schmalen Sektor einer fachlichen Aufgabe blicken, sondern ihre Tätigkeit in übergreifenden Zusammenhängen verstehen können, ist es überaus wichtig, ihnen Chancen einzuräumen, als Delegierte in Entscheidungsgremien von höherem Verantwortungsradius mitzuwirken. Solche Aufgaben bewirken, daß die Betreffenden sich stimuliert fühlen, sich umfassender über die Probleme des Betriebes zu informieren, um ihre Mitwirkung in solchen Gremien ertragreich zu gestalten. Auf dem Höhepunkt der Reformdiskussionen in den letzten Jahren war oft davon die Rede, daß bei Kollegialentscheidungen unbedingt dafür Sorge getragen werden müsse, daß niemand über Angelegenheiten mitbestimme, die über das Niveau seiner Ausbildung und seiner Tätigkeitsmerkmale hinausragten. An der Selbstverständlichkeit dieses Prinzips kann man durchaus zweifeln, auch wenn es auf den ersten Blick sehr einleuchtend anmutet. Dazu ein Beispiel:

In einem klinischen Betrieb sitzt eine Sekretärin, die im Aufnahmebüro in die Organisation der Poliklinik eingeschaltet ist, in einem Beschlußgremium. Es geht darum, daß einer der Klinikärzte für die Leitung einer Arbeitsgruppe ausgesucht werden soll. Dies wäre also eine Entscheidung, die nach den landläufigen Vorstellungen nur den kompetenten Akademikern des Betriebes vorbehalten sein sollte. Nur Ärzte können, so scheint es, darüber urteilen, wer von ihnen zur Übernahme einer Position mit herausgehobener klinischer Verantwortung taugt. Wie soll schließlich eine Sekretärin die Befähigung von Medizinern beurteilen können? Es zeigt sich indessen in diesem Fall, daß die ärztlichen Mitglieder des Gremiums Schwierigkeiten haben, eine vernünftige Lösung zu finden. Infolge ihrer langen kollegialen Zusammenarbeit und ihrer privaten Beziehungen untereinander sind sie versucht, bei der Wahl demjenigen den Vorzug zu geben, dessen Wahl innerhalb ihrer Gruppe am wenigsten persönliche Komplikationen stiften würde. Hingegen zeigt sich, daß die außenstehende Sekretärin sich ausschließlich nach dem Wohl der Patienten orientiert und verlangt, daß derjenige gewählt werden solle, der sich am zuverlässigsten und intensivsten den Patienten zu widmen pflegt. Letztlich sind alle anderen der Sekretärin dankbar, weil sie dazu beiträgt, eine rationale Entscheidung zu finden, zu der die Ärzte allein aus ihren gruppendynamischen Rücksichtnahmen heraus nicht ohne weiteres fähig gewesen wären.

Ein wesentliches Prinzip, das man von den Spontangruppen her nach Möglichkeit auf institutionelle Arbeit zu übertragen versuchen sollte, betrifft die Ganzheitlichkeit von Arbeitsansätzen. Wer in einer Institution direkt mit Klienten arbeitet, muß sich unablässig – wie früher geschildert – mit äußeren, aber auch inneren Einflüssen auseinandersetzen, die ihm nahelegen, die Klienten nicht als vollständige Personen innerhalb sozialer Zusammenhänge, sondern lediglich als Träger von Einzelmerkmalen zu sehen, auf die sich die jeweilige spezialisierte Tätigkeit richten soll. Das Kind muß indessen für den Lehrer mehr sein als ein Bündel von schulisch zu entwickelnden Leistungsdispositionen, der Patient für den Arzt mehr als ein wandelnder physikalisch-chemisch bestimmbarer Organismus. So langweilig und banal diese Feststellungen anmuten – ihnen praktisch zu folgen ist schwierig genug. Denn es ist ganz offensichtlich nach wie vor ein bestimmender Faktor institutionell organisierter sozialer Tätigkeit, daß die Betreuer durch spezifische Gesichtsfeldeinengungen von ihren Klienten entfremdet werden. Soziale Tätigkeiten am Menschen und die darauf zugeschnittenen Ausbildungsgänge sind in vielfältige übereinander gelagerte Teilgebiete zerschnitten.

Der am schlechtesten bezahlte und ausgebildete Heimerzieher soll sich nur – schichtweise – der Heimkinder annehmen, aber die Eltern aus dem Spiel lassen, die an den Wochenenden zu Besuch kommen. Gerade aber die Eltern-Kind-Beziehung möchte er eigentlich mitbeobachten, um die soziale Herkunft und die Schwierigkeiten der einzelnen Kinder besser zu verstehen und auch darüber mitentscheiden zu können, wann das Kind wieder aus dem Heim nach Hause entlassen werden sollte. Noch besser wäre es, wenn er sogar einen hilfreichen Einfluß auszuüben versuchen würde, um die Begegnungen zwischen Eltern und Kind in eine günstige Richtung zu lenken. Aber man sagt ihm: Die Eltern der Kinder gehen dich nichts an. Mit den Eltern zu arbeiten, ist Sache der Familienfürsorger, die dafür ausgebildet sind und entsprechend besser bezahlt werden. Die Familienfürsorger ihrerseits sollen ihre Bemühungen wiederum genau an der oberen Grenze einstellen, wo die psychischen Probleme in einer Familie Interventionen verlangen, die dem dafür spezialistisch ausgebildeten Psychotherapeuten vorbehalten bleiben sollen. Nun wäre es gut, wenn die Sozialarbeiter sich außer um die sozialen und ökonomischen Sorgen ihrer Klientenfamilien auch um deren meist unversorgte seelische Störungen mit kümmern – und sich dafür entsprechend weiterbilden könnten. Aber das erlaubt man ihnen ausschließlich für den Sektor der Kinderpsychotherapie, obwohl heute bekannt ist, daß kindliche seelische Störungen meist nur im Zusammenhang mit ursächlichen seelischen Problemen der Eltern erfolgreich zu behandeln sind. Ausschlaggebend dafür, daß Sozialarbeiter sich nur für Kinderpsychotherapie, nicht aber für Erwachsenenpsychotherapie weiterbilden dürfen, ist nicht der Umstand, daß die Kinderpsychotherapie etwa leichter wäre als Erwachsenentherapie. Das ist keineswegs der Fall. Aber für Kinderpsychotherapie gibt es praktisch keine konkurrierende akademisch vorgebildete Berufsgruppe. Die ärztlich und psychologisch vorgebildeten Psychotherapeuten arbeiten – von Ausnahmen abgesehen – am liebsten mit Erwachsenen. Sie hüten gegenüber den Sozialarbeitern strikt das Monopol der Erwachsenenpsychotherapie. So wird die Obergrenze des Arbeitsfeldes weitergebildeter Sozialarbeiter nicht etwa von den objektiven Versorgungsaufgaben her bestimmt (die in Form der Familientherapie eine Einbeziehung der Eltern in die Kindertherapie verlangen würden), sondern allein durch die Privilegien der nächst höher eingestuften Berufsgruppe.

Niemand wird so naiv sein, die sozioökonomischen Zwänge bagatellisieren zu wollen, welche die Parzellierung der sozialen Tätigkeitsfelder aufrechterhalten. Und jeder wird einsehen, daß es ohne wesentliche Reformen in der institutionalisierten sozialen Arbeit nicht möglich ist, für die verschiedenen Berufsgruppen den notwendigen Spielraum für eine umfassendere und ganzheitlichere Arbeitsweise zu schaffen. Andererseits ist es keineswegs so, daß man zur Zeit an der Basis die Einzwängung in engste Fachperspektiven nur wehrlos hinnehmen müßte. Viele haben wenigstens gewisse Chancen, im Verband von Arbeitsgruppen und zum Teil auch einzeln Vorstöße zu unternehmen, um sich nicht definitiv in irgendeiner allzu schmalspurigen spezialistischen Denk- und Arbeitsweise zu verfangen.

Der Erzieher kann z. B. den zuständigen Familienfürsorger auf dem Sozialamt ansprechen und versuchen, mit ihm die familiären und sozialen Probleme eines Heimkindes zu klären. Und er sollte auch ruhig mit den Eltern des Kindes reden und seine dabei gewonnenen Erfahrungen in die Zusammenarbeit mit dem Familienfürsorger einbringen. Dies kann der Anfang zu einer partnerschaftlichen Kooperation sein, die beiden Seiten hilft, das soziale Problem um das Kind herum ganzheitlich zu übersehen und zu bearbeiten.

Ein Kriminalbeamter empfindet es als unbefriedigend, daß er im Kommissariat für Rauschmittelprobleme den Schwierigkeiten der drogengefährdeten Jugendlichen ausschließlich mit polizeilichen Mitteln begegnen soll. Er findet, daß viele dieser Jugendlichen seelisch krank sind und daß die meisten große Konflikte in ihren Familien haben. Er möchte sich mit Fachleuten aussprechen und diesen Informationen und Anregungen geben, damit durch rechtzeitige Therapien mehr Jugendliche vor dem Ausflippen bewahrt werden können. Er will auch mehr Aufklärungs- und Beratungsarbeit in den Schulen fördern. Es ist ihm klar, daß hier vor allem Spezialisten wirken müssen, die nicht von der Polizei kommen. Aber er möchte gern mitplanen und mitreden, um die Ideen anbringen zu können, die ihn beschäftigen. Umgekehrt sucht er auch für sich persönlich Unterstützung. Psychotherapeuten könnten ihm, so wünscht er sich, vielleicht eine Art von Supervision geben. Weil er zuwenig psychologisch geschult ist, erwartet er von den Experten qualifizierte Empfehlungen, wie er sich in bestimmten kritischen Fällen verhalten soll. So bahnt sich eine sinnvolle Zusammenarbeit zwischen ihm, der psychotherapeutischen Einrichtung und einer Jugendberatungsstelle an. Jetzt hat der Polizist das Gefühl, daß seine Arbeit durch diesen größeren Zusammenhang sinnvoller ist. Er versteht jetzt mehr, was er tut. Und es bereitet ihm Genugtuung, daß sein Einsatz durch die Kooperation mit den anderen Institutionen mehr bewirken kann.

Mehrere Lehrer einer Sonderschule haben in ihren Klassen verhaltensgestörte Kinder, die in besonders schwierigen Familienverhältnissen leben und tagtäglich ihre zu Hause aufgestauten Probleme in den Unterricht mitbringen und dadurch allerhand Unruhe stiften. Die Lehrer setzen sich zusammen. Sie nehmen Kontakt mit den Eltern der Kinder auf. Dabei wird ihnen bewußt, daß sie nicht so einfach nebenher die Unordnung in den Familien ins reine bringen können, sondern dafür Unterstützung brauchen. Also wenden sie sich an eine spontane Gruppe, die in dem Siedlungsbereich sozial arbeitet, wo diese Familien wohnen. Sie stellen sich vor, daß diese Gruppe ihnen helfen könnte, die betroffenen Familien irgendwie zu unterstützen. Es geht ihnen nicht darum, ihre eigenen Schulprobleme auf diesen Arbeitskreis abzuwälzen. Sie wollen sich selbst auch an den Bemühungen um die Förderung der Kinder außerhalb des Rahmens der Schule beteiligen. Aber sie meinen mit Recht, daß eine gezielte Zusammenarbeit mehr Erfolgschancen hat. Denn die Initiativgruppe versteht mehr von den Problemen in dieser Siedlung und hat hier auch schon längeren Kontakt mit der Bevölkerung. Von ihr können die Lehrer einiges lernen, wie man an die Familien besser herankommt, und sie können nun die Kinder in der Schule besser verstehen und differenzierter auf ihre Probleme ansprechen. Umgekehrt ist es für die Initiativgruppe eine Entlastung zu wissen, daß ihre Bemühungen in der Siedlung in der Schule sinnvoll ergänzt werden. Das unmittelbare Ziel dieser Zusammenarbeit besteht darin, einigen hochgradig verwahrlosungsgefährdeten Kindern eine sonst unausbleibliche Heimeinweisung zu ersparen, die weder den Kindern dienlich wäre noch den Familien weiterhelfen würde, deren eigene Konflikte ja die ursprüngliche Quelle des kindlichen Fehlverhaltens darstellen.

In einem Großstadtbezirk arbeitet eine psychotherapeutische Beratungsstelle für Familien und Kinder in einem Kinderkrankenhaus. So ergibt sich eine enge Zusammenarbeit zwischen Kinderärzten und Psychotherapeuten. Aber beide Seiten empfinden ihre Zusammenarbeit noch als zu begrenzt. Denn die Institution ist in einem Arbeiterbezirk angesiedelt, wo die meisten Erziehungsschwierigkeiten und psychosomatischen Störungen mit diversen sozialen Problemen verknüpft sind, mit Wohnungsschwierigkeiten, Schulden, Prostitution, Delinquenz, Verwicklungen mit den Behörden usw. So sagt man sich, daß man besser einen größeren Kreis bilden und alle irgendwie in diesem Felde arbeitenden Einrichtungen einladen sollte. Von überall her kommt Zustimmung. Bald treffen sich in diesem Kinderkrankenhaus zweimal im Monat außer interessierten Ärzten und Psychotherapeuten dieses Hauses einige interessierte Schulärzte, der Amtsarzt, Mitglieder der Erziehungsberatung, der örtliche Schulpsychologe und eine oder mehrere Familienfürsorgerinnen aus dem Bezirk. Die Veranstaltungen liegen am Rande der Dienstzeit. Einige der Beteiligten haben es zunächst nicht ganz leicht, in ihren Dienststellen verständlich zu machen, daß dies ein regulärer Teil ihrer Tätigkeit sei. Aber alle profitieren sehr von der

Möglichkeit, nun regelmäßig gemeinsam über die vielen Fälle sprechen zu können, von denen jeweils mehrere Dienststellen zugleich berührt sind. In der Diskussion miteinander kann man viel schneller klären, wie ein Problem zu verstehen ist und wie man sich u. U. wechselseitig unterstützen kann, um schwierige Fälle voranzubringen. Mitunter ist es auch schon eine große Hilfe, wenn der eine oder andere in dem Kreis nur Rückhalt und Verständnis für eine ganz besonders heikle beraterische oder therapeutische Aufgabe findet, die ihm obliegt. Auf jeden Fall kommt es nun nicht mehr wie früher vor, daß einzelne Fälle über Wochen und Monate zwischen den verschiedenen Stellen hin und her geschoben werden, ehe endlich nach diversen Untersuchungen und Begutachtungen entschieden ist, ob und wo ein Kind in ambulante Therapie genommen werden, ob und gegebenenfalls in was für eine Art von Heim es eingewiesen werden soll, ob und durch wen darüber hinaus noch etwas in der Familie an Fürsorge oder Familientherapie zu geschehen hat usw. Es erscheint aber nicht minder wichtig, daß man durch die regelmäßigen Zusammenkünfte Gelegenheit findet, Mißverständnisse untereinander schnell zu klären und sich auszusprechen, wenn man sich übereinander geärgert hat. So kann man besser vermeiden, sich voneinander infolge irgendwelcher Enttäuschungen oder Gekränktheiten abzukapseln und unter dem Einfluß unbearbeiteter Spannungen eventuell jahrelang mangelhaft zu kooperieren.

Eine institutionalisierte Arbeitsgemeinschaft, die mit drogengefährdeten Jugendlichen prophylaktisch und therapeutisch arbeitet, leidet darunter, daß sie immer wieder rückfällige Jugendliche in eine Landesnervenklinik einweisen muß, wo ihre Klienten zeitweilig völlig aus ihrem Blickfeld verschwinden, bis sie dann eines Tages nach einer körperlichen Entziehung plötzlich wieder auftauchen. Es ginge darum zu erreichen, daß die Therapie in der Klinik systematisch auf der ambulanten Vorarbeit aufbauen könnte und daß die spätere Resozialisierungsarbeit die Prozesse in der Klinik genau berücksichtigen und durch ein gut darauf abgestimmtes Anschlußprogramm weiterverarbeiten sollte. Die Betreuer in der Arbeitsgemeinschaft und einige jüngere Ärzte der Klinik besprechen, was zu tun ist. Sie kommen zu einer unkonventionellen Lösung: Die jeweils zuständigen Mitarbeiter der Drogenberatungsstelle werden von den Klinikärzten eingeladen, sich dort unmittelbar an der stationären Weiterbehandlung der Klienten zu beteiligen, die sie vorher draußen betreut hatten. Die Beratungsstellenmitarbeiter entwerfen zusammen mit den Klinikärzten ein gemeinsames Behandlungskonzept und beraten fortlaufend über die Entwicklung der Betreuten, über etwaige Umstellungen der Behandlung und auch schließlich über die Entlassung. Dadurch erweitern beide Seiten, die ambulanten Berater und die stationären Therapeuten, in einem wechselseitigen Ergänzungsverhältnis ihr Blickfeld. Und sie können so den bekanntlich besonders schwierigen Drogenpatienten eine geradlinige und konsequente Langzeitversorgung anbieten, die sehr viel aussichtsreicher ist als das übliche Durcheinander völlig unterschiedlicher Konzepte verschiedener Institutionen, zwischen denen derartige Jugendliche oft hin und her geschoben werden.

Es ist bezeichnend, daß diese initiativefreudigen Berater und Ärzte auf dem einmal eingeschlagenen Weg noch weiter zu gehen versuchen und sich überlegen, wie sie ihre Arbeitskontakte zusätzlich verbreitern können. Sie vereinbaren mit anderen Beratungsstellen für Jugendliche in einigen benachbarten Städten und Landkreisen ein Kooperationsmodell. Sie schicken sich an, ein regelrechtes systematisches Versorgungssystem für seelisch und sozial gefährdete Jugendliche zu organisieren. Und sie treten an das Land, an die Gebietskörperschaften und an die karitativen Träger heran, um diese Kooperationsgemeinschaft zu institutionalisieren. Dabei sehen sie vor, daß für die ganze Region nur eine kleine zentrale Einheit mit voll ausgebildeten Spezialisten nötig wäre, die in flexibler Weise die einzelnen Außenstellen der Region in besonderen Problemfällen «vor Ort» zu unterstützen hätte. Es handelt sich zweifellos um eine sehr vielversprechende Organisationsform mit einem vergleichsweise geringen Finanzbedarf.

Noch ein anderes Beispiel: Die Mitarbeiter einer öffentlichen Erziehungsberatungsstelle leiden – wie es in nahezu allen Erziehungsberatungsstellen der Fall ist – an einem eklatanten Mißverhältnis zwischen ihrer Kapazität und dem Bedarf in der Bevölkerung. Es belastet sie, daß sie nur für einen kleinen Teil der Kinder etwas tun können, die an sich wegen psychischer Schwierigkeiten Hilfe nötig hätten. Darunter gibt es, wie sie feststellen, eine nicht geringe Zahl von Kindern, die wegen Überlastung ihrer Mütter nachmittags isoliert sind, irgendwo verloren herumhängen und arbeitsunlustig werden. Sie vernachlässigen ihre Schularbeiten und geraten dadurch in zusätzliche Konflikte. Den Mitarbeitern der Erziehungsberatungsstelle kommt in den Sinn, daß so manche Hausfrau gern eine zusätzliche soziale Aufgabe hätte, jedoch eine volle Berufstätigkeit nicht bewältigen könnte. Warum sollte man also nicht interessierte Hausfrauen anwerben, die sich nachmittags einige Stunden mit solchen vernachlässigten Kindern beschäftigen, mit ihnen Schularbeiten machen, spielen und dabei auch das eine oder andere Problem besprechen, das die Kinder bedrückt? Die Erziehungsberater richten ein kleines Fortbildungsseminar für interessierte Hausfrauen ein. Dann bringen sie die Eltern von Kindern, die an isolationsbedingten Verhaltensstörungen leiden, mit geeignet erscheinenden Hausfrauen in Kontakt. Wenn sich die Kinder mit diesen in Aussicht genommenen Betreuerinnen wohl fühlen und die Eltern einwilligen, nehmen die Hausfrauen die Kinder nachmittags in Obhut. Einmal in der Woche kommen die Laien-Betreuerinnen gruppenweise in der Erziehungsberatungsstelle zusammen und erhalten hier eine Supervision durch Fachleute. Sie erzählen, wie sich ihre Arbeit abspielt und holen sich Rat, wie sie mit den Schwierigkeiten der Kinder am besten umgehen und auf der anderen Seite den Kontakt mit den Eltern so gestalten können, daß dabei störende Rivalitäten vermieden werden. Von Zeit zu Zeit werden Treffen mit den Klientenfamilien und den Laien-Betreuerinnen in der Erziehungsberatungsstelle veranstaltet, um unter allen Beteiligten den Ertrag der Kooperation zu klären und gemeinsam zu planen, wie es weitergehen soll. Die karitative Trägerorganisation der Beratungsstelle hat kleinere Beträge für diese Hausfrauenarbeit zur Verfügung gestellt, aber manche Frauen wollen neben der Erstattung irgendwelcher Unkosten gar kein Geld haben.

Auch hier hat sich also aus einer Institution heraus eine Initiative entfaltet, welche die üblichen Grenzen des vorgeschriebenen Tätigkeitsbereiches durchbricht. Die Erziehungsberater erweitern ihre professionelle Arbeit unter Ausschöpfung von Selbsthilfepotentialen, welche die Gesellschaft anbietet.

In einer parallelen Richtung werden neuerdings manche jüngeren Mitarbeiter psychiatrischer und psychotherapeutischer Kliniken und Institute initiativ. Sie scheren sich nicht um Bestimmungen und Gewohnheiten, die sie auf eine Berufsausübung lediglich innerhalb der Mauern ihrer klinischen Institutionen verweisen. Sie gehen zu ihren Patienten in die Wohnungen. Sie wollen die Lebensumstände der Patienten genauer kennenlernen und zugleich Kontakt mit deren Familien gewinnen, die für das Gelingen therapeutischer Bemühungen vielfach ausschlaggebend sind. Ferner wollen sie es bestimmten scheuen oder zeitlich überlasteten Patienten leichter machen, sich im Anschluß an eine klinische Behandlung noch nachgehender Hilfen zu bedienen, die zur Verhütung von Rückfällen sehr wichtig sein können. Sie erweitern damit willkürlich ihren Aktionsradius. Sie müssen sich in einer völlig neuen Situation erproben. Im Hause ihrer Patienten finden sie sich automatisch mit einer Fülle von Lebensproblemen der Kranken konfrontiert, die in der künstlichen Atmosphäre der klinischen Institutionen meist ausgeblendet bleiben. Indem sie sehen, wie die Patienten wohnen, wie sie sich eingerichtet haben, wie sie in ihren vier Wänden mit den Angehörigen und diese mit ihnen umgehen, erhalten sie ein vollständigeres Bild von der Situation. Und sie können ihre Maßnahmen weit besser als bisher auf dieses komplexe Ganze des Lebenszusammenhanges der Kranken abstimmen. Vor allem aber können sie den Kranken den oft sehr schädlichen abrupten Kontaktabbruch ersparen, der sich aus der Klinikentlassung ergibt. Es ist in der Tat für viele Patienten ungünstig, wenn sie nach einer monatelangen stationären Betreuung von den Personen ihres Vertrauens plötzlich radikal abgetrennt werden, deren Betreuung sie ihre gesundheitliche Besserung verdanken. Weil dies gerade für psychisch Kranke sehr schlimm sein kann, ist die spontane Initiative solcher sozialtherapeutisch aktiven Mediziner sachlich sehr sinnvoll, auch wenn sie den offiziellen Vorschriften widerspricht.

Das gemeinsame Moment aller zitierten Beispiele liegt darin, daß Menschen sich eines Tages nicht mehr an bestimmte einengende Tätigkeitsvorschriften oder Rituale halten, sondern von sich aus ihren Arbeitshorizont erweitern. Sie tun damit etwas, was entweder nur «unnötig» in dem Sinne ist, daß diese Initiative über ihre Amtspflicht hinausgeht. Oder ihre Unternehmung ist sogar unvorschriftsmäßig. Wenn der Heimerzieher ein Stück weit mit den Eltern seiner Heimkinder arbeitet, so wird ihm der zuständige Fürsorger diesen Einbruch in seine Kompetenz leicht verzeihen, sofern beide sich dabei abstimmen. Im Gegenteil: beide werden Genugtuung darüber empfinden, daß bei ihrer Arbeit durch diesen «Übergriff» mehr herauskommt. Auch der Polizist, der sich außerhalb seines offiziellen Dienstbereiches um Fortbildung und Zusammenarbeit mit polizeifernen Beratungs- und Therapiediensten kümmert, wird sich dadurch keinen Ärger bereiten. Erst wenn viele Erzieher oder Polizisten auf diesem Wege folgen und damit ihr ausbildungsmäßig und tarifrechtlich festgelegtes Tätigkeitsniveau überschreiten würden, wären ihnen Verbote oder gar disziplinarische Maßregelungen sicher: Es würde dann heißen, daß ein Angestellter oder Beamter nicht regelmäßig über die sogenannten Tätigkeitsmerkmale seiner Stelle hinausgehen darf, weil er sonst arbeitsrechtlich eine entsprechend höhere Vergütung einklagen könnte. Würden alle Heimerzieher auch Elternarbeit, alle Polizisten auch zugleich psychohygienische bzw. sozialbetreuerische Aufgaben übernehmen, würden sie das geltende Besoldungssystem ins Wanken bringen. Dies ist ja eben der Widersinn, daß Menschen oft nur deshalb an einer vernünftigen ganzheitlichen Arbeitsweise gehindert werden, weil man durch künstliche Einengung ihres Arbeitsfeldes an ihnen sparen kann.

Gleichwohl ist es nicht nur vorstellbar, sondern auch eine Erfahrung, daß manche Reformen erst dann politisch durchsetzbar werden, wenn viele Menschen von sich aus ihr Tätigkeitsfeld über die ihnen zugewiesene Kompetenz hinaus ausdehnen und beweisen, daß diese «Anmaßung» nicht nur ihrer Befriedigung dient, sondern obendrein praktisch sinnvoll ist. Ein typischer Präzedenzfall ist z. B. der Einbruch der Psychologen in das ärztliche Therapiemonopol. Obwohl die Psychologen trotz psychotherapeutischer Ausbildung vom Gesetz her nie hätten voll selbständig psychotherapeutisch tätig sein dürfen, haben sie auf breiter Front diesen Vorstoß gewagt. Als schließlich Hunderte von ihnen das taten, was sie eigentlich gar nicht durften, aber dadurch einen sonst unabgesättigten Versorgungsbedarf für seelisch Kranke zu decken halfen, mußte man von oben her Vorschriften ersinnen, um die vollzogene Tatsache zu legalisieren. Man akzeptierte zunächst eine Form von «Beaufsichtigung» durch Ärzte, die so locker und formal ist, daß die Selbständigkeit der psychologischen Psychotherapeuten kaum angetastet wird, und muß nun im nachhinein ein «Psychotherapeutengesetz» ersinnen, um der veränderten Wirklichkeit endlich auch gesetzlich Rechnung zu tragen.

Absolut vorschriftswidrig ist es, was die zitierten Klinikärzte tun, die Jugendberatern aus der Drogenberatungsstelle eine therapeutische Mitverantwortung an der klinischen Behandlung ihrer ehemaligen Klienten einräumen. Sie dürfen ihre klinischen Pflichten von Rechts wegen auf keinen Fall mit Leuten teilen, die im Krankenhaus höchstens als Privatbesucher oder als konsiliarische Berater zu dulden wären. Problematisch ist es auch, wenn Psychologen einer

Erziehungsberatungsstelle Hausfrauen, also Laien, mit der Betreuung verhaltensgestörter Kinder beauftragen. Man kann ihnen immer entgegenhalten, es sei unzulässig und unverantwortbar, eine so diffizile Aufgabe an völlig ungeschulte Personen zu delegieren. Aber wenn die Teams in den initiativefreudigen Institutionen gut zusammenhalten, dann werden sie in der Regel auch Wege finden, solche riskanten Versuche nach außen abzudecken.

Ein taugliches Argument ist stets zur Hand, nämlich die Verfolgung von *Forschungszwecken*. Wer weiß denn vorher, ob nicht schlichte Hausfrauen, die in der Kindererziehung erfahren sind, in der Betreuung seelisch gestörter Kinder Ausgezeichnetes leisten können, sofern man sie gleichzeitig fachlich berät? Tatsächlich haben sich gute Ergebnisse gezeigt. Und deshalb empfehlen nunmehr die Sachverständigen der Psychiatrie-Enquete ausdrücklich die Einbeziehung von Laien in die Betreuung von Kindern mit leichteren Verhaltensstörungen. Begründung: entsprechende Versuche hätten sich bewährt. Also, was anfangs eher als unverantwortliches Hasardeurtum verdächtigt wurde, lobt man im nachhinein indirekt als soziale Pionierleistung. *In der Tat sind entscheidende methodische Verbesserungen in manchen Versorgungsdiensten gar nicht anders in Gang zu bringen als durch risikohaltige, vom Wege des Gewöhnlichen abweichende Experimente, deren wissenschaftliche Auswertung schließlich die Notwendigkeit ihrer Umsetzung in die allgemeine Praxis beweist.*

Zweifellos wird der Forschungswert vieler Initiativen aber zuwenig erkannt, bei denen es darum geht, daß Menschen zunächst nur intuitiv bzw. aus praktischen Bedürfnissen heraus ihre Arbeit anders zu organisieren versuchen, als ihnen vorgeschrieben ist. Sie probieren z. B. ihre Arbeit, die sie an sich allein machen sollten, mit anderen Personen gemeinsam zu tun, die ihnen weder zugeteilt sind noch überhaupt von ihrer Ausbildung oder ihrer fachlichen Kompetenz her für diese Zusammenarbeit programmiert zu sein scheinen. Bei der nahezu lückenlosen Reglementierung der Arbeitsorganisation kann man ein solches Verhalten immer einerseits unter dem Aspekt des Verstoßes gegen Normen betrachten, andererseits aber auch unter dem Aspekt der Erkundung neuer Wege, die sich als überaus wertvoll herausstellen könnten.

Es wäre übrigens eine sinnvolle Aufgabe für Forschungsförderungs-Institutionen, Leute auszuschicken, die nach solchen kreativen Initiativen vermehrt Ausschau halten sollten, die sich vielerorts an der Basis der Praxis spontan regen, aber oft unerkannt bleiben und wegen mangelnder Unterstützung eines Tages wieder spurlos verschwinden. Hier vegetiert eine Art von Handlungsforschung, die sich als solche meistens gar nicht selbst erkennt und darstellt. Es geht vielfach um ausgesprochene Praktiker, die durch das Neue, was sie tun, Erkenntnisse freilegen, die sie persönlich nicht voll theoretisch auswerten oder etwa gar in Fachzeitschriften oder auf Fachkongressen vortragen. Sehr wichtig wäre es jedenfalls, daß solche neuen Ansätze und Modelle frühzeitig bekannt und gegebenenfalls von außen abgestützt würden, denn hier keimen oft wichtigere Entdekkungen, als sie die professionelle Routine-Forschung in diesen Gebieten beizubringen pflegt.

Daß die professionelle Forschung sich eher selbst zu isolieren neigt und zuwenig von den unmittelbar aus der Praxis herauswachsenden Erkenntnismöglichkeiten aufgreift und verfolgt, ist eine offenkundige und bedauernswerte Tatsache, die sich wiederum weitgehend von den erläuterten defensiven und restriktiven Mechanismen des institutionellen Wissenschaftsbetriebes herleitet. – Ein kreatives Experimentieren in sozialer Feldarbeit hat es besonders schwer, seinen Forschungswert herauszustellen und eine entsprechende Unterstützung von den großen Forschungsförderungs-Gesellschaften zu erhalten, weil man natürlich in diesem Bereich weitab von den genau festlegbaren Bedingungen naturwissenschaftlicher Laborversuche operiert. Und da die für die Geldvergabe zuständigen wissenschaftlichen Gutachter dazu neigen, den Gesichtspunkt einer «sauberen» Methodik obenanzustellen, finden vor ihren Augen solche Projekte selten Gnade, bei denen die Art der Erkundungsarbeit notwendigerweise zunächst einige «Unsauberkeit» enthält. Dementsprechend ist es erfahrungsgemäß sehr schwer möglich, Forschungsgelder für die Entwicklung und Erprobung neuer Verfahren auf dem Gebiet der Sozialtherapie zu erhalten, obwohl gerade hier entscheidende Neuerungen für die Versorgung der psychosozialen Störungen zu erwarten sind. Aber der unvermeidbar improvisatorische und in den äußeren Anordnungen notwendigerweise flexible Charakter der einschlägigen Erkundungsexperimente verträgt sich eben schlecht mit den Bewertungskriterien der zuständigen Gutachter der Forschungsförderer. Deshalb ist es viel leichter, sogar bedeutende Gelder für die wissenschaftliche Kontrolle längst institutionalisierter, jahrzehntelang praktisch erprobter Verfahren zu erhalten, weil man dabei am ehesten die «sauberen» Untersuchungsbedingungen vorweisen kann, nach denen sich die Prüfungsinstanzen zuallererst richten. So ist es wiederum bezeichnend, daß relativ kleine Stiftungs-Gesellschaften infolge ihrer lockeren Binnenstruktur und ihrer geringeren Einschnürung durch konservative Reglementierungen eher gelegentlich den Mut aufbringen, gesellschaftlich wichtige pionierhafte Handlungsforschung im Bereich sozialer Feldarbeit zu unterstützen, auch wenn dabei zunächst vor allem ein Praxis-Modell zu fördern ist und sich erst während dessen weiterer Entwicklung nach und nach die Bedingungen für den Einsatz subtilerer Untersuchungspläne ergeben. Dabei kann man sehen, daß die größere Risikobereitschaft einer kleinen Stiftungs-Gesellschaft wiederum mit der günstigeren Dynamik einer Kleingruppe zusammenhängt, in der es keine Pyramide hierarchisch übereinandergetürmter Instanzen gibt, die automatisch das Moment der Kontrolle und der restriktiven Pedanterie verschärfen.

Die verschiedenartigen sozialen Zwänge ergeben je nach Art und Größe der Institution ein anderes Entscheidungsverhalten der Menschen. Dennoch ist es schwierig, solche kritischen Erwägungen in den jeweiligen Institutionen zu besprechen, weil die Funktionäre, mit derartigen sozialpsychologischen Erwägungen unvertraut, sich doch meist persönlich beschuldigt fühlen und es vor allem ganz ungereimt empfinden, daß eine Instanz, die Forschung nur von oben herab zu beaufsichtigen und zu finanzieren gewöhnt ist, sich etwa auch noch selbst kritisch erforschen sollte. Immerhin läßt sich in den unabhängigen Institutionen der Wissenschaftsförderung ein zunehmendes Interesse finden, sich mit manchen der genannten eigenen Schwierigkeiten auseinanderzusetzen, während einzelne Ministerien noch immer – wie ahnungslos – Forschungsmittel nur so vergeben, daß Wissenschaftler gar nicht mehr die Bedingungen für sinnvolle Gesetzesänderungen erkunden dürfen, sondern nur noch Material liefern sollen, um das etwas besser abzustützen, was die Administration ohnehin machen will. Hier eröffnet sich ein Sonderthema, das trotz einschlägiger Widerstände einer offenen Diskussion bedürfte, weil es die Öffentlichkeit in hohem Grade angeht.

Es erscheint sinnvoll, noch eine abschließende zusammenfassende Bemerkung zu den Bestrebungen um eine ganzheitliche Arbeitsweise zu machen. Es war im vorigen ausführlich davon die Rede, wie die sozialen Versorgungsinstitutionen es bewirken, daß ihre Mitglieder sich unter dem Druck von Autoritätsängsten so voneinander isolieren, daß eine *sinnvolle* fachliche Aufteilung der Schwerpunktgebiete zu einer *unsinnigen* Abkapselung und Einengung der einzelnen Berufsgruppen führt. Die Funktionäre der Fachgruppen bringen im Zusammenhang mit den jeweiligen Standesideologien und den tariflichen Tätigkeitsvorschriften die einzelnen sozial Tätigen dazu, daß diese ihre Isolierung in der sozialen Arbeit oft nicht mehr als Mangel, sondern absurderweise vielfach geradezu als Vorrecht empfinden. Jedenfalls verinnerlichen viele unreflektiert das Prinzip, daß ein guter Lehrer, Arzt, Sozialarbeiter usw. seine Probleme allein zu lösen habe und daß jedes dieser sozialen Tätigkeitsfelder in seinen Theorien und Methoden ein abgeschlossenes Miniatur-Universum darstelle, das eine berufliche Kooperation immer nur im eigenen Bereich im Rahmen des Lehrer-Schüler-Verhältnisses rechtfertige. Aber dagegen sträuben sich nun einzelne und Gruppen, die enger miteinander kooperieren wollen. Diese Menschen wollen über den eigenen Arbeitsplatz und über den Ausschnitt des eigenen Arbeitsvorganges hinausschauen. Sie suchen Kontakt mit Kollegen in angrenzenden Feldern, deren Aufgaben das ergänzen, was sie selber machen. Das kann mitunter sogar dazu führen – wie erläutert wurde –, daß benachbarte Tätigkeiten einander wechselseitig durchdringen, so daß der eine künftig manches mitbedenkt und mittut, was zuvor der andere allein für sich gemacht hatte. Hier kann man eine Wechselbeziehung zweier Entwicklungen feststellen: Der verstärkte Hang zur Kooperation innerhalb der eigenen Institution und auch über deren Grenzen hinaus führt automatisch dazu, daß die einzelnen vermehrt sensibilisiert werden für komplexe Problemstellungen. Wenn z. B. Lehrer, Sozialarbeiter, Erzieher, Psychotherapeuten mehr miteinander sprechen, dann werden sie ganz von selbst dahin gelangen, nicht mehr eine Lernstörung, ein Wohnungsproblem, eine Erziehungsschwierigkeit, eine psychische Krankheit oder dgl. isoliert für sich zu betrachten. Sie werden voneinander lernen, daß alles zusammengehört. Und sie werden vermutlich auch die antrainierte Überschätzung der jeweiligen eigenen Fachperspektive abbauen. Der Therapeut wird von dem Vorurteil loskommen, daß alle Probleme durch eine gute Psychotherapie zu lösen wären. Der Sozialarbeiter wird sich abgewöhnen, in jedem Fall die äußeren materiellen Bedingungen als das allein maßgebliche Übel anzusehen, und der Lehrer wird nicht mehr denken, daß nur überall die rechte Lern- und Leistungsmotivation andressiert und ausgeschöpft werden müßte. Auf jeden Fall werden alle erkennen, daß man bei psychosozialen Schwierigkeiten nicht einen bestimmten Teilbereich eines Individuums, ja nicht einmal die Einzelperson allein für sich sehen sollte, sondern daß man jeden Klienten im Gefüge seiner sozialen Beziehungen zu verstehen und seine Probleme in diesem komplexen Zusammenhang anzugehen hat. Diese Erkenntnis schärft umgekehrt wieder den Blick für die Notwendigkeit, sich untereinander stärker als bisher zu verbünden, weil der einzelne nicht sämtliche miteinander verknüpften Teilaufgaben lösen kann. Sofern also jemand theoretisch akzeptiert, daß die meisten psychosozialen Störungen auf einem multiplen Zusammenwirken von innerpsychischen und sozialen Bedingungen beruhen, wird er es nicht mehr aushalten, sich in seinem ursprünglichen Spezialsektor abzukapseln und einzelgängerisch weiterzuarbeiten. Es wird ihn danach drängen, seine Möglichkeit in Kooperation mit Kollegen ergänzender Berufsgruppen zu erweitern. Also: Wer die komplexe Ganzheitlichkeit der zu bearbeitenden äußeren Probleme wiederherstellen möchte, der wünscht zugleich, sich selbst bzw. die eigenen Wirkungsmöglichkeiten durch Gruppenkooperation zu verstärken. *Dabei geht es nicht nur um die Chance, daß jeder einzelne durch die Zusammenarbeit seine äußere Effektivität steigern bzw. qualitativ erweitern kann, sondern daß er zugleich auch innerlich seine Ganzheit in dem Grade wiederzugewinnen vermag, in dem seine Arbeitsperspektive an Vollständigkeit gewinnt.*

Der Mensch kann in sich nur die Ganzheit abbilden, die er in seinen äußeren Bezügen verwirklicht.

Je mehr unser Weltbild zu einem Arbeitswelt-Bild wird, um so wichtiger ist es für den einzelnen, sich durch breit gefächerte Kontakte im Arbeitsbereich den Eindruck zu verschaffen, daß er auf aktive Weise an einem möglichst breiten Ausschnitt der sozialen Wirklichkeit partizipieren kann. Wer das Glück hat, mit Menschen für andere Menschen sozial arbeiten zu können, kann ganz besonders von diesem kreisförmigen Selbstverstärkungsprozeß profitieren, der die wechselseitige Stimulation von Gruppenkooperation, von Erweiterung der sozialen Erkenntnisse, der praktischen sozialen Kompetenz sowie von ganzheitlicher Selbstentfaltung in Gang hält. Daß solche Chancen der inneren Erweiterung zugleich mit einer Ausdehnung der sozialen Handlungsbezüge nur in einem kritischen

Spannungsverhältnis zu übermächtigen Gegenkräften schrittweise genutzt werden können, ist nur allzu klar. Niemand sollte den ängstigenden Druck der materiellen und psychischen Zwänge unterschätzen, denen die vielen sich aussetzen, die wie die paradigmatisch geschilderten Pioniergruppen einen Ausbruch aus ihren ursprünglichen eingeengten Arbeitssituationen wagen. Sie müssen erst ein Stück mehr Isolation ertragen, ehe sie sich die Möglichkeit zu mehr Kooperation nach außen und – parallel dazu – zu vollständigerer Entfaltung ihrer eigenen Kräfte verschaffen können.

14. Kapitel
Soziale Praxis an der Basis kann sich regional selbst organisieren. Im Bericht der Psychiatrie, Psychotherapie/Psychosomatik-Enquete wird ein Modell empfohlen

Die Frage ist nun, wie man an den Orten, wo zentral geplant und organisiert wird, den verheißungsvollen Basis-Initiativen einen besseren Boden bereiten kann. Prinzipiell erscheint es möglich, daß solche Instanzen, die traditionellerweise ihre eigene Machtstellung immer wieder nur zu restabilisieren neigen, auf einen Abbau ihrer Vormundrolle hinarbeiten. Das bereits genannte und derzeit viel diskutierte Kooperationsmodell, das die Sachverständigen der Psychiatrie-Enquete dem Deutschen Bundestag, den Länderregierungen und -parlamenten als verbindliches Konzept vorgeschlagen haben, mag als Beispiel dafür stehen, wie sich solche Reformansätze entwickeln und wie sie aussehen können.

Die Sachverständigen der Psychiatrie und der Psychotherapie/Psychosomatik waren sich von Anfang an darin einig, daß die vielen zersplitterten Dienste, die sich in der Bundesrepublik um die Prävention, Behandlung und Rehabilitation seelischer Krankheiten und Behinderungen kümmern, besser zusammenarbeiten und ihre Tätigkeiten sinnvoller aufeinander abstimmen müßten. Aber wie sollte das erreicht werden? Die federführenden Experten der Psychiatrie, die überwiegend leitende Positionen in Kliniken und Fachverbänden bekleiden, meinten zunächst, man sollte als unterste Koordinationsinstanz für bestimmte Versorgungsgebiete Ausschüsse einsetzen, die sich von den einzelnen Diensten Daten über deren Tätigkeiten zu verschaffen und daraufhin in deren Aufgabenstellungen hineinzuplanen hätten. Man assoziierte also zunächst nur die Möglichkeit einer zentralen Koordination *von oben* her. In einer zweiten Phase der Enquete wurde dann noch zusätzlich eine Sachverständigengruppe von Psychotherapeuten und Psychosomatikern (unter Einschluß von Medizinsoziologen) eingesetzt, als man nämlich bemerkte, daß die Psychiater zuwenig die Belange der Dienste beachtet hatten, die sich vorwiegend um neurotische und psychosomatische Störungen bei Kindern, Jugendlichen und Erwachsenen kümmern, obwohl es sich hier um die größte Gruppe der psychischen Krankheiten überhaupt handelt. In dieser neuen Sachverständigengruppe erinnerte man sich daran, daß sich an manchen Orten bereits spontane Arbeitsgemeinschaften entwickelt haben, in denen die unmittelbar in der Praxis tätigen Berater, Psychotherapeuten, Psychiater, Psychologen, Sozialarbeiter, Sozialpädagogen aus den verschiedensten Dienststellen damit beschäftigt sind, ihre Arbeit besser organisatorisch zusammenzufassen und aufeinander abzustimmen. Warum sollte man also nicht solche Modelle der Basis vordringlich fördern? Wenn sich in einem Großstadtbezirk oder in einer Mittelstadt oder in einem Landkreis diejenigen regelmäßig zusammensetzen, die – mit unterschiedlichen Aufgabenschwerpunkten – die praktische Arbeit der Beratung, der Fürsorge, der Therapie, der Rehabilitation von seelisch gefährdeten oder kranken Menschen selbst durchführen, dann werden diese Leute sicher schneller herausbekommen, wie sie besser aufeinanderzuarbeiten können, als ein schwerfälliger Ausschuß mit Vertretern der Verwaltung und der Trägerverbände mit einem umständlichen bürokratischen Apparat.

Darüber gibt es an mehreren Stellen ermutigende Erfahrungen. Wenn als Beispiel ein Ansatz aus unserer eigenen Stadt dargestellt werden soll, so besagt das nicht etwa, daß es hier besser als anderswo funktioniere. Der Grund ist lediglich die Chance der unmittelbaren persönlichen Beobachtung der Prozesse.

In unserer Stadt von etwa 78 000 Einwohnern haben sich vor knapp zwei Jahren die Mitarbeiter folgender Einrichtungen und Gruppen selbst zu einer Arbeitsgemeinschaft organisiert:

eine Erziehungsberatungsstelle eines Vereins für Jugendfürsorge und Jugendpflege, die mit mehreren dem gleichen Verein gehörenden Heimen am Ort verbunden ist,

eine Stelle für psychologische Therapie und Beratung (Caritas),

eine Ehe- und Familienberatungsstelle (gemischt konfessionell),

eine Arbeitsgemeinschaft für Rauschmittelprobleme (Prophylaxe und Beratung von drogengefährdeten Jugendlichen),

eine Abteilung für Familien- und Kindertherapie an der Psychosomatischen Universitätsklinik,

ein psychologischer Dienst der Universitäts-Kinderklinik,

ein schulpsychologischer Dienst für die Stadt und den umliegenden Landkreis, ein Verein für psychisch Kranke,

eine Elternschule,

drei Initiativgruppen, die in drei verschiedenen Obdachlosensiedlungen der Stadt tätig sind (community development, Kinder- und Jugendlichenarbeit).

Ferner beteiligen sich an der Tätigkeit der Arbeitsgemeinschaft einzelne niedergelassene Psychologen, Psychiater, Logopäden, Sozialarbeiter sowie Repräsentanten der Pro familia und eines benachbarten Jugendgefängnisses.

Wir treffen uns in dieser Arbeitsgemeinschaft regelmäßig einmal im Monat. Zunächst ging es darum, uns überhaupt gegenseitig näher kennenzulernen. Wir tagten reihum in den verschiedenen Institutionen und erfuhren jeweils an Ort und Stelle genauer, wie die einzelnen Stellen arbeiten und was sie für Probleme haben. Dabei stellte sich heraus, daß wir zuvor viel zuwenig voneinander gewußt hatten. Die Mitglieder zweier eng benachbarter Beratungsstellen, die von ein und demselben Trägerverband eingerichtet waren, sahen sich überhaupt zum erstenmal persönlich in dieser Arbeitsgemeinschaft. Inzwischen sind uns zahlreiche Aufgaben bewußt geworden, die wir nur gemeinsam lösen können. Es kommt immer wieder vor, daß eine Beratungsstelle oder eine Betreuungsgruppe in besondere Schwierigkeiten hineingerät, für deren Bewältigung sie den Rat oder sogar auch die praktische Hilfe der Kollegen in den anderen Diensten sucht. Der offene Austausch der Informationen und die Beratung der gemeinsamen Probleme hat jedenfalls bald zu einer Stabilisierung des Interesses an einer regelmäßigen Fortführung der Kooperation geführt.

Auch hier war also der erste Schritt eine unkonventionelle Initiative: ein freiwilliger Zusammenschluß der Praktiker, die nicht von ihren jeweiligen vorgesetzten Dienststellen motiviert wurden, sondern ausschließlich aus eigenem Entschluß mitmachten. Man erkundete miteinander die Möglichkeiten eines solchen Modells, ohne vorher zu wissen, ob es funktionieren würde. Die durch keinerlei äußere Hilfen abgesicherte Initiative erwies sich als tragfähig. Die weitere Entwicklung und Selbsterforschung des Modells konnte sich nun darauf richten, miteinander aus den eigenen Bedürfnissen heraus sinnvolle Themen und Methoden für diese regionale Kooperation zu entwickeln und zugleich darüber nachzudenken, wie und warum das einzelne geschah.

Die hier und anderswo gemachten Erfahrungen stützten dann

eine offizielle politische Empfehlung ab, welche von den psychiatrischen und den psychotherapeutisch-psychosomatischen Sachverständigen in den Enquete-Bericht hineingeschrieben wurde. Ermutigt durch die Tragfähigkeit solcher spontanen Initiativen von der Basis aus einigte man sich darauf, daß ein übergeordneter Ausschuß in einem «Standard-Versorgungsgebiet» auf die Funktion begrenzt bleiben sollte, Koordinations-Unterstützung nur dann anzubieten, wenn sich die selbstorganisierten örtlichen Arbeitsgemeinschaften nicht selbst behelfen könnten. *Die Verlagerung der primären Koordinations-Kompetenz in die Basis der Praxis hinein erscheint beispielhaft für eine organisatorische Lösung, die von den üblichen auf Obrigkeitslenkung und -kontrolle zugeschnittenen Konstruktionen entscheidend abweicht.* Wegen der politischen Relevanz dieses Reformkonzeptes sei der offizielle Text der Kommissions-Empfehlung unter dem Stichwort «Psychosoziale Arbeitsgemeinschaft» detaillierter zitiert:

«Zunächst ist festzustellen, daß die in den beratenden und therapeutischen Diensten tätigen Personengruppen auf Grund vorgefundener Aufgabenkataloge in eine zu starke Selbstisolierung zu geraten pflegen und die Möglichkeit einer Steigerung ihrer Effizienz durch enge Zusammenarbeit mit benachbarten Diensten zuwenig ausschöpfen. Wenn Ziel jeder Beratung und Behandlung sein soll, das Leben freier und befriedigender gestalten zu können, dann müssen auch die Berater und Therapeuten selbst sich bei ihrer Arbeit wohl fühlen können. Wie sollen sie Prozesse der aktiven Selbstverwirklichung fördern, wenn ihnen selbst nicht ausreichend Freiräume zugestanden werden, welche die Selbstorganisation ihrer Arbeit ermöglichen. Deswegen ist dafür Sorge zu tragen, daß innerhalb des kommunalen Raumes der für die notwendigen Innovationen erforderliche Spielraum gesichert wird, da neue Entwicklungen, insbesondere in ihrer Anfangsphase, besonders störbar sind.

Wir empfehlen zur Bewältigung der vielfachen Aufgaben der Integration, Kooperation und Koordination sowie im Bereich der Planung *psychosoziale Arbeitsgemeinschaften in Form einer Selbstorganisation*, an der sämtliche psychiatrischen, psychotherapeutischen, psychosomatischen und psychologischen Beratungs- und Behandlungsdienste eines Standardversorgungsgebietes beteiligt sind. Darüber hinaus sollten die am Rande und im Vorfeld psychischer Erkrankungen zuständigen sozialen Dienste in solche Arbeitsgemeinschaften einbezogen werden.»

«Nach einschlägigen, modellhaften Erfahrungen läßt sich davon ausgehen, daß bei den beteiligten Personengruppen ein erhebliches spontanes Bedürfnis zur Bildung solcher Arbeitsgemeinschaften besteht. Dieses Bedürfnis resultiert aus gemeinsamen Interessen, welche sich an folgenden Aufgaben beschreiben lassen:

– Erfahrungsaustausch
Indem die Mitarbeiter aus den verschiedenen Stellen sich im Verlauf von Seminaren und Gruppenarbeit besser kennenlernen, werden sie angeregt, sich in ihren Institutionen eher auf ergänzende Schwerpunkte hin zu entwickeln, anstatt untereinander in gleichen Schwerpunktfeldern zu rivalisieren. Außerdem wird so die Motivation zu einer engeren, wechselseitigen Unterstützung nach und nach verstärkt.

– Wechselseitige fachliche und institutionelle Unterstützung zur solidarischen Bewältigung der besonders risikobehafteten gemeinsamen Versorgungsaufgaben
Speziell für gewisse, besonders schwierige und risikobehaftete Behandlungsdienste, etwa im Bereich von Drogengefährdeten, Obdachlosen oder Delinquenten, ist ein politischer Rückhalt in einer Arbeitsgemeinschaft wichtig, da diese als Eigenkontrollinstanz eine fachliche Mitverantwortung übernehmen und in Konfliktfällen gegenüber Trägern beziehungsweise Ämtern abschirmend vermitteln kann.

Die psychosoziale Arbeitsgemeinschaft sollte auch eine Aufgabe darin sehen, gerade auf diesem Gebiet Anstöße für *Planungsinitiativen* zu vermitteln, die aus der Erkenntnis von Mängeln und Unzulänglichkeiten resultieren, welche abzustellen ihre eigenen Möglichkeiten überschreitet.

– Gemeinsame Fort- und Weiterbildungsaktivitäten
Ein spontanes Interesse an Fortbildungsaktivitäten kann nach aller Erfahrung vorausgesetzt werden, da auf den üblichen Tagungen und entsprechenden Kursen an praktischen örtlichen Bedürfnissen orientierte Hilfen nicht hinreichend vermittelt werden. Bereits der intensivierte Erfahrungsaustausch gibt den einzelnen Gruppen Gelegenheit, bei anderen Einrichtungen im Standardversorgungsgebiet Arbeitseinsätze und -methoden kennenzulernen, die ihnen selbst bisher nicht vertraut waren und sich unter Umständen für eine Ergänzung und Verbesserung der eigenen Tätigkeit anbieten. Ein Bedarf an Supervision, der innerhalb der eigenen Institutionen auch nicht hinreichend erfüllt werden kann, vermag vielfach im Austausch mit anderen Einrichtungen einer solchen Arbeitsgemeinschaft besser abgedeckt zu werden. Dabei ermöglicht die kritische Diskussion der Tätigkeitsberichte der einzelnen Gruppen zugleich wechselseitig in einem gewissen Grade unterstützende Hilfen, die man neuerdings als Institutionsberatung zu bezeichnen pflegt. Dabei handelt es sich um Hilfen bei Problemen, die sich nicht bei einzelnen Beratungen oder Behandlungen, sondern aus der Strukturierung der Gesamtarbeit bestimmter Einrichtungen ergeben.

Wichtig erscheint ferner die Kooperation mit Weiterbildungsinstitutionen der verschiedenen an der Versorgung psychisch Kranker und Behinderter beteiligten Berufsgruppen.

Wenn in erreichbarer Nähe entsprechende Weiterbildungsinstitutionen noch fehlen, sollen die psychosozialen Arbeitsgemeinschaften auf ihre Einrichtung hinwirken.

Ein ganz wesentlicher Anreiz für die Bildung und Weiterbildung der beschriebenen psychosozialen Arbeitsgemeinschaft ist die zweckgebundene Vergabe von Finanzierungsmitteln. Für Supervisions- und Fortbildungsaufgaben im Rahmen der Arbeitsgemeinschaft sowie für deren Geschäftsbedürfnisse – insbesondere Personal – sollten öffentliche Mittel bereitgestellt werden.»

Entscheidend wird nun natürlich sein, ob tatsächlich die im Vergleich zu allen anderen Lösungen sehr bescheiden zu veranschlagenden öffentlichen Mittel fließen werden, um solche von der Basis ausgehenden lokalen Selbstorganisationen hinreichend zu stärken. Dabei sollten die Administrationen und die politischen Gremien sich dessen bewußt sein, daß eine solche Lösung ein Beispiel für eine «Sparreform» im sozial- und gesundheitspolitischen Bereich darstellt, wie man sie in einer Zeit der Überlastung der öffentlichen Haushalte machen kann und sollte. Man mobilisiert so Potenzen der Koordination und Planung an der Basis und hilft damit sowohl den Empfängern sozialer Dienstleistungen wie den arbeitenden Menschen in den Versorgungsinstitutionen. Wenn solche Arbeitsgemeinschaften ihre Funktion erfüllen, kann man sicher sehr viel Geld an den auf den höheren Ebenen konzipierten Koordinationsgremien sparen, die wegen ihrer Entfernung von der Praxis und ihrer stärkeren Bürokratisierung ohnehin nur sehr begrenzte Aufgaben wahrnehmen sollten. Man kann sich nur wünschen, daß die übergeordneten, für die Geldvergabe zuständigen Behörden und Körperschaften den Mut und die Einsicht aufbringen, ihre traditionelle Bevormundungshaltung entsprechend den Empfehlungen der Sachverständigen abzubauen. Hier können sie jedenfalls beweisen, ob sie die Finanznot nur als Vorwand benutzen, allfällige Reformen abzublocken bzw. ob sie in einer solchen Zeit selektiv solche Reformen mit besonderem Nachdruck zu fördern bereit sind, die ebenso sinnvoll wie sparsam sind.

So sehr man für die Förderung solcher Zusammenschlüsse an der Basis eintreten sollte, wie sie hier programmatisch dargestellt worden sind, so wenig erscheint es am Platze, die Grenzen derartiger Koordinations- und Kooperationsmodelle in den Unterschieden der materiellen Ausstattung zu verkennen. Man sollte sich nirgends in einen unkritischen Solidaritäts-Enthusiasmus hineinsteigern, der das Rivalitätspotential unterschiedlicher ökonomischer Bedingungen übersieht.

Um zunächst zum Beispiel unserer örtlichen psychosozialen Arbeitsgemeinschaft zurückzukehren: Natürlich fühlen sich darin vereinzelt arbeitende Praktiker oder die Vertreter kleiner Beratungsstellen zunächst ganz anders als die Mitglieder größerer Institutionen. Von den letzteren erwarten jene, daß sie ganz automatisch eine dominierende Rolle in dem Kreis beanspruchen werden. Höchstwahrscheinlich haben aber gerade die einzeln oder in dürftig ausgestatteten Stellen praktizierenden Leute besonders viele Schwierigkeiten und somit die meisten Ansprüche auf Unterstützung durch die übrigen. Sie sollten also von ihren Bedürfnissen her die Arbeit strukturieren und nicht ängstlich im Hintergrund abwarten, bis die Kollegen aus den bevorzugten größeren Einrichtungen in eine Führungsrolle hineingeraten. Die «Ärmeren» wissen indessen aus mannigfachen Erfahrungen, daß eine große Institution danach zu streben pflegt, sich immer noch mehr auszudehnen und ihre Vormachtstellung gegenüber den anderen Versorgungsdiensten im Umkreis zu verstärken. So sieht man ja eben auch häufig, daß irgendein Betrieb, der durch besonderes Geschick, Rührigkeit und gute Beziehungen der Leitung viel Unterstützung gewonnen hat, als Super-Modell immer mehr in die Höhe strebt – auf Kosten der in der Nachbarschaft stagnierenden oder verkümmernden Parallelinstitutionen, denen indirekt die dem «Modell» zufließenden Mittel entzogen werden.

Dies ist übrigens auch eine Schwäche vieler politischer Planungen auf diesem Gebiet, daß man nämlich das Ungleichgewicht durch die einseitige finanzielle Bevorzugung von «Modelleinrichtungen» selten rechtzeitig genug abbaut. Dann stehen eines Tages einzelne schöne «Modelle» wie Schlösser in der Landschaft, und die Politiker haben den Vorsatz vergessen, daß sie hier ursprünglich nur Probier-Werkstätten für allgemein anwendbare Neuerungen einrichten wollten. So gibt es dann mancherorts wunderbare Elite-Schulen, -Akademien, Muster-Kliniken, psychiatrische oder psychotherapeutische Zentralinstitute, die sich Jahrzehnte hindurch an Sondermitteln mästen und oft am Ende Arbeitsformen entwickeln, die sich gar nicht mehr modellhaft auf die Hunderte von bescheidenen Einrichtungen übertragen lassen, die im sozialen Umfeld mit Schülern, Klienten, Patienten der gleichen Art umzugehen haben. Eingeweihte werden sich leicht an eine ganze Serie entsprechender Beispiele erinnern.

Natürlich kann man – in Grenzen jedenfalls – gegen solche Entwicklungen auch von der Basis her angehen. Man muß dies auch tun. Wenn in einer Stadt nebeneinander zwei sehr ungleich ausgestattete Institutionen praktisch die gleichen Klienten oder Patienten versorgen, dann wird die «arme» Institution nicht gern mit der «reichen» Institution kooperieren, solange diese letztere eine elitäre Isolierung anstrebt, anstatt umgekehrt auf Kosten einer weiteren eigenen Expansion für eine intensivierte Förderung der benachteiligten Nachbarinstitution einzutreten. Als sich in unserer Stadt eine Randsiedlungs-Initiativgruppe durchgesetzt hatte und ihr die Chance zu einer weiteren Vergrößerung ihres Personaletats eröffnet wurde, die sie an sich durchaus für die Vervollkommnung der eigenen Arbeit hätte nutzen können, verzichtete sie lieber darauf und beschloß, statt dessen vermehrt für den Ausbau von Arbeitsgruppen in anderen Randsiedlungen der Stadt einzutreten. Eine ähnliche Absicht leitete unsere Psychosomatische Klinik, als wir eine Funktionsgruppe für Sozialtherapie einrichteten, die allein dem Zweck dient, andere in der Stadt und in der näheren Umgebung vorhandene Einrichtungen oder Initiativgruppen zu unterstützen, die für ihre betreuerische oder therapeutische Arbeit irgendwelche Hilfen benötigen. Zum Teil bieten wir direkt Mitarbeit in solchen anderen Gruppen, zum Teil auch Beratungs- und Supervisionshilfen an. Das Konzept ähnelt in manchem den aus den USA bekannten gemeindebezogenen sozialpräventiven und -therapeutischen Programmen und den von PÖRKSEN an einem praktischen Projekt erläuterten Verfahrensweisen der Gemeindepsychiatrie. Wir wollten vermeiden, unser therapeutisches Versorgungspotential durch Ausbau unserer klinischen Funktionsgruppen so aufzublähen, daß das Verhältnis gegenüber den anderen psychosozialen Beratungs- und Therapieeinrichtungen im Umfeld zu ungleichgewichtig geworden wäre. Natürlich sehen wir die Gefahr, daß mit einer solchen sozialtherapeutischen Funktionsgruppe wiederum eine Institution geschaffen werden könnte, die zu sehr ihre Hilfe von oben nach unten anbietet. Deshalb ist eine partielle Mitarbeit in anderen Institutionen bzw. Initiativgruppen ein ausdrücklicher Teil der Aufgaben ihrer Mitglieder. Überdies benötigen wir die Vermittlungsdienste dieser Gruppe durchaus auch zur Überwindung der Gefahr eigener Selbstisolation. Wir sehen, daß wir von manchen allein oder in kleinen Dienststellen praktizierenden Kollegen manches lernen können und daß die einseitige Wissenschaftsorientierung einer Forschungsklinik gewisse praxisbezogene Fragestellungen ausblendet, in denen die klientennäher arbeitenden Praktiker und Initiativkreise u. U. besser auf dem laufenden sind.

Mögen die Mitglieder einer bevorzugten Institution indessen noch so kooperativ und mit noch so redlichen emanzipatorischen Konzepten auf ihre Kollegen in den ärmlicher ausgestatteten Einrichtungen zugehen – sie werden mit keinem Rezept, keiner gruppendynamischen Technik oder dgl. die latenten Autoritätskonflikte bzw. die Rivalitätspotentiale ganz aus der Welt schaffen können, die durch die unterschiedlichen materiellen Bedingungen stimuliert werden. Das gleiche Problem bleibt im kleinen in den Gruppen erhalten, in denen Ärzte, Psychologen, Sozialarbeiter und eventuell auch noch Laien in einer fabelhaften modernen «Team-Moral» Familienberatung oder Familientherapie anwenden: Solange die einzelnen unterschiedlich bezahlt werden, ist ihre Solidarisierungsmöglichkeit begrenzt. Es ist utopische Schwärmerei – meistens auf der Seite der Privilegierten – sich einzubilden, solche ökonomischen Differenzen ließen sich durch den rechten Geist schon überwinden. Es bleibt ein Grundbefund dieser sozialpsychologischen Analysen, daß die realen sozialen Bedingungen unser Erleben und Verhalten tiefer beeinflussen, als unsere selbstschmeichlerische Autonomie-Illusion uns glauben läßt. Deshalb dürfen z. B. die Besoldungsunterschiede nicht tabu bleiben, wenn etwa nun von der Psychiatrie-Enquete gefordert wird, die Team-Mitglieder von Beratungsstellen sollten zu gleichen Teilen an der Verantwortung bei familientherapeutischen Arrangements partizipieren:

«Das bisher den Medizinern, Sozialarbeitern und Sozialpädagogen in ihrer beruflichen Ausbildung vermittelte Rollenverhalten hat partnerschaftliche Kooperation erschwert. Darum sollte den unterschiedlichen, in den Beratungsstellen-Teams kooperierenden Berufsgruppen Weiterbildung und Fortbildung, wo es sinnvoll erscheint, gemeinsam angeboten werden.

Eine Gleichwertung der Kompetenzen in den Beratungsstellen macht außerdem eine Revision des bislang herrschenden hierarchischen Gefälles vom Arzt zu den Psychologen und Psychagogen bis zum Sozialarbeiter notwendig. Es sollte beispielsweise die Leitung des Teams nicht vom Arzt- und Psychologenstatus abhängen.»

Also: Wenn man künftig von weitergebildeten Sozialarbeitern erwartet, daß sie in Beratungsdiensten mit gleichwertiger Kompetenz oder gar mit Leitungsfunktionen in familientherapeutischer Arbeit mitwirken, dann müssen sie entsprechend bezahlt werden. Man kann den Mitarbeitern der sozialen Dienste nicht einerseits verstärkte Initiativen zu solidarischem, ganzheitlichen Kooperieren empfehlen und andererseits diejenigen in künstlich niedrig gehaltenen Tarifgruppen festhalten wollen, die von ihren Fähigkeiten und vom sozialen Bedarf her in höherer Mitverantwortung tätig werden sollten. Hier geht es nicht, wie man recht verstehen wird, um eine Nivellierungs-Ideologie, sondern um die Notwendigkeit einer gerechten Anpassung der Bezahlung an eine sich automatisch verändernde soziale Praxis. Dort wo man gleichverantwortliche Teilnahme verschiedener Berufsgruppen an anspruchsvollen Versorgungsleistungen, hier z. B. familientherapeutischen und sozialtherapeutischen Projekten, als allein sinnvoll erkennt und dementsprechend auch gemeinsame Weiterbildungsgänge fordert (s. Gutachten über Familientherapie im Anhang der Psychiatrie-Enquete), muß man natürlich die tariflichen Eingruppierungen ändern, die sich lediglich an früher gültigen, aber nach modernen Maßstäben überholten Tätigkeitsbildern orientieren.

Mit der erneuten Mahnung, die psychologischen Einflüsse der materiellen sozialen Lage hoch genug einzuschätzen, wird eine denkbare Frage an den Autor dieses Buches berührt. Der Leser folgt den Ausführungen eines Verfassers, der sich besonders mit den Interessen sozial isolierter Minderheiten und mit denen der Praktiker zu identifizieren versucht, die an der Basis sozial tätig sind. Wenn man das Konzept des Autors auf ihn selbst anwendet, so muß man sich über die Glaubwürdigkeit dieser Identifizierung Gedanken machen. Inwieweit lassen es die persönlichen sozialen Bedingungen des etablierten Autors zu, daß er sich voll in die psychische Befindlichkeit und in die Handlungsmöglichkeiten derjenigen hineindenken kann, deren Isolation und Abhängigkeitsstatus von seiner gegenwärtigen sozialen Verfassung einigermaßen weit entfernt zu sein scheinen?
Als ich selber einmal im Gefängnis saß, wußte ich, wie man sich dort fühlt. Und schon einige Zeit später merkte ich, daß ich diese Gefühle nicht mehr voll nacherleben konnte. Niemand kann sich in frühere seelische Verfassungen restlos hineinversetzen, wenn sich seine soziale Lage wesentlich verändert hat. Immerhin beweist die Psychoanalyse, daß eine begrenzte Wiederbelebung früherer psychischer Zustände möglich ist, wenn man viel über sich nachdenkt, und daß man auch über einige soziale Barrieren hinweg ein erhebliches Maß an Einfühlung in andere Menschen und Gruppen gewinnen kann, sofern man mit diesen über lange Zeit hinweg sehr enge Kontakte bewahrt. Meistens interessiert man sich ja auch speziell für solche andere Gruppen, die einem eigenen inneren Teil nahestehen, mit dem man noch besser ins reine zu kommen wünscht. Es sind gewiß manche in früheren sozialen Belastungen unbewältigte Ängste und auch Feigheiten, die ich aufzuarbeiten wünsche. Ich kann jetzt über manches leichter reden, eben weil ich den Druck einiger früherer äußerer Einschüchterungen weniger verspüre. Und ich

suche gedanklich und in meiner praktischen Arbeit die Nähe zu denjenigen, die mir eine Anknüpfung an eigene ungelöste Probleme vermitteln, um mir dadurch zugleich mehr Kraft für den Umgang mit der sozialen Gegenwart zu verschaffen.

In diesem Buch ist das spezielle Thema, wie man den Mut aufbringen kann, seine Überzeugung bis zum äußersten noch erträglichen Maß des Spielraums praktisch umzusetzen, den die jeweiligen sozialen Umstände zulassen. Von dieser Frage aus kann man sich beim Beobachten, Therapieren, Beschreiben und wohl auch beim lesenden Begleiten von Menschen zu stärken versuchen, die im ständigen Zweifel zwischen Flucht und Standhalten ihre eigene Linie immer wieder zu finden vermögen. Indem man in irgendeiner Weise mit diesen Menschen gedanklich oder praktisch umgeht und dabei zugleich über sich selbst nachdenkt, kann wohl so etwas geschehen, wie es von den sozialen Betreuern ausgesagt wurde, die sich an der Seite ihrer Klienten selbst ein Stück voranzubringen wünschen und auch vermögen. Bei mir persönlich ist das Schreiben in diesem Fall zweifellos ein Weg unter anderen, gegen die persönliche Feigheit anzukämpfen. Dabei gerate ich allerdings in die Gefahr vieler, welche die be-schriebenen Lösungen bereits für die Bewältigung selbst halten und nicht lediglich als Chance, die Realität besser zu bestehen. Diese Selbsttäuschung liegt natürlich nicht entfernt von jener, die Leser und speziell auch Fernseh- und Filmzuschauer schlimmerweise oft geradezu anstreben: Man sucht die Entlastung in der Phantasie, freut sich, wenn man die Hintergründe drückender Probleme besser versteht und läßt es am Ende bei dieser Genugtuung bewenden. Dann bleibt der Prozeß von der Handlungswirklichkeit abgespalten. Und das Resultat erinnert an das paradoxe Benehmen eines Arztes, der sich über die Klärung einer Diagnose nach langem verzweifelten Herumsuchen bedeutend erleichtert fühlt – obwohl der Befund eine unheilbare Krankheit anzeigen mag.

Diese Betrachtungen handeln ja indessen weniger von dem unentrinnbaren Verhängnis als von den kreisförmigen Prozessen der sich ewig reproduzierenden künstlichen und überflüssigen sozialen Einschüchterungen und von den Schwierigkeiten, aus diesen gebahnten Abläufen auszubrechen bzw. sich ihnen gemeinsam mit anderen zu widersetzen. Die Beispiele standhaften Handelns mögen, das wäre jedenfalls das Ziel, erst in zweiter Linie zur Erläuterung sozialpsychologischer Zusammenhänge, vielmehr vordringlich zur Verbesserung der Chancen eines solchen Handelns selbst verstanden werden.

Anhang

*Wie kann man den Mut aufbringen, seine Überzeugung
bis zum äußersten noch erträglichen Maß des Spielraums
praktisch umzusetzen, den die jeweiligen sozialen Umstände zulassen?*

Die Geschichte der Frau M. als Resümee.
So wird Isolation von oben nach unten weitergegeben.
So wird der Betreute zum Opfer.
So aber kann auch noch durchhalten, wen alle
im Stich lassen

Der nachfolgende Bericht schildert einen außerordentlichen Fall.
Außerordentlich an ihm ist u. a., daß er in besonders verdichteter
und krasser Form Wesentliches von dem abbildet, was bislang gesagt worden ist über die hierarchisch gestuften Abhängigkeiten und
die Isolationseffekte in der Beziehung zwischen Mensch und
Mensch, zwischen Mensch und Institution. Der Bericht läßt sich
lesen als eine Anklage gegen die Mächtigen, die in dieser Geschichte
einen ohnmächtigen Menschen anklagen und verfolgen. Dennoch
wird man sehen, daß sich kaum einer der aktiv an dem Verhängnis
Beteiligten als dessen persönlicher Urheber herausstellen läßt. Die
Dinge werden erst dadurch so schlimm, daß jeder unter sozialen
Voraussetzungen handelt, die seine persönlichen Fehler mit beein-
flussen und zugleich in der Auswirkung verstärken. Und mancher
Repräsentant der Institutionen, der kommunalen Verwaltung, der
Justiz, bewirkt viel Unheil nur dadurch, daß er streng loyal das
Vorgeschriebene tut. Eine Reihe von Menschen bedient, ohne es zu
merken, die Schalter in einem System, das ähnlich wie das MIL-
GRAM-Experiment strukturiert ist. Mit zwei Unterschieden: diesmal
funktionieren die Schalter. Und die meisten, welche die Schalter
betätigt haben, finden ihr Verhalten nachträglich ganz in Ordnung.
Auf den Behörden ist auch niemand, der ihnen – anders als beim
echten MILGRAM-Experiment – nachträglich helfen würde, sich darüber zu schämen, daß sie sich ahnungslos und unkritisch an einem
unheilvollen Tun beteiligt haben.
    Da ist eine dreißigjährige heimatvertriebene Frau. Als zweitjüng-
ste unter zwölf Kindern eines Steinsetzers hat sie während ihrer
langjährigen Aufenthalte in Flüchtlingslagern nur ein paar Monate
die Schule besucht. Lesen und Schreiben hat sie nicht gelernt. Nach
einer gescheiterten Ehe mit einem Mann, der sie schlug und krimi-
nell wurde, zieht sie zu einem Freund. Sie hat zwei Kinder aus der

Ehe, und aus der Beziehung zu dem Freund entspringen fünf weitere Kinder. Auch durch diesen zweiten Mann fühlt sie sich allmählich immer mehr unterdrückt und gequält. Wiederum erhält sie Schläge. Auch die Kinder werden von dem Mann geprügelt. Sie erhält von ihm nur taschengeldartige Beträge, um die Familie durchzubringen. Aber eines Tages, nach mehreren wieder abgebrochenen Fluchtversuchen, hält sie es nicht mehr aus und entweicht mit den Kindern aus der Wohnung. In ihrer Ratlosigkeit findet sie keinen anderen Unterschlupf als einen Verschlag aus Brettern und Pappe, der an einen alten Wohnwagen angebaut worden ist. Diese Notbehausung, auf einem Wohnwagen-Abstellplatz gelegen, erwirbt sie für 300 Mark. – Später werden die Sozialbehörden und das Gericht der Analphabetin vorhalten, daß ihre Flucht unverantwortlich gewesen sei.

Das Ordnungsamt erklärt den Verschlag für unbewohnbar. Die Sozialarbeiterin einer Projektgruppe der städtischen Verwaltung sieht sofort, daß diese Unterkunft für die Familie unzumutbar ist. Denn in der Hütte gibt es keinen Wasseranschluß, keinen hinreichenden Schutz gegen Kälte und Wind, dafür Ratten und Mäuse. Die Sozialarbeiterin appelliert in einem ausführlichen Schreiben an alle zuständigen städtischen Ämter: Man möge *auf jedem nur möglichen Weg* versuchen, für die Familie eine geeignete Wohnung zu finden.

Später wird die Fürsorgerin den Mißerfolg ihres Hilferufs erläutern: «Vom Liegenschaftsamt war jedoch eine Abbruchwohnung, die zunächst als Unterkunft vorgesehen war, nicht zu erhalten. Die Möglichkeit, die Familie in einer städtischen Notunterkunft unterzubringen, bestand wegen Platzmangels nicht. Auch eine Unterbringung im Wege eines Ringtauschs war nicht möglich.» – «Sämtliche Versuche scheiterten, weil sich keine entsprechende Wohnung fand.»

Das zarte und kränklichste der Kinder, die einjährige Angelika, erleidet an ihrem nicht beheizbaren Schlafplatz in dem Verschlag Erfrierungen an den Füßen. Trotzdem muß Frau M. mit ihren Kindern den ganzen Winter in der Hütte verbringen, weil sich angeblich keine Wohnung findet. Im folgenden Sommer, nach vielen vergeblichen Appellen und Bewerbungen bei Vermietern freiwerdender Wohnungen läßt die schreibunkundige Mutter einen Brief an den Oberbürgermeister aufsetzen:

Sehr geehrter Herr Oberbürgermeister.

Da ich nicht mehr ein noch aus weiß, möchte ich mich heute einmal an Sie selbst wenden.

Gründe!

Bin Heimatvertriebene und bin seit 1953 in O., habe in dieser Zeit schon schwere Schicksalsschläge erlitten. Bin jetzt 31 Jahre alt, habe 7 Kinder, mein Mann hat mich leider verlassen, daher sitze ich jetzt mit meinen Kindern, unter anderem noch im (unleserlich) hier in der ... allee in einer (unleserlich) wo überall der Wind rauspfeift. Sie glauben nicht, was hier für Zustände herrschen. Wir haben hier kein Wasser, keine Toilette, des Nachts werden meine Kinder schon von Ratten und sämtlichem Ungeziefer angefallen. Glauben Sie mir, ich weiß nicht mehr, was ich machen soll. Habe mich schon an andere Stellen gewandt, aber kein Mensch kümmert sich darum. Aus all diesen Gründen möchte ich Sie nochmals höflichst bitten, sich doch für meine Notlage einzusetzen und wenn möglich, können Sie ja mal jemand hierherschicken, um sich dieses Elend selbst einmal anzusehen. Denn wenn ich bis spätestens Ende dieses Jahres keine Wohnung bekomme, kann es passieren, daß mir meine Kinder unter der Hand wegsterben. Meine Möbel und die Wäsche, die ich besitze, werden mir hier buchstäblich verfaulen. Habe auch meine Lage dem Jugendamt in O. über meine Lage unterrichtet.

Aus all diesen Gründen möchte ich nochmals innigst bitten, sich meiner Sache anzunehmen und mir Bescheid zu geben, ob es nicht doch möglich ist, mir mit meinen armen Kindern eine geeignete Wohnung zu besorgen.

Für Ihre Bemühungen meinen besten Dank im voraus.

Hochachtungsvoll
Frau E. M.

Der Brief erreicht die Behörde, aber anscheinend nicht den Oberbürgermeister. Die schon genannte Fürsorgerin der Projektgruppe, Frau S., reicht noch ein dringendes amtliches Schreiben an das Jugendamt nach. Sie erwähnt den Brief an den Oberbürgermeister und fordert ausdrücklich: «Auf keinen Fall darf die Familie noch im kommenden Winter in dieser Hütte wohnen, da bereits das Kind Angelika leichte Erfrierungserscheinungen an den Füßen aufweist.» Sechs Wochen, nachdem Frau M.s Brief an den Oberbürgermeister eingegangen ist, teilt die gemeinnützige Baugesellschaft schriftlich mit, daß sie Frau M. als *nicht mietwürdig* ablehne. Noch einmal erhält die Mutter, die inzwischen auf privater Wohnungssuche immer wieder wegen ihrer sieben Kinder zugunsten anderer Bewerber abgewiesen worden war, eine Gelegenheit, ihre Notlage bekanntzumachen. Zufällig gerät sie in einen Fernsehfilm des ZDF hinein, da ein Team dieses Senders auf diesem Gelände Hintergrundbilder zum Problem Jugendkriminalität sammelt. In dem Film sieht man die Mutter vor und in ihrem hüttenartigen Verschlag zusammen mit ihrer Tochter Angelika, die sich die Füße erfroren hatte. Vor den Fernsehzuschauern klagt Frau M.:

«Ich habe sieben kleine Kinder und bin allein. Es ist sehr schlecht in meinem Haus drin, weil es in jede Stube reinregnet. Und ich bin schon gelaufen, daß ich eine Wohnung krieg, aber immer tun sie einem versprechen – und im Winter hat meine eine Kleine erfrorene Füßchen 'kriegt.» – «Und das Jugendamt sagt mir immer und sagt mir immer, und sie tun nie Wort halten.» – «Gucken Sie, das ganze Dach da, wo die Kleine steht, das fällt bald runter. Ei, da regnets rein, wo das Bettchen steht. Und dann kann man die ganze Nacht nicht schlafen vor lauter Ratten.» – «Die Kinder werden auch alle krank und sind nicht in der Reih' und so . . .»

Nach dem Fernsehfilm reagiert die Spitze der Behörde prompt – aber nicht etwa mit einer sofortigen Umquartierung der Familie M. in eine menschenwürdige und gesundheitlich verantwortbare Wohnung, dafür mit einer ausgefeilt formulierten Gegendarstellung, deren sofortige Publikation man von dem Fernsehsender fordert. Für Frau M. und ihre Kinder ändert sich zunächst nichts. Da kommt es im November zu einem frühen Kälteeinbruch. In einer eisigen Nacht stirbt die kleine, schwächliche Angelika bei vier Grad Kälte in ihrer unbeheizbaren Schlafkoje. Erst nach dieser Katastrophe handelt die Behörde und befreit die Familie aus ihrem Rattenverschlag, wo Frau M. mit den Kindern nahezu ein Jahr verbracht hat. Jetzt ist plötzlich eine anständige Wohnung zur Verfügung.

Aber da ist eine mit Frau M. erbittert verfeindete Nachbarin auf dem Wohnwagen-Abstellplatz. Diese hatte sich von Frau M. Geld geliehen, aber nicht zurückgegeben. Es war zu einem großen Krach mit Handgreiflichkeiten gekommen. Sie werde es Frau M. eines Tages heimzahlen, hatte die Nachbarin gedroht. Nun ist die Gelegenheit da. Die Nachbarin schildert der Polizei Frau M. als Rabenmutter, die Angelika und zum Teil auch die anderen Kinder in übelster Weise vernachlässigt habe. Die Tochter der Nachbarin beschuldigt Frau M. in gleicher Weise. Eine Reihe anderer Zeugen widerspricht entschieden und bescheinigt Frau M., daß sie eine überaus fürsorgliche Mutter sei, die sich um ihr Lieblingskind Angelika sogar besonders intensiv gekümmert habe. Aber diese positiven Zeugen machen auf Polizei und Staatsanwalt offenbar weniger Eindruck als die gekränkte Nachbarin.

Später wird der Staatsanwalt die Eröffnung des Hauptverfahrens gegen Frau M. beim Landgericht beantragen:

«Sie wird daher angeklagt, vorsätzlich einen anderen an der Gesundheit beschädigt und dadurch den Tod des Verletzten verursacht zu haben.»

Die Begründung der Anklage endet mit den Sätzen: «Daß ein derart verwahrlostes und körperlich geschwächtes Kind durch die Unterernährung und zudem bei einer niedrigen Raumtemperatur nicht nur weitere Erfrierungsschäden davontragen, sondern im schlimmsten Fall sogar den Tod finden kann, war der Angeschuldigten mithin vorhersehbar.»

Nach dem Tod Angelikas lebt die Mutter mit ihren Kindern drei Jahre in einer anständigen Vierzimmerwohnung. Hier können sich alle davon überzeugen, daß diese Frau in ihrer Wohnung nicht nur eine geradezu mustergültige Ordnung hält, sondern daß sie ihre sämtlichen Kinder in sehr liebevoller und zuverlässiger Weise betreut. Viele Menschen sehen das – aber natürlich nicht die Mitglieder des Schwurgerichtes, die eines Tages lediglich auf Grund der Akten und der Bekundungen der Beteiligten im Gerichtssaal über den «Fall» der Angeklagten verhandeln werden. Drei Jahre nach dem Tod Angelikas beginnt der Prozeß, in dem Frau M. beweisen soll, warum die kränkliche und geschwächte Angelika bei vier Grad Kälte nicht überleben konnte. Die Behörde, welche die Familie ein Jahr lang unbarmherzig in dem menschenunwürdigen Quartier kampieren ließ, ist zwar auch angezeigt worden. Aber hier findet der Staatsanwalt keinen Grund zur Anklage. Vielmehr wird der Magistrat der Stadt O. nach Beendigung des Prozesses eine Presseinformation herausgeben, in der es heißen wird:

«Es steht außer Frage, daß alle beteiligten Dienststellen und Personen vom Ableben des Kindes Angelika mit Erschütterung und Anteilnahme erfahren haben. Keine von ihnen kann sich jedoch bei genauer Prüfung der Vorgänge als mitschuldig erkennen.»

Der Prozeß ist ursprünglich auf drei Tage angesetzt. Die engagierte Verteidigerin legt indessen eine größere Zahl von Beweisanträgen vor. Das Gericht erkennt sofort, daß die Verteidigerin nicht so leicht nachgeben wird. Da entschließt sich der Vorsitzende zu einem erstaunlichen Schritt: Nach dem ersten Verhandlungstag, als die Verteigerin sich zum Hinausgehen anschickt, bittet er sie zu einem Gespräch. In Anwesenheit der beiden beisitzenden Richter und des Staatsanwaltes, die stumm bleiben, spricht er von den Vorteilen einer schnellen und glatten Erledigung des Verfahrens. Es habe doch eigentlich keinen Zweck, die Sache, die schon so viel Pressewirbel verursacht habe, noch einmal in aller Breite aufzurollen. Allen Beteiligten wäre doch am besten mit einem kurzen Prozeß gedient. Es wäre ja gut denkbar – wiewohl man natürlich nichts versprechen könne –, daß nur eine Bewährungsstrafe für die Beschuldigte herauskomme. Bewährung könne man ja schließlich noch bei Haftstrafen bis zu zwei Jahren geben. Vielleicht habe die Verteidigerin den Wunsch, sich in diesem Sinne noch einmal mit ihrer Mandantin abzusprechen.

Die Verteidigerin ist entsetzt. Sie versteht diese konjunktivischen Ausführungen als eindeutiges Angebot: Sie möge nicht die von ihr für nötig befundenen Beweisanträge ausschöpfen. Dafür könne sie damit rechnen, daß ihre Mandantin mit einer Bewährungsstrafe davonkommen werde. Die Verteidigerin lehnt strikt ab. Obwohl sie die Sorge belastet, welche Tortur ein längerer Prozeß für Frau M. bedeuten wird, fühlt sie sich verpflichtet, für den Nachweis der Unschuld ihrer Mandantin zu kämpfen, von der sie überzeugt ist.

Frau M. und ihre Verteidigerin müssen mehr als zweieinhalb Monate kämpfen. Ihr eigentlicher Gegenpart ist nicht, wie üblich, der Staatsanwalt, sondern die Behörde. Vergeblich sucht die Verteidigerin in den Akten der Ämter den verzweifelten Bittbrief der Mutter Angelikas an den Oberbürgermeister. Dieses entscheidende Schreiben, in dem Frau M., vier Monate vor dem Tod ihrer Tochter, auf die Lebensgefährdung ihrer Kinder in dem Rattenquartier hinweist, ist verschwunden. Schon glaubt die Verteidigerin, daß sie auf dieses zentrale Beweismittel verzichten muß. Da kommt ihr ein mutiger Unbekannter zur Hilfe: Eines Morgens findet sie in ihrem Briefkasten, ohne Absenderangabe, eine Fotokopie dieses Briefes. Plötzlich kommt das Schreiben nun auch bei der Behörde wieder zum Vorschein.

Später wird es in einer Presseinformation der Stadt O. über dieses mit Hilfe eines anonymen Informanten auf geheimnisvolle Weise wieder beigebrachte Schreiben heißen: «Es war niemals – wie in der Presse behauptet wurde – ‹verschwunden›.»

Auf Antrag der Verteidigerin beauftragt das Gericht den Verfasser, über Frau M. ein Gutachten zu erstellen. Dieses lautet wie folgt:

Sachverständigen-Gutachten in der Strafsache gegen Frau e. m.

In meinem Gutachten werde ich zunächst die Frage der medizinischen Erklärung des Todes des Kindes Angelika behandeln. Dabei werde ich die Annahme vortragen und begründen, daß bei Angelika lange Zeit chronische gesundheitliche Störungen bestanden, daß man indessen als Hauptursache für ihren Tod zusätzliche schädigende äußere Bedingungen in Betracht ziehen muß. Ich werde sodann untersuchen, ob die Angeklagte auf die chronischen gesundheitlichen Störungen Angelikas mit der gebotenen Fürsorge reagiert hat und ob sie die ihr zumutbaren Mittel angewendet hat, um die zusätzlichen äußeren schädigenden Bedingungen zu verhüten bzw. abzuwenden, denen nach meiner Überzeugung eine überwiegende kausale Bedeutung für das Todesereignis zukommt.

Der Sachverständige Dr. L. nimmt bei Angelika eine angeborene Krankheit an, gesteht allerdings zu, daß die dafür sprechenden Anhaltspunkte nicht als Beweis ausreichen. Fest steht, daß sich das Kind nach unauffälligen Befunden in der Entbindungsklinik nur sehr verzögert entwickelt hat. Ihr Längenwachstum blieb deutlich zurück, wie neben der Angeklagten ihre Zwillingsschwester und Frau S. bestätigt haben und wie es letztlich auch der Obduktionsbefund belegt, der zum Zeitpunkt des Todes einen Rückstand der Körperlänge gegenüber dem Altersdurchschnitt von mindestens 10 cm ausweist. Angelika konnte bis zuletzt nicht frei laufen und vermochte erst mit 18 Monaten als einziges Wort «Mama» zu sagen. Sie verfügte bis zu ihrem Tode nur über ganz wenige Worte der Babysprache wie Mama, tata und aua. Die Angeklagte und ihre Zwillingsschwester berichten, daß die 15 Monate jüngere Tochter Stefanie am Ende mindestens so weit entwickelt schien wie Angelika.

Angelikas Retardierung überschreitet die durchschnittliche Variationsbreite normaler frühkindlicher Entwicklungsverläufe. Eine der häufigsten Ursachen für derartige erhebliche allgemeine Entwicklungsstörungen in der Frühphase ist ein frühkindlicher Hirnschaden, den Herr Dr. L. mit Recht als Möglichkeit diskutiert.

Tatsächlich könnte die Gesichtsasymmetrie des Kindes, wie auch Herr Dr. L. bemerkt, als ein Hinweis in dieser Richtung gedeutet werden. Es gibt feinere Hirnschäden, die sich außer durch eine aufwendige neuropathologische Spezialuntersuchung, die nicht vorgenommen worden ist, schwer nachweisen lassen. Die Vermutung, daß ein frühkindlicher Hirnschaden bestanden haben könnte, ist jedenfalls nicht widerlegt, so wie sie umgekehrt auch nicht positiv bewiesen werden kann.

Außer ihrer allgemeinen Entwicklungsverzögerung hat Angelika, soweit sich aus den Unterlagen und aus meiner eigenen Befragung der Kindesmutter erkennen läßt, verschiedene Auffälligkeiten in ihrem Verhalten und in ihren vegetativen Funktionen geboten. Die Angeklagte schildert, daß Angelika von früh an stets besonders schreckhaft und unsicher im Kontakt mit anderen Personen gewesen sei. Diese Beobachtung wird von der Zwillingsschwester der Angeklagten bestätigt. Wenn ein anderes Kind auf Angelika zugekommen sei, habe diese oft sofort zu weinen angefangen. Die Angeklagte fügt hinzu: «Ich nehme an, daß sie in diesem Punkt viel von mir hatte.» Damit bezieht sich die Mutter darauf, daß sie selbst von Kindheit an immer sehr gehemmt und zurückhaltend gewesen sei. Als weitere Auffälligkeit bei Angelika werden von verschiedenen Seiten Störungen der Nahrungsaufnahme und der Verdauung angegeben, so außer von der Kindesmutter von den Zeuginnen B., R. und von dem Zeugen C. Ich zitiere aus den Protokollen einige diesbezügliche Äußerungen. Die Angeklagte: «Da die Angelika nicht so recht essen wollte, habe ich ihr zusätzlich eine Stunde später noch Haferschleim gegeben. Manche Tage hatte sie auch Durchfall gehabt. Ich habe ihr dann Tabletten gegeben, und es wurde besser. Einmal hat die Angelika gut gegessen, und dann hat sie wieder schlechter gegessen.» – «Weil sie nicht soviel gegessen hat, wie ich gemeint habe, daß sie braucht, gab ich ihr eine Stunde später noch Haferschleim.» – «Wenn sie Durchfall hatte, habe ich ihr mehr Wasser als Milch in den Schleim gegeben.»

Zeuge C.: «Angelika aß wenig.»

Marianne R.: «Der Stuhlgang war gelegentlich etwas dünn gewesen. Das war aber nicht immer.» – «Weil die Angelika schlecht gegessen hat, bekam sie zwischendurch Brei.»

Sonja B.: «Weil Angelika nicht essen wollte, wurde sie von der Frau M. gefüttert.» – «Das Kind war mal erkältet gewesen und hat auch mal gebrochen.»

Mir hat die Angeklagte erzählt, daß Angelika häufig Schwierigkeiten beim Essen gemacht habe. Sie habe speziell warme Speisen häufig abgelehnt, manchmal die Nahrungsaufnahme überhaupt verweigert und auch gelegentlich zugeführte Speisen wieder erbrochen. Etwa in Intervallen von zwei Monaten habe Angelika an dünnen Stühlen gelitten. Die geschilderten Symptome Schreckhaftigkeit, große Kontaktscheu, Eßschwierigkeiten, gelegentlich Erbrechen und zeitweilige Stuhlanomalien passen zu dem Bilde einer *frühkindlichen Anorexie*, d. h. einer bestimmten Form von kleinkindlicher Eßstörung. Diese Störung, über die ich übrigens selbst wissenschaftliche Untersuchungen angestellt habe, findet man bei auffallend sensiblen Kindern häufig bereits von der Säuglingsphase an. Schon kleine Störreize wirken sich negativ auf die Bereitschaft zur Nahrungsaufnahme aus. Die Kinder essen meist wenig, neigen zu gelegentlichem nervösen Erbrechen und Stuhlunregelmäßigkeiten. Nach statistischen Untersuchungen leidet zumindest in geringerem Grade etwa ein Viertel aller Vorschulkinder an einer derartigen Störung. Bekannt ist, daß solche nervösen Eß- und Verdauungsstörungen um so schwerer zu verlaufen pflegen, je mehr diese überaus reizempfindlichen Kinder irritierenden Milieubelastungen ausgesetzt werden. Ganz gleich nun, ob man die erhöhte psychische und neurovegetative Irritierbarkeit des Kindes als Folge eines nicht nachweisbaren frühkindlichen Hirnschadens interpretiert oder ob man nur ganz allgemein eine stark erhöhte konstitutionelle psychovegetative Labilität annimmt, so muß man in jedem Falle unterstellen, daß dieses dispositionell schwer belastete Kind unter allen Geschwistern besonders durch die Situation einer totalen Ungeborgenheit, einer permanenten Unruhe und mannigfacher körperlicher Entbehrungen gefährdet war:

Zur Geburt Angelikas kam es, nachdem die Mutter unmittelbar vorher bei dem vom Vater ausgesperrten ältesten Sohn Ernst im Freien kampiert hatte. Das Mädchen, das von der Mutter nicht gestillt werden konnte, erlebte im ersten Jahr die sich ständig zuspitzenden Auseinandersetzungen in der Schlußphase von R. mit, die nach Bekundungen der Angeklagten und ihrer Zwillingsschwester oft mit Prügel für Angelikas Mutter endeten. Die Flucht vor Herrn K. in die Hütte auf dem Wohnwagen-Abstellplatz, die katastrophalen Verhältnisse in dieser notdürftigen Behausung, das Spießrutenlaufen der innerhalb ihrer neuen Umgebung geächteten Mutter, die materielle Not und die Absorption der Mutter durch die Pflegeaufgaben für die im August 1970 neu geborene Tochter Stefanie stellen sich als eine Kette von schädigenden Ereignissen dar, die sich sowohl auf die Gesamtentwicklung wie speziell auf die gestörte Magen-Darm-Tätigkeit Angelikas schwerwiegend ausgewirkt haben dürften. In diesem Zusammenhang sei darauf verwiesen, daß auch der Sachverständige Prof. H. die Mitwirkung seelischer Ursachen im Sinne der Entbehrung einer normalen Geborgenheitsatmosphäre nicht ausschließen wollte. Er hat eine Hospitalismusschädigung erwähnt, die freilich als Schreibfehler im Protokoll als «Hospitalschädigung» vermerkt worden ist. Dabei handelt es sich um eine frühkindliche seelische Verkümmerung bei Entbehrung einer normalen Geborgenheitsatmosphäre.

Der Sachverständige Dr. L. hat bereits darauf hingewiesen, daß gehäufte Störungen der Magen-Darm-Tätigkeit bei einem kleinen Kind eine Veränderung der Darmschleimhaut bewirken können, die schließlich zu einer Verminderung der Aufnahmefähigkeit für die zugeführten Nahrungsstoffe führen kann. Er hat weiter die Möglichkeit erörtert, daß Angelika an einer krankhaften Unverträglichkeit für Mehl gelitten haben könnte, einer typischerweise im späteren Säuglingsalter auftretenden Störung, bei der ähnliche Stuhlunregelmäßigkeiten wie bei Angelika beobachtet werden.

Wie der Einfluß des Verhaltens der Kindesmutter auf den allgemeinen Entwicklungsverlauf und speziell auf die krankhaften Störungen Angelikas einzuschätzen ist, wird im nächstfolgenden Abschnitt zu behandeln sein. Vordringlich erscheint noch eine Klärung der Frage, ob der Tod des Kindes kausal vorwiegend aus den bisher betrachteten gesundheitlichen Beeinträchtigungen abgeleitet werden kann oder ob für dieses Ereignis zusätzliche wesentliche kausale Umstände berücksichtigt werden müssen. Um diese Frage eindeutig beantworten zu können, erscheint es notwendig, die vorliegenden Beobachtungen aus der letzten Lebensphase des Kindes zusammenzustellen und zu werten. Mitteilungen über den Zustand von Angelika in den letzten 4 Wochen liegen vor von Frau Sch., Frau S., Frau R. und von der Angeklagten. Frau Sch. hat ausgeführt, ich zitiere: «Binnen der letzten 4 Wochen ist die Angelika auf einmal wenig geworden.» Wie Frau Sch. zu dieser Beobachtung gekommen sein kann, erscheint freilich strittig. Sie selbst hat behauptet, Frau M. habe zu den Kindern keinen Menschen hereingelassen. Und ihrer Aussage, daß sie bis zum Tod Angelikas – ich zitiere wiederum – «nahezu täglich bei Frau M. war», widersprechen die Zeugnisse ihres eigenen Ehemannes sowie die Aussagen von Frau E., Frau R. und Herrn E. Alle zuletzt genannten Zeugen bestätigen die Angabe der Angeklagten, daß Frau Sch. seit einem handgreiflichen Streit im Juni oder Juli 1971 bei der Angeklagten nicht mehr verkehrt habe. Man muß also als wahrscheinlich annehmen, daß Frau Sch. das Kind in den letzten 4 Wochen gar nicht mehr gesehen hat. Die Sozialarbeiterin Frau S. hat Angelika 14 Tage vor deren Tod gesehen. Von ihr befinden sich im Protokoll zwei Angaben über den Zustand des Kindes: «Als ich 14 Tage vor Angelikas Tod dort war, stand die Angelika im Bettchen. Sie hatte bißchen abgenommen.» Auf eine Frage des Gutachters Prof. H. hat sie bestritten, daß Angelika apathisch herumgesessen habe. Auch die Schwester der Angeklagten, Frau R., will drei Tage vor dem Tod Angelikas bei dem Kind nichts Besonderes aufgefallen sein. Mit diesen Zeugnissen stimmt der Eindruck der Angeklagten überein, die ich hierzu persönlich eindringlich befragt habe. Auch sie hat bei Angelika in den letzten Wochen keine besonders einschneidende bedrohliche Veränderung wahrgenommen. Das Kind habe auf sie wie schon lange vorher zwar allgemein kränklich und schwächlich gewirkt, aber es sei gemessen an seinem üblichen Verhalten durchschnittlich regsam und munter gewesen. Zeichen von besonderer Müdigkeit, Erschöpfung und Passivität hätten gefehlt. Diese mit den Zeugnissen von Frau S. und Frau R. übereinstimmenden Angaben erscheinen deshalb sehr wichtig, weil sie eindeutig gegen einen Tod durch Verhungern sprechen. Einem Hungertod pflegt eine allmählich wachsende körperliche Erschlaffung bei psychischer Teilnahmslosigkeit vorherzugehen, also Zeichen, welche die Umgebung kaum je übersehen bzw. ohne Beunruhigung registrieren kann. Diese Zeichen haben indessen offensichtlich gefehlt, und zu dem auch von Herrn Dr. L. vermerkten Umstand geführt – ich zitiere: «. . . daß das Kind auf niemanden einen akut bedrohten Eindruck gemacht hat.»

Wenn man nun indessen trotz des eindeutigen Befundes des erheblichen Untergewichtes nicht Verhungern als unmittelbare Todesursache annehmen kann, so stellt sich die Frage, welchen sonstigen kausalen Faktor man für die Erklärung des Todes als maßgeblich heranzuziehen hat. Da ist nun eines Umstandes zu gedenken, dessen Bedeutung m. E. in der bisherigen Einschätzung des Falles nicht hinreichend bewertet worden ist. Angelikas Schlafplatz war ebenso wie die Schlafplätze der übrigen Familienmitglieder ungeschützt der Außenkälte und Zugluft ausgesetzt. Nach Zeugnis des

Kriminalhauptmeisters L. steht fest, daß Angelika bei Außentemperatur schlafen mußte. Es herrschte gerade ein Kälteeinbruch und in der Todesnacht, wie Kriminalhauptmeister L. erkundet hat, in O. eine Temperatur von minus 4 Grad Celsius. Das bedeutet, daß Angelika wie die anderen Kinder einer extremen Kältebelastung ausgesetzt war, über deren medizinische Wirkungen auf den kindlichen Organismus wir lediglich aus KZ-Beobachtungen und aus Kriegs- wie Flüchtlingserfahrungen gewisse Anhaltspunkte haben. Immerhin läßt sich sagen, daß ein so extremer Kältereiz für einen normalen kleinkindlichen Organismus eine Bedrohung ersten Ranges darstellt, die zu überstehen eine ausgezeichnet funktionierende Wärmeregulation voraussetzt. Daß Angelika offenbar von vornherein über eine schlechtere Wärmeregulation als die Geschwister verfügte, läßt sich aus der Tatsache schließen, daß sie bereits im vorausgegangenen Winter nachhaltige Erfrierungsschäden erlitten hatte, deren Spuren noch bei der Obduktion im November 1971 sichtbar waren. Bekannt ist ferner, daß selbst ganz unscheinbare Infekte den komplizierten Mechanismus der Wärmeregulation leicht stören können. Tatsächlich hat die Obduktion bei dem Kind laut Zeugnis von Herrn Prof. B. eine «schleimige Entzündung der Mittelohren» ergeben. Schließlich ist auch zu vermuten, daß die Magerkeit zu den disponierenden Faktoren gehörte, die den Widerstand gegen den extremen Kältereiz herabgesetzt haben. Immerhin ist zu bedenken, daß für die Zeit der ersten Kälteschädigung im vorangegangenen Winter keine Zeugnisse über eine besondere Abmagerung von Angelika vorliegen.

Jedenfalls sehe ich mich dazu genötigt, die hochgradige Kälteeinwirkung als den überwiegenden Kausalfaktor für den Tod des Kindes anzusehen, da nach unserem medizinischen Wissensstand eine längerdauernde Kälteeinwirkung von mehreren Grad unter Null für jeden kleinkindlichen Organismus als unmittelbar lebensbedrohlich angesehen werden muß. Ich schließe mich der Auffassung des Vorgutachters Herrn Dr. L. an, der gesagt hat: «Letzten Endes ist eigentlich weniger erstaunlich, daß unter diesen Bedingungen *ein* Kind gestorben ist und alle anderen Kinder überlebt haben.» Das heißt: man muß bei den anderen Kindern die besondere widerstandsfördernde Abhärtungswirkung der Gewöhnungssituation heranziehen, um das Überleben dieser Kinder zu erklären. Umgekehrt relativiert sich damit die kausale Bedeutung der widerstandsmindernden Faktoren bei Angelika wie des Mittelohrinfektes, der Magerkeit und einer möglicherweise vorhandenen konstitutionellen Labilität der Wärmeregulation. Die Fähigkeit, länger anhaltende Kältebelastungen dieses Grades aushalten zu können, darf man für den Organismus eines 2½jährigen Kindes nicht als normal voraussetzen.

Es steht nun in Frage, ob die Kindesmutter die gesundheitliche Pflege des Kindes Angelika vernachlässigt und ob sie insbesondere die katastrophalen Wohnumstände verschuldet hat, die mittelbar den Kälteeinfluß als Haupttodesursache bedingt haben. Die Art, wie die Angeklagte mit den gesundheitlichen Problemen Angelikas umging und wie sie ganz allgemein mit den großen sozialen Schwierigkeiten der Familie fertig zu werden versuchte, läßt sich nur angemessen beurteilen, wenn man ihre psychosoziale Entwicklung und ihre persönlichen Anlagen berücksichtigt.

Ich habe die Angeklagte ausführlich zu ihrer biographischen Anamnese befragt und habe sie neurologisch-psychiatrisch untersucht. Frau Dipl.-Psych. A. Güttges hat zusätzlich psychologische Testuntersuchungen durchgeführt, über die sie gesondert berichtet wird.

Bei der Befragung über ihre Kindheit hat mir die Angeklagte erzählt, daß sie eine Lungenentzündung und mit zwei Jahren eine schwere Gehirnentzündung gehabt habe. Sie habe meist für sich allein gespielt und sei überhaupt unter den 12 Kindern so etwas wie ein Außenseiter gewesen. Ihre Eltern hätten ihre Scheu und ihre Zurückhaltung später noch häufig auf die angebliche Gehirnentzündung zurückgeführt. Jedenfalls habe sie sich ganz anders verhalten als ihre erbgleiche Zwillingsschwester, die von früher Kindheit an sehr viel lebhafter und kontaktfreudiger gewesen sei. Wörtlich die Angeklagte: «Wenn wir so auf dem Hof waren, und da waren ein paar Kinder dagewesen, und ich hab dann immer in der Ecke gestanden oder wie, und da hat sie immer gesagt: ‹Ach, laß sie doch stehen› oder irgendwie, ‹die kann nicht spielen, die will nicht› oder wie, so hat sie sich dann immer ausgedrückt.» Für Ihre Hilflosigkeit gegenüber anderen Kindern hat mir Frau M. ein charakteristisches Beispiel erzählt: Als sie acht oder neun Jahre gewesen sei, habe ihr ein Junge ihren Schulranzen geklaut. Mit diesem sei er in den Schulkeller geflüchtet und habe den Schulranzen auf einen Hackklotz gelegt. Dann habe er ein Hackebeil in die Hand genommen und ihr zugerufen, sie solle doch den Schulranzen nehmen, wenn sie sich getraue. Als sie dann nach dem Ranzen gegriffen habe, habe er ihr mit dem

Beil den Daumen abgehackt. Sie sei dann bewußtlos geworden und erst im Krankenhaus wieder aufgewacht.

Nach ihren Schilderungen ergibt sich das Bild, daß sie offenbar rund zehn Jahre zwischen 1943 und 1954 in den verschiedensten Flüchtlingslagern verbracht hat. Es fällt ihr schwer, die einzelnen Fluchtetappen und die Lagerzeiten deutlich auseinanderzuhalten. Besonders chaotische Verhältnisse muß die Patientin während der ersten Fluchtphase erlebt haben, als der Vater noch im Militärdienst stand und die Mutter den Leidenszug mit den 12 Kindern durch die verschiedenen Flüchtlingslager allein bewältigen mußte. Es sei zwischendurch immer nur zu kurzzeitigen Schulbesuchen von wenigen Tagen oder ein paar Wochen gekommen. Erst die Übersiedlung nach S. 1954 habe endlich dazu geführt, daß sie noch ein halbes Jahr regelmäßig zur Schule gegangen sei. Während ihre aufgewecktere Zwillingsschwester es wenigstens fertiggebracht habe, ein wenig lesen und schreiben zu lernen, habe sie diese Fertigkeiten nicht mehr erworben. Da die Familie praktisch mittellos gewesen und mit den vielen Kindern in einer neu zugewiesenen Wohnung ohne Möbel gehaust habe, habe der Vater sie aus der Schule herausgeholt und in eine Arbeit gesteckt.

Sie habe auch auf der Arbeitsstelle bald Schwierigkeiten bekommen, weil sie infolge des Verlustes des rechten Daumens nicht so geschickt gewesen sei. Man habe ihr dann in der Kugellagerfabrik eine Spezialarbeit gegeben. Ihre Unfähigkeit zu lesen und zu schreiben habe öfter dazu geführt, daß sie von den Arbeitskollegen ausgelacht worden sei. Dann habe sie sich sehr bedrückt gefühlt und sei auch manchmal aus Scham nicht zur Arbeit gegangen. Sie habe aber auf der Stelle durchgehalten und sechs Jahre lang mit einem Hebel kleine Nägelchen in Kugellagergehäuse eingesteckt.

Mit 17½ Jahren habe sie dann Herrn M. kennengelernt, von dem sie dann bald ihr erstes Kind erwartet habe. Nach der Eheschließung mit 20 Jahren habe sie ihr Mann bald sehr vernachlässigt und grob behandelt. Er habe seinen Lohn verhurt und versoffen. Er sei jedenfalls sehr häufig betrunken gewesen und habe sie oft mit dem Kleiderbügel geschlagen. Während er ihr erklärt habe, zur Arbeit zu gehen, habe er schließlich Automaten geknackt und Kupfer gestohlen. Für den Haushalt habe er ihr pro Woche nur 50 DM gegeben. Als ihr Mann schließlich eingesperrt worden sei, habe sie die Miete nicht mehr bezahlen können und sei durch Räumungsklage aus der Wohnung gewiesen worden. Man habe ihr in der L.-Siedlung für sich und die inzwischen geborenen beiden Kinder ein Stübchen gegeben.

Die Fortsetzung der sozialen Anamnese werde ich später im Zusammenhang meiner Sachverständigenstellungnahme zu den relevanten Fragen der Verhandlung erörtern.

Bei der äußeren organischen Durchuntersuchung der Patientin habe ich eine Blutdruckerhöhung von RR 170 zu 110 gefunden, welche die Angabe häufiger Kopfschmerzen erklären könnte. An den Hirnnerven zeigten sich jedoch keine krankhaften Auffälligkeiten. Die physiologischen Sehnenreflexe erwiesen sich als sehr lebhaft, aber seitengleich ausgebildet. Pyramidenzeichen fehlten. Auch die Sensibilität und die Koordination erwiesen sich als intakt. Somit ergab die äußere neurologische Untersuchung keine sicheren pathologischen Abweichungen.

Vor der Darstellung des psychiatrischen Befundes seien zunächst die Ergebnisse einer psychologischen Testuntersuchung dargestellt, welche die Diplom-Psychologin Frau A. Güttges im Rahmen eines Zusatzgutachtens durchgeführt hat.

A. Güttges:
«Ich habe Frau M. mit mehreren Intelligenztests untersucht:

1. Dem Raven-Test, einem non-verbalen Intelligenztest.
Er bietet sich besonders an bei verbal ungeschulten Personen, da er unabhängig ist von Schulbildung und etwa versäumten Erziehungsmöglichkeiten. Er mißt auf einer non-verbalen Ebene das abstrakte und logische Denkvermögen.

Die Ergebnisse, die Frau M. in diesem Test erzielte, ließen sich nicht im Bereich der Altersgruppe 20–65jähriger klassifizieren.

Um herauszufinden, auf welchem Intelligenzstand sie sich befindet, habe ich mit ihr den gleichen Test in der Kinderform durchgeführt.

Hier erreichte sie den durchschnittlichen Intelligenzstand eines neunjährigen Kindes.

2. Dem Benton-Test.
Der Benton-Test zeichnet sich aus durch einen besonders großen klinischen Erfahrungsschatz.

Er erfaßt hirnorganische Störungen in jedem Alter, und zwar

unabhängig von situationsgebundenen oder neurotischen Intelligenzhemmungen.

Ich habe diesen Test durchgeführt, um abzuklären, ob der niedrigen Intelligenz von Frau M. eine Intelligenzminderung oder ein Intelligenzdefekt im Sinne einer hirnorganischen Beschädigung zugrunde liegt. Frau M. konnte den Test fehlerfrei durchführen. Auf Grund der Ergebnisse dieses Testes liegt also dem Intelligenzmangel von Frau M. vermutlich keine Hirnschädigung zugrunde.

3. Als letzten habe ich den Hamburg-Wechsler-Intelligenz-Test für Erwachsene durchgeführt, der einer der bekanntesten Tests zur Erfassung der allgemeinen Intelligenz ist.

Er basiert auf der Annahme, daß man zwischen zwei verschiedenen Seiten intellektueller Leistungen unterscheiden kann:

1. der abstrakten oder verbalen Intelligenz, die hauptsächlich gekennzeichnet ist durch den Umgang mit abstrakten Symbolen oder dem Erkennen von logischen Zusammenhängen.

Diese Entwicklung der eben genannten Fähigkeiten ist von Erziehungs- und Schulungsmöglichkeiten stark abhängig.

2. der praktischen Intelligenz, die die Fähigkeit zur Bewältigung praktischer Situationen enthält. Weiterhin fällt unter diese Klassifizierung die Fähigkeit zu praktischem Handeln, dies in überschaubaren Situationen auszuüben, um dann eine wirkungsvolle Anpassung und Leistung zu erzielen.

Die beiden Seiten der Intelligenz versucht man mit 10 verschiedenen Untertests zu erfassen. Abschließend errechnet man einen Gesamtintelligenzquotienten und dessen schwerpunktmäßige Verteilung auf das abstrakte oder mehr praktische Intelligenzverhalten.

Frau M. erzielte in diesem Test einen Intelligenzquotienten von 76. Das bedeutet, daß sie in ihrer allgemeinen Intelligenz an der Grenze zur Debilität liegt. Dieser starke Intelligenzmangel ist besonders ausgeprägt in Untertests, die die Wissensbreite einer Person messen, ihre Aufgeschlossenheit ihrer Umwelt gegenüber, oder die soziale Reife erfassen und das, was man als den gesunden Menschenverstand umschreiben könnte (z. B. muß die Versuchsperson folgende Fragen beantworten können: Wer ist der Bundespräsident von Westdeutschland, was ist ein Thermometer, wo liegt Brasilien, oder was sollen Sie tun, wenn Sie im Kino oder Theater sitzen und als erster Feuer oder Rauch bemerken, oder wenn Sie sich am Tage im Wald verirrt haben, was würden Sie tun, um wieder herauszufinden).

Es handelt sich hierbei um Tests, die normale oder durchschnittliche Möglichkeiten voraussetzen, verbale Kenntnisse erworben zu haben.

Ebenfalls versagte Frau M. in den Testsituationen, die in einem gewissen Umfang die Fähigkeit erfordern, frühere Erfahrungen in neuen Situationen intellektuell auszuwerten.

Diese Untertests benachteiligen Frau M. deshalb ganz besonders, weil sie zur Beantwortung der Fragen ein gewisses Quantum an Schulbildung verlangen, also einen bestimmten, mit der Schulbildung verbundenen Kenntnisstand erfordern.

Wie wir wissen, hat Frau M. insgesamt nur ein knappes Jahr die Schule besucht.

Bei ihr ist die Möglichkeit zu abstrakt logischem planendem Denken auf Grund eines sehr stark unterprivilegierten Milieus in keiner Weise geschult worden.

Dies zeigt sich in dem fast völligen Versagen bei denjenigen Tests, die ein Meßinstrument der allgemeinen Intelligenz darstellen und deren Lösung stark von Bildung und Beruf beeinflußt werden.

Geraten nun solche Personen unter starken emotionellen Druck, sei es durch äußere belastende Situationen oder durch innere Konflikte, ist es für sie nicht möglich, sich von diesen Schwierigkeiten zu distanzieren bzw. davon zu abstrahieren und damit das Für und Wider einer Handlung abzuwägen.

Wissenschaftliche Untersuchungen zeigen, daß bei Personen aus der Unterschicht mit geringer Schulbildung die abstrakte und die praktische Intelligenz weit auseinanderklaffen.

Dies ist auch bei Frau M. zu beobachten.

Eindeutig bessere Leistungen zeigt Frau M. in den Untertests, die die praktische Intelligenz erfassen und von denen bekannt ist, daß sie weniger abhängig sind vom Sozialisationsverlauf der betreffenden Versuchsperson.

Ich möchte Ihnen zunächst zwei Beispiele nennen.

1. Man muß bei 10 Bildern den fehlenden Teil eines jeden Bildes erkennen. Dieser Test mißt die grundlegende Fähigkeit, zwischen wesentlichen und unwesentlichen Details zu unterscheiden. Voraussetzung ist aber, daß die Versuchsperson mit dem dargestellten Gegenstand vertraut ist.

2. Hier geht es um das Zusammensetzen von Teilen zu bekannten

Formen. So soll etwa eine Hand zusammengelegt werden. Die Versuchsperson soll auch hier zeigen, wie sie auf das Gesamtbild reagiert und wie sie die Beziehung der einzelnen Teile zueinander erfaßt.

In diesen Tests, die die Anpassungsfähigkeit an eine bekannte Situation und deren Handhabung, darüber hinaus Fähigkeit zur Ausdauer überprüfen, bringt Frau M. im Gegensatz zu ihrer extrem schwachen abstrakten Intelligenz beachtliche Leistungen.

Sie erzielt hier einen Intelligenzquotienten von 86. Das bedeutet, daß sie hier immerhin an der untersten Grenze der sogenannten durchschnittlichen Intelligenz liegt.

Bei diesen Tests, die die Vertrautheit mit einem dargestellten Gegenstand voraussetzen und verlangen, sich mit vorgegebenen Gegenständen identifizieren zu können, die die Versuchsperson kennt, ist Frau M. wohl in der Lage, die ihr gestellten Aufgaben zu lösen.

Einschränkend muß gesagt werden, daß ja ihr allgemeiner Wissensstand sehr begrenzt ist und sie von daher nur in für sie überschaubaren Situationen ihre praktische intellektuelle Begabung entfalten kann.»

Fortsetzung des Hauptgutachtens:
Um in Ergänzung zu den Testbefunden ein vollständiges Bild über die heutige psychische Verfassung und das soziale Verhalten der Angeklagten zu gewinnen, haben Frau Güttges und ich Frau M. in ihrer Wohnung besucht und ausführlich exploriert. Sie ist eine *ängstliche* Frau, die unter *erheblichen emotionellen Spannungen* steht. Dazu dürfte als strukturelle Bedingung beitragen, daß sie *stark gefühlshaft erlebt,* aber ihre emotionellen Impulse nur *sehr unbeholfen sprachlich artikulieren* kann. Sie ringt immer wieder nach Worten und ist dankbar, wenn sie von ihrer Zwillingsschwester, die teilweise der Untersuchung beigewohnt hat, unterstützt wird. Auch bei diesen Gesprächen stellt sich sehr deutlich heraus, daß Frau M. nur sehr einfache, praktische Sachverhalte gut verstehen kann und daß sie sofort in Schwierigkeiten gerät, wenn die Zusammenhänge etwas komplizierter werden. Dabei bemüht sie sich im Kontakt sehr darum, auf alle Fragen und Angebote positiv einzugehen. Überhaupt beweist sie im Umgang mit uns wie mit ihren Familienangehörigen eine echte, gefühlswarme Zuwendung.

Zweifellos verfügt sie über eine *ausgeprägte moralische Sensibilität*. Entsprechend den Normen ihrer Sozialschicht steht für sie der Wert obenan, eine zuverlässige fürsorgliche Mutter zu sein. Bei der Erklärung der Trennung von den beiden Männern und der Diebstähle ringt sie geradezu inständig um ein Verständnis dafür, daß sie dies alles zum Wohle ihrer Kinder habe tun müssen. Auf jeden Fall bestätigte uns die direkte Verhaltensbeobachtung, daß Frau M. ganz offensichtlich zu ihren Kindern jetzt ein sehr herzliches Verhältnis hat. Ihr Umgang mit fünf Kindern, die bei unserem Besuch in der Wohnung anwesend waren, war von beiden Seiten als sehr offen und positiv zugewandt zu beschreiben. Die Wohnung befand sich nicht nur in einer ganz tadellosen Ordnung, sondern zeigt in ihrer Einrichtung auch in vieler Hinsicht das Bemühen um liebevolle Ausschmückung. Ich habe in meiner nahezu sechsjährigen Arbeit im Unterstschichtbereich in einer Randsiedlung kaum je eine so liebevoll eingerichtete und zugleich sorgfältig gepflegte Wohnung bei einer kinderreichen Familie dieses sozialen Status gesehen. Da unser Besuch nur unmittelbar vorher angekündigt war und die Einrichtung ohnehin nur als Resultat langfristiger planvoller Aktivitäten erklärt werden kann, sehe ich mich im Zusammenhang mit meinen übrigen Befunden genötigt, der Angeklagten zu bescheinigen, daß sie von ihrer Struktur her eine Frau ist, die sehr intensiv danach strebt, für ihre Kinder eine möglichst positive Lebenssituation zu schaffen. Das günstige Bild ihrer heutigen emotionellen Beziehung zu den Kindern und die außerordentlich eindrucksvolle wohnliche Gestaltung ihrer Häuslichkeit führen mich zu dem Schluß, daß diese Frau nicht nur im Sinne eines besonders fürsorglichen Verhaltens motiviert ist, sondern daß sie ein solches Verhalten auch unter normalen sozialen Belastungen, die ihrem Intelligenzniveau angemessen sind, planvoll und zuverlässig durchhalten kann. Sie hat jedenfalls *keine ausgeprägt soziopathische Charakterstruktur*, wie sie als Folge der Sozialisationsschäden im Randgruppenbereich sehr häufig anzutreffen ist.

Bei diesem eher überraschenden Befund habe ich bei der Untersuchung nun weiterhin besonderen Wert auf die Klärung der Frage gelegt, ob bei der Angeklagten etwa eine besondere *Neigung zu rachsüchtigem Verhalten* nachzuweisen sei. Es ist ja immerhin theoretisch denkbar, daß eine sonst überaus liebevoll mütterliche Frau in einer Anwandlung von Michael-Kohlhaas-Zorn doch irgend etwas Böses mit ihren Kindern tut, wenn ihr Zorn auf die Ämter übermächtig wird und sich über alle interferierenden strukturellen Neigungen und Kontrollen hinwegsetzt. Es fehlen indessen sowohl in der Biographie wie im derzeitigen psychologischen Befund Anhaltspunkte dafür, daß die Angeklagte zu massiven nachhaltigen Revancheaggressionen neigt. Sie hat sich zwar schon einmal in einer hitzigen Streitsituation auch handgreiflich zur Wehr gesetzt, wie im Falle der K. Sch. Und sie hat ferner bei verschiedenen akuten massiven Kränkungserfahrungen Impulshandlungen mit Fluchtcharakter vorgenommen. Es fehlt jedoch auch der leiseste Anhaltspunkt dafür, daß sie fähig wäre, aus Ressentiment- oder Rachegefühlen eines ihrer Kinder planvoll und dauerhaft zu schädigen, wie dies im Falle einer angeblich betriebenen aktiven Minderernährung von Angelika angenommen werden müßte. Ein solches Verhalten erscheint mir auf Grund des Gesamtbefundes ausgeschlossen.

Es erscheint mir noch wichtig, das soziale Verhalten der Angeklagten in einer anderen Hinsicht differenzierter zu charakterisieren. Es fällt auf, daß sie nach Überwinden einer gewissen Furchtsamkeit sehr leicht in eine geradezu vertrauensselige Lenksamkeit hineingerät. Durch diese Neigung zu einem gutmütig gefügigen Verhalten erhöht sich für sie die Gefahr einer wehrlosen Manipulierbarkeit, die durch ihre intellektuelle Schwäche in Verbindung mit ihrem hochgradigen Bildungsrückstand ohnehin schon gegeben ist. Auf dem Hintergrund dieses Befundes ist die geradezu masochistische Nachgiebigkeit zu werten, mit der Frau M. jeweils lange Zeit die Vernachlässigungen und Kränkungen der Väter ihrer Kinder hingenommen hat, ehe sie sich zur Flucht aufraffen konnte.

Ich gehe nun dazu über, die anfangs gestellten Fragen gezielt zu erörtern, nämlich erstens die Frage, ob die Angeklagte auf die chronischen gesundheitlichen Störungen Angelikas mit der gebotenen Fürsorge reagiert hat, und zweitens auf die Frage, ob sie die ihr zumutbaren Mittel angewendet hat, um die zusätzlichen äußeren schädigenden Bedingungen zu verhüten bzw. abzuwenden, denen nach meiner Überzeugung eine überwiegende kausale Bedeutung für das Todesereignis zukommt.

Meine Befragung der Kindesmutter hat nun klar ergeben, daß ihr die allgemeine Entwicklungsverzögerung Angelikas nicht entgangen ist. Sie hat gemerkt, daß Angelika nur sehr langsam wuchs und verzögert sprechen und stehen lernte. Aber es ist ihr nicht in den Sinn gekommen, dahinter einen besonderen gesundheitlichen Defekt zu vermuten. Bekanntlich ist auch dem Hausarzt Dr. F. im

Winter 1970/71 an Angelika nichts weiter außer den Erfrierungen aufgefallen, obwohl man unterstellen muß, daß der Entwicklungsrückstand zu dieser Zeit bereits nachweisbar war.

Die chronischen Eß- und Verdauungsschwierigkeiten Angelikas, die ich mit sehr hoher Wahrscheinlichkeit als Zeichen einer frühkindlichen Anorexie werte, haben die Mutter nach ihren Bekundungen immer wieder beschäftigt. Sie hat, wie sie mir erklärt hat, die schlechte Nahrungsaufnahme, die Neigung zu Erbrechen und zu Durchfällen mit besonderen Ernährungsmaßnahmen zu bekämpfen versucht. Sie habe dem Kind Tabletten gegeben. Außerdem habe man in der Drogerie die Anwendung einer Spezialnahrung empfohlen, die sich bei ähnlichen Ernährungs- und Verdauungsstörungen bewährt haben sollte. Frau M. kann sich erinnern, daß diese Nahrung in einer rot-weißen Packung enthalten gewesen sei und daß sie das Pulver nicht habe mit Milch, sondern nur mit Wasser anrühren dürfen. Sie habe dann auch ihre Mutter gefragt. Die habe ihr empfohlen, Haferschleim mit Wasser anzurühren und zwischen den Mahlzeiten zu geben. Da Angelika nie habe allein essen wollen, habe sie das Kind stets füttern müssen. Die Zeugin R. hat bestätigt – ich zitiere: «Weil die Angelika schlecht gegessen hat, bekam sie zwischendurch Brei.» – «Meine Schwester sagte, daß das Kind bißchen schlechter ißt und sie ihr deshalb Brei gibt.» Von der Zeugin B. liegt die Äußerung vor: «Weil Angelika nicht essen wollte, wurde sie von Frau M. gefüttert.» – «Ich habe selbst gesehen, daß die Angelika zwischen den Mahlzeiten gefüttert wurde.» Die Zeugin E. hat ausgesagt: «Frau M. hat der Angelika mehr Brei zu essen gegeben, weil sie von dem anderen Zeug nichts wollte.»

Der Nichtfachmann mag nun meinen, diese mir glaubhaft erscheinenden Zeugnisse für besondere Bemühungen von Frau M. um die Ernährung Angelikas könnten nicht stichhaltig sein, weil sonst die erhebliche Abmagerung nicht hätte stattfinden dürfen. Diese laienhafte Folgerung ist indessen keineswegs zwingend. Bei meiner zehnjährigen psychosomatischen Tätigkeit in einem Kinderkrankenhaus habe ich zahlreiche schwer abgemagerte Kinder aus gutbürgerlichen Familien gesehen, die trotz aller erdenklichen speziellen Ernährungsmaßnahmen wegen einer Anorexie in erhebliche Abmagerungszustände geraten waren. Die Störung der Nahrungsaufnahmebereitschaft, die – wie gesagt – durch irritierende Umweltreize noch erheblich verschlimmert werden kann, dazu die Neigung zu Erbrechen und zu Verdauungsstörungen können den Ernährungszustand trotz intensivster Fürsorge und sogar ärztlicher Bemühungen erheblich und sogar in gefährlichem Maße beeinträchtigen.

Es bleibt allerdings eine Tatsache, daß die Angeklagte den Zustand Angelikas nicht als eigentlich krankhaft beurteilt hat. Mir hat sie versichert, sie habe deshalb nicht an eine Krankheit geglaubt, weil das Kind ja kein Fieber gehabt habe. Sie habe bei ihr öfter Fieber gemessen, aber keine erhöhten Temperaturen festgestellt.

Für diese Angabe der Angeklagten muß man berücksichtigen, daß in der untersten Sozialschicht die Begriffe von Gesundheit und Krankheit gegenüber den Normvorstellungen der Mittelschicht verschoben sind. Mit abnehmendem Bildungsstand engt sich der Kreis der Symptome mehr und mehr ein, die im engeren Sinne als krankhaft bewertet werden. Wer wie die Kindesmutter kaum eine eigentliche Schulbildung genossen hat, neigt erfahrungsgemäß dazu, den Krankheitsbegriff fast nur noch auf fieberhafte Störungen, starke Schmerzzustände und grob auffällige Hautveränderungen anzuwenden. Folgerichtig hat Frau M. auf die Erfrierungen bei Angelika sofort mit dem Ruf nach dem Arzt reagiert, während sie die chronischen Eß- und Verdauungsstörungen der Anorexie mit Selbsthilfemaßnahmen zu bekämpfen versuchte. Neuere medizinsoziologische Erhebungen haben ganz klar erwiesen, daß Angehörige der sozialen Unterschicht und zumal der sozialen Randschicht sehr viel eher gesundheitliche Beschwerden im Rahmen des sogenannten Laiensystems zu erledigen versuchen. Befragt werden Angehörige, vornehmlich die Eltern, Freunde, Drogisten usw. . . . . Gleichartige Beschwerden veranlassen Mittelschichtangehörige sehr viel eher zur Inanspruchnahme des ärztlichen Versorgungssystems. Hier handelt es sich nicht nur um die Folgen eines unterschiedlichen medizinischen Informationsstandes, sondern auch und in hohem Grade um eine verbreitete Scheu der Gruppen am unteren Rand der sozialen Schichtenskala, bestimmte soziale Dienste unbefangen in Anspruch zu nehmen. Speziell in Obdachlosensiedlungen wagen viele Bewohner unter dem Einfluß sozialer Minderwertigkeits- und Schuldgefühle nur im äußersten Notfall, den Arzt zu rufen. Angehörige solcher Randgruppen verfügen indessen auch regelmäßig über die Erfahrung, daß Ärzte wie die Angehörigen anderer sozialer Dienste sehr viel lieber in anderen Siedlungen als ausgerechnet in Obdachlosenquartieren Besuche abstatten. Überhaupt muß man nach den Ergebnissen der neueren empirischen Sozialforschung anerkennen, daß die Erfahrungen der Vernachlässigung und der allgemeinen sozialen Diskriminierung der fortschreitenden Selbstisolierung vorauszugehen pflegen, die man bei Bewohnern von Obdachlosensiedlungen üblicherweise antrifft. Deshalb lauten übrigens auch alle einschlägigen Empfehlungen der Fachleute dahingehend, daß die Dienste der Gesundheitsfürsorge sich viel aktiver als bisher um die in gettoartiger Isolierung lebenden Gruppen solcher Randsiedlungen kümmern müssen, anstatt vergeblich darauf zu warten, daß die eingeschüchterten Bewohner sich von sich aus aktiver diesen Diensten zuwenden. So sind übrigens auch die modernen Konzepte der Randgruppenpolitik entstanden, die eine Lokalisierung von Ärzten und Sozialarbeitern unmittelbar in derartigen Siedlungskomplexen fordern (wie es z. B. in Gießen inzwischen realisiert worden ist).

Frau M. muß man in ihrem speziellen Fall allerdings zugute halten, daß eine frühkindliche Anorexie, also eine mit Verdauungsstörungen einhergehende Eßstörung, ohnehin vielfach als eine harmlose funktionelle Anomalie verkannt wird. Bis in die Mittelschicht hinein findet man Mütter, die in dem Symptom je nachdem mehr eine Unart, eine Trotzhaltung oder allenfalls einen Ausdruck besonderer Nervosität sehen. Da diese Störung regelmäßig mit besonderer Sensibilität, Schreckhaftigkeit und in der Tat auch mit Trotzreaktionen einhergeht (Suppenkaspar-Typ!), ist eine laienhafte Fehlbewertung der Beschwerden sehr leicht möglich. Da bei solchen Kindern häufig Abmagerungsphasen mit Perioden einer relativen Erholung des Gewichtes einhergehen, entfällt auch das Moment akuter dramatischer Veränderungen. Rechnet man nun hinzu, daß Frau M. nach den Normen ihres Randgruppenstatus nur einen eingeengten Krankheitsbegriff kennt und ebenfalls schichttypisch weit mehr als Mittelschichtangehörige darauf eingestellt ist, gesundheitliche Probleme soweit als möglich innerhalb des Laiensystems zu erledigen, kann man ihr Verhalten keinesfalls als fahrlässig bewerten.

Wenn schon der Vorwurf der Fahrlässigkeit vom medizinischen Standpunkt aus nicht im mindesten gestützt werden kann, so erscheint der in der Anklage geäußerte Vorwurf einer vorsätzlichen Gesundheitsbeschädigung für mich als Gutachter vollends unverständlich. Er scheint sich zunächst auf die Beobachtung zu stützen, daß sich der Entwicklungsverlauf von Angelika wie auch von Carola relativ negativ abhob von dem Entwicklungsverlauf der anderen Kinder. Man könnte also vermuten: Wenn es den anderen Kindern zu jener Zeit noch verhältnismäßig gutging und wenn die Nachbeobachtung nunmehr bestätigt hat, daß Frau M. üblicherweise ihre Kinder sehr mütterlich und fürsorglich behandelt, so könnte sie ja vielleicht Angelika und auch Carola gewissermaßen als schwarze Schafe auserkoren haben und im Sinne einer Prügelknaben- oder Sündenbock-Taktik speziell geschädigt haben. Wenn ich mich im Rahmen des Verhandlungsthemas allein mit der Beziehung der Kindesmutter zu Angelika befasse, so gilt es für mich zu prüfen, ob irgendwelche Anhaltspunkte für eine spezifische negative Gefühlseinstellung von Frau M. zu Angelika vorliegen. Solche Hinweise haben sich für mich weder aus der psychologischen Untersuchung der Angeklagten noch aus den Unterlagen der Hauptverhandlung ergeben. Im Gegenteil überwiegen nach meinem Eindruck die Anhaltspunkte dafür, daß Frau M. gerade zu Angelika ein besonders enges mütterliches Verhältnis gehabt hat. Die Angeklagte hat mir glaubhaft versichert, daß sie im seelischen Bereich eine besondere Ähnlichkeit zwischen Angelika und sich empfunden habe. Gerade weil sie selbst früher immer sehr ängstlich und zurückgezogen gewesen sei, habe sie sich mit den gleichartigen Wesenszügen des Mädchens in spezieller Weise verbunden gefühlt. Sie habe immer gemeint, daß Angelika ihren besonderen Schutz brauche. In der Tat findet man eine solche Rollenbeziehung sehr häufig, bei welcher sich eine Mutter ganz besonders der Schwächen eines Kindes annimmt, unter denen sie selbst immer gelitten hat und möglicherweise noch leidet. Auch der für Angelika gewählte Kosename «Puppa» läßt eher auf zärtliche Gefühle schließen. Besonderes Gewicht lege ich in diesem Punkt wiederum der Aussage der Sozialarbeiterin Frau S. bei, die durch ihren neutralen professionellen Kontakt als besonders glaubwürdige Zeugin eingeschätzt werden muß. Frau S. hat mitgeteilt: «Ich hatte immer den Eindruck, daß die Puppa ihr spezieller Liebling war.» Auch die Bewährungshelferin Frau E. hat bezeugt – ich zitiere: «Bei dem Kind Angelika hatte ich immer den Eindruck, daß Frau M. dieses Kind ausgesprochen gerne mag.» Diese Zeugenbeobachtungen stimmen völlig mit dem Resultat meiner ausführlichen psychologischen Untersuchungen überein. Dadurch ist m. E. mit Sicherheit der Verdacht entkräftet, daß die Kindesmutter irgendwelche Absichten verfolgt haben könnte, Angelika gezielt zu schädigen.

Erwägen läßt sich lediglich die Möglichkeit, daß Frau M. Angelika als ihr besonderes Sorgenkind eher zu sehr geschont und motorisch zu wenig stimuliert haben mag. In diesem Sinne verdienen verschiedene Mitteilungen eine Beachtung, daß Frau M. Angelika im letzten Jahr in der Hütte zu sehr festgehalten und kaum herausgelassen habe. Die Aussagen der Zeugin Frau Z. und des Zeugen Herr Dr. B. lassen erkennen, daß die Kindesmutter offensichtlich besonders nachhaltig durch die ärztliche Verordnung der Bettruhe beeindruckt war. Es ist ja ohnehin ein Vorurteil schlecht medizinisch aufgeklärter Bevölkerungsgruppen, d. h. wiederum in erster Linie der Unterschichtpopulation, daß ein schlecht gedeihendes Kind besonders viel Ruhe und Schonung benötige. Schließlich ist die Tatsache zu bedenken, daß Angelika ja noch nicht frei laufen konnte und beim Stehen angeblich oftmals über Schmerzen an den Füßen geklagt haben und auch geweint haben soll. Ich darf darauf verweisen, daß Herr Prof. B. noch bei der Obduktion eine teigige Schwellung an der Fußhaut vorgefunden hat, die von ihm auf die älteren Erfrierungen zurückgeführt worden ist. Es ist also gut möglich, daß Angelika bei aufrechter Stellung Fußbeschwerden hatte, auf welche die Mutter vernünftig reagiert hat. Mir hat sie erklärt, daß sie tagsüber das Kind meistens in der Küche gehalten habe. Da habe sie das Mädchen auf ein Kinderstühlchen oder auf ein Eckbänkchen gesetzt und mit Püppchen oder Bauklötzchen beschäftigt. Tatsächlich hätte man es wohl eher als fahrlässig bewerten müssen, wenn die Mutter dieses noch nicht gehfähige Kind in der von Unrat und Ratten wimmelnden Umgebung der Hütte hätte herumkrabbeln lassen. Immerhin kann man vermuten, daß Angelika zuwenig frische Luft bekommen hat und daß die Mutter vielleicht auf die Klagen ihres besonderen Sorgenkindes zu weich und gefügig eingegangen ist, so daß der aktive Bewegungsdrang des Kindes zuwenig gefördert wurde. Eine solche eher verzärtelnde und übertrieben schonende Behandlungsweise findet man relativ häufig typischerweise bei einer solchen Rollenbeziehung zwischen Mutter und Kind, wie sie hier unterstellt werden kann. Allerdings findet man solche verzärtelnden, passivitätsfördernden Erziehungspraktiken so verbreitet innerhalb des Spielraums des Normalen, daß man hieraus keinen juristisch relevanten Schuldvorwurf ableiten könnte. Es ist, wie gesagt, auch keineswegs sicher auszuschließen, daß die Fußbeschwerden des Kindes ein aktiveres motorisches Training unmöglich gemacht hätten.

Eine Bemerkung erscheint notwendig, um zu den extrem gravierenden Beschuldigungen aus dem Kreis der Familie Sch. Stellung zu nehmen, die zu dem Resultat meiner eigenen Erhebungen und zu den Aussagen der übrigen Zeugen in krassem Widerspruch stehen. Nach Bekundung von drei Zeugen läßt sich mit hoher Wahrscheinlichkeit annehmen, daß Frau K. Sch. das Kind Angelika seit Juni/Juli 1971 überhaupt nicht mehr gesehen hat, da sie nach dem handgreiflichen Streit die Hütte der Angeklagten nie mehr betreten zu haben scheint. Weil sie keine Gelegenheit mehr gehabt haben dürfte, Angelika außerhalb der Hütte zu sehen, hat sie offenbar gefolgert, Frau M. habe Angelika in sadistischer Weise in der Behausung eingesperrt. Wenn Frau S., die Tochter von Frau Sch., geäußert hat, sie habe gesehen, daß Angelika nur ungefähr einmal im Monat etwas zu essen bekommen habe und – wörtlich –: «Normalerweise hat die Angelika gar nichts zu essen bekommen» ..., so meine ich, daß diese maßlosen Feststellungen schon wegen der Unmöglichkeit des behaupteten Tatbestandes ganz unglaubwürdig erscheinen.

Zu erörtern bleibt die Bedeutung einer Mitteilung von Frau S., daß sie – zu einer nicht genau genannten Zeit – Frau M. vergeblich gedrängt habe, ihre Kinder dem Gesundheitsamt vorzustellen. Wörtlich: «Sie hat sich geweigert, mit mir und den Kindern zum Gesundheitsamt zu fahren.» In diesem Zusammenhang erscheint auch die Aussage der Amtsärztin Frau Dr. T. von Belang, daß die Angeklagte der mehrfachen Aufforderung, ihre Tochter Carola wegen einer Kurverschickung auf dem Gesundheitsamt zu präsentieren, nicht gefolgt sei. Frau S. hat darauf verwiesen, daß Frau M. sehr mißtrauisch gewesen sei und gefürchtet habe, daß man ihr die Kinder wegnehmen wolle. In der Tat erscheint mir dieses von der Sozialarbeiterin unterstellte Motiv absolut glaubhaft. Es ist bekannt, daß Mütter, die der sozialen Randschicht angehören, mit ihren Kindern in einem besonders engen symbiotischen Kontakt leben und vielfach mit einer für Mittelschichtangehörige irrational erscheinenden Verzweiflung reagieren, wenn sie sich von einem ihrer Kinder für eine gewisse Zeit trennen sollen. Dies hängt u. a. damit zusammen, daß bei solchen auf engstem Raum zusammengepferchten großen Familien alle miteinander so etwas wie eine gemeinsame Lebenseinheit bilden. Die Personen sind voneinander viel weniger abgegrenzt als bei Mittelschichtfamilien in normalen Wohnungen. Die Mutter erlebt ihre Kinder mehr wie Teile ihres eigenen Ichs und empfindet deshalb in der Regel trotz größerer Kinderzahl den zeitweiligen Verlust eines Kindes als eine unmittelbar bedrohliche Verarmung ihres eigenen Ichs. Hinzu pflegt ein mehr intuitives, aber speziell auch in diesem Fall sachlich begründetes Motiv zu treten, das etwa so lautet: ‹Wenn meine Kinder wegen der katastrophalen Wohnverhältnisse schlecht gedeihen, dann ist es nicht in erster Linie der Arzt, der hier Abhilfe schaffen kann, sondern die Behörde soll mir eine hygienisch vertretbare Wohnung geben.› Daß Frau M. den Sachverhalt so interpretiert hat, ergibt sich indirekt aus der Tatsache, daß sie im Gegensatz zu ihrer zögernden Einstellung gegenüber dem Gesundheitsamt das Wohnungsamt geradezu bedrängt hat. Als Sachverständiger kann ich Frau M. nur bescheinigen, daß ihre intuitive Beurteilung der ursächlichen Zusammenhänge durchaus richtig war. Die auch im medizinischen Sinne vordringlichste Maßnahme zur Abwendung der gesundheitlichen Gefährdung aller Familienmitglieder wäre eine schleunige Umsetzung in eine geeignete Wohnung gewesen. Jede rein medizinische Maßnahme wie Medikation, stationäre Therapie oder Kurverschickung für das eine oder andere der Kinder hätte unter diesen Umständen keinen bleibenden Effekt erzielen können. Im übrigen ist es nach den modernen sozialmedizinischen Erkenntnissen und auf Grund des neuen Gesundheitsbegriffes der Weltgesundheitsorganisation ohnehin eine primäre Aufgabe der Gesundheitsfürsorge in einem solchen Fall, die *soziale* Ursache gestörten Wohlbefindens vorrangig zu beseitigen.

Sieht man nun einmal davon ab, daß zu der damaligen Zeit auch die Sozialarbeiterin Frau S. Angelika nicht für speziell gesundheitlich gefährdet hielt und daß es sehr fraglich erscheint, ob ausgerechnet der Gang zum Gesundheitsamt mehr bewirkt hätte als Frau M.s intensive Aktivitäten auf den anderen Ämtern, so muß man ohnehin berücksichtigen, daß die Nichtvorstellung der Kinder die Gesundheitsbehörde normalerweise nicht hätte davon abhalten dürfen, eine nachgehende gesundheitsfürsorgerische Aktivität zu entfalten. Es gehört ja zu den unmittelbaren Aufgaben des amtsärztlichen Dienstes, mit Hilfe der für diesen Zweck extra eingestellten Gesundheitsfürsorgerin solche Bürger bzw. Familien in ihren Wohnungen zu besuchen, die trotz des Verdachtes auf eine besondere gesundheitliche Gefährdung oder Schädigung angemessene Hilfen nicht in Anspruch nehmen können oder wollen. Die dem Sozialamt unterstellte Sozialarbeiterin Frau S. hatte nach ihrem Zeugnis im Februar 1971 die Amtsärztin schriftlich unterrichtet. Auch die Gesundheitsfürsorgerin Frau B. war telefonisch informiert worden. Angesichts der sich aus der Amtsvormundschaft des städtischen Jugendamtes ergebenden besonderen Verantwortung hätte sich das

Gesundheitsamt alarmiert fühlen müssen, Frau M. mit ihren Kindern an Ort und Stelle zu besuchen und gegebenenfalls über die Einleitung irgendwelcher Maßnahmen zu befinden. Frau S. hat wörtlich ausgesagt, sie habe die Gesundheitsfürsorgerin Frau B. gebeten, einen Hausbesuch zu machen. Die Amtsärztin hat indessen auf meine ausdrückliche Nachfrage bei der Beweiserhebung bestätigt, daß in der fraglichen Periode überhaupt keine gesundheitsfürsorgerische Betreuung auf dem Gelände mehr stattgefunden habe. Es hat da offensichtlich Unklarheiten in der Kompetenzverteilung zwischen der von der Stadt eingesetzten Projektgruppe und den einzelnen Ämtern gegeben. Ich habe jedenfalls als Sachverständiger davon auszugehen, daß es die Mitglieder der fachkompetenten und verantwortlichen Behörde trotz der eindringlichen Unterrichtung durch Frau S. offensichtlich nicht für nötig gefunden haben, sich aktiv gesundheitsfürsorgerisch um die Kinder von Frau M. zu kümmern. Entweder ist ihnen der Anlaß für gesundheitsfürsorgerische Maßnahmen nicht zwingend erschienen. Dann konnte man natürlich von der medizinisch völlig ungebildeten Angeklagten noch viel weniger erwarten, daß sie von sich aus die Dringlichkeit derartiger Maßnahmen erkannt hätte. Oder aber die Amtsärztin und die Gesundheitsfürsorgerin haben geglaubt, daß etwas geschehen müsse, haben dies indessen aus irgendwelchen Kompetenzunklarheiten heraus unterlassen. Ich habe allerdings bisher aus keiner Unterlage entnehmen können, daß die Projektgruppe selbst über medizinisch oder zumindest gesundheitsfürsorgerisch vorgebildete Mitarbeiter verfügte, so daß ich mir nicht vorstellen kann, wie man an fachlich völlig unvorgebildete Sozialarbeiter Aufgaben aus dem städtischen Gesundheitsdienst hätte delegieren können. Aber eine solche Delegierung ist anscheinend auch nicht ausdrücklich erfolgt.

Ich komme nun abschließend zu der entscheidenden Frage, ob und gegebenenfalls in welchem Umfang die Angeklagte die schlimmen Wohnverhältnisse selbst verschuldet hat, die ich letztlich als Hauptursache für das Erfrieren Angelikas ansehe. Es ist nicht zu verkennen, daß Frau M. eine denkbar schlechte Wahl traf, als sie im November 1970 mit ihren sieben Kindern die Wohnung in R. verließ und statt dessen die kümmerliche Hütte im X.-Gelände bezog. Es ist indessen zu prüfen, ob Frau M. damals wirklich in der Lage war, eine echte Wahl zu treffen und ob sie nicht vielmehr aus einer Zwangslage heraus die erstbeste Zuflucht für sich und ihre Kinder suchen mußte, um den unhaltbar gewordenen Verhältnissen in R.

schleunigst zu entgehen. Das Zusammenleben mit Herrn K. war schon seit langem schwierig gewesen, hatte sich aber für die Angeklagte allmählich immer ungünstiger entwickelt. Nach ihren eigenen Auskünften hat sie in der Regel nur täglich 15 DM Haushaltsgeld bekommen, obwohl Herr K. beim Schrotthandel gut verdient habe. Als sie ihr letztes Kind von ihm erwartet habe, sei gleichzeitig eine andere Frau von ihm schwanger gewesen. Vor allem habe sie äußerst darunter gelitten, daß er vor allem die ältesten beiden Kinder sehr häufig geschlagen habe. Wenn sie die Kinder in Schutz zu nehmen versucht habe, sei er meistens über sie selbst mit dem Knüppel hergefallen. Die Zeugin Frau W. hat bekundet: «Ich wußte, daß Frau M. furchtbar gelitten hat und viel Prügel von Herrn K. bekam.» – «Als Frau M. in anderen Umständen war, ist sie mit ihren Kindern von R. zu Fuß nach O. gelaufen, weil sie es bei Herrn K. nicht aushalten konnte.» Der älteste Sohn Ernst hat bestätigt: «Der K. ist mein Stiefvater. Ich habe von ihm in R. Haue bekommen. Ich hatte nichts angestellt. Er hat uns an und für sich immer verhauen, ab und zu auch mal mit Grund.» – «Die Mutter hat es immer gekriegt, weil sie uns beigestanden hat.» – Mir selbst gegenüber hat die Angeklagte versichert, daß die Auseinandersetzungen mit Herrn K. abends und nachts mitunter so schlimm gewesen seien, daß sie mit den Kindern davongelaufen und bei ihren Verwandten in O. eine Notunterkunft gesucht habe. Die Zwillingsschwester Frau R. hat mir die Richtigkeit dieser Angabe bestätigt. Herr F. W. hat als Zeuge berichtet: «Als Frau M. von R. nach O. kam, sah sie so schmal aus, als würde sie aus dem KZ kommen. Sie ist mit den Kindern aus R. abgehauen. Frau M. hat mich gebeten, das eine Kind aufzunehmen. Sie sagte, K. will das Kind aufwerfen (diese Protokollnotiz ist wohl ein Schreibfehler, es sollte wohl ‹rauswerfen› heißen). Es mußte sogar das Eingreif-Kommando geholt werden, denn K. ist ja weiter gekommen.» Die vorliegenden Hinweise sprechen also eindeutig dafür, daß sich Frau M. damals selbst in einer sehr schlechten Verfassung befand, daß sie eines ihrer Kinder sogar akut bedroht glaubte und daß sie schließlich wegen der mangelhaften Unterstützung durch Herrn K. nicht mehr wußte, wie sie den Unterhalt für die Familie bestreiten sollte. Die anderweitigen Frauenbeziehungen von Herrn K. haben sie zweifellos sehr gekränkt, jedoch war dies offensichtlich nur eine zusätzliche Bedingung innerhalb des Gesamtkomplexes der fatalen Umstände, denen sich Frau M. durch das Verlassen der Wohnung in R. fluchtartig zu entziehen versuchte.

Daß diese Frau bei ihrer geschilderten Persönlichkeitsstruktur und bei ihrer praktisch fehlenden Schulbildung außerstande war, sich eine geeignete andere Wohnung zu besorgen, erscheint um so verständlicher, als sich späterhin sogar die Behörde außerstande erwies, für diese arme Frau mit ihren sieben Kindern eine passende Unterkunft zu beschaffen.

Man muß unterstellen, daß Frau M. den baufälligen und praktisch kaum bewohnbaren Zustand der Wohnwagenhütte in O. nicht richtig übersah. Erst nach dem Einzug wurde sie gewahr, daß es in die Hütte hineinregnete und daß durch den unabgedeckten Boden Ratten und Mäuse in größerer Zahl in die Räumlichkeiten eindringen konnten. Auch die Schwierigkeiten der Kinderpflege ohne Wasseranschluß in der Behausung, zunächst ohne elektrisches Licht und ohne angemessene Toiletteneinrichtungen, wurden Frau M. erst voll bewußt, als sie mit diesen Umständen fertig werden mußte. Sie durchschaute dann aber sehr rasch die Unhaltbarkeit ihrer Wohnsituation und unternahm erste Versuche, eine bessere Wohnung zu erhalten. Einen Anlaß hierzu gab ihr auch das Ordnungsamt, das seine Zustimmung verweigerte, als sie sich ordnungsgemäß polizeilich anmelden wollte. Frau M. besprach sich wegen der Zuweisung einer besseren Wohnung mit der Sozialarbeiterin Frau S. Diese überzeugte sich von dem schlimmen Zustand der Hütte und berichtete über die unhaltbare Wohnsituation der Familie M. in einem ausführlichen Schreiben vom 15. 12. 1970 an das Ordnungsamt, an das Liegenschaftsamt, an das Sozialamt, das Jugendamt und das Amt für Wohngeld und die Überwachungsstelle für sozial geförderte Wohnungen. In diesem ausführlichen und absolut eindeutigen Schreiben wies Frau S. darauf hin, daß das Ordnungsamt eine Genehmigung zum Bewohnen der Hütte nicht erteilen könne, da eine baupolizeiliche Abnahme nicht zu erwarten sei. Sie schilderte die unzureichende Isolierung der Holzwände und die völlig unzureichenden hygienisch-sanitären Verhältnisse. Wörtlich folgerte sie – ich zitiere: «Da das Ordnungsamt aus gewiß begründeten Erwägungen heraus es ablehnt, den Aufenthalt der Familie M. offiziell zu genehmigen, sollte u. E. auf jedem nur möglichen Wege versucht werden, eine andere Wohnung oder Unterkunft zu finden.» Obwohl es also diesem Schreiben keineswegs an Eindringlichkeit fehlte, hatte es, soweit erkennbar, keinerlei Wirkung. Meine eigene Rückfrage beim Abteilungsleiter des Ordnungsamtes am 9. 1. ds. Js. erbrachte den Bescheid, daß das Ordnungsamt aus keiner Unterlage ersehen könne, daß es etwa späterhin doch dem Aufenthalt der Familie M. in der Hütte zugestimmt habe. Somit mußte Frau M. glauben, daß eine Behörde, die ihr aus baupolizeilichen Gründen das Wohnen in ihrer Behelfsbehausung verbot, doch irgend etwas unternehmen würde, um ihr wenigstens eine offiziell zugelassene Wohnung anzubieten. Sie mußte ferner unterstellen, daß die in vollem Einklang mit ihren Wünschen erfolgte Initiative der Sozialarbeiterin Frau S. irgendwelche Wirkungen haben müßte. Schließlich ist daran zu erinnern, daß das Stadtjugendamt O. bereits am 26. 11. 1970 vom Jugendamt H. aufgefordert wurde, die Amtspflegeschaft für die Kinder, darunter auch ausdrücklich für Angelika zu übernehmen. Aus den Akten des Jugendamtes ist nun an keiner Stelle zu ersehen, daß im Zuge der Übertragung der Amtspflegeschaft für Angelika und die anderen Kinder irgendwelche Aktivitäten eingeleitet worden wären, um die katastrophale und vom Ordnungsamt als unhaltbar angesehene Wohnsituation der Familie zu ändern. Bereits in dieser Phase verfügten die zuständigen Abteilungen der Behörde jedenfalls über die wesentlichen Informationen, die eine dringliche Initiative für die Besorgung einer menschenwürdigen Wohnung für Frau M. und ihre Kinder hätten mobilisieren müssen. Aus keiner Zeile der Jugendamtsakten ist zu ersehen, daß nach dem Bericht von Frau S. vom 15. 12. 1970 auch nur *eine* Beratung darüber stattgefunden hätte, wie man die Kinder, für die man im Zuge eines mehrmonatigen Verfahrens die Amtspflegeschaft übernahm, aus der sie in hohem Maße gefährdenden Lebenssituation befreien könnte.

Daß Frau M. im Gegensatz zur Behörde den Dingen nicht einfach passiv ihren Lauf ließ, sondern mit äußerstem Aufwand für eine Änderung der menschenunwürdigen und in hohem Grade gesundheitsgefährdenden Wohnsituation kämpfte, ist vielfältig belegt. Sie ist, wie Frau S. bezeugt hat, «alle vier Wochen beim Amt für Wohnungswesen vorstellig geworden». Ihr Bruder bestätigt, daß er mit ihr zusammen auf dem Jugendamt gewesen sei. Im Fernsehfilm des ZDF hat sie wörtlich erklärt: «Ich gehe ja laufend hie und frag aufs Jugendamt und überall hie. Ja, die versprechen mir nur, versprechen mir nur, aber ob sie es halten, das weiß ich nicht.» Bekannt ist ferner der Brief an den Oberbürgermeister vom 12. 7. 1971, den die Angeklagte mit fremder Hilfe auf Anraten von Frau S. verfaßt hat. In diesem Brief hat sie sich darauf berufen, auch das Jugendamt unterrichtet zu haben. Dieser Brief hat alle trostlosen Umstände der

Wohnsituation so kraß wie nur möglich dargelegt, die Ratten- und Ungezieferplage, den fehlenden Wasseranschluß und die mangelhaften sanitären Verhältnisse allgemein, das Verfaulen der Möbel und der Wäsche usw. Dieses offensichtlich in tiefer Verzweiflung und dennoch in sehr beherrschtem, höflichem Ton gefertigte Schreiben enthielt die Bitte nach einer geeigneten Wohnung, zunächst aber einfach den Wunsch, der Oberbürgermeister möge mal jemand hierherschicken, der dieses Elend anschauen solle.

Alle vorliegenden Zeugnisse lassen es jedenfalls als unzweifelhaft erscheinen, daß die Angeklagte gemessen an ihrem eher scheuen und ängstlichen Charakter und trotz der einschüchternden Wirkungen ihres gettoisierten Status ein Höchstmaß an Energien mobilisiert hat, um die für ihre Kinder lebensbedrohlichen Wohnumstände zu beseitigen. Fest steht ebenfalls, daß Frau M. ganz außerstande war, die defekte Bretterunterkunft selbst in einen ordentlichen, bewohnbaren Zustand zu versetzen. Die geäußerte Vermutung, daß sie den fortschreitenden Verfall der Hütte durch Unordentlichkeit und Schlamperei selbst verschuldet habe, erscheint gleichfalls wenig stichhaltig. Der ganz ausgezeichnete Zustand der Räume in E., wo Frau M. mit ihren Kindern seit nunmehr drei Jahren wohnt, beweist, daß sie ihr Heim unter einigermaßen normalen Umständen sogar sehr gut in Ordnung zu halten pflegt. Der damalige Verschlag im X.-Gelände, in dem es keine verglasten Fenster, keinen Fußboden und kein Wasser gab und in dessen unmittelbarer Umgebung sich inmitten von Abfall, Unrat und Gerümpel die Ratten und Mäuse tummelten, war offensichtlich nicht vor dem Verfall zu bewahren. Es ist ja sogar bezeugt worden, daß die Angeklagte selbst in diesem unzumutbaren Chaos noch eine erstaunliche hausfrauliche Ordnung habe aufrechterhalten können.

Man muß m. E. als sicher unterstellen, daß es der Behörde durchaus möglich gewesen wäre, Frau M. und ihre Kinder schon bald nach ihrer Umsiedlung aus R. in ein sozialhygienisch einwandfreies Quartier einzuweisen. Es ist eine unbestrittene Tatsache, daß ihr niemals vor dem Tod Angelikas konkret eine andere Wohnung angeboten worden ist. Nach den Gründen der Unterlassung dieses Angebotes muß man nun aber an erster Stelle fragen, wenn man das Verbleiben der Familie M. in den für die Kinder unmittelbar gesundheits-, ja lebensgefährdenden Verhältnissen erklären will. Vergleicht man, welche Möglichkeiten zur Änderung der unhygienischen Wohnsituation einerseits der ohnmächtigen, schlecht informierten und total isolierten Frau M. zur Verfügung standen und was alles die schon sehr früh befaßten Ämter in dieser Hinsicht hätten veranlassen können und müssen – Ordnungsamt, Wohnungsamt, Liegenschaftsamt, Gesundheitsamt, Jugendamt, Sozialamt, Projektgruppe, so fühle ich mich als Sachverständiger geradezu in einer grotesken Lage, wenn ich zu diesem Punkt das Verhalten der Angeklagten analysiere, so als hätte sie in dieser Ursachenkette jemals die Chance gehabt, den Dingen eine grundsätzlich andere Wendung zu geben.

*

Nach zweieinhalbmonatiger Verhandlungsdauer plädiert außer der Verteidigerin auch der Staatsanwalt auf Freispruch aus objektiven Gründen, nämlich weil er den Tod Angelikas nicht durch das Verhalten der Mutter begründet sieht. Auch das Gericht erkennt auf Freispruch. Aber der Vorsitzende, der anfangs so nachdrücklich die Wahrscheinlichkeit einer Bewährungsstrafe hatte durchblicken lassen, gibt für den Freispruch eine mündliche Begründung an, die auf den Zuhörerbänken des Gerichtes Befremden und zum Teil Empörung auslöst. Er bleibt dabei, daß Frau M. das Sterben Angelikas durch ihr Verhalten mitverursacht habe. Er stützt den Freispruch auf die «bescheidene geistige Situation» der Beschuldigten im Sinne des § 20. G. Mauz nennt diese Begründung im «SPIEGEL» «unerträglich» und formuliert im Sinne von vielen: «Es gibt Freisprüche, die derart begründet werden, daß sich das freisprechende Gericht selbst verurteilt»[56].

Dies ist ein groteskes, aber repräsentatives Lehrstück, das im Grunde nur in besonderer Komprimierung und Akzentuierung wiederholt, was über die stafettenartige Weitergabe von Angst und Isolation von oben nach unten gesagt wurde. Für den Oberbürgermeister ist «oben» die Erwartung der Einwohner, des Magistrats und der politischen Gruppen, daß er das Ansehen der Stadt glänzend und unbefleckt bewahren solle. Also erhält für ihn die Aufgabe, den Schaden der Fernsehsendung durch eine Gegendarstellung zu reparieren, typischerweise Vorrang. Von den einzelnen Bürgern, deren Briefe man ihm ohnehin nicht mehr zeigt, ist er so weit entfernt, daß er auf ihre Probleme – selbst in einem solchen Ausnahmefall – nicht mehr unmittelbar reagiert. Hier verläßt er sich auf seine Ämter, wo sich die Menschen indessen im Gewirr zerstückelter und bürokratisch paralysierter Ressorts verlieren.

Der Außenstehende fragt sich: was tun denn nun eigentlich die Leute vom Ordnungsamt, nachdem sie abgelehnt haben, die Anmeldung von Frau M. in dem unzumutbaren Wohnwagen-Schuppen anzunehmen? Was macht ein Jugendamt, wenn es für Kinder einer aus einer anderen Stadt zugezogenen Familie die Amtspflegschaft übernehmen soll und durch einen offiziellen Bericht davon in Kenntnis gesetzt wird, daß diese Kinder in einem praktisch unbewohnbaren Verschlag ohne Wasser inmitten von Ratten und Mäusen kampieren müssen? Wie versteht ein solches Jugendamt eine Amtspflegschaft, wenn es damit nicht die Verpflichtung verbindet, die Kinder aus ihren lebensgefährlichen Umständen zu befreien? Warum fällt einem Gesundheitsamt nicht mehr ein, als Vorladungen zu versenden, wenn es telefonisch und schriftlich über eine gesundheitliche Gefährdung von Kindern in einem unzumutbaren Notquartier unterrichtet wird? Was macht der Dezernent, der alle diese Dienste koordinieren sollte? Wie kommt eine «gemeinnützige» Baugesellschaft zu der zynisch anmutenden Feststellung, die arme Frau (die ihre heutige Mietswohnung seit vier Jahren geradezu mustergültig gepflegt hat) mit ihren Kindern als «nicht mietwürdig» zu erklären? Warum bewirkt der ganz klare und eindringliche Bittbrief an den Oberbürgermeister keine Sofortmaßnahmen? Warum gibt es in einer Stadt von 120000 Einwohnern angeblich erst ein passendes Ausweichquartier, nachdem ein Kind gestorben ist?

Man erinnere sich an die offizielle Presseinformation der Stadt: *«Keine von ihnen (den beteiligten Dienststellen und Personen, der Verf.) kann sich jedoch bei genauer Prüfung der Vorgänge als mitschuldig erkennen.»* In der Tat: An dem Fall hängen so viele Amtsstellen und Behördenvertreter mit irgendeiner Teilzuständigkeit, daß man bei der Suche nach dem oder den eigentlich Verantwortlichen an kein Ziel kommt. Jeder kann sagen, daß er nichts tun konnte, weil bestimmte andere Leute in den Abteilungen nebenan nicht das Ihre getan haben. Und diese haben wieder andere, ohne deren Mitwirkung sie selbst ohnmächtig waren usw. Die strenge Parzellierung der Kompetenzen macht den großen Apparat am Ende nahezu entscheidungsunfähig. Die Stückelung der Aufgaben läßt diesen Behördenkomplex wie einen Betrieb erscheinen, der eigentlich nach dem Fließband-Modell konstruiert ist, bei dem aber letztlich dieses Fließband fehlt. Der Transport der Akten ist weder vom Impuls her noch von der Reihenfolge der anzulaufenden Stellen eindeutig programmiert. Immer wieder bleiben die Akten irgendwo liegen, oder sie werden in dem Gewirr der nebeneinander und übereinander geschachtelten Dienste anscheinend sinnlos hin und her geschoben. Wann der Prozeß der «Bearbeitung» der Akten zu einem sinnvollen Ende kommt, das ergibt sich mehr aus der Eigengesetzlichkeit der schwerfälligen bürokratischen Abläufe als aus dem Grad der Notlage der Familie M. Der Fall verdeutlicht in extremer Schärfe die zuvor ausführlich behandelte Selbstisolierung bürokratisierter sozialer Dienste, die am Ende in eine unendliche Entfernung von denen geraten, um deren Bedürfnisse sie sich kümmern sollten. An diesem Beispiel läßt sich indessen doch noch ein ganz spezifisches Hindernis in der Behördenstruktur identifizieren, das alle Bemühungen um eine hilfreiche Maßnahme immer wieder zum Scheitern bringt:

Als dieses Hindernis erweist sich eine organisatorische Konstruktion, die zunächst sehr fortschrittlich gemeint war. Die Behörde hat nämlich für die Betreuung der Obdachlosen auf dem Gelände, wo die Familie M. kampierte, eine Projektgruppe abgestellt. Diese Projektgruppe sollte unbürokratisch und klientennahe arbeiten können. Sie erhielt den Status einer partiellen Selbständigkeit. Frau S. ist nach ihren eigenen Worten bereits einige Wochen nach Übernahme der fürsorgerischen Betreuung der Familie M. im Sinne dieser Projektgruppe tätig geworden. Sie schildert dieses bemerkenswerte Arbeitsmodell wie folgt: «Die Aufgabe der Projektgruppe besteht darin, mit Bewohnern des X.-Gebietes (Obdachlosensiedlung, der Verf.) dahingehend zu arbeiten, daß sie die Probleme erkennen und Lösungen finden sowie eine funktionsfähige Bürgervertretung aufstellen.» – «In der Organisation steht die Projektgruppe gleichberechtigt neben den anderen Abteilungen des Dezernats 5 (Familienfürsorge, Sozialamt und Jugendamt). Die Angehörigen der Projektgruppe sind unmittelbar dem Dezernenten Stadtrat Y. unterstellt. Hoheitliche Aufgaben der vorstehenden Ämter wurden uns nicht übertragen.» – «Die Angehörigen der Projektgruppe fassen, entsprechend der Ausgestaltung der Aufgaben, ihre Tätigkeit nicht als Eingriffsverwaltung auf.»

Also: Als Mitglied der Projektgruppe ist Frau S. ermächtigt, mit den Klienten zu reden, aber sie kann für sie keine unmittelbaren Maßnahmen treffen. Tatsächlich hat sie im Sinne des Konzeptes Frau M. geholfen, «ihre Probleme zu erkennen und Lösungen zu finden». Denn unzweifelhaft hat Frau M. ihre katastrophale Wohnlage sehr schnell begriffen und ist auch von einer Stelle zu anderen gerannt, um für sich und die Kinder ein besseres Quartier zu erbitten. Die Fürsorgerin hat Frau M. in dem Kampf um eine geschützte Wohnung auch nach Kräften schriftlich und persönlich unterstützt. Aber mehr konnte sie praktisch nicht tun. Denn ihre beschränkte Kompetenz in der Projektgruppe verbot ihr ein unmittelbares Eingreifen. Sie mußte also genau wie Frau M. auf den Ämtern betteln, daß diese auf Grund ihrer hoheitlichen Befugnisse die entsprechenden Maßnahmen in Gang setzten. Sie selbst konnte nichts durchsetzen und wurde genau wie Frau M. von denen im Stich gelassen, die etwas hätten praktisch tun können.

Hier enthüllt sich nun mit aller Deutlichkeit das Problem, daß eine städtische Verwaltung eine von ihr selbst entwickelte fortschrittliche Organisationsform praktisch blockiert. Es ist sicher sehr nützlich, wenn die Fürsorgerin als Projektgruppenmitglied eng mit ihren Klienten zusammenarbeiten kann, um die Selbsthilfe-Initiativen der Betroffenen zu stärken. Aber wenn dann jemand, wie Frau M., seine Schwierigkeiten richtig zu beurteilen lernt und eine entsprechende Abhilfe zu erkämpfen versucht, dann müßte die Projektgruppen-Sozialarbeiterin auf den Amtsstellen eine Reaktion vermitteln können, ohne welche die Verwirklichung der sinnvollen Bestrebungen unmöglich ist. Es ist ein bedeutender Erfolg der Frau S., daß die scheue Frau M. sich so weit aktiviert, daß sie sich mutig an den Oberbürgermeister wendet und ihre Forderungen offen in die Fernsehkamera hineinschreit. Und es ist auch verdienstvoll, daß die Fürsorgerin ihre unmißverständlichen und eindringlichen Berichte an die entscheidungskompetenten Ämter macht. Aber am Ende zeigt sich die innere Widersprüchlichkeit einer solchen Projektgruppen-Konstruktion, die nicht in die Organisation eines Amtsbetriebes voll integriert, sondern gewissermaßen danebengestellt worden ist: Die «Verselbständigung» von Frau S. und der Projektgruppe bedeutet in Wirklichkeit eine Erweiterung der Distanz zwischen den offiziellen sozialen Diensten und den zu betreuenden Menschen. Die Projektgruppe kann sich zwar nach Belieben in der Obdachlosensiedlung tummeln und mit den Bewohnern nach Herzenslust reden, aber sie kann offensichtlich nicht bewirken, daß praktische Hilfsmaßnahmen zügiger und unbürokratischer in Gang gesetzt werden. Frau S. prallt mit ihren Briefen an den eingriffsbefugten Ämtern genauso ab wie Frau M. mit ihren Anträgen und Bittbriefen.

Frau S. erfährt an ihren Mißerfolgen die Gültigkeit des im vorigen erläuterten Zusammenhanges, daß soziale Dienstleistungs-Institutionen häufig diejenigen Betreuer zu isolieren pflegen, die sich eng mit den Betreuten liieren. Die Grundtendenz der Institution, sich obrigkeitlich autoritativ von den Klienten zu distanzieren, bewirkt, daß man sich schließlich automatisch auch von denjenigen eher distanziert, die man ausdrücklich in das soziale Feld als Partner der Betroffenen ausgesendet hat. So findet sich die Projektgruppen-Fürsorgerin am Ende ohnmächtig im Niemandsland zwischen ihrer Behörde und Frau M. Beide Seiten schieben ihr eine Verantwortung zu, der sie nicht gerecht werden kann. Die Ämter verstehen Frau S. nicht als eine Vermittlerin, von der sie sich zu einer prompteren und unkonventionellen Bearbeitung der Klientenprobleme mobilisieren lassen sollten. Sondern sie erwarten von der Fürsorgerin, daß diese letztlich die Angelegenheiten der Obdachlosen allein in Ordnung bringen solle. Sie interpretieren die Ausklammerung der Projektgruppe aus den offiziellen dienstlichen Abhängigkeits- und Weisungsverhältnissen so, daß keine Seite der anderen mehr verpflichtet sei. Mag die Fürsorgerin jetzt so viel anrufen und schreiben wie sie will – den Ämtern steht es frei, nach Belieben darauf zu reagieren bzw. nichts zu tun.

Mit welcher Grundeinstellung die von Frau S. befaßten Dienststellen reagieren, dafür gibt es einen bezeichnenden Hinweis in den Angaben der Fürsorgerin vor dem Staatsanwalt. Im Zusammenhang ihrer erfolglosen Wohnungssuche für Familie M. erläutert sie:

«Als ganz besonderes Hemmnis in psychologischer Hinsicht hat sich erwiesen, daß Frau M. eine sehr gute Vierzimmerwohnung in R. (von wo sie der Schläge und Schikanen von Herrn K. wegen geflüchtet war, der Verf.) aufgab, um nach O. zu ziehen. Für mich als Sozialarbeiterin war dieser Gesichtspunkt jedoch nicht entscheidend, da ich einschreiten muß, wenn soziale Notstände vorliegen, wobei es mir nicht darauf ankommt, welche Gründe es für diese Notstände gibt. Aber im Kontakt mit anderen Behörden war dieser psychologische Hintergrund vorhanden.»

Im Klartext heißt das: Ich habe nur daran gedacht, die Familie M. aus ihrem lebensgefährlichen Notquartier herauszubringen, aber die anderen Ämter haben Schwierigkeiten gemacht, weil sie Frau M. vorwarfen, daß sie dem Mann aus der guten Wohnung davongelaufen war. Vielleicht hat man Frau S. gesagt: Diese Frau M. soll es jetzt erst einmal ausbaden, daß sie sich in diesem ungeeigneten Unterschlupf verkrochen hat! – Die Vorstellung mutet makaber an, daß die lebensgefährliche Notlage der Kinder als ein zumutbares Risiko einkalkuliert worden sein könnte, um Frau M. für die Flucht aus der Gewalt von Herrn K. büßen zu lassen.

Als man sich später in den Kreisen der Justiz Gedanken macht, wen man – sofern überhaupt jemanden – in dem verschlungenen bürokratischen System des Magistrats als Verantwortlichen belangen könnte, da verfällt man ausgerechnet auf diese Fürsorgerin. Diejenige Person, deren Entscheidungskompetenz durch das Projektgruppen-Konzept am stärksten beschnitten wurde und die bereits elf Monate vor der Katastrophe alle nur irgendwie befaßten Ämter einzugreifen beschwor, hätte im Zweifelsfall ihren Kopf hinzuhalten, so war jedenfalls die Meinung. Zwar ist hier kein Verfahren zustande gekommen, aber es ist in hohem Maße bezeichnend für die Struktur der institutionellen Hierarchie, daß die eigentlich handlungsbefugten Personen – zumal in den höheren Rängen – unangreifbar bleiben, während derjenige, der isoliert ganz unten in der Praxis arbeitet, aber in diesem Fall nicht einmal hätte kompetent eingreifen dürfen, das größte Risiko zu tragen hat.

Geschützt ist immer nur, wer sich nach oben vollständig absichern kann. Angelika ist verloren, als ihre Mutter sie nicht mehr hinreichend beschützen kann. Frau M. fällt ins Elend, als sie dem drangsalierenden Mann entflieht. Sie hätte offenbar – so klingt es aus den Vorwürfen aller Ämter heraus – an diesem als dem kompetenten «Beschützer» festhalten sollen. Die Fürsorgerin verliert mit ihrer partiellen Ausgliederung aus der dienstlichen Hierarchie ebenfalls die automatische Abstützung von oben. Die Befreiung von der unmittelbaren Weisungsgebundenheit zeigt jetzt ihre Kehrseite: Der Preis für die Verselbständigung in der Institution ist die Einbuße der Deckung durch die weisungsbefugten Vorgesetzten. Sie steht als einzig sichtbare und greifbare Repräsentantin der Institution neben dem anonymen, lückenlos ineinandergefügten bürokratischen System, dessen Trägheitsmomente und Kompetenzaufsplitterungen jedes individuelle Versagen sonst nahezu unsichtbar machen.

Von entscheidender Bedeutung ist in diesem Fall auch, daß die Projektgruppe offenbar nur aus drei Leuten bestand und schon wegen ihrer Kleinheit nicht imstande war, gegenüber den anderen Substrukturen der Administration eine einigermaßen durchschlagskräftige solidarische Position zu entwickeln. Drei Mitglieder, die obendrein sehr unterschiedliche Aufgabenschwerpunkte haben –

wie es hier der Fall war –, sind prinzipiell zu schwach, um als Gruppe mit wirksamen Impulsen in die administrativen Prozesse einzugreifen, ganz abgesehen davon, daß ein solches Projektgruppen-Modell ohnehin nur funktionieren kann, wenn in einer Institution unterstützende reformorientierte Potentiale wirksam sind. Das ganze zusammenhängende Gebilde der miteinander verflochtenen sozialen Dienste der Behörde müßte von einem Veränderungsprozeß ergriffen werden, der darauf abzielt, eine dynamische Kurzschaltung von sozialer Arbeit vor Ort mit elastischen administrativen Entscheidungsprozessen bei gleichzeitigem Abbau von blockierendem Bürokratismus zu bewirken. Sonst teilt nach kurzer Zeit eine Projektgruppe dieser Art immer nur die Isolation derjenigen, denen sie aus ihrer Isolation heraushelfen soll.

Vielen, die der Gerichtsverhandlung gefolgt sind, stellte sich am Ende eine Frage, die derjenigen genau entgegengesetzt ist, die das Gericht entsprechend der Anklage der Staatsanwaltschaft zweieinhalb Monate lang verfolgt hat: Wie war es dieser Frau M. nur möglich, trotz ihrer beschränkten intellektuellen Disposition, trotz ihrer schädigenden Kindheitseinflüsse unter so extremen sozialen Belastungen derart tapfer zu bestehen?

Als ein Wunder erscheint es, wie dieses hin und her gestoßene Flüchtlingskind, wie diese von ihren beiden Männern gedemütigte und gepeinigte, mit der Bürde so vieler Kinder überstrapazierte Frau schließlich den Ausbruch wagen kann, um für sich und ihre Kinder ein eigenständiges und freieres Leben zu erkämpfen. Es übersteigt ihre Kräfte, ein besseres Quartier als den schäbigen Verschlag auf dem Wohnwagenplatz zu ergattern. Aber ihr geht es nun darum, durchzuhalten und dieses erste persönlich erkämpfte Stück Selbständigkeit in ihrem Leben zu verteidigen und vor allem ihre Kinder von den permanenten Strafängsten zu befreien, denen sie in der alten Wohnung von Herrn K. ausgesetzt waren. Was sie jetzt an Unterstützung von oben nötig hätte, wäre gar nicht viel. Es müßte doch der Behörde möglich sein, denkt sie, ihr in dieser Großstadt, wo überall gebaut wird, eine einfache geschützte Bleibe zuzuweisen. Sie läuft zu den Ämtern, bezwingt ihre furchtbaren Ängste und rebelliert. Aber sie ist jetzt sicher, daß es ihr Recht ist, für ihre Kinder zu kämpfen. Mehrmals denkt sie, wie sie später erzählen wird, daß sie es allein nicht mehr durchstehen könne. Und es beschleicht sie der Impuls, als sie immer wieder von oben zurückgestoßen wird und sich von allen – außer von ihren Verwandten – im Stich gelassen fühlt, sich etwas anzutun. Aber sie setzt ihren Kampf fort, vorerst gegen die Unbarmherzigkeit der Ämter und später noch einmal gegen eine Justiz, die an allen an dem Verhängnis verantwortlichen höheren Beteiligten zielstrebig vorbeisteuert, um allein ihr den Tod ihres Lieblingskindes zur Last zu legen. In diesen Kämpfen ist sie wahrhaftig, wie MAUZ[56] es formuliert hat, über sich selbst hinausgewachsen. Sie hat vor Gericht beharrlich und standhaft für ihre Ehre und ihr Recht gekämpft. Und jetzt, nachdem sie über vier Jahre ihren Weg erfolgreich gegangen ist, begreift sie, daß sie doch etwas wert ist und daß sie in dieser Welt, der sie sich infolge ihres Bildungsmangels, ihrer Armut und ihrer Angst solange wehrlos ausgeliefert gefühlt hatte, bestehen kann. Sie ist jetzt sicher, daß sie weiß, was für sie und ihre Kinder gut ist, und daß sie danach handeln muß – unabhängig davon, was auch immer andere ihr einreden oder vorschreiben wollen.

Literatur

1. ALLPORT, G.: Zit. nach MILGRAM, ST. siehe Nr. 58
2. ARENDT, H.: Eichmann in Jerusalem; ein Bericht von der Banalität des Bösen. Piper Verlag, München 1964
3. BALINT, M.: Angstlust und Regression. Klett Verlag, Stuttgart 1960
4. BATESON, G., D. D. JACKSON u. a.: Schizophrenie und Familie. Suhrkamp Verlag, Frankfurt 1969
5. BECKMANN, D.: Der Analytiker und sein Patient. Huber Verlag, Bern–Stuttgart–Wien 1974
6. BECKMANN, D., M. L. MOELLER, H. E. RICHTER u. J. SCHEER: Studenten. Urteile über sich selbst, über ihre Arbeit und über die Universität. aspekte Verlag, Frankfurt 1972
7. BECKMANN, D. u. H. E. RICHTER: Giessen-Test. Handbuch. Huber Verlag, Bern–Stuttgart–Wien 1972
8. BENDER, L. u. H. YARNELL: An Observation Nursery: A Study of 250 Children in the Psychiatric Division of Bellevue Hospital. American Journal of Psychiatry 1941, 97, S. 1158
9. BENEDEK, TH.: Elternschaft als Entwicklungsphase. Jahrbuch der Psychoanalyse 1960, 1. S. 35
10. BIEDENKOPF, K.: Über den Wandel der Gesellschaft. Econ Verlag, Düsseldorf–Wien 1975
11. BÖHNISCH, L., U. DICKERHOFF, M. GRIESER, W. HORNSTEIN u. a.: Zur Reform der Jugendhilfe. Analysen und Alternativen. Juventa Verlag, München 1973
12. BOWLBY, J.: The Nature of the Child's Tie of to his Mother. The International Journal of Psychoanalysis 1958, 39, S. 350
13. BOWLBY, J.: Trennungsangst. Psyche 1961, 15, S. 411
14. BOWLBY, J.: Mütterliche Zuwendung und geistige Gesundheit. Kindler Verlag, München 1973
15. BOWLEY, J.: Bindungen. Kindler Verlag, München 1975
16. BOWLBY, J., J. ROBERTSON u. Mitarb.: A Two-Years-Old Goes to Hospital. The Psychoanalytic Study of the Child 1952, 7, S. 82
17. BRÄUTIGAM, W.: Typus, Psychodynamik und Psychotherapie herzphobischer Zustände. Zeitschrift für Psychosomatische Medizin 1964, 10, S. 276
18. BUXBAUM, E.: Die Rolle der Eltern in der Ätiologie der Lernstörungen. In: Der Psychoanalytische Beitrag zur Erziehungswissenschaft. Hg. P. Fürste-

nau. Wissenschaftl. Buchgesellschaft, Darmstadt 1974

19. COHEN, M. E. u P. D. WHITE: Life Situations, Emotions and Neurocirculatory Asthenia (Anxiety Neurosis, Neurasthenia, Effort Syndrome). Psychosomatic Medicine 1951, 13, S. 335

20. COOLIDGE: mündliche Mitteilung auf dem 29. Intern. Psychoanal. Kongress London 1975

21. DELIUS, L.: Die «nervösen» Herz- und Kreislaufstörungen. Enke Verlag, Stuttgart 2. Aufl. 1944

22. DELIUS, L.: Psychosomatische Aspekte bei Herz-Kreislauf-Störungen. Zeitschrift für Psychosomatische Medizin 1964, 10, S. 242

23. DELIUS, L.: Psychovegetative Syndrome. Thieme Verlag, Stuttgart 1966

24. DICKS, H. V.: Licensed Mass Murder: A Socio-Psychological Study of Some SS-Killers. Basic Books, New York 1972

25. DURFEE, H. u. K. WOLF: Anstaltspflege und Entwicklung im ersten Lebensjahr. Zeitschrift für Kinderforschung 1933, 42, S. 273

26. ERIKSON, E. H.: Wachstum und Krisen der gesunden Persönlichkeit. Klett Verlag, Stuttgart 1953

27. FRIEND, M. R.: The Role of Family Life in Child Development. Vortrag auf dem 29. Intern. Psychoanal. Kongress London 1975

28. FREUD, A.: Das Ich und die Abwehrmechanismen. Imago Publishing Co. Ltd., London 2. Aufl. 1952

29. FREUD, A.: Child-Analysis as a Sub-Speciality of Psychoanalysis. The International Journal of Psychoanalysis 1972, 53, S. 151

30. FREUD, S.: Erinnern, Wiederholen und Durcharbeiten (1914). Imago Publishing Co. Ltd., Ges. Werke Bd. 10

31. FREUD, S.: Zeitgemäßes über Krieg und Tod (1915). Imago Publishing Co. Ltd., Ges. Werke Bd. 10

32. FREUD, S.: Trauer und Melancholie (1916). Imago Publishing Co. Ltd., Ges. Werke Bd. 10

33. FREUD, S.: Massenpsychologie und Ich-Analyse (1921). Imago Publishing Co. Ltd., Ges. Werke Bd. 13

34. FREUD, S.: Neue Folge der Vorlesungen zur Einführung in die Psychoanalyse (1933). Imago Publishing Co. Ltd., Ges. Werke Bd. 15

35. FREUD, S.: Abriß der Psychoanalyse (1938). Imago Publishing Co. Ltd., Ges. Werke Bd. 17

36. FÜRSTENAU, P.: Ich-Psychologie und Anpassungsproblem. Eine Auseinandersetzung mit Heinz Hartmann. Jahrbuch der Psychoanalyse 1964, 3, S. 30

37. FÜRSTENAU, P., E. MAHLER, H. MORGENSTERN, H. MÜLLER-BRAUNSCHWEIG, H. E. RICHTER u. R. STAEWEN: Untersuchungen über Herzneurose. Psyche 1964, 18, S. 177

38. GOLDFARB, W.: Infant Rearing and Problem Behavior. American Journal of Orthopsychiatry 1943, 13, S. 249

39. GOLDWATER, L. J. u. L. H. BRONSTEIN: Study of One Hundred Seventy-Five «Cardiacs» without Heart Desease. Journal of the American Medical Association 1952, 148, S. 89

40. GRUNBERGER, B.: Der Antisemit und der Ödipuskomplex, Psyche 1962, 16,

S. 255

41. HARTMANN, H.: Ich-Psychologie und Anpassungsproblem. Internationale Zeitschrift für Psychoanalyse und Imago 1939, 24, S. 62

42. HEIDEGGER, M.: Sein und Zeit. Niemeyer Verlag, Tübingen (1929) 12. Aufl. 1972

43. INSTITUT FÜR DEMOSKOPIE ALLENSBACH: Zur Lebenssituation alleinstehender Frauen. Hg. vom Bundesministerium für Arbeit- und Sozialordnung, Bonn 1970

44. JASPERS, K.: Allgemeine Psychopathologie. Springer Verlag, Berlin–Heidelberg 4. Aufl. 1946

45. JONES, E.: Das Leben und Werk von Sigmund Freud. Bd. 1, Huber Verlag, Bern–Stuttgart 1960

46. KEMPE, P., J. SCHÖNBERGER u. J. GROSS: Sensorische Deprivation als Methode in der Psychiatrie. Nervenarzt 1974, 45, S. 561

47. KÖHLE, K., H. KÄCHELE, H. FRANZ, H. URBAN u. W. GEIST: Integration der psychosomatischen Medizin in die Klinik: Die Funktion einer Schwesternarbeitsgruppe «Patientenzentrierte Medizin». Medizinische Klinik 1972, 67, S. 1644

48. KRAEPELIN, E.: Einführung in die Psychiatrische Klinik. Barth Verlag, Leipzig 3. Aufl. 1916

49. KULENKAMPFF, C. u. A. BAUER: Über das Syndrom der Herzphobie. Nervenarzt 1960, 31, S. 443

50. LASSALLE, F.: Ausgewählte Texte. Hg. Th. Ramm. Koehler Verlag, Stuttgart 1962

51. LEWIN, K.: Der Sonderfall Deutschland (1943). In: Die Lösung sozialer Konflikte. Christian Verlag, Bad Nauheim 1953

52. LILIENTHAL, M.: Nützlicher Zeitvertreib auf dem Kranken- und Sterbebette. Verlegt bei Zeisens Witwe u. Hartungs Erben. Königsberg 1768

52 a. LIPPMANN, R. W. u. K. MÖHLEN: Einstellungen Gießener Klinikärzte und Medizinstudenten zur Bedeutung des psychischen und sozialen Umfeldes für den Patienten. Inaug.Diss. Med. Fak. Univ. Gießen 1972

53. LOWREY, L. G.: Personality Distortion and Early Institutional Care. American Journal of Orthopsychiatry 1940, 10, S. 576

54. LÜTH, P.: Sprechende und stumme Medizin. Über das Patienten-Arzt-Verhältnis. Herder u. Herder Verlag, Frankfurt–New York 1974

55. MASTER, A. M.: The Frequency of Functional Heart Disturbances. Journal of the American Medical Association 1950, 142, S. 889

56. MAUZ, G.: «In hohem Maße unvernünftig.» DER SPIEGEL 1975, 7, S. 70

57. MAUZ, G.: Das Spiel von Schuld und Sühne. Diederichs Verlag, Düsseldorf–Köln 1975

58. MILGRAM, ST.: Das Milgram-Experiment. Rowohlt Verlag, Reinbek 1974

59. MITSCHERLICH, A.: Der Kampf um die Erinnerung. Piper Verlag, München–Zürich 1975

60. MITSCHERLICH, A. u. F. MIELKE: Medizin ohne Menschlichkeit. Fischer Bücherei, Frankfurt 1949

61. MOELLER, M. L.: Selbsthilfegruppen in der Psychotherapie. Praxis der Psychotherapie 1975, 20, S. 181

62. MOSER, T.: Lehrjahre auf der Couch. Suhrkamp Verlag, Frankfurt 1974
63. NASCHOLD, F.: Organisation und Demokratie. Kohlhammer Verlag, Stuttgart–Berlin–Köln–Mainz 1972
64. NASCHOLD, F.: Schulreform als Gesellschaftskonflikt. Athenäum Verlag, Frankfurt 1974
65. PARKES, C. M., B. BENJAMIN u. R. G. FITZGERALD: Broken Heart: a Statistical Study of Increased Mortality among Widowers. Zit. nach PARKES, S. M.: Vereinsamung. Rowohlt Verlag, Reinbek 1974
66. PROSS, H.: Die Wirklichkeit der Hausfrau. Rowohlt Verlag, Reinbek 1975
67. RANK, O.: Das Trauma der Geburt und seine Bedeutung für die Psychoanalyse. Internat. Psychoanalyt. Verlag, Wien–Leipzig–Zürich 1924
68. RICHTER, H. E.: Eltern, Kind und Neurose. Klett Verlag, Stuttgart 1963
69. RICHTER, H. E.: Patient Familie. Rowohlt Verlag, Reinbek 1970
70. RICHTER, H. E.: Lernziel Solidarität. Rowohlt Verlag, Reinbek 1974
71. RICHTER, H. E. u. D. BECKMANN: Herzneurose. Thieme Verlag, Stuttgart 2. Aufl. 1973
72. ROBERTSON, J.: Some Responses of Young Children to Loss of Maternal Care. Nursing Times 1953, 49, S. 382
73. ROBERTSON, J. u. J. ROBERTSON: Reaktionen kleiner Kinder auf kurzfristige Trennung von der Mutter im Lichte neuer Beobachtungen. Psyche 1975, 29, S. 626
74. ROHDE, J. J.: Der Patient im sozialen System des Krankenhauses. In: Der Arzt, sein Patient und die Gesellschaft. Hg. D. Ritter-Röhr. Suhrkamp Verlag, Frankfurt 1975
75. ROTH, W. F. u. F. H. LUTON: The Mental Health Program in Tennessee. American Journal of Psychiatry 1943, 99, S. 662
76. SANDERS, E.: The Family. Rowohlt Verlag, Reinbek 1972
77. SANDLER, J.: Zum Begriff des Über-Ichs. Psyche 1965, 18, S. 721
78. SANDRITTER, E.: mündliche Mitteilung
79. SCHELER, M.: Wesen und Formen der Sympathie. Schulte-Bulmke Verlag, Frankfurt 5. Aufl. 1948
80. SCHMIDT, G.: Selektion in der Heilanstalt 1939–1945. Evangel. Verlagswerk, Stuttgart 1965
81. SCHNEIDER, K.: Die psychopathischen Persönlichkeiten. Deuticke Verlag, Wien 9. Aufl. 1950
81 a. SIMMEL, E.: Kriegsneurosen und ‹Psychisches Trauma›. O. Nemnich Verlag, München 1918
82. SOLOMON, PH.: Sensory Deprivation. In: Comprehensive Textbook of Psychiatry. Hg. A. M. Freedman u. H. J. Kaplan. Williams u. Wilkins Co., Baltimore 1967
83. SPITZ, R.: Die Entstehung der ersten Objektbeziehungen. Klett Verlag, Stuttgart 2. Aufl. 1959
84. SPITZ, R.: Hospitalism. An Inquiry into the Genesis of Psychiatric Conditions in Early Childhood. The Psychoanalytic Study of the Child 1957, 1. S. 53
85. SPITZER, W. O.: Zit. nach Frankfurter Allgemeine Zeitung 19. 6. 1974
86. STAUDINGER, H.: Medizin und Biochemie – Rückblick und Ausblick. Vor-

trag vor der van Swieten-Gesellschaft am 19. 10. 1970. Manuskript

87. TROSCHKE, J. v.: Das Kind als Patient im Krankenhaus. Reinhardt Verlag, München–Basel 1974

88. URBAN, H., H. BOSCH, W. GEIST u. K. KÖHLE: Der Umgang mit unheilbar Kranken. In: Themen der Krankenpflege 1973, 1, S. 37

89. WHEELER, E. O., P. D. WHITE, E. REED u. M. E. COHEN: Familial Incidence of Neurocirculatory Asthenia (Anxiety Neurosis, «Effort Syndrome»). Journal of Clinical Investigation 1948, 27, S. 562

90. WILLI, J.: Die Zweierbeziehung. Rowohlt Verlag, Reinbek 1975

91. YOUNG, M., B. BENJAMIN u. C. WALLIS: Mortality of Widowers. Zit. nach PARKES, C. M.: Vereinsamung. Rowohlt Verlag, Reinbek 1974

Prof. Dr. Dr. Horst-Eberhard Richter

Lernziel Solidarität

Nach dem großen Erfolg seines Buches «Die Gruppe» das neue Konzept des Gießener Psychoanalytikers für mehr Gemeinsamkeit in unserer Konkurrenzgesellschaft, die nach einer Neuorientierung der Grundwerte verlangt.
109. Tausend. 320 Seiten. Brosch.

Die Gruppe

Hoffnung auf einen neuen Weg, sich selbst und
andere zu befreien. Psychoanalyse in Kooperation
mit Gruppeninitiativen

Wie kann die Arbeit in den modernen Initiativgruppen zur Änderung des Einzelnen und der Gesellschaft beitragen? Richter beschreibt in lebendigen Episoden und analytischen Kommentaren Inhalte und Formen der Gruppenarbeit: Demokratisierung, Abbau von Abhängigkeiten, Minderheitenprobleme, Aggression, Emanzipation, Familientherapie und Hilfe zur Selbsthilfe von sozialen Randgruppen.
128. Tausend. 352 Seiten. Brosch.

Patient Familie

Entstehung, Struktur und Therapie
von Konflikten in Ehe und Familie

Eine grundlegende und umfassende Darstellung der Familientherapie auf der Basis der Psychoanalyse. Das Buch liefert anhand von Therapiebeispielen Informationen über Familienneurosen, die in unglücklichen Ehen, qualvollen Familienverhältnissen, Schulversagen, Depressionen und körperlichen Leiden ihren Ausdruck finden können.
256 Seiten. Geb. und als Taschenbuchausgabe: rororo sachbuch 6772
Gesamtauflage: 135. Tausend

Eltern, Kind und Neurose

Die Rolle des Kindes in der Familie

Welche Kindheitserlebnisse sind es, die zu seelischen Erkrankungen und zu Störungen der Charakterentwicklung führen? In welchem Ausmaß und in welcher Weise können die Eltern kindliche Fehlreaktionen hervorrufen? Und umgekehrt: Können Eltern durch erzieherische Maßnahmen die Entstehung von Neurosen bei ihren Kindern verhüten?
208. Tausend. rororo ratgeber 6082

Rowohlt

Der Einzelne und die Gesellschaft –
Konflikte und Konzepte

Phyllis Chesler
Frauen – das verrückte Geschlecht?
Ob in der Partnerschaft oder Politik, in der Familie oder im Beruf: noch immer leiden Frauen unter dem Autoritätsanspruch des Mannes... 384 Seiten und 16 Tafeln mit 18 Abb. Brosch.

Prof. Dr. Hans Jürgen Eysenck
Die Experimentiergesellschaft
Soziale Innovationen durch angewandte Psychologie
352 Seiten. Geb.

Wolfgang Harich
Kommunismus ohne Wachstum?
Babeuf und der ‹Club of Rome›
208 Seiten. Brosch.

Muriel James und Dorothy Jongeward
Spontan leben
Übungen zur Selbstverwirklichung
340 Seiten. Brosch.

Christopher Jencks
Chancengleichheit. 400 S. Brosch.

Paul Moor
Die Freiheit zum Tode
Ein Plädoyer für das Recht auf menschenwürdiges Sterben.
Euthanasie und Ethik
320 Seiten. Brosch.

Helge Pross
Die Wirklichkeit der Hausfrau
Die erste repräsentative Untersuchung über nichterwerbstätige Ehefrauen: Wie leben sie? Wie denken sie? Wie sehen sie sich selbst?
rororo sachbuch 6989

Franz Renggli
Angst und Geborgenheit
Soziokulturelle Folgen der Mutter-Kind-Beziehung im ersten Lebensjahr. Ergebnisse aus Verhaltensforschung, Psychoanalyse und Ethnologie
rororo sachbuch 6958

Morton Schatzman
Die Angst vor dem Vater
Langzeitwirkung
einer Erziehungsmethode.
Eine Analyse am Fall Schreber
240 Seiten mit 8 Abb. im Text. Brosch.

Joachim Steffen
Strukturelle Revolution
Von der Wertlosigkeit der Sachen
400 Seiten. Brosch.

Stefan Wieser
Isolation
Vom schwierigen Menschen zum hoffnungslosen Fall. Die soziale Karriere des psychisch Kranken
224 Seiten. Brosch.

Jürg Willi
Die Zweierbeziehung
Spannungsursachen/Störungsmuster/Klärungsprozesse/Lösungsmodelle. Analyse des unbewußten Zusammenspiels in Partnerwahl und Paarkonflikt: Das Kollusions-Konzept
288 Seiten. Brosch.

Rowohlt

Stanley Milgram

Das Milgram-Experiment

Zur Gehorsamsbereitschaft
gegenüber Autorität

Prof. Milgram hat mehrere Jahre lang insgesamt weit über tausend
Personen an der sogenannten Aggressionsmaschine getestet. Die darauf basierenden Erkenntnisse über Widerstandskraft und Ohnmacht
des «durchschnittlichen Gewissens» sind erschreckend. Die unabweis-
baren Schlußfolgerungen aus den Experimenten haben in der ganzen
Welt ungläubige Betroffenheit und oft erbitterte Proteste ausgelöst.
In diesem Buch stellt Milgram die Voraussetzungen, Methoden, Resultate und Interpretationen seines berühmten Experiments zum
erstenmal umfassend dar. Gerade weil sich der Bericht emotional ge-
färbter Bewertungen enthält und sich auf die Fakten beschränkt,
entsteht die Alptraum-Realität von Kafkas «Strafkolonie».
Wer an das Gute im Menschen glaubt und auf demokratisch-huma-
nitäre Fortschritte hofft, wird durch Milgrams Befunde desillusio-
niert werden. Wer aber glaubt, daß es nicht nur darum geht, den
Menschen zu verurteilen, sondern vielmehr darum, ihn zu verstehen,
dem erschließt das MILGRAM-EXPERIMENT einen bisher noch
dunklen Bereich der menschlichen Natur.

260 Seiten mit 25 Abb. im Text u. auf 4 Tafeln. Brosch.

Rowohlt

Colin Murray Parkes

Vereinsamung

Die Lebenskrise bei Partnerverlust /
Psychologisch-soziologische Untersuchung
des Trauerverhaltens

Der Verlust eines geliebten Menschen und die schmerzhafte Auseinandersetzung mit dieser seelischen Beraubung sind unausweichliche
Erfahrungen im Leben jedes einzelnen. Was geht in einem Menschen
vor, der von Trauer und Wehmut ergriffen ist? Dieses Buch bringt
Klärung und Erklärung für die vielfältigen, offenen und verborgenen Verhaltensweisen, mit denen wir auf einen solchen Verlust
reagieren. Kenntnis und Verständnis dieser Reaktionsweisen ermöglichen es uns, anderen in einer schicksalhaften Krise Beistand zu leisten, und helfen uns selbst, den Schmerz über den Verlust eines uns
nahestehenden Menschen zu überwinden.
Parkes beschreibt die typischen Ausdrucksformen der Trauer, und er
erklärt die Ursachen und den Sinn der oft unverständlichen Handlungen und verworrenen Gefühle, die für diesen Gemütszustand
charakteristisch sind. Er untersucht die «Alarmreaktion» und ihre
physiologischen Wirkungen, das typische Sichabhärmen und die
Analogien im tierischen Verhalten gegenüber dem Trennungserleb-
nis, die vielfältigen Mittel und Wege, mit denen wir Linderung des
Schmerzes suchen, die zornigen Affekte und Schuldgefühle, die den
Prozeß des Trauerns komplizieren können, und schließlich allmäh-
liche Neuorientierung, wenn Schmerz und Trauer nachlassen.

256 Seiten. Geb.

Rowohlt